신유물론 패러다임

몸문화연구소 번역총서 6

신유물론 패러다임: 존재론, 행위자 그리고 정치학

초판1쇄 펴냄 2023년 09월 14일

엮은이 다이애나 쿨·사만다 프로스트
옮긴이 박준영·김종갑
펴낸이 유재건
펴낸곳 (주)그린비출판사
주소 서울시 마포구 와우산로 180, 4층
대표전화 02-702-2717 | **팩스** 02-703-0272
홈페이지 www.greenbee.co.kr
원고투고 및 문의 editor@greenbee.co.kr

편집 이진희, 구세주, 송예진, 김아영 | **디자인** 권희원, 이은솔
마케팅 육소연 | **물류유통** 유재영, 류경희 | **경영관리** 유수진

독자의 학문사변행學問思辨行을 돕는 든든한 가이드 _(주)그린비출판사

이 저서는 2023년 대한민국 교육부와 한국연구재단의 지원을 받아 수행된 연구임(NRF-2020S1A5B8097404)

신유물론 패러다임

존재론, 행위자, 그리고 정치학

다이애나 쿨·사만다 프로스트 엮음

박준영·김종갑 옮김

그린비

신유물론의 세계에서 자라고 있는
우리의 아이들, 루시안, 사이먼 그리고 마들렌에게
또한 이 기획의 끝을 보지 못했던, 그러나 내 기억 속에 살아 있는
셜리 마거릿 쿨(1923~2009)과 미셸 A. 모리아티(1952~2009)에게

차례

일러두기

1 〔 〕는 독자의 이해를 돕기 위한 역자의 보충이다.

2 원문의 이탤릭체의 번역어는 볼드체로 표시했다.

3 단행본·정기간행물 등의 제목에는 겹낫표(『 』)를, 논문·단편·영화 등의 제목에는 낫표(「 」)를
   사용했다.

4 외국어 고유명사는 2002년 국립국어원에서 펴낸 외래어표기법을 따르되, 관례가 굳어서 쓰이
   는 것들은 그것을 따랐다.

서론

다이애나 쿨·사만다 프로스트

우리는 인간으로서 불가피하게 물질적 세계에 거주한다. 우리는 일상
생활을 물질에 침윤된 채, 그것에 둘러싸여 살아가는 것이다. 우리 자
신도 물질로 구성되어 있다. 우리는 물질을 갈아 끼우고 소비할 때에
도 그 물질의 부산함과 완강함을 경험한다. 모든 국면에서 우리는 인
간적인 고안에 의해 빚어진 물리적 객체들을 만나며 생존을 위해 나날
을 구조화하는 그것의 자연적 힘들을 견뎌 나간다. 우리의 실존은 한
순간으로부터 다음 순간에 이르기까지 무수한 미시-유기체들과 다양
한 고등 생명체들, 우리 자신의 신체적으로 흐릿한 이해와 세포 수준
의 반응들과 냉혹한 우주적 차원의 운동들, 우리의 환경에 스며 있는
물질적인 인공물들과 자연원료들에 의존한다. 그뿐만 아니라 매일의
일상적 삶들의 조건을 생산하고 재생산하는 사회경제적 구조들에도
의존한다. 이 막대한 물질성을 감안한다면, 우리가 유물론자 외에 다
른 무엇이 될 수 있을 것인가? 어떻게 물질의 힘과 그것이 우리의 일상
적인 경험에서 구체화되는 방식을 무시하거나 이론에서 물질의 우위
를 인정하지 않을 수 있겠는가?

하지만 대개 우리는 그와 같은 물질성을 당연한 것으로 받아들이

거나 그것에 대해 이야기할 만한 흥미로운 것이 거의 없다고 가정한다. 심지어 (또는 아마도, 특별히) 철학사에서조차, 유물론은 산발적이면서도 종종 이차적인 접근으로 남아 있다. 그 이유는 물질에 대한 사유에 어떤 명백한 역설이 존재하기 때문이다. 즉 우리가 물질을 사유하는 순간, 그것으로부터 우리 자신이 멀어지며, 그렇게 열린 공간 안에서, 언어, 의식, 주체성, 행위자, 정신, 영혼 또한 상상력, 정서, 가치, 의미 등등과 같은 비물질적 대상들이 출현하는 것으로 보인다는 점이다. 이들은 일반적으로 물질과는 근본적으로 다른 관념들로 제시되어 왔으며, 생물학적 물질의 보다 원초적인 욕망이나 물리적 물질의 관성보다 우월한 것으로 평가되어 왔다. 유물론자들이 전통적으로 대결해 왔던 것이 그와 같은 관념론적 가설들 그리고 그로부터 흘러나오는 가치들이다. 지난 30여 년 동안 이론가들은 주체성을 이해하는 방식을 급진화하여 가장 명백한 자연현상까지도 구성하는 주체성의 효과를 발견하기도 했지만, 통제를 벗어나 그 기획의 의도를 구성하는 촘촘한 권력 네트워크에 주체성이 착근(embeddedness)되어 있다고도 주장한다. 이들의 시선이 집중되었던 것은 여전히 주체성이었던 것이다. 이 책을 구상하게 된 우리의 동기는 바로 지금 객체성과 물질적 실재성 모두에 대해 근원적인 재검토를 할 필요성에 도달했다는 확신 때문이다. 이 책 저자들 각각의 연구들은 물질적 인과관계와 신체성의 의미에 대한 개념을 변화시키는 것에 대한 관심을 불러일으켰는데, 우리는 이 두 가지 모두 정치학과 행위자에 관한 유물론적 이론에 있어서 관건적이라고 여긴다. 우리는 이제 다음과 같은 보다 과감한 주장으로 나아간다. 즉 물질적 요인들을 전경화(foregrounding)하는 것 그리고 우리의 바로 그 물질에 대한 이해를 재구성하는 것은 21세기에 공존과 그것의 조건을 설득력 있게 설명하기 위해 필수적이라는 점이다.

이 시기에 신유물론에 관한 책을 편집하기로 한 것은 유보 상태에 있던 유물론이 수십 년이 지난 후에 다시 한 번 운동하고 있다는 것에 대한 확신 그리고 그것의 새로운 방향을 정의하고 증진시키는 데 도움을 주고자 하는 우리의 열망에서 비롯된다. 우리는 보다 유물론적인 분석 양태와 물질과 물질화의 과정에 대한 새로운 사유의 방식에 대한 흩어져 있지만 강력한 요청을 목격하고 있다. 물질적 실재를 개념화하고 탐구하는 방식이 흩어져 있다 해도, 우리는 그로부터 또한 새로운 것의 출현을 깨닫기도 한다. 이것은 특히 정치학, 경제학, 인류학, 지리학 그리고 사회학과 같은 사회과학을 가로지르는 학제 안에서 분명해진다. 이것은 물질문화, 지리정치학적 공간, 비판적 실재론, 비판적 국제정치경제학, 세계화 그리고 환경주의에 대한 최근의 관심에서 그리고 어떤 갱신된 유물론적 페미니즘, 보다 유물론적인 퀴어 이론 또는 탈식민주의 연구들에 대한 요청에서 예화된다. 우리는 이러한 현상을 특히 환경적·인구통계적·지정학적·경제적 변화와 관련된 가장 시급한 과제에 비추어 현대사회를 이해하는 데 소위 문화적 선환(cultural turn)과 관련된 텍스트적 접근 방식이 점점 더 부적절하게 여겨지는 징후로 해석한다.

최근의 이론에서 유물론의 유실은 한때 일반적이던 유물론적 접근들, 예컨대 실존적 현상학이나 구조주의 마르크시즘의 〔이론적〕 소진이라는 상황 그리고 물질세계에 대한 근대적 접근을 떠받쳤던 존재론적이고 인식론적인 가설들에 대한 후기구조주의의 중대한 도전과 부정적인 방식으로 연결될 수 있다. 보다 적극적으로 해석하자면 1970년대 이래 유물론의 종언은 한편으로는 분석적이고 규범적인 정치 이론, 다른 한편으로는 급진 구성주의의 지배효과였다. 이런저런 영어권 철학과 대륙 사상적 접근은 모두 언어, 담론, 문화 그리고 가치들에 특권을 부여하는 어떤 문화적 전환과 연결되어 왔다. 이러한 전환은 사실상 명백하게 물질적인 현상과 과정들에 대해 무시하는 한편, 물질에 대한 직설적인 제안 또는 단순히 재현주의적이고 자연주의적인 물질적 경험을 문제시했다. 현재 지배적인 이론들이 논증들을 명확히 하고 물질적 실재를 표현하려는 시도에서 권력이 작동하는 방식에 대해 우리에게 경각심을 불러일으킬 수 있지만, 우리는 물질의 문제를 다시 제기하면서, 사회를 틀 지으며 인간의 전망을 둘러싸는 물질적 요소에 다시 한 번 정당한 가치를 부여해야 할 때가 되었다고 믿는다. 이번 책에 실린 논문들은 이러한 방향 전환을 개념화하고 이에 대응하는 새롭고 혁신적인 방법의 일부 예이다.

이 책에서 이어지는 논문들은 물질에 대한 최근 사유의 최전방에 위치한다. 즉 물질에 어떻게 접근할 것인지 그리고 정치적인 것 안에서 그리고 그것을 위해 물질은 어떤 의미를 가질 것인지에 대한 최신의 사유인 것이다. 이 글들은 이러한 사유가 성공적이기 위해서는 유물론의 대응이 진정으로 급진적이어야 한다는 우리 자신의 믿음과 공명한다. 이는 물질의 본질과 물질세계 내에서 체현된 인간의 위치에 대한 가장 근본적인 질문으로 돌아가는 것을 의미하며, 현재 우리가 물질 환경을 생산, 재생산, 소비하는 방식의 변화뿐만 아니라 자연과학의 발전에도 주의를 기울여야 한다는 의미이기도 하다. 이로써 생명역(bio-)과 생태역(eco-spheres)에 있어서 당대적 전환에 대한 감각뿐 아니라 전 지구적 경제구조와 기술에 있어서 변화에 대한 감각이 생겨난다. 이는 또한 물질적 객체들과 자연환경과 더불어 사는 우리 일상의 상호작용에 대한 섬세한 분석을 요청하는 것이기도 하다. 여기서 관건은 다름 아니라 바로 현대 세계를 떠받쳐 왔던 가장 기초적인 몇몇 가설들에 대한 도전이다. 여기에는 인간의 규범적 의미와 인간 행위자에 대한 그것의 믿음을 포함할 뿐만 아니라 자연과 더불어 노동하고, 그것을 개발하며 상호작용하는 방법과 같은 그 물질적 실천들도 고려하는 것이다.

이 논문들을 집합적으로 **신**유물론이라고 칭하면서도, 우리는 유물론이 가진 풍부한 유산을 거부하고자 하지는 않는다. 우리 필자들 대부분은 사실 근대성 이전에 발전된 유물론적 전통으로부터 또는 최근에 이르기까지 현대사상에서 무시되거나 주류에서 떠밀려 나와 남겨진 철학자들로부터 영감을 이끌어 냈다. 이러한 관점에서, 이들의 개입은 **갱신된**(renewed) 유물론들로 범주화될 수 있다. 그럼에도 불구하고 만약 우리가 **신**유물론의 관점과 그 요청을 견지한다면, 그 이유는 우리가 최근 미증유의 사태가 물질, 자연, 삶/생명, 생산 그리고 재생산의 측면에서 닥쳐오고 있다는 것을 깨닫기 때문이다. 이러한 현대적 맥락에서 이론가들은 오래된 유물론적 전통을 재발견하는 동시에 이를 참신하고 때로는 실험적인 방향으로 또는 새로운 응용 분야로 밀어붙이도록 강제된다.

만약 우리가 이러한 신유물론을 복수화(pluralize)한다면, 이는 여러 상이한 갈래를 가진 현대적 연구와 보다 일반적인 유물론적 전환 사이의 몇몇 중요한 연관성들에도 불구하고, 현재 그것들이 특히 물질화의 다양한 수준들을 반영하기 때문에, 어떤 간단한 융합에 저항하는 얼마간 구별되는 주도권 경쟁이 있다는 우리의 판단을 드러내는 것이다. 편집자로서 우리를 흥분시켰던 것은 사실 아무런 총괄적인 정설이 아직 수립되지 않은 상태에서 새로운 패러다임의 출현을 목도할 수 있었다는 점이다. 따라서 여기 간추려진 열두 개의 논문들을 게재하면서, 우리의 목표는 한편으로는, 그것의 미래의 가능성을 열어 둔 채로 남겨 두고, 다른 한편으로 우리가 구조화하고 현재의 논증에 대해 가

속력을 가져다주기 위해 판단할 핵심 주제들과 지향들을 도출해 내는 것이다. 그러므로 비판적으로 그것에 참여하는 다수의 지도적 학자들을 함께 모음으로써, 물질적으로 그리고 담론적으로 급변하는 우리 세계에 막 출현하고 있는 어떤 폭넓은 논의에 기여하고자 하는 것이 우리의 야심이다. 이들의 저술들을 소개하는 데 있어서, 우리의 보다 특정한 목표는, 몇몇 원리적인 문제들과 그 대답으로 제기되는 사유의 양상들을 개괄하고 맥락화하기 위해 그리고 사회적이고 정치적인 분석에서 갱신된 신유물론에 대한 우리 자신의 작업 수행을 분명히 하기 위해, 유물론을 되살리는 것이 필수적이라는 널리 유포된 생각에 대한 근거를 해명하는 것이다.

신유물론의 배경 맥락

신유물론을 내세우면서 우리는 물질성에 대한 어떤 갱신된 강조점과 새로운 이해를 요청하는 여러 이론적 발전들로부터 영감을 얻는다. 우선 여기서 가장 주목되는 것은 20세기 자연과학의 진보다. 19세기의 위대한 유물론 철학, 특히 마르크스, 니체 그리고 프로이트의 철학은 그것들 자체가 자연과학의 발전에 커다란 영향을 받았다. 하지만 새로운 물리학과 생물학은 더 이상 고전적 과학에 의해 영감을 받는 방식으로 물질을 이해하는 것을 불가능하게 만든다. 뉴턴역학은 구유물론자들에게 특히 중요했지만, 탈-고전물리학에서는 우리가 자연을 이해하고 상호작용하는 방식이 새롭게 갱신되어야 할 필요가 있다고 제안함으로써, 물질은 심대하게 난해하고(누군가는 물질이 심지어 보다 비물질적이라고 말하기도 한다) 복잡해지고 있다. 우리가 자연과학으로부터 사회과학 이론으로 또는 과학에서 윤리학으로 가는 단순한 경로는 있을 수 없다는 것을 알아 가는 동안, 자연과학에서의 발전들은 실제 교육받은 대중들 사이에 널리 퍼져 나갔다. 그들은 유능한 증인들로서, 합당한 정책을 형성하는 데 기여하면서, 점점 더 우리의 물질 세계와 그것의 가능성에 대한 대중적인 상상을 변형시킨다. 스티븐 화이트(Stephen White)가 지적하듯이, 존재론은 단순히 존재의 본성에 대한 추상적 연구를 포함할 뿐 아니라 우리 자신, 타자들 그리고 세계에 대한 매일의 관계성을 형성하는 실존에 대한 근원적인 믿음이기도 하다. 즉 "따라서 이런 의미에서 존재론적 실천은 정체성과 역사에 관한 질문, 즉 우리가 개별적이고도 집합적인 경우 둘 모두에 있어서 우리 삶의 의미를 표명하는 방법과 뒤얽혀 있다".[1] 이러한 전망에서 물질의 기본 구조에 대해 새롭게 생각하는 것은 아주 막대한 규범적이고 실존적인 함축을 가지게 된다.

유물론으로 돌아가는 데 있어서 두 번째이자 긴급한 이유는 물질, 특히 생명체에 관한 새로운 과학적 모델들에 기반한 과학적이고 기술적인 진보들을 수반하는, 절박한 윤리적이고도 정치적인 관심들의 출현이다. 비판적으로 함께 작업하는 이론가들로서, 우리는 우리 자신이 기후변화나 전 지구적 자본 그리고 인구 이동, 유전적으로 변형된 유기체들에 관한 생명기술공학 또는 디지털, 무선, 가상 기술들에 의한 우리의 친숙하고 신체적인 삶들의 침윤과 같은 복잡한 이슈들의 의미를 탐색하도록 강제된다는 것을 발견한다. 삶과 죽음의 경계, 우리 자신을 먹여 살리는 법을 실행하는 매일의 노동 그리고 기분 전환 또는 생식에 대한 이해로부터 우리는 물리적으로 그리고 개념적으로, 우리의 환경이 근원적이면서도 이제껏 출현하지 않았던 규범적 질문을 노정하는 방식으로 재구성되고 있음을 발견하고 있다. 그러한 것

---

1 White, *Sustaining Affirmation*, 3f.

들에 대해 고심하면서, 우리는 불가피하게 우리 자신이 물질의 본성과 자연의 물질성에 대해 새로운 방식으로 생각하고 있다는 것을 발견한다. 즉 생명의 요소들, 지구 행성의 회복력 그리고 인간의 특수성에 대해 말이다. 이러한 문제들은 그것들이 존재와 사회적 정의의 기초적인 본성에 대한 근대성의 가장 소중한 신념들에 의구심을 제기하기 때문만이 아니라, 널리 알려진 패러다임 안에서 행위자와 인과성에 관한 가정들이 윤리적이고 정치적인 것 자체의 영역들과 차원들에 속한 우리의 현대적 의미를 구조화해 왔기 때문에 엄청나게 중요하다. 따라서 최근의 발전들은 세계와의, 서로 간의 그리고 우리 자신들과의 관계에 있어서 근본적으로 우리 스스로를 재정향하도록 만든다.

　이론 자체와 관련하여 우리는 마침내 문화적 전환 아래에서 풍성해진 지배적 담론들의 급진주의가 이제 거의 소진되었다는 어떤 분위기에 응해 신유물론을 소환하고 있다. 우리는 최근 많은 연구자들 사이에 감도는 그 느낌, 즉 사회 분석에 있어서 주류 구성주의적 경향이 생명정치와 전 지구적 정치경제학의 현대적 맥락을 공정하게 다루는 데 있어서 물질, 물질성 그리고 정치학에 대한 사유로는 부적합하다는 느낌을 공유한다. 우리는 급진적 구성주의가 최근 몇 년 동안 권력의 작동에 관해 상당한 통찰을 제공했다고 인식하지만, 마찬가지로 우리는 보다 언어적이거나 담론적인 형식들의 특징을 드러내는 '실재'(the real)에 관한 과민 반응이 — 이에 따라 물질적 실재성에 대한 제안이 어떤 간교한 토대주의로 인해 형해화된다 — 물질적 과정들과 구조들이 요청하는 보다 경험적인 종류의 탐구로부터 비판적인 연구자들을 멀어지게 하는 결과를 초래했다는 점도 안다. 하지만 이 책에 있는 모든 논문들이 구성주의에 적대적인 것은 결코 아니다. 그리고 신유물론적 태도는 경험주의나 실증주의로 단순히 돌아가는 것도 아니다. 우리는 당대의 맥락 안에서 유물론적 실재론에 대한 이론적인 관계 개선을 요청하는 최근 많은 비평들 사이의 관점들을 공유한다.

유물론을 재조명하기 위한 긴급한 명령들을 따라, 우리는 세 가지 상호 연관되지만 구별되는 주제들 또는 방향들을 신유물론적 학문에서 분별해 내면서, 그것들을 우리 논의의 나머지를 구성하는 데 활용할 것이다. 우리는 비록 세 가지 주제가 이어지는 논문들에 다소 불균등하게 표현된다는 것을 깨닫고 있지만, 이렇게 함으로써 논의의 연속성을 위한 틀을 세우기를 희망한다. 그것들 중 첫 번째는 자연과학에서의 발전에 공명하는, 그리고 그것에 의해 좀 더 확장된 정보를 제공받은 존재론적 재정향이다. 즉 그것은 포스트휴머니즘적인 방향으로서, 살아 있는, 또는 행위자를 드러내는 물질 자체에 관한 파악이라는 의미에서 그러하다. 두 번째 주제는 생명과 인간의 위상과 관련되는 일군의 생명정치적이고 생명윤리적인 주제에 관한 고려로 이어진다. 세 번째로 신유물론적 학제는 정치경제학과 일상생활의 물질적 세부 사항에 비판적이고 비독단적으로 다시 참여하는데, 여기서 더 광범위한 지정학적·사회경제적인 구조적 본성의 구조가 새롭게 탐구되고 있다. 세 가지 구성요건 모두에 의해 공유되는 중요한 특성은 어떤 복잡하고, 복수적이며, 상대적으로 개방된 과정이면서 지속적인 존재로서의 물질화에 대한 강조다. 이 물질화는 인간이 이론가들 자신을 포함하여, 물질의 생산적 우발성들 안에서 총체적으로 융합되는 것으로 인식된다. 최근의 몇몇 구성주의의 예들과 구별하여, 신유물론자들은 물질의 생산성과 회복력을 강조한다. 그들은 물질의 권리에 합당한 물질성을 부여하는 것에 내기를 걸면서, 물질이 자기-구성과 더불어 그 자체의 물질성에 속한 몫을 가지는 상호 주체적 조정들을 부여받는 수만 가지 방식들에 민감하게 반응한다.

새로운 존재론을 향하여: 물질, 행위자 그리고 포스트휴머니즘

언뜻 우리가 물질에 대해 어떻게 다르게 생각할 것인지 상상하는 것이 어려워 보일 수 있다. 왜냐하면 물질의 맹목적인 '거기 있음'(thereness)이 너무 자명하고 거부할 수 없는 것으로 여겨지기 때문이다. 이것은 글자 그대로 존재의 견고한 기초를 제공하고 그 자신을 명백한 존재론에 제공하는 것으로 보인다. 하지만 그와 같은 우연적 가정들에 대한 상식적이고 철학적인 믿음을 폭로하는 것이 새로운 방법으로 물질성을 사유하기 위한 하나의 전제 조건이다. 물질성에 대한 우리의 많은 생각들은 사실상 데카르트에게 기대고 있는 측면이 있다. 그는 17세기에 물질을 길이, 넓이 그리고 두께, 즉 연장되고, 통일되어 있으며, 비활성인 물체적 실체로 정의했다. 이것은 양화 가능하고 측정 가능한 자연에 관한 근대적 이념을 위한, 따라서 유클리드적 기하학과 뉴턴적 물리학을 위한 기초를 제공했다. 이 모델에 따르면 물질적 객체〔대상〕들은 인지 가능한 개개의 실체다. 그리고 그것들은 외적 힘이나 행위자와의 만남에 의해서만 움직이며, 이렇게 해서 원인과 결과라는 선형적 논리에 따르게 된다. 이러한 논리는 직관적으로 상식이 우리에게 말하는바, 공간을 점하고 있는 고체이면서, 경계가 정해진 객체들 그리고 그것의 운동이나 행태가 기초적이고 불변하는 운동 법칙을 따르기 때문에, 예측 가능하며, 통제 가능하고, 반복 가능한, '실재' 물리적 세계와 잘 맞아떨어진다.

이 계산 가능한 자연 세계의 당연한 귀결은 우리가 기대하는 것처럼, 인간의 선택권을 환상으로 만드는 결정론이 아니라, 사유하는 주체, 즉 데카르트가 존재론적으로 물질 외의 것으로 지목한 **코기토**(cogito, 나는 생각한다)에 유증되는 지배적인 감각이었다. 물질이 가진 수동성과 구분하면서, 현대철학은 인간을 이성적이며, 자기-지각적이고 자유롭고 자기-운동적 행위자로서 다양하게 묘사해 왔다. 그와 같은 주체는 일정한 거리를 두고 측정하고 분류함으로써 자연의 의미를 ┼성할 수 있다고 간수될 뿐 아니라, 전례 없는 ┬모로 물질을 다루고 배치할 수 있는 이론들의 적용 능력으로 그와 같은 성취에 조력한다. 이에 따라 물질에 대한 데카르트-뉴턴적 이해는 근대적 태도 또는 주체주의적인 능력의 에토스(ethos)가 될 뿐 아니라 자연에 대한 개념적이고 실천적인 지배를 가능하게 한 것이다.

이 물질에 대한 근대적 사고방식을 간략하게 개괄하는 것은 중요한 것이었다. 왜냐하면 여러 방면에서, 신유물론자들은 그들의 유물론을 그것에 대한 대안으로 정의하기 때문이다. 이미 언급했듯이, 우리는 인간 주체들이 떨어져 나간 죽은 물질의 단순 반복이 아니라, 인간이 체현된 통합적 부분으로서 물질화의 능동적 과정을 기술한다는 주장을 신유물론자들의 중심적 특성으로 간주한다. 이 구별을 분명하게 하는 것이 우리에겐 중요한데, 왜냐하면 많은 신유물론의 더 심오한 특징이 사유에 있어서 대립되는 항들을 사용하는 방법에 대한 반감이기 때문이다. 엄밀히 말하자면 신유물론의 주창자들은 대개 그들 자신을 데카르트주의 안에서 발견되는 것과 같은 존재론적 이원론의 비판을 통해 분명히 정립하기를 거부한다. 즉 그들은 어떤 새로운 존재론의 창조적 긍정을 더 선호하며, 이 존재론의 기획은 그들이 물질성 자체에 귀속시키는 생산적·발명적 능력들과 결국엔 일치하는 것이다. 신유물론의 존재론에 널리 퍼진 기풍은 결과적으로 비판적이거나 부정적이라기보다 긍정적이고 구성적이다. 다시 말해 신유물론은 그 임무를 물질의 내재적 생명성을 긍정하는 새로운 개념들과 이미지들을 창조하는 것에서 찾는다. 따라서 그와 같은 사유는 반-데카르트적이라기보다 탈-(post-)데카르트적이다. 이것은 긴급한, 생성적인 물질적 존재에 관한 독특한 사유에 열중함으로써 이원론이나 변증법적 화해를 피해 간다. 신유물론자들은 스피노자류의 존재론에서 대안적 존재론들을 탐색함으로써 영감을 이끌어 냈다. 스피노자의 저작은 근대 초기 데카르트주의와 거의 동시대에 등장했지만, 최근에 이르러서야 비로소 보다 심오하거나 숨겨진 경향을 향유하게 되었다.[2] 이 〔스피노자의〕 신유물론적 존재론은 이 책의 이어지는 다수 논문 안에 명백히 드러난다.

물질의 생생한 내재성이 신유물론과 연합되어 주어질 때, 신유물론이 동시대적으로 신생기론(new vitalism)과 더불어 출현하리라는 것은 그리 놀랍지 않다.[3] 질 들뢰즈의 저작들은 새로운 존재론에 많은 영향을 끼쳤는데, 그는 급진적인 경험론과 몇몇 유물론을 환기시키는 글들에도 불구하고, 스스로를 유물론자로 생각하지 않았다. 그러나 그는 그가 썼던 모든 것이 "적어도 내가 그것이길 바라는 의미에서, 생기론적"이라고 강조했다.[4] 이러한 각각의 접근들 사이의 교전 상태들은 전통적으로 물질에 대한 기계적 이해와 생기론적 이해(죽은 물질 대 생명체) 간의 대립으로 나타났다. 이러한 대립은 물리학자들에 의해 기

---

2 이스라엘이 쓴 『급진적 계몽』(Radical Enlightenment)을 보라. 여기에는 스피노자의 저작의 역사에 관한 풍부한 노고가 담겨 있다. 마찬가지로 투크의 『철학과 통치권 1572-1621』(Philosophy and Government 1572-1651)도 참고. 여기서는 데카르트주의와 비데카르트주의 유물론 철학의 전개를 역사적으로 분석한다.

3 예컨대 『이론, 문화 그리고 사회』(Theory, Culture and Society)의 특별판, Mariam Fraser, Sarah Kember, and Celia Lury eds., Inventive Life: Approaches to the New Vitalism을 보라. 편집자들은 서문에서 생기론이 '현재적 문제'(matters now)라 한다. 왜냐하면 '생기적 과정들'에 대한 그것의 관심이 과정을 존재의 양태로 사고하려는 최근의 시도와 상응하기 때문이다. 그리고 이것은 "사회적이고 자연적인 실체들 안으로 정보, 지식 또는 '정신'"을 끌어들임으로써 "그것들을 덜 본래적이고, 더 과정과 흡사한 것으로 보이게 만든다. 즉 그것들을 살아 있는 것으로 만드는 것이다".

4 Deleuze, Negotiations, p. 143.

술되는 어떤 종류의 기계적·비유기적 물질과 생물학자들에 의해 기술되는 진화하는 유기적 체계들을 구분하는 식으로 전형적으로 해결되었다. 하지만 신유물자들은 이러한 구별을 거부하는 생기론의 형태들로 이끌린다. 이들은 종종 심지어 비유기적 물질 안에서도 창발적·생성적 힘들(또는 행위적 능력들)을 식별하며, 일반적으로 존재론적 수준에서 유기적인 것과 비유기적인 또는 생명적인 것과 비생명적인 것 사이의 구별을 피해 간다. 제인 베넷은 이것을 도발적으로 '매혹된 유물론'(enchanted materialism)이라고 이름 붙인다. 이것은 행위자를 이를테면 전자회로망, 음식 그리고 쓰레기와 같은 비유기적 현상에 귀속시키는데, 이 모든 것은 인간적 의지를 거스르는 어떤 효과를 누린다.[5]

자연과학에서조차 이제는 초기 기술론과 그 실천이 받아들였던 것보다 훨씬 더 비결정적이고 복잡한 고안을 해내는데, 물질에 관한 이런 몇몇 새로운 생각에 있어서 이 과학의 영향력은 결코 가치 없는 것이 아니다. 따라서 변화, 인과성, 행위자, 시공간의 관념을 고려하는 근대 존재론 전체 체계가 재사유될 필요가 있다는 신유물론의 관점이 강화되고 있다. 아마도 여기서 가장 주목할 점은 신유물론적 존재론들이 예측 가능한 인과적 힘들에 종속되는 어떤 내적 실체로서의 물질이라는 용어를 포기하고 있다는 것이다. 새로운 유물론에 따르면, 모든 것이 물리화학적 과정으로 구성된 물질이라면 적어도 전통적으로 이해되는 것처럼 그러한 과정으로 환원될 수 있는 것은 아무것도 없다. 물질성이 언제나 '단순한' 물질 이상의 어떤 것이기 때문이다. 즉 그것은 물질에 활동, 자기-창조, 생산, 예측 불가능성을 가져다주는 어떤 과잉, 힘, 생명성, 관계성 또는 차이라는 것이다. 요컨대 신유물론은 훨

---

5   Bennett, *The Enchantment of Modern Life.*

씬 더 복잡한 개념으로 인과를 생각하도록 강제하는 자기-변형(self-transformation)의 내재적 양태들을 분명히 하면서, 물질화하는 물질성을 재발견하고 있는 것이다. 또한 신유물론은 현상이 서로 연동하는 체계들과 힘들의 다양성 안에서 포착된다는 것을 알아채도록 그리고 행위자의 위치와 능력들의 본성을 새롭게 고려하도록 요청한다.

　　자기-변형, 자기-조직화 그리고 주도성(directedness)이라는 자신의 양태들을 소유하는 것으로 물질을 파악하고 따라서 그것을 더 이상 단순히 수동적이라거나 비활동적이라고 보지 않는 것은, 행위자가 예외적으로 인지능력, 지향성(orientations) 그리고 자율적인 결정들을 할 자유를 소유하는 인간이라는, 그리고 인간이 자연을 지배할 권리와 능력을 가진다는 당연한 가정에 속하는 전통적 의미를 거스른다. 대신에 인간 종은 그 물질적 힘 자체가 특정 행위적 능력을 표명하고 의도되지 않거나 예측되지 않는 효과의 영역이 상당히 넓어진 자연환경 안에 재정위되고 있다. 물질은 더 이상 여기서 어떤 덩어리, 불분명한 것으로 상상되지 않으며, 비결정적인 것, 지속적으로 예측되지 않는 방식으로 형성하고 재형성하는 것으로 인식된다. 따라서 우리는 "물질은 존재한다"라고 하기보다 "물질은 생성한다"라고 결론 맺을 수 있다. 우리가 단지 내적으로 일치하는, 효과적인 조직화를 일시적으로 전개할 만한 패턴들을 견디도록 강제하기 위해 모으고 분산시키는 우주적 힘들을 발견하는 것은 이러한 생성의 무용술 안에서이다. 즉 그것은 관계적 장에서 출현하고 형성하는 객체들, 물체적으로 그것들에 의미 있는 방식으로 그 자연환경을 구성하는 신체들, 그리고 유기적이고 사회적인 과정들의 다양체(multiplicity) 안에서 우연적으로 그리고 불분명하게 출현하는 일련의 열린 계열의 능력들로 구성되고 있는 주체성들이다. 이 고립적이지만 다양하게 층화된 존재론 안에서는 감각과 비감각적 개별체 사이의, 또는 물질과 정신적 현상 사이의 어떤 결정적인 단절도 존재하지 않는다.

지금까지 우리는 신유물론의 존재론들이 그것과 존재론적 동근원성을 가지는 근대 철학과 고전 과학을 근거 짓는 전제들을 거부하는 양상을 강조했다. 하지만 우리는 또한 자연과학이 스스로 물질에 대한 관념을 문제화하고 따라서 우리가 신유물론과 연결한 일종의 물질의 급진적인 재개념화를 촉발하는 동안, 고전적 존재론들을 침식해 온 방식들에도 주의를 환기시키길 원한다. 그와 같은 발전들을 설명하기 위해, 우리가 여기서 강조하고자 하는 것은 물질 자체가 개념적으로 보다 덜 중요하고 존재론적으로 보다 많이 무시해도 좋은 것 둘 모두가 되어 온 방식이다. 이는 동시에 그것의 바로 그 존재 가능성이 파악하기 어려워지게 된 것이기도 하다.

뉴턴이 17세기에 근대 물리학의 기초를 놓았을 때, 그는 물질적 객체의 가장 중요한 속성들 중 하나가 그것의 질량이라는 것을 깨달았다. 비전문가에게 일반적으로 질량이란 크기나 무게와 똑같이 상상되지만, 뉴턴에게 그것은 가속을 방해하는 객체나 신체의 속성(그것의 관성)이었다. 그는 운동 중인 객체를 안정시키는 것은 그 위에 작용하는 인력과 척력이라 결론지었다. 넓게 말해서, 그것은 물체들과 그 위에 작용하는 힘들 간의 상호작용 관계들을 실험하는 고전적(기계적) 물리학의 연구과제일 것이다. 비록 물리학이 낯익은 대상들에서 시작했어도, 그것은 물질이 불가분적이라는 다소 불분명한 물질적인 힘과 운동에 관한 과학으로 발전했다. 이런 기계적 모델에 따라, 힘이 어떤 것을 움직일 때, 그것은 일을 수행하며, 그 수행을 위한 체계의 능력은 에너지로 측정된다. 아인슈타인의 상대성 이론은 질량과 에너지가 상호 호환될 수 있고 이런 의미에서 동등하다는 것을 보여 준다. 더 나아가 이 이론은 고체가 그 자체로 지속한다는 생각을 전복했다.

1905년에 아인슈타인은 원자의 존재에 관한 첫 번째 설득력 있는 논증을 내놓았다(비록 소크라테스 이전 원자론자들 가운데 이미 존재했던 것이라 해도). 거대한 물질은 이제 우주에서 무시해도 될 만한 구성요소가 되었다. 왜냐하면 미시적인 원자가 마치 구름처럼 회전하는 전자의 삼차원 파동에 둘러싸인 양전하로 된 원자핵으로 구성되기 때문이다.[6] 그리고 만약 대부분의 원자의 질량이 그 원자핵에 잔류한다면, 이것은 원자의 부피의 어떤 미세한 비율 외에 다른 것이 아니다. 원자는 여기저기 흩어진 전하의 얼룩진 장이며, 그것의 하위 구성요소 입자들은 그것들이 구성되는 빈 공간에 흩어지고 그로부터 나타나는 전하의 명멸과 같은 것이지, 태양계를 도는 행성 같은 것과는 유사성이 떨어진다. 심지어 다수의 원자들이 우리가 지각 가능한 세계에 속한 '응축된 물질'을 경험하는 거시적 구조들 속에 배치될 때에도, 그것들의 하위 입자들의 행태는 지속적인 출현, 인력, 척력, 요동과 전하 노드들(nodes)의 전환과정에 놓여 있게 된다. 즉 그것들은 우리가 당연히 여기는 어떤 편안한 안정성이나 고체성을 증명할 길이 없다는 것을 의미한다. 이것이 물론 우리가 거주하는 객체적 세계가 단순히 환영에 불과하다는 것을 의미하지는 않지만, 심지어 — 또는 특히 — 대부분의 열렬한 실재론자들조차 우리가 그 안에서 배회하는 경험적 영역이 어떤 궁극적 의미에서 물질의 진리나 본질을 담아 놓지 않으며, 따라서 물질은 우리가 습관적으로 의존하는 그러한 것과 구별되는 몇몇 새

---

6 Dobson, Grace and Lovett, *Physics*, p. 571. 우리는 이 텍스트에 대해 현대물리학을 통해 간결한 부가진술을 구성하면서 개괄했다. 이것은 Calder, *Magic Universe*; Bryson, *A Short History of Nearly Everything*; Smolin, *The Trouble with Physics*; 유용한 입문용 출판물인 *Financial Times Magazine*, 24/25, November, 2007에 따랐다. 또한 많은 것들이 몇몇 보다 심원한 세부 사항들을 설명하기 위해 마이클 와이즈만(Michael Weissman)에 기대고 있다.

로운 개념들에 따라 변화할 수 있다는 것에 동의해야만 한다는 것을 드러낸다.

원자 아래 입자들의 영역에 들어서면, 우리는 물질에 관해 어떤 보다 제멋대로인 데다가 파악하기 힘든 의미를 발견하게 된다. 한 세기를 채 넘기기 전에, 100여 개를 훌쩍 넘는 아원자입자들이 발견되었다(또는 급진 구성주의자들이 논하듯이, 발명되었다). 하지만 이 양자적 영역은 중세 신학의 그것만큼 이상해 보인다. 예를 들어 여기서 물질은 두 종류의 입자들로 구성된다고 기술되는데, 쿼크(quarks)와 렙톤(leptons)이 그것이다. 이것들은 함께 페르미입자(fermions)를 구성한다. 표준 모델에서, 쿼크는, 그것들이 비록 실재로 구분되거나 개개의 양화 가능한 '단위들'이 아니라 해도, 우주의 건축 벽돌들이다. 왜냐하면 그것들을 구성하는 '입자들'로서의 상태들은 변화 가능하며, 그 변화 가능성은 쿼크들이 구성되는 전하를 생산하기 때문이다.[7] 쿼크가 양성자 안에서 상호작용을 할 때, 그것들을 함께 묶어 놓는 것으로 여겨지는 것은 질량이 없는 '글루온'(gluon)이다. 하지만 어째서 입자들이 그렇게 하는지 또는 그것의 특성들이 어떻게 도구화됨으로써 보다 예측 가능한 것으로 주어질 것인지에 대해 받아들여질 만한 이론은 존재하지 않는 반면, 어떤 물질에 대한 설명에 있어서 그 속성들이 자신을 변화시키는 보다 많이 지속하는 입자들 주위에 무리 지어 있으면서 존재의 안팎에서 명멸하는, 단명하는 잠재적 입자들의 간섭을 요청한다는 것에 대한 의견 일치는 있다. 흥미롭게도 질량을 생성시키는 것이 무엇인지는 알 수 없는 것으로 남아 있다. 힉스 보손(Higgs boson)

---

7 또한 반쿼크(antiquarks)도 있으며, 아마도 스쿼크(squarks, 쿼크의 보다 무거운 쌍둥이)도 있을 것이다. Battersby, "Messenger from the Multiverse", pp. 36~39.

이라고 일컬어지는 어떤 종류의 입자는 우리가 질량으로 경험하는 방식으로 공간을 '끈끈하게' 만드는 능력을 가진다고 가정된다. 어떤 유명한 과학책은 서정적인 방식으로 "물질세계는 얼어 있는 물질로부터 만들어진다"고 주장한다. 하지만 '결빙'(freezing) 메커니즘은 하나의 수수께끼로 남는다. 요컨대 '입자'란 그 이름에서 보이는 바와 같은 작은 모래알과 같은 것이라기보다, 진동하는 에너지 끈과 보다 유사하다. 이 끈들은 11개의 차원들에서 요동친다. 어떤 경우에 물리학자들은 우주의 대부분이 소위 '암흑물질'로 이루어져 있다고 추론한다. 이 물질은 은하계에 퍼져 있는 중력을 설명하기 위해 요구된다. 그리고 과학자들은 단지 10~15퍼센트 정도의 이론적으로 요구되는 물질들만이 가시적이라고 주장한다. 사실 최근의 천문학 연구는 우주의 3~4퍼센트 이하만이 보통의 물질로 이루어져 있는 반면, '암흑 에너지' 또는 '양자 본질'(quintessence)이라고 불리는 어떤 것이 팽창우주를 설명하기 위해 요청된다고 주장한다.[9]

　　신유물론에 관한 이 개괄에서 핵심은 물질에 대한 이론물리학의 이해가 이제 우리가 매일매일 살고 있는 물질세계와는 동떨어져 있다는 것을 보여 준다는 점이다. 이 물질세계는 더 이상 초기 유물론자들이 그러했던 것처럼 고전물리학의 진부한 확실성에 의존하길 기대할 수 없다. 당연하게도 우리는 여전히 물질의 기초 구성요소들을 발견하는 궁극적 목표로서의 근원적 힘들과 요소적 입자들의 물리학적 용어

8　Calder, *Magic Universe*, p. 465.
9　리 스몰린은 다음과 같이 쓴다. "지난 30년 간의 어떠한 관측도 1998년 암흑에너지의 발견보다 더 혁명적이지 않다. 우리가 에너지가 암흑이라고 말할 때 의미하는 바는 그것이 이전에 알았던 모든 형태의 에너지나 물질과 달라 보인다는 것이다. 즉 그것은 어떤 입자나 파동과도 연합되지 않는다. 그것은 단지 거기 존재한다"(Smolin, *The Trouble with Physics*, p. 149).

들을 식별할 수 있다. 그러나 힘들, 전하, 파동, 잠재 입자들 그리고 빈 공간은 물질에 관한 실체론적 데카르트주의나 기계론적 뉴턴주의의 사고방식과 매우 다른 어떤 존재론을 제안한다. 그리고 과학 이론들이 철학에 단순하게 도입될 수는 없지만, 그것들이 제안하는 회전과 리듬들은 이론적 담론들로 전환 가능하다. 사실상 그러한 힘들, 에너지들, 그리고 (실체들이 아니라) 강도들 그리고 복합물, 심지어 가끔, (단순한, 예측 가능한 상태들이라기보다) 과정들을 기술하는 것이 새로운 흐름이 되었다는 것은 신유물론자들의 경우 분명하다. 근대의 정치적 사유의 기초에 있어서 고전적 과학의 영향을 고려하자면, 신유물론자들이 어떻게 물질에 관한 이 새로운 개념들이 사회와 정치적인 것에 관한 우리의 모델들을 재배치하는지 묻는 것이 적절하다. 게다가 새로운 물리학의 실천적 적용, 이를테면 과학자들이 나노기술이나 양자컴퓨터 기술에서 기대하는 것과 같은 것은 곧 우리의 신체들과 우리의 노동과정 또는 여가 환경에 뚜렷한 물질적 결과를 초래할 것이다.

입자물리학이 물질적 구성에 대한 우리의 감각을 급진적으로 변화시키는 동안, 물리학 내의 다른 흐름들, 특히 카오스와 복잡성 이론도 마찬가지로 물질 운동의 패턴이나 특성들에 관한 우리 감각을 변형하고 있다.[10] 또한 그것들은 우리의 자연환경이 기존에 받아들였던 모델보다, 훨씬 더 복잡하고, 불안정하며, 허약하고 상호작용적이라는 어떤 깨달음을 촉발하면서, 안정되고 예측 가능한 물질적 실체에 관한 관념을 침식하고 있다. 복잡성 이론도 사회 물리적 과정을 이해하는

---

10 카오스 이론과 복잡성 이론은 동일한 것이 아니다. 그리고 관련 분야의 학자들은 이 둘을 구분하려고 애쓴다. 그러나 이러한 이론들이 유사한 종류의 성찰들을 공유하고 있기 때문에, 우리가 설명하는 이런 단순한 수준에서는, 어떤 넓은 경향을 설명하기 위해 카오스 이론과 복잡성 이론 사이의 구분 지점들을 무시하곤 한다.

데 있어서 점점 더 주목할 만한 역할을 하고 있는데, 왜냐하면 그 과정이 보다 넓은 자연환경으로부터 벗어날 수 없다는 것을 알려 주기 때문이다.

1970년대 동안 과학자들은 비선형동역학 체계로 관심을 이동했는데, 그것은 예측 불가능한 것을 구조화하는 것으로서 주류 물리학이 무시했던 것이다. 왜냐하면 그러한 것들은 기계적 개념들로는 설명될 수 없었기 때문이다. 제임스 글릭이 카오스 이론에 관해 언급하는 바에 따르면, "프랙털과 분기들(bifurcations), 단속성과 주기성은 [⋯] 운동의 새로운 요소들이다. 이는 전통적 물리학에서, 쿼크와 글루온이 물질의 새로운 요소들인 것과 같다. 몇몇 물리학자들에게 카오스는 존재보다 생성에 속한, 상태의 과학이 아니라 과정의 과학이다".[11] 카오스 이론에서 겉보기에 제멋대로인 결과들이 극단적으로 복잡하고, 비선형적인 기원을 가지는 반면, 복잡성 이론에서 강조점은 새로운 배치들을 향해 체계를 진입시킬 수 있는 예측 불가능한 사건들에 놓인다. 둘 모두에서 물리적 세계는 역동적인 과정들의 민활한 안정화다. 관성이나 평형상태를 향하기보다, 물질은 여기서 관계성의 복잡다단한 세공(filigree)에 대응되는 내재적으로 자기-조직화하는 속성들을 전개하는 것으로 인식된다.[12] 엉겅퀴 잡초들, 동물종, 지구 행성의 생태 체계, 지구 기후 양상, 또한 신사회 운동, 보건과 범죄, 그리고 경제학은 모두 복잡성 이론에 의해 발전된 설명 방식에 따르면 변경 가능한 것이다.[13] 그와 같은 현상은 이제 복잡한 조직화의 패턴으로 이루어진, 표면적으

---

11 Gleick, *Chaos*, p. 5.

12 Urry, "The Complexity Turn", pp. 10~14.

13 예컨대 Chesters and Welsh, *Complexity and New Social Movements*를 보라. 이 저자들에게 복잡성 이론의 사회적 적용은 어떤 탁월한 들뢰즈주의적 과제다.

로 카오스적인 무작위성에 따라 움직이는 우발적인 체계들로 이해된다. 차츰 더 심화된 조직화와 발전을 위해 집중적으로 기능하게 된다. 이와 같은 체계는 그것의 반복이 결코 완전하지 않기 때문에, 상당 정도 불안정하고 휘발적인 특성을 띠게 된다. 여기에는 새롭고 예측 불가능한 형태들로 진화하는 체계의 능력을 야기하는 핵심 요인들의 계속되는 재정의와 재배치가 있다. 그것의 확산 논리는 우발적이고 내재적인 자기-변형이라는 신유물론적 의미와 다시 한 번 공명한다.

만약 이와 같은 조직화의 패턴들이 예측이나 결정 가능한 것이 아니라면, 그 이유는 부분적으로 원인과 결과 사이에 더 이상 양적 관계가 존재하지 않기 때문이다. 어떤 뜻밖의 물질적 배치로 인해, 극미하게 작은 원인들이 요소들의 상호작용을 통해 뒤따르는 조건들을 변형시킬 수 있고, 마침내 거대하지만 예측되지 않은 효과들을 야기하게 되는 것이다.[14] 기후변화 패턴에서 '나비효과'로 잘 알려진 것은 얄팍한 나비 날개들의 팔랑거림에 의해 야기된 공기의 사소한 교란이 복잡한 기상적이고 대기적인 변화들의 연쇄반응을 초래할 수 있고, 급기야 지구의 다른 반구에서 허리케인을 일으키는 방아쇠가 될 가능성을 의미한다. 그럴 경우, 존 어리가 설명하듯이, "그 합이 부분들보다 더 크다. 하지만 거기에는 그 부분들과는 다른 체계의 결과들이 존재한다. 그것의 상호작용을 통해 나타나는 [그] 체계의 구성요소들은 '동시적으로' 집합적인 속성들 또는 패턴들을 전개한다. […] 이것들은 그와 같은 작용들과 일치하는 바로 그 많은 개별적 구성요소들로 환원될 수 없는 비선형적 결과들이다"라는 것은 아니다.[15] 왜냐하면 조직화의 패

---

14 이를테면, Gladwell, *The Tipping Point*를 보라.
15 Urry, "The Complexity Turn", p. 5.

턴들을 생산하는 다양한 요소들 사이의 셀 수 없는 상호작용이 그러한 요소들을 연속적으로 변형하기 때문이다. 따라서 사전에 결과들을 예측하거나 어떤 사건을 반복하는 것은 불가능하다.[16] 게다가 동역학 체계들 안의 결정 사항들은 비선형적이므로, 마지막 결과를 몇몇 최초 순간에 이미 잠복해 있던 가능성으로 해석할 수는 없다.[17] 또한 우리는 그와 같은 물질적 생산성 안에서 어떤 물질적 행위자에 관한 포스트휴머니즘적 의미와 인간 행위자의 효과를 분별할 수 있다.

이 장에서 우리는 신유물론적 존재론의 요소들을 개괄하면서, 최근의 과학적이고 철학적인 사유에서 물질성과 물질화에 관한 새로운 의미를 특성화하는, 진동하고, 구성적이며, 긴급한 동시에 심지어 비물질적인 목록들에 주의를 환기시켰다. 이러한 수준에서 우리는 그와 같은 물질을 개념화하는 역동적 방법들이 인간과 행위자 그리고 이에 따른 정치와 사회에 대한 우리의 가장 기초적인 생각을 신뢰한다는 의미의 간접적인 함축을 조명했다. 우리는 여기에 정치적으로 각성된 유물론자들이 해야 할 많은 일들이 있음을 믿는다. 다음 장에서 신유물론의 두 번째 방향을 고려하면서, 우리는 자연과학과 그 적용에서의 최근 발전에 의해 드러나고 있는 몇몇 이미 긴급한 정치적·윤리적 도전들을 보다 직접적으로 음미할 것이다. 여기서 우리의 관심사는 물리학에서 물질에 관한 생물학으로 옮겨 간다.

16 흥미롭게도, 존 설은 최근 체계의 부분과 전체 간에 역학적이고 변형적 관계에 대한 이 특별한 이해가 신경생물학의 영역 안에서 의식 이론을 도출하는 풍부한 길이 되리라고 본다(Searle, *Freedom and Neurobiology*).

17 모니카 그레코가 주목하듯이, 복잡 인과에 관한 생각은 "우리가 질적으로 새로운 질문들의 원천으로서 가치, 즉 단순하게 미래의 지식으로 미룰 수 없는 어떤 무지의 형식의 가능성을 깨닫고 배우기를 요구한다"(Greco, "On the Vitality of Vitalism", p. 24).

생명윤리와 생명정치학

'생명-'(bio-)이라는 접두사가 유행하는 우리의 당대적 상황에는 전례 없는 어떤 것이 있다. 분자생물학과 인접 학문들은 이전까지 이론 물리학이 향유하던 일련의 특권적인 위상을 획득하고 있다. 이것은 생명의학과 생명공학에서의 혁명적 변화에 힘입은 바가 크다. 이러한 상황은 자연과 생명체의 위상과 관련하여 비판적 사상가들의 의제에 이전에는 없던 주제 영역을 차례차례 올려놓고 있으며, 우리가 신유물론의 두 번째 주요 갈래로 이해하는 것을 정의한다. 여기에는 여러 관련 주장들이 발전하고 있지만, 우리는 특히 네 가지에 집중하고자 한다. 그것은 기존의 결과들, 복잡성 이론의 적용, 신체에 대한 새로운 관심 그리고 그 정치적 역할이다. 이는 인간과 도덕적 행위자의 구별에 대한 몇몇 근본적인 질문들을 다시 취급하는 다수의 생명윤리적 논쟁과 정치학의 전망들과 정의들을 전환하는 생명권력(biopower)의 새로운 가능성과 배치와 연관되는 생명정치적 관심들이다.

앞선 절에서 우리는 역학적인 물리학 체계를 이해하는 새로운 방식으로 복잡성 이론의 중요성을 고려했다. 이제 우리는 이러한 접근이 생물학적 유기체와 그것의 물리적 환경이라는 다른 측면들과의 관련에 관한 연구를 촉발하는 보다 확장된 몇몇 경로에 주목할 것이다. 물리학에서뿐 아니라 생명과학에서도 물질적 현상은 점점 더 낱낱의 개별체나 닫힌 체계로 개념화되지 않고, 통기성 경계(porous boundaries)를 가진 열려 있고, 복잡한 체계로 개념화된다.[18] 그와 같은 이론들은 물리적 체계와 생물 체계의 상호작용과 과학자들이 생물학적 물질과

---

18 따라서 프리초프 카프라는 "살아 있는 유기체는 스스로를 평형이 아닌 상태, 그리고 아직 안정적이지 않은 상태로 유지하는 개방된 체계이다"라고 쓴다(Capra, "Complexity and Life", p. 37).

그것의 사회 안으로의 중첩에 대해 사고하는 방식을 변형하면서, 그것들 간의 옛 구분에 도전한다. 우리가 예기치 않은 변화들, 병과 피로함의 경과, 전 지구적 기후변화의 패턴에 대해 말하든 또는 국제경제의 변덕스러운 변화에 대해 말하고 있든, 그 열린 체계 또는 생태적 전망은 우리가 사회경제적이고 환경적인 조건들과 생물학적이고 생리학적인 또는 물리적인 과정들 사이의 상호작용을 생각하도록(그리고 그것에 대해 보다 좋은 방법을 발견하도록) 만든다.[19] 고전주의 이후의 물리학에서와 같이 새로운 생물학은 물질과 우리의 통속-사회경제학에 대한 그것의 효과에 대한 생각의 새로운 방법을 촉진한다. 그리고 이것은 마침내 도덕과 정치적 행위자의 현대적 개념들에 대한 주목할 만한 도전들을 노정한다.

　　지구온난화에 대한 접근들은 그와 같은 사유의 한 예를 제공할 뿐 아니라, 사회적 존재의 물질적 차원들에 대한 새로운 강조들을 예화하는 것이기도 하다. 겉보기에 중요하지 않은 것처럼 보이는 일상적 행동들의 상호적 작동 방식에 대한 관심이 점점 더 커지고 있다. 지구온난화는 급작스러운 기후변화 양상의 유해한 효과의 예로서 전 지구적 환경의 황폐화라는 결과를 초래한다. 무수한 세속적 개인의 행위들이 일으키는 막대한 거시적 충격은, 인과의 본성뿐 아니라 개인과 정부가 지구 행성의 건강을 위해 가지는 책임의 본성에 대해서도 비판적·정치적, 그리고 법적 성찰을 촉구한다. 또한 기후변화로 인한 해수면상승, 사막화와 같은 사건들의 불균등한 효과들은 특히 행위, 의도 그리고 결과 간의 불일치와 관련하여 사회정의를 지지하는 데 있어서 심각한 의문들을 드러낸다. 윤리적 가치에 관련된 질문들 그리고 인

19　Latour, *Politics of Nature*.

간의 도덕적이고 정치적인 유죄성, 비인간, 잠재적 인간에 관한 정의(definition)는 환경적인 퇴락과 관련해서 특히 성가신 문제다. 그리고 자연자원의 감소는 바로 한 세대 전에는 상상하기 힘들 만큼 긴급해졌다. 이와 같은 의문들은 누가 또는 무엇이 주체로 간주되어야 하는지, 그리고 윤리적·법적 또는 정치적 행위의 대상들로 취해져야 하는지에 대한 철저한 반성만이 아니라, 위기를 이론화하는 새로운 방식과 보다 활발하게 자연 과정들에 개입하는 인간으로서의 책임을 제안하는 것이고, 아직 윤리적이 아니라 해도, 이에 따라 결과에 대해 보다 더 물질적으로 책임질 수 있게 하는 것이다.[20]

명확한 경계들의 동요나 신체들, 대상들, 그리고 맥락들 사이의 구별에 대한 보다 다양한 예들은 무수한 생명공학적 기술과 디지털기술의 발전들에서 눈에 띄는데, 이것은 생명의 풍경들을 바꾸고 있는 중이다. 유전적으로 변형된 유기체들은 이제 세계의 대부분을 먹여 살리고 운송 수단들에 연료를 공급한다. 이는 농업적 생산과 에너지 사용의 형태를 확고하게 변형시킨다. 의학적이고 디지털적인 놀라운 보철 기구들도 이제 우리의 신체적·사회적 삶을 많은 방식으로 움직이고, 강화하며 풍성하게 만든다. 심장박동을 일정하게 유지하고, 의료 서비스를 제공하며, 팟캐스트에서 뉴스를 보고, 인터넷 기반 공동체를

---

20 위기관리는 공공보건과 환경과 같은 영역들에서 그 자체로 어떤 주목할 만한 장이 된다. 이 중 다수가 울리히 벡의 『위험사회』로부터 따라 나온다. 이 책은 화학 회사나 다른 회사들에 의해 수용되어 행해져 온 몇몇 충격적인 위기의 예들을 논증 안에서 제시한다. 여기서 그러한 위기들이 다양한 것들에 의해 탄생된다는 것을 논하는데, 특히 선진국이 초래한 위기는 그 사법적인 배상과 전혀 일치하지 않는다. 인도의 보팔 화학 공장과 그 희생자들을 충격적인 방식으로 대우한 그런 예는 특별히 벡의 논증에 있어서 분명한 예가 된다. 이것은 위기관리가 어떤 내적이고 폭넓은 체계적 접근을 요청한다는 의미를 강조한다(Beck, *The Risk Society*; Beck, "The Terrorist Threat"; Franklin, *The Politics of Risk Society*)를 보라.

형성하며, 웹이나 GPS를 통해 길을 찾거나 혹은 무선통신을 통해 가족 사랑을 전송하는 등 디지털 기술은 우리 삶 그리고 우리가 존재하는 바의 한 부분이 되어 가고 있다. 이는 단순히 보다 많은 사람들이 도나 해러웨이의 사이보그에 가까운 무언가가 되어 가고 있다는 그런 것만이 아니다(인간과 기술의 융합).[21] 캐서린 헤일스에 따르면, 보다 급진적으로 보면, 네트워크화되고 프로그램 가능한 미디어에 침윤된다는 것은 우리를 인간 영역 바깥으로 밀어내면서, 포스트휴먼의 영역으로 밀어 넣는다는 것을 의미한다. 즉 "존재하는 어떤 정보적 패턴은 생물적 기저 안에서 예화된다".[22] 그와 같은 변화는 독특한 생물적 또는 도덕적 개별체로서의 인간에 대한 우리의 이해에 의미심장한 함축을 가져다준다.[23]

물질의 상이한 질서들의 상호작용을 인식하도록 이끄는 신유물론의 더 심화된 예는 유전학에서 명확하게 드러난다. 몇몇 유전학자들에게, 유기체의 경계 다공성(porosity)에 대해 성찰하게 한 것은 애초에 예상했던 것보다 상당히 더 적은 수의 유전자들이 인간 게놈 안에 있다는 발견에 의한 것이다. 게놈지도를 작성하기 전까지 많은 사람들은 각각의 유전자가 그에 상응하는 단백질을 생산한다고 상상했다. 이때 이 단백질은 개개 성향의 원인이라는 것이다. 이것은 유전자의 작동에 관한 명백하게 기계적인 개념이다.[24] 뒤따르는 가정은 일단

---

21 Haraway, "A Cyborg Manifesto" 또한 "Annual Review", *Theory, Culture and Society*, eds. Mike Featherstone and Nicholas Gane도 보라. 이것은 해러웨이의 사이보그 개념의 전통을 살피는 여러 편의 논문들을 포함하고 있다.

22 Hayles, "Unfinished Work", p. 160. Hayles, "Computing the Human"도 보라.

23 Hayles, *How We Became Posthuman*; Fukuyama, *Our Posthuman Future*; Cheah, *Inhuman Conditions*.

24 Wynne, "Reflexing Complexity".

모든 유전자가 알려지고 지도 작성이 이루어지면, 인간은 정확하게 그들의 유기체적 생명의 고정성을 예견하고 통제할 수 있을 것이라는 점이었다. 그러나 유전학자들이 실제로 발견했던 예상외로 적은 수의 유전자는 유전적 결정론이라는 단순한 설명 틀을 포기하도록 만들었으며, 유기체의 특정 속성들과 수용체들이 유전자들과 호르몬, 신경화학적 자극, 음식 섭취와 환경적 조건들과 같은 다수의 다른 요인들을 통해 생산된다는 것을 깨닫게 했다. 이것은 결국 개별적·자율적 단위로서의 유기체를 비교적 무용하며, 인과적 패턴에 제한된 것으로 다시 생각하도록 자극했다. 또한 이런 발견들은 '체계-생물학', 후생유전학(epigenomics) 그리고 생태유전학(gene-ecology, 유전자-생태학)에 관한 보다 복잡한 생각들을 사용하여 유전적 행동을 연구하는 자극제를 제공하기도 했다.[25]

그와 같은 결과들은 물질에 관한 보다 오래된 데카르트-뉴턴적 개념들과 자연에 관한 인간의 지배라는 프로메테우스적 이념들에 대한 새로운 물리학의 몇몇 도전들을 강화하는 동시에 이전에는 분리되었던 영역들, 이를테면 의학과 정치학의 장들이 보다 밀섭하게 함께 작동해야 한다고 주장한다. 왜냐하면 그런 모델들에서 신체는 열린 체계로 간주될 뿐 아니라, 환경과 그것의 상호작용들이 명확하게 그 신경화학적 기능을 형성하며, 질병과 위생의 진행 방향을 모양 짓기 때문이다. 그와 같은 협력의 지표는 그 대표자들이 '개방적인 발전적 체계 접근'을 활용하는 방식에 놓여 있다. 이것은 차등적인 보건위생적 결과에 대한 연속되는 사회적 맥락의 효과를 여러 번 검토하는 것,[26]

25 *Ibid.*, pp. 72~74.
26 Daniels, *At Women's Expense*; Oyama, *The Ontogeny of Information*; Oyama, *Evolution's Eye*; Fausto-Sterling, "The Bare Bones of Sex".

또는 사회적 행동의 패턴들, 이를테면 범죄행위의 인구통계학과 산업 폐기물의 지리적 분배 사이의 암시적인 상호 관계를 가리키는 패턴들을 재사유하는 것이다. 환경독성 물질의 총계적 효과가 판단과 행동에 유해한 결과를 초래한다는 것이 드러난다면, 그것이 함축하는 바는 환경을 깨끗하게 하거나 식습관을 바꾸는 것이 불량스러운 도시 청년들을 감금하는 것보다 더 효과적이라는 것이다.[27] 그와 같은 예들은 어떻게 계급과 같은 사회적 수준이 명확히 자연적 과정을 통해 영향을 미치고 순환하는지뿐 아니라 물질적 과정의 내적 역학을 이해하는 새로운 방식이 가진 중요한 정책-입안적 함축을 보여 준다.

생명공학의 발전은 보다 간접적인 정치적 반작용을 일으킬 수도 있을 것이다. 그것의 복잡한 전개는 예측이나 통제를 어렵게 만들기 때문이다. 여기서 문제는 개방적 체계들 사이의 복잡한 상호 관련인데, 이것은 하나의 '생태 영역'(ecodomain)에서 사건이 발생하면서, 다른 영역에서 사건들을 재촉할 수 있다는 점이다. 예를 들어 석유는 전 세계 경제의 축일 뿐 아니라, 결과적으로 현재 외교정책과 국제 관계의 중심 요소이다. 따라서 바이오연료를 생산하는 합성 박테리아(synthetic bacteria)를 만들어 내려는 최근의 노력들은 무시할 수 없는 거시적 수준의 효과들을 발생시킬 수 있다. 화석연료에 대한 의존의 종말은 국제적인 중요성을 띠는 경제국가들의 상이한 배치를 촉발시킬 뿐 아니라 경제권력의 그와 같은 균형 이동은 국제외교와 외국과의 관계들을 이끌어 가는 긴급한 명법들을 변형하기도 한다. 즉 자본 흐름의 방향을 바꾸고, 경제적 이주의 지정학을 재배치한다.

---

27 Masters and Coplan, "Water Treatment with Silicofluorides and Lead Toxicity"과 Roger, Hone, and Doshi, "Environmental Pollution, Neurotoxicity, and Criminal Violence".

정치학이 단순히 형식적인 법치주의적·제도적 또는 규범적 체계라기보다 권력관계들의 계속되는 과정으로 이해되는 한(우리는 특히나 유물론과 일치하는 어떤 관점을 제안하는 것이다), 정치 분석가들은 생명공학적 발전들을 무시할 여유가 없으며, 그러한 기술들의 기업 소유주들이 지리정치학적 체계 안에 포함되는 것도 무시할 수 없다. 또한 명백하게도 의생물학(biomedicine)과 생명공학은 과학과 정치학 사이의 관계에 대한 갱신된 반성을 촉발한다. 이를테면 만약 생명공학적 발전이 잠재적으로 정치적이고, 경제적이며 윤리적인 함축에 지대한 영향을 미친다면, 거기에 연구 목표들, 용도들 그리고 소유권에 대한 어떤 보다 공적이고, 정치적인 대화가 요청될 것인가? 만약 과학이 분명히 공적 논의의 장으로 들어오게 되면, 어떤 종류의 논증들이 장점에 부합할 것인가? 즉 그것들은 세속적인 과학 또는 경제적 관심 또는 종교적 신앙에 의해 활력을 얻게 되는가?[28]

우리는 복잡성 이론과 발전하는 기술들이 물리적·환경적 또는 기술적으로 재직조된 물질과 구분되는 유기적 실체들로서 보다 덜 개별적인 신체[물체]들을 허용한다는 것에 주목했다. 결과적으로 연구자들이 생명물질에 관한 그들의 사유 안에서 복잡성 이론을 사용할 때, 그들은 매우 빠르게 다수의 윤리적이고 정치적인 주제들에 대한 그들의 분석 안으로 휘말려 들어간다. 하지만 우리가 주목하기를 바라는 새로운 생명유물론(biomaterialism)의 두 번째 측면은 정치학의 이론들 안에서 — 특히 민주주의와 시민권에 관한 이론 안에서 — 다시 말해, 정치적 교전 안에서 본능적 주인공으로서의 신체의 역동적 역할에 대한 증가하는 깨달음이다. 우리는 물체적 과정들과 신체적 능력들에

---

28 Jasanoff, *Designs on Nature*; Rajan, *Biocapital*.

관한 이러한 강조가 신유물론의 몇몇 영역에서 주목할 만한 요소일 뿐 아니라, 민주적 과정의 몇몇 적합한 기여에 긴요한 것이기도 하다고 주장한다.

신유물론자들에 따르면, 어떤 합당한 정치 이론도 경험적 활동인 자 안에 있는 신체들의 중요성을 무시할 수 없다. 이것들은 자연, 다른 신체들 그리고 사회경제적 구조라는 물질적 환경에 속해 있으며, 어디서 그리고 어떻게 이러한 환경이, 생계 활동을 하고, 그들의 욕망을 충족시키며 또는 정치적 삶에 참여하기 위한 필수적인 재료들을 확보하는지를 좌우한다. 이것은 사실상 페미니스트들과 계급 이론가들이 자주 주장해 왔던 것이며, 우리는 이 맥락에 오직 우리의 관심사, 즉 그와 같은 물질적 차원들이 최근에 구성주의적 접근과 정체성 정치학이라는 유행에 의해 주변화되어 왔다는 것을 추가할 것이다. 물론 후자는 신체와 그것의 권력과의 중첩 관계에 대해 상당히 많은 언급을 했지만, 우리는 그들이 신체의 물질적 효과에 충분한 관심을 기울였다거나 그렇게 하기 위해 이론적 원천들을 소지하고 있다고 생각하지 않는다. 이러한 관점으로부터 우리는 구체적인 것에 대한 현상학적인 접근의 신유물론적인 경향에 더 주목할 것이다. 권력이 신체를 구성하고, 신체에 의해 재생산되는 과정에도 집중하면서, 현상학적 연구들은 신체가 권력관계에 참여할 때 신체성의 현행적이고, 자기-변형적이며, 실천적인 측면들을 강조한다. 그러한 연구들은 신체가 그 개념적 환경을 구조화하거나 양식화하는 과정에서 행위적 능력들을 전개한다는 것을 발견한다. 거기서 연구자들은 신체적으로 유의미한 패턴들을 발견하고, 조직화하며, 거기 응답한다. 따라서 그와 같은 이론들은 인지 유발 이전의 즉각적 작용을 도입하거나, 또는 저항을 위해 자연 속으로 창조적인 우발성, 의미화, 차이, 효과 그리고 어떤 제한된 자유를 도입한다. 다시 말해 그 이론들은 생명체가 자연과 사회적 세계를, 그것들이 이성적 행위자와 만나기 이전에(그리고 그동안에) 어떻게 구조화하는지 기술함으로써 내재적으로 생산적인 물질의 존재론들을 보강한다. 다시 한 번 이들은 물질성에 합당한 가치를 부여하는 것이다.

이러한 신체성에 대한 강조는 신체가 이제 사회적이고 정치적인 상황들에 의미 있는 효과를 가져다주는 능력들을 전개하는 것으로 인식되는 한, 그 각각에 귀속된 속성으로 정의되는 행위자를 더 멀리까지 탈구시킨다. 따라서 신체들은 다른 신체들과 그들의 몸짓들, 직감적 반응을 야기하는 행위들을 통해 소통하며, 필연적으로 의식적인 각성을 통과하지 않는 판단의 형식을 야기한다. 이 신체들은 숙의민주주의 모델에서처럼, 일대일 대면으로 만나는 권력 게임에서는 언제나 유력한 선수들이다. 따라서 창발적인 능력들의 실천적이고 효과적인 계열로서의 신체성에 관심을 기울이는 것은 행위자의 물질성과 자연 자체에 내속하는 행위적 특성들 둘 모두를 드러낸다.[29] 이 둘 모두는 우리가 정치적 과정들을 이해하는 방식을 위해 중요한 함의를 가진다.

신체성에 대한 이러한 상소에서, 우리는 또한 신유물론적 존재론의 가장 구별되는 특성들 중 하나를 알아챈다. 포스트휴머니즘에 대한 옹호가 그것이다. 이들은 조르조 아감벤이 "휴머니즘의 인류학적 기계"라고 부른 것을 전개한다.[30] 신유물론자들의 물질화에 관한 개념화는 인간중심주의적(anthropocentric)이지 않으며 인간 신체를 특권화하지도 않는다. 여기에는 동물의 신체들을 포함하여(그리고 아마도 기계

---

29 Merleau-Ponty, *Phenomenology of Perception*; *The Primacy of Perception*; *The Visible and the Invisible*. 이 현상학적 논증의 좀 더 진전된 논의를 위해서는 Coole, "Rethinking Agency"와 Coole, "Experiencing Discourse"를 참조하라. 마찬가지로 이와 많은 지점에서 유사하고, 메를로 퐁티의 작업을 활용하는 비판적 실재론자의 사유는 Archer, *Being Human*을 보라.

30 Agamben, *The Open*, p. 29.

류들도) 모든 신체들이 행위자로서의 어떤 능력들을 드러낸다는 것에 대한 점점 증대되는 합의가 있다. 결과적으로 인간 종, 그리고 자기-성찰의 질, 자기-인식 그리고 합리성은 전통적으로 자연의 나머지와 구분되곤 했는데, 이는 이제 보다 넓은 진화적 또는 우주적 생산성의 범위 안에서 단지 우발적이고 임의적인 형태들이나 과정들로 보여진다. 만약 인간적인 완전성이나 개선이 더 이상 역사적인 운명으로 이해되지 않는다면, 그것은 마찬가지로 진화의 목표도 아닐 것이다. 이것이 상징활동이나 반성과 같은 인지적 능력이 더 이상 가치가 없다는 것을 도출하지는 않지만, 신유물론은 그러한 것들을, 결코 한꺼번에 출현하지는 않는 자기-발생적인 자연의 혼합되고 우연적인 생산물로 재사유하는 방식을 촉구한다. 이것은 더 나아가 이러한 인지적 능력들이 존재의 상이한 종들을 가로질러 여러 등급에서 드러난다는 깨달음도 가져 오는데, 이러한 능력이란 그 최초 유래로부터 영원히 물질로 존재한다는 것이며, 인간의 지성은 생명의 물질화라는 스펙트럼 안에서 출현하고, ─ 이를테면 동물의 경우에서처럼 ─ 권리란 더 이상 자동적으로 인간의 권리만으로 이해될 수 없다는 것이다.[31] 이 관점에 따르면 인간과 동물 간의 차이, 또는 심지어 정서적인 물질과 비정서적인 물질 간의 차이는 본질적인 문제라기보다 정도의 문제이다. 앞서 스티븐 화이트의 인용구를 상기하면, 이 새로운 방식들로 사유하는 것은 우리의 규범적 가설들에 주목할 만한 충격을 가할 것이며, 또한 규범적 이론 자체가 그것이 사회정의와 같은 개념들을 고려하는 물질적 맥락을 변경하는 데 보다 많이 참여할 필요가 있다는 것, 이 둘 모두를 명확하게 한다.

---

31 Sunstein and Nussbaum eds., *Animal Rights*.

신유물론의 생명적 요소로서 우리가 인지하는 세 번째 생명차원(biodimension)은 생명체와 그것의 정의들이 물질적으로 그리고 담론적으로 변형되고 있는 방식으로부터 생겨나는 특별히 생명윤리적인 도전들의 영역을 상정한다. 실천적 수준에서, 생명과학과 생명기술은 유전자 치료술, 현미경 수술, 보조 생식기술(assisted reproductive technologies), 인명-구조 보철 기구, 그리고 제약 형식과 행동 교정뿐 아니라 생명복제, 유전자 변형 식물, 유전자 교배기술까지 만들어 내었다. 이 모든 생명기술적 발전들은 생명의 숨겨진 깊이와 세부 사항들에 대한 통제력을 부여하고 강화하거나 확장하기 위한 것으로서, 이런 의미에서 오직 자연을 지배하고자 하는 근대적 의지에 도움을 준다. 하지만 근대성은 애매한 윤리적·정치적 가능성의 위험지대(이를테면 생물 재난과 생물학무기 테러리즘)를 열어 놓음으로써, 그러한 것들의 부정적인 외부성과 그것들이 풀어놓은 힘들을 통제하는 데 있어서의 무능력이 또한 드러나게 된다. 기대와 위협 둘 모두로서, 그와 같은 발전들은 책임과 속성의 본성, 세계에 대한 인간의 관계, 비인간과의 관계에 있어서 인간의 적확한 정의, 그리고 자기성(selfhood)의 주체적 경험이나 정치-사법적 규범의 형식들과 영역을 전환하는 방식에 대한 생명윤리적이고 생명정치적인 질문들에 직면한 신유물론자들을 불러 모은다. 니콜라스 로즈가 지적한 바에 의하면, 생명공학은 우리 일상생활 안에 있는 생물학적 집적물들 —— 유전자, 탄수화물, 아미노산, 콜레스테롤, 세포 구조, 안면 신원 분석, 심장박동 등등 —— 을 분류하고, 측정하며, 모니터링하고 변형하는 도구들과 과정들을 생산함으로써, 개인들이 그들 자신의 삶의 주체이면서 행위자로서 스스로에게 속한 경험들을 또한 변형시킨다.[32] 이것은 또한 의미심장한 질문들을 제기하는데, 그것은 신생명공학의 접근에 있어서 더 오래 더 건강하게 사는 일생이라는 식의 보다 많은 삶을 약속하는 물질적 원천들과 그것의 특권계급에 대한 분배와 관련된다.[33]

　　동시에 생명체 안의 변화들이 사람들을 평가하는 전통적인 윤리적 범주들을 진부한 것으로 만든다는 것도 분명하다. 과학자들은 종들을 합성하고, 인간과 동물의 생명을 창조하고 확장하며, 유전자를 새로운 삶의 형식들을 창조하기 위해 조합하는 데 성공하는 동안, 윤리적이고 정치적인 사유를 기초 짓는 많은 개념들과 경계들을 휘저어 놓는다. 예컨대 지능적인 합성 생명체들은 인격으로서의 우리 자신에 관한 그 개념화 자체에 도전한다.[34] 왜냐하면 지능적 생명과 비지능적 생명 사이의 구분은 인간을 다른 동물들과 구분하고 물질적 원천에 관한 인간의 도구적 전유를 정당화하기 위해 관건적이기 때문이다. 만약 과학자들이 물질로부터 생명을 창조하는 능력을 가진다면, 그리고 만약 그와 같은 생명체가 특정한 임무를 수행할 수 있는 지적인 행위자의 형태를 취한다면, 이전에는 본질적인 구별이었던 것은 보다 덜 중요해질 것이며, 그러한 것에 기반한 규범들도 유효한 것이 아니게 될 것이다. 이것은 생명체 그 자체에 관한 문제를 제기한다. 우리는 어떤 종류의 윤리적 가치를 합성 생명체들에 부여해야 하며, 그 기준이 되는 것은 무엇인가? 만약 합성 생명체가 예기치 않고 허용 못 할 방식으로 행동한다면, 우리는 누가 그것에 대해 책임이 있는지, 누가 책임져야 하는지, 또 책임질 수 있는지에 대해 성찰할 필요가 있다. 이 분야에서는 아마도 과학소설이 주류 윤리학의 첨단에 설 수 있을 것이다.[35]

32　Rose, *The Politics of Life Itself*. Sharp, *Strange Harvest*도 참조하라.

33　Goodwin, *Black Markets*; Waldby and Mitchell, *Tissue Economies*; Sharp, *Bodies, Commodities, and Biotechnologies*.

34　MacIntyre, *Dependent Rational Animal*.

35　이와 같은 주제는 「2001, 스페이스 오디세이」, 「아이, 로봇」 그리고 「블레이드 러너」와

우리가 중요하다고 생각하는 새로운 생명유물론적 탐구의 궁극적 측면은 생명공학적 발전들에 의해 보증되는 생명권력의 창발적 양태들과 관계한다. 확실히 이와 관련된 문제들 중 몇몇은 새로운 특허들에 대한 소유권과 다국적기업들에 의해 축적된 영향력 있는 힘에 집중된다. 이들 다국적기업들은 인류 생존의 적확한 조건인 음식, 물 그리고 에너지의 광범위한 통제권을 획득하는 것을 제외하고는, 그들의 기업 주주들이 아닌 세계 인구들에 대한 어떤 책임도 가지지 않는다. 이것이 다음 장에서 우리가 국제정치경제에 대한 갱신된 관심을 옹호하는 하나의 이유이다. 하지만 여기서 우리의 특정한 관심은 생명공학이 야기하는 전례 없는 미시권력들이 신유물론자들에게 부여하는 중요성을 규명하는 것이다. 로즈가 경고한 대로, 이론가들은 현대 생명정치적 맥락에 속한 문화와 규범들이 집단들과 개인들을 새로운 방식으로 통제하는 기회들을 제공하는 것에 대해 주의할 필요가 있다. 로즈와 같은 푸코의 독자들은 근대국가가 18세기 이래로 그 거주민들의 삶, 위생 그리고 죽음을 다루어 왔던 생명정치적 기획을 잘 알고 있다. 국가의 출산율, 결혼 그리고 장례 풍습, 전염병, 식품위생에 대한 관리 그리고 국가의 보건위생 정책은 새롭지 않지만, 그렇다고 필연적으로 해로운 것도 아니다. 하지만 최근까지도 일상적으로 가장 내밀한 습관들로의 침투를 정당화하는 이 권력의 물질적 측면에 대한 관심은 결여된 상태였고, 따라서 비판적 탐구를 할 필요성이 생긴다. 유사하게도, 환경 붕괴를 개선하기 위한 운동뿐 아니라, 한 무리의 새로운 생명공학 전문가들은 여러 방면에서 기꺼이 받아들여져야 하는 반면, 그들이 만든 도구들, 실천들, 정책들과 규범들은 우리의 물질적인 삶의 일

같은 영화들 안에서 진지한 주목을 받게 되었다.

상적인 세부 사항들에서 보다 강력한 개입들을 고취하고 고무하기 위한 그 능력들과 관련하여 비판적으로 검토되어야만 하는 것이기도 하다. 왜냐하면 생태 윤리, 규범들, 유인들 그리고 사람들이 채택하는 정체성들에 따르는 삶의 방식에서 광범위한 변형을 받아들이자마자 그것들은 새로운 훈육 형태들의 일부가 되며, 그러한 상황은 확실히 분류되고 조사될 필요가 있기 때문이다.

생명공학적 발전들은 또한 생명이란 무엇이며 그것이 얼마나 심대하게 국가 통치 아래에 떨어질 수 있고 그래야만 하는지에 대해 특별히 정치적인 질문들을 제기한다. 아감벤에 따르면, 현대사는 태아의 권리, 낙태, 줄기세포 연구 그리고 안락사에 대한 논쟁에서 보다시피 "권력의 메커니즘과 계산 안에 인간의 자연적 삶이 포함되는 점진적인 과정"을 증언해 왔다.[36] 즉 삶과 죽음 사이의 경계에 관한 의학적·과학적 또는 종교적 사유들은 최근 들어 주권과 관련된 이슈들과 점점 더 많이 뒤섞이는데, 왜냐하면 가면 갈수록 이전에 신이나 자연에 주어졌던 문제들에 대해 국가가 법적 잣대를 세워야 했기 때문이다. 표면적으로는 생물학적 삶에 대한 기술적 문제들이 정치 질서 안으로 들어서는 듯하다. 왜냐하면 국가가 종종 여러 상이한 생명들의 가치에 대해 결정해야만 하기 때문이다. 이를테면 안락사라는 것이 일단 정치의 각축장에 던져지면, 삶과 죽음의 적확한 정의는 어떻게 생존에 대한 결정들이 의학적인 전문 지식에 의존하는지를 증명해 보인다.[37] 아감벤은 **뇌사**(coma dépassé, 생명 기능은 멈추지만 생명 연장 기계가 의식불명 상태를 지속시키면서, 인위적으로 신체를 삶과 죽음의 중

---

36 Agamben, *Homo Sacer*, p. 119. 그가 염두에 두고 있는 푸코의 저작은 여기서 『성의 역사』 1권이다.

37 Agamben, *Homo Sacer*, pp. 136ff.

간 지대에 생존하게 하는 상태)라고 불리어지는 조건이 어떻게 입법자로 하여금 삶의 마지막 경계 지대로 옮겨진 죽음을 재정의하도록 하는지 잘 설명한다. 인간의 기술들에 의해 유지되고 통제되는 이 '벌거벗은 생명'(bare life)을 대면하면, 자연은 더 이상 삶과 죽음 사이의 차이에 대한 믿을 만한 지도 원리가 아니게 된다. 대신, 그 구별은 어떤 과학적·의학적 그리고 정치윤리적 질문이 된다.[38]

　인구통계학에 있어서 최근 여러 사회과학자들과 정책입안자들의 유사한 관심은 과학적 혁신들과 그것의 광범위한 사회적인 흡수 과정이 어떻게 형식적으로 불규칙한 자연스런 과정들 안에서 —— 특히 생명 연장의 기대를 의학적으로 진전시키고 풍부하게 하는 믿을 만한 처리 과정을 촉발하는 재생산기술들 —— 예측되지 않았던, 하지만 정치적 행위자들이 점점 더 응답할 의무를 가지게 될 확장적인 거시 수준의 결과들을 초래하는지 증명하는 것이다. 노령화와 더불어 인구 감소는 복지국가에 대한 뚜렷한 정치적·경제적 도전들을 드러내면서, 동시에 잠재적으로 전 지구적 권력 균형 안에서 광범위한 구조적 이동들을 가동시킨다. 이것은 개발되거나 개발 중인 지역들에서 전개되는데, 상이한 인구학적 작동 방식을 가지는바, 노동력과 군사력, 인종적 그룹들 그리고 연령별 선거인 명부들의 상대적 크기에 영향을 미치면서 생태적인 흔적을 남긴다.[39] 순수한 물질성과 신체들의 집합 —— 그 수, 욕구, 다산성, 생산성, 지속 가능성 등등 —— 은 정치적 분석과 개입의 핵심 차원이 되고 있다.

　이 장에서는 새로운 생명유물론적 사유 안에서 분별되는 여러 방

38　*Ibid.*, pp. 160~164.
39　예를 들어, Jackson and Howe, *The Graying of the Great Powers*와 Magnus, *The Age of Aging*이다.

향들과 우리가 특별히 전경화하고자 애쓰는 그것의 정치-윤리적 탐구의 중요성을 개괄했다. 여기서 주요한 논증은 살아 있는 물질에 대해 사유하는 새로운 방식은 급진적이고 급속하게 우리의 물질세계를 재배치하고 있다 ─ 경험적으로도 개념적으로도 ─ 는 것이고, 이것은 우리의 가장 기초적인 생명과 인간에 관한 개념들을 변형시킬 뿐만 아니라 생명의 바로 그러한 건축 요소들에 개입하고 인간 종이 ─ 다른 것들 사이에서 ─ 존속하는 환경을 변경하는 것이기도 하다는 점이었다. 이러한 재배치들이 많은 신유물론자들이 참여하고 있는 거대한 윤리적이고 정치적인 질문들을 제기하는 반면, 우리는 유물론적인 전망으로부터 어떤 규범적인 질문들이 새로운 과학적·기술적 발전들에 관한 잘 알려진 이해 방식과 또는 그 물질적 함축 그리고 맥락들과 떨어져서 적합하게 다루어질 수 없다는 것도 깨닫는다. 이제 우리는 신유물론에 대해 파악하는 세 번째 주요한 주제로 방향을 틀면서, 경제적이고 정치적인 권력관계들이라는 물질적 맥락에 대한 이 새로워진 관심을 강조할 것이다.

비판적 유물론을 실행하기

갱신된 유물론의 구성요건으로서 우리가 지목하는 마지막 주요한 경향은 분명히 가장 정치적인 것일 뿐 아니라 가끔은 이론적으로 가장 논쟁적인 것이다. 그것은 접근 방식을 확장하는 것으로서, 유물론이 실천적이고, 정치적으로 사회 이론에 참여하는 것이며, 존재의 현실적 조건들과 그것의 고유한 불평등성에 대한 비판적 분석에 투여되는 것이다. 이 경향은 몇몇 보다 근원적이고 특히 언어적인 구성주의적 형식들뿐 아니라 추상적인 규범적 정치 이론과도 불화하는 방법론적 실재론을 행하는 것이다. 이 유물론적 관점에 있어서 우리가 새롭다고 여기는 것은 두 측면이다. 첫째는 유물론에 대한 그것의 선구적 재발명으로서 예전에 비판적 유물론과 실재론, 특히 마르크스주의로 합당하게 구축되었던 비판들에 대한 급진적인 구성주의자들과 해체주의자들의 응답이다. 두 번째는 다양하고 국지화된 영향들의 복잡성을 이해하기 위해 전 지구적 자본주의(이것의 가장 넓은 의미에서)와 일상적 삶에 있어서 동질적 집단에 관한 새로운 개념과 이론적 틀을 계속적으로 발명하는 것이다. 비판적 사회 이론가들은 이러한 창조적이고 가끔은 실험적인 유물론의 형식을 통해 신유물론의 여타 주요 흐름들 안에서 주목받는 물질화의 복수적이고 우발적인 리듬들과 맞아떨어지는 방식으로 근래의 사건들과 발전 양상들을 분석하고 있다.

비판적 사회 이론이 정치 분석에 있어서 보다 실재론적인 접근을 향해 재정향되고 있다는 많은 지표들이 존재한다. 예를 들어 악셀 호네트는 "사회 비판이 사회학적 설명으로 구성되지 않는 어떤 형태들로 실행되고 있는 오늘날의 점증하는 경향"에 대한 불만을 토로한다.[40] 이안 샤피로는 보다 많은 실재론적·문제-해결적 접근을 요청하는데, 이는 그러한 생각과 믿음들이 실재에 관한 핵심적이고 구성적인 가정들을 전복하도록 하기 위해서다.[41] 마거릿 아처는 "우리의 실재 체현된 자기성을 실재 세계 안에서 실재적으로 하중을 가지도록 만드는"[42] 사회실재론의 양태를 옹호한다. 데이비드 하비[43]는 마치 "물질과 절대공간이 물질이 아닌" 것처럼 앞서가는 것의 '심각한 위험'에 대해 경고한다. 하비는 운동 중에 있는 프롤레타리아트나 다중(multitude), 또는

---

40 Honneth, "The Intellectual Legacy of Critical Theory", p. 345.
41 Shapiro, *The Flight from Reality in the Human Sciences*.
42 Archer, *Being Human*, p. 2, 4, 9, 22, 44, 111, 121.
43 데이비드 하비(1935~)는 영국의 마르크스주의 지리학자이다.

포스트모던한 공간구성들이 야기하는 효과가 물질에 대한 이해를 돕는다는 데 동의한다. 하지만 그는 또한 "실재 신체들이 거리라는 절대 공간으로 나아가기 전까지는 아무도 그것이 무엇을 의미하는지 모른다"고 지적한다. 따라서 하비는 권리란 "절대적인 시공간 안에 그것들을 구체화하는 능력 외에 아무것도 의미하지 않는다"는 유물론의 주장을 즐겨 인용한다.[44] 이러한 유물론적 관점으로부터 보면, 눈에 띄는 사회 변화가 그 사회경제적 조건을 변경하지 않고 또는 사람들이 부지불식간에 기여하는 경제적 관심에 대한 재생산의 결정적인 측면들을 쫓아감이 없이 주체성, 담론, 윤리학 그리고 정체성의 재구성에 의해서만 이루어질 수 있다는 믿음은 이데올로기적인 안이함이다. 유사하게 존 스미스와 크리스 젠크스는 역설적이게도 "급진 구성주의가 **인간적** 구성과 출처에 관한 과대–평가에 기반하고 있다"는 것을 살핀다. 그들은 그 의도가 주장을 침식한다 할지라도, 무언가가 구성된다고 주장하는 것은 자주 행위자의 위상을 가진 인간 주체들을 탈중심화하는 의도치 않은 효과를 초래한다는 것을 논증한다.[45] 다시 말해, 힘에 직면하여 물질의 수동성이나 가소성(plasticity)을 전제하는 구성주의가 물질이 문화적 기입을 기다리는 비활성 더미라고 보는 초기 존재론과 공명한다는 것이다.

그러한데도, 여기서 어떤 유물론이 만회되고, 재발명되며, 옹호되는가? 그것은 우선적으로 보다 실재론적이고, 사회학적인 분석을 향해 가는 어떤 **방법론적**이거나 **인식론적**인 재정향인가? 아니면 그것의 원리적 관심이 사회와 권력에 대한 보다 물질적인 (그리고 특별하

---

44 Harvey, *Spaces of Global Capitalism*, p. 129, 147. 권리에 대한 하비의 참조 문헌은 Mitchell, *The Right to the City*.

45 Smith and Jenks, "Complexity, Ecology, and the Materiality of Information", p. 147.

게, 정치-경제학적) 측면을 파악하는 상이한 초점을 가지는 것인가? 확실히 둘 모두이다. 왜냐하면 방법론적 전망에서, 비록 보다 실재론적이고 경험적인 탐구의 양태들이 보다 급진적인 최근의 구성주의적 측면에 대한 거부를 함축한다 해도, 그 둘은 서로 결코 어떤 결정적인 반대 항을 형성하지 않기 때문이다. 사실들에 내재하는 관계에 관한 조야한 경험주의의 경시와 지식이 자연의 거울이라는 재현주의적 믿음을 겨냥하는 비판의 측면에서, 신유물론적 실재론들은 사회적 구성의 역할을 도저히 무시할 수 없다. 예를 들면, 피터 버거와 토마스 루크만이 1966년에 그들의 선구적 저작인 『실재의 사회적 구성』을 출간했을 때, 그들은 상식적인 의미화 과정이 상호 주체적 상호작용을 통해 나타나는 방식을 탐색하기 위해 일상에 대한 현상학적("'과학적'인 것이 아니라 '경험적'인") 접근을 전개했다. 객체적이고 주체적인 실재 사이의 계속적인 변증법을 통과해서 등장하는 것으로서의 사회를 이해할 때, 그들은 사회적 실재를 지칭하는 것에 관해 어떤 망설임도 없다.[46] 이와 유사하게, 마르크스가 역사 유물론을 형이상학적 유물론을 넘어서는 어떤 비판적 전진으로 발전시켰을 때, 그것은 자연스럽고 따라서 부정할 수 없는 것을 보이는 사태들 —— 이를테면 시장, 부르주아 가족, 진보적 국가 또는 자유롭고 자율적인 자기성 —— 이 사실은 사회적·역사적 구성물들이란 것을 보여 주기 위함이었다. 이러한 것들은 사회적 변화에 따르지만, 그것의 집합적이고 체계적인 논리, 더 나아가 변형의 양상은 사람들에게 인식되기 어렵다. 사실상, 그것은 보다 최근의 구성주의자들이 급진화했던 관점이다. 이 관점은 언어와 담론에 속한 보다 넓은 일련의 구성적 과정들에 관해 논하기 위한 것이

---

46 Berger and Luckmann, *The Social Construction of Reality*, 34.

다. 그러나 신유물론자들은 사회적 행위자가 상호작용하는 물질적 형식들, 즉 경계를 정하고, 고무하며 그들의 담론들을 검사하는 형식들의 생성력과 유연성을 완강하게 주장한다. 이들은 형성 중이면서 제한하는 경제적이고 국가적인 권력과 구성 중인 생명의 우연성과 실존적 기회의 특별한 중요성을 깊게 숙고한다. 따라서 그들에게 도전적인 것은 담론적이고 물질적인 형식이 여전히 서로 간에 환원 불가능하다는 것과 물질적 구조들이 과잉 결정되기도 하고 과소 결정되기도 하는 데 따라, 작용 중인 복잡한 순환들을 추적하는 것이다.

따라서 사회 구성주의적 논증들을 받아들이는 것은 전반적으로 가능하지만, 또한 물질적 영역이 문화나 담론으로 환원 불가능하고 문화적 인공물들이 자연에 대해 임의적이지 않다는 것 또한 수용 가능하다. 심지어 가장 단조롭고 세속적인 생활세계가 사회적으로 구조화된 환경 안에서 펼쳐질 때조차, 다음과 같은 논지가 도출되지는 않는다. 즉 a) 물리적 객체들 또는 구조들은 그것들이 우리의 기분이나 행복 또는 우리의 개념들과 이론들을 촉발하는 방식에서 효과가 없다. b) 물질은 그 자신이 야생적인 방식 안에서 저항성이나 방향성 없이 존재한다. 또는 c) 비담론적 물질 효과를 받아들이는 것은 궁극적 진리로서 실재적인 것을 고려하는 어떤 형이상학적 주장을 지지하는 것과 같다. 비판적 유물론자들에게 사회는 물질적으로 실재인 동시에 사회적으로 구성된 것이다. 우리의 물질적 삶은 언제나 문화적으로 매개되어 있지만, 그것들은 단지 문화적인 것만은 아니다. 신유물론의 존재론에서처럼, 여기서도 도전이 되는 것은 그 복수적 차원들과 복잡성, 현전하는 우발적 양태를 인지하면서, 거기 물질성을 합당하게 부여하는 것이다. 신유물론은 주체성에 대한 윤리적 관심, 사회정의에 관한 규범적 관심, 포스트모던적 다양성에 대한 문화적 관심들 그리고 젠더나

인종 구성에 관한 담론적 관심을 따라, 국제정치경제학의 물질적·역사적 그리고 사회적 구조들에 대한 관심을 야기할 뿐만 아니라 불평등한 삶의 조건들을 초래하는 특징에 대한 실천적 기준도 부여한다. 이것은 자주 추상적인 규범적 이론이나 공식 이데올로기와 불화하는 방식으로 주어지는바, 사람들이 실제로 살아가고 있는 다양한 삶들의 상세한 현상학을 요청하는 것이다.

우리가 비판적인 신유물론과 관련해서 명심해야 하는 것은 그 관심사가 후기구조주의의 뒤를 이어 최근 재논의되어 접근되며, 공평하게 실증적인 방식으로 서로 간에 보충하는 영역들이다. 그것들은 관료 국가에 비판적인 이론과 관련된 베버적 성찰들을 포함한다. 그리고 권력의 미시성이 전개되는 방식과 체현된 주체성을 실천적으로 취급하는 방식을 기술하는 푸코적인 계보학의 측면에서, 그러한 국가의 영향력은 통치와 통치성을 통해 일상적 삶을 점점 더 깊이 통제하는 데까지 이른다고 여겨진다. 이는 피에르 부르디외, 앙리 르페브르 그리고 미셸 드 세르토에 의해 전개된 것들과 같은, 일상적 삶의 사회학에 대한 관심의 부활을 드러낸다. 마찬가지로 이것은 일상적 현상학에 대한 새로운 관심, 특히 시몬 드 보부아르와 모리스 메를로퐁티가 발전시킨 것과 같은 신체성, 경험에 대한 관심과도 관련된다. 그리고 이들은 또한 비교조적인(예를 들면 자율주의적) 마르크스주의의 새로운 형태들, 특히 비판적인 국제정치경제학과 비판적인 공간지리학들 안에서도 나타난다. 이 모든 것들을 신유물론 아래에 두면서, 우리는 일반적으로 그것들이 보유하는 것, 즉 지금 공통된 관심사인 창발적 물질성을 식별하고자 할 것이다.

생명정치학, 비판적 지리정치학 그리고 정치경제학을 일상적인 삶의 계보학들과 현상학들과 더불어 가져가는 것은 특히 비판적인 유물론적 분석에서의 풍부한 발전이다. 이러한 접근법의 절충적 조합에서, 학자들은, 각기 다른 위치에 있는 시민들에 가해지는 불균등한 효과들, 경영 방법, 분배 그리고 불평등한 삶의 기회들의 정당화, 또한 국가권력의 작동과 일상적 수준에 있어서 전 지구적 상품들의 생산과 소비에 주의를 기울인다. 이들은 동일한 것들이 시장의 순환을 통해 굴절되는 그 방식과 다양성이 전 지구적 자본주의의 재생산에서 다루어지는 방식들을 검토한다. 또한 이들은 전쟁, 폭력, 기후변화 그리고 빈곤에 관해 서로 차이 나고 자주 노골적으로 드러나는 결과들을 탐구하며, 마찬가지로 생명정치, 변화하는 인구통계적 패턴들과 생명자본주의 사이의 관계도 탐색한다. 요컨대 문화적 전환 이후 비판적 유물론의 갱신은 여전히 자연과 인공적 대상들, 잘 연마된 통치성의 미시권력 그리고 보다 익명적이지만, 국제경제구조의 강력한 결과로서의 세계에 거주하면서 생존을 영위하기 위한 생물학적 요구들을 갖춘 물질적 개체가 존재한다는 의미를 고무하면서 전경화된다.

그와 같은 노고의 특성들은 우리가 이전에 주목했던 신유물론의 요소들에 반향하는 방식이다. 즉 그들은 개방성, 우발성, 불균등성 그리고 지속하는 과정으로서의 물질화의 복잡성을 주장하며, 여기에 사회 활동가들과 이론가들은 열렬히 몰두한다. 따라서 이러한 '새로운' 비판적 유물론자들은 시민들, 이념들 그리고 가치들을(뿐만 아니라 이론가 자신들도) 그 실존과 공존을 재생산하고 제한하는 물질적 힘들과 권력관계들의 장 안에 놓는다. 그들은 광범위한 정치적이고 경제적인 구조들 사이의 다양한 논리와 상호 관계를 따라가며 일상적 경험들에서 그것들을 연결하는 복잡한 인과성들을 비판적으로 따져 묻는다. 여기서 관건은 국내적이고 국제적인 정치학의 세부적이면서 증거 기반적인 인식이며, 인구통계학적 관계들을 전환하는 인식이다. 경제적 환원주의 또는 결정론을 남용하는 문제가 분명히 존재하는 반면, 비판적 유물론자들은 전 지구적이면서도 지역적인 시장경제에 관심을 집중하는데, 그들의 연구 작업들은 평범하지만 명백하게 불병능한 사람들의 생존과 기회들을 위해 중대한 결과들을 초래한다.

이 새로운 비판적 유물론들과 함께, 자본주의 시스템은 어떤 편협하게 경제주의적인 방식으로 이해되는 것이 아니라, 그것의 예측 불가능한 확산과 돌발적인 위기를 존속시키는 상호 연결된 현상과 과정들, 또한 그 생산성과 재생산의 다양체를 포함하는 탈전체화된 전체성으로 취급된다. 달리 말하자면, 개방적 마르크스주의라는 새로운 형식들을 가지고 작업하는 사람들을 포함하여, 새로운 비판적 유물론자들은 복잡한 물질적 구조들, 궤도들 그리고 가역적인 인과성들을 탐구할 때조차, 이론적인 전체화에 저항하는 밀도 있고, 소진되지 않는 장을 구상한다는 것이다. 정치 경제적 구조에 대한 이 새로워진 관심은 그 재구성에 있어서 물질의 회복력, 비주체적 구조들에 속한 행위자, 신체적인 경험의 중요성 그리고 시민들이 투표를 할 수 있고 자유로워질 수 있기 전에 그들을 존속시키기 위해 필요한 무수한 상호 관계된 물질적 체계에 대한 신유물론적 감각들을 보충한다. 다시 말해 새로운 비판적 유물론들은 물질성을 관계적·창발적 의미에서 우발적 물질화 —— 가끔은 그 내적인 관성의 결과라 하더라도 어떤 구조들과 배치들을 응결시키고 침전시키는 것에 대한 강력한 관심의 투여가 표명되는 것으로서의 어떤 과정 —— 로 이해하는 한, 신유물론적 존재론과 같다는 것이다.

게다가 이러한 이론적 접근들은 특정한 효과가 복잡하게 맞물려 돌아가는 체계의 결과라는 인지적 측면에서 복잡계 이론과 공명한다. 이때 복잡계의 상호작용들과 역동적인 과정들은 변덕스러우며, 대개의 경우, 예측 불가능하다. 사실상 시장은 생명 체계와 환경 체계의 산출물을 설명하고 형태 짓는 데 있어서 중요한 역할을 한다. 예컨대 우리가 이전에 보았듯이, 중대한 윤리적·정치적 질문을 노정하는 생명공학적 발전들은 또한 시장을 가로질러 순환한다. 이러한 것들은 생명경제 안에서 신체의 부분들 또는 미생물의 상품화를 촉진하고, 오늘날의 자본주의와 그 속의 부국과 빈국에서 분배의 핵심인 선택적인 보건위생상의 과정들을 고무하며 탄소 기반 경제를 재구성하도록 한다. 보건 분야에서 국가의 생명정치적 투자들은 또한 식량과 제약산업을 통해 순환한다. 반면 사기업들은 생태적 불안감으로부터 촉발된 탄소 배출권 거래와 유기농식품으로부터 이윤을 취한다. 이 경제적 순환 회로를 통해 지나가는 것이 무엇이든지 간에, 그것은 개별적인 행위자들의 이해나 지향을 넘어가는 체계적 관계들로 진입해 들어가면서, 다른 무엇보다 이런저런 물질적 이익으로 재분배된다. 따라서 쾌적한 삶에 대한 질문은 사람들이 윤리적이고 정치적인 만큼 경제적이라는 사실에 놓여 있다.

이미 확실해졌듯이, 갱신된 비판적 유물론은 마르크스주의의 재생과 같지 않다. 하지만 이 유산은 적어도 전통적으로 마르크스주의가 자본주의에 대한 탁월한 비판이기 때문에 중요한 것으로 남아 있다. 전 지구적 자본주의와 그 다방면의 효과들에 대한 비판적 이해는 현대의 비판적 유물론자들에게 중차대한 것으로 남겨져 있다. 왜냐하면 마르크스주의자를 표방하는 이들 중 몇몇은 지배적인 신자유주의 경향들에 대한 반대를 드러내는 데 도움을 주기 때문이다. 하지만 후기구조주의와 그 비판들 이후, 결정론적 경제법칙과 동일시되거나, 원초적이고, 순연한 자연을 가치화하려는, 또는 공산주의를 역사의 이념화된 물질적 운명으로 간주하는 마르크스주의의 어떤 판본들도 역사적 거대서사를 진전시키는 데 제대로 기능할 수 없었다. 경제적이고 지리정치적인 창발적 구조들에 대해 지속적으로 비판적 분석을 작동시키고 지향하는 방식으로서 마르크스주의의 갱신된 판본들은 21세기 세계 자본주의의 착종상에 천착할 때 요구되는 개념적이고 경험적인 도구들을 정련하도록 돕는 새로운 접근법과 전망들을 수용한다. 보다 전통적으로 인정된 양식에서, 변증법적 접근은 결국 적확한 재현을 겨냥하는 완고한 공식으로 부가되는 것이 아니라, 현재의 물질적 조건에 대한 탐문을 도출하게 되는 적합한 이론들과 개념들을 요청하는 것이다.

조절학파의 작업은 그와 같은 계속 이어지는 생생한 마르크스주의의 한 예로서, 오늘날의 물질적 조건들에 대한 비판적 분석이다.[47] 이 이론은 정치경제학 안에서 정치적인 것을 신중하게 취하며 국가, 거버넌스 그리고 생산 간의 얽히고설킨 관계를 이해하는 마르크스주의이다. 이것의 관점은 통치성, 생명정치 그리고 사회질서 유지에서 담론의 역할에 대한 푸코적 분석을 구체화하기 위한 해석들을 고무한다. 이에 반해 자본축적에 도움이 되는 조건들을 유지하기 위한 국가의 항구적인 중요성은 신중하게 다룬다. 자본축적의 체세와 그것을 새생산하는 것을 돕는 규제 구조에 초점을 맞추면서, 계급의 중요성을 여전히 인지하면서도, 사회관계의 상호교차성을 고려한다. 만약 그것이 매일매일의 관습들과 실천들뿐 아니라 보다 넓은 지리정치학적 발전들을 검토한다면, 이는 거시적이고 미시적인 과정들에 연결된 복잡화되고, 가역적인 관계들에 대한 깨달음 때문이다. 이러한 지리정치학은 포스트포디즘과 같은 새로운 사회와 경제적 형식들의 출현을 만들

---

47 대표적인 제도학파적 접근 방식으로는, De Angelis, "Neoliberal Governance, Reproduction and Accumulation"을 참고하라.

어 내면서, 체계에 내재적인 균열의 잠재적 원천을 검토하고, 마찬가지로 불균등하고, 우발적이며, 복수적인 전 지구적 발전들에 민감하게 반응한다.[48]

2008년에 시작된 자본주의의 새로운 경기후퇴의 진행단계에 비추어 보면, 그와 같은 계속되는 분석과 물질적 요소들에 대한 탐구 과정이 얼마나 중요한지 충분히 분명해진다. 예컨대 서브프라임 대출과 그 결과인 금융위기에 해당되는 최근의 사건들로부터 배워야 할 교훈이 있다면, 어떤 불규칙한 금융 체계의 복잡성을 파악하기 바라는 사람들이 극소수라 해도, 여전히 많은 사람들이 전 세계의 많은 장소에서 그리고 금융시장 내의 어떤 균열에 의해 그와 같이 직접적으로 물질적인 방식으로 그것에 영향을 받는다는 것이다.[49] 사회 이론가들 가운데서는 탈영토화된, 탈물질화된 자본 흐름들에 대해 이야기하는 것이 유행이다. 하지만 그러한 논의들은 최근의 잘 다듬어졌지만 연약한 금융적 성장의 구조들을 지지하는 물질적인 하부계층에 아무도 없기 때문에 대출을 짊어지도록 꾀어낼 개인들이 없다는 것을 의미한다. 자본과 선물(futures) 거래의 착종된 흐름들 안에 있는 돌발적 경련들은 실재하는 개인들에게 막대하고 즉각적인 물질적 곤란들을 야기한다.

---

48 하비의 언급은 이런 개방적 마르크스주의와 그것의 유물론적 도전을 보여 준다. 그는 다음과 같이 논한다. "만약 20세기 후반 자본주의 정치경제에서 어떤 종류의 변형이 있었다면, 우리는 그 변화를 깊고 근본적인 방식으로 수립해야 한다. 소비 습관, 지리적이고 지정학적 재배치들, 국가권력과 그 실행들과 같은 것에서, 노동 과정에서의 급진적인 변화의 신호와 증표가 아주 많이 있다. 하지만 우리는 여전히 이윤을 위한 생산이 경제적 삶의 기초적인 조직화의 원리로 남아 있는 서구 사회에 살고 있다. 그러므로 우리는 1973년의 첫 번째 전후 경기후퇴를 겪어 나간 이행과 교란을 재현하는 몇몇 방식을 필요로 한다. 이러한 방식들은 자본주의적 생산양식의 기초 규칙들이 역사-지리학적 발전 안에서 불변하는 형성력으로 계속 작동한다는 그 사실을 놓치지 않는다"(Harvey, *The Condition of Postmodernity*, p. 121을 보라).

49 예컨대, Lanchester, "Cityphilia"와 "Citiphobia"를 보라.

사람들은 한평생의 저축, 연금, 집 그리고 직업을 잃어버린 것이다. 회사는 정지되었고 국가 경제는 무릎을 꿇었다. 사실상 신자유주의 금융화의 결과들은 사람들을 대지로부터 축출하고, 서비스 및 이전에 자유롭거나 공통적으로 소유했던 상품들의 상업 활동을 민영화하는 것을 포함했다. 또한 도시로의 국내 인구 이동으로 인해, 빈민가와 대규모 빈곤이 급증했으며, 사람들은 자신의 본래 고향 땅을 벗어나 보다 좋은 환경을 찾아 외국으로 이주하기도 했다.[50] 이러한 상황은 몇몇 경제적이고 정치적인 조건의 일부로서, 때때로 다양한 이주민 문화들의 기여를 무색하게 했다. 이로써 집단 이주, 다양한 이주민 문화가 만들어지는 사회적·경제적 배경, 변덕스러운 세계경제에 있어서 세계 인구 변화에 대한 보다 넓은 결과들로 인해, 사회 이론가들에게 세계 인구 증가의 여러 결과들을 연구하는 것은 당연한 의무가 된다.

요컨대 우리는 신유물론을 전 지구적 정치경제의 밀도 있는 원인과 결과에 대한 새롭게 갱신된 관심사들과 결합시켰으며, 이에 따라 체현된 개체들을 위한 사회정의에 관한 질문들과도 결합했다. 우리는 또한 세계 자본주의의 사회경제적 과정 안에서 식별된 불질화의 리듬들과 우리 분석의 이전 항목들에서 기술되었던 것들 사이의 친화성도 주목해 왔다. 새로운 비판적 유물론들의 이러한 차원들에 걸맞게도, 우리는 다양한 단계의 존재론들, 복잡한 체계들 그리고 우리가 기술해 왔던 지층화된 실재들을 융합하면서, 다종다양한 방법론을 요청하고 있다. 특히 우리는 여기서 신유물론적 분석이 사회 체계들의 상이한 단계들 사이, 특히 미시적이거나 일상적인 수준과 거시적 또는 구조적 수준 사이에서 작용하는 복잡하고 가역적인 인과성들을 추적하는 방

---

50 Davis, *Planet of Slums*.

식을 강조한다. 사실상 오늘날에는 매일의 일상적 삶에 관한 어마어마한 관심들이 있으며, 한편으로 그것은 현상학적·인류학적 그리고 민족지학적인 연구들의 조합을 통해 연구되고, 다른 한편으로 그것은 계보학적이고 사회학적인 연구들로 이루어진다.[51] 흥미롭게도 신유물론자들이 일상적인 것과 후기자본주의의 구조적인 차원들 양자를 탐구하는 방법에 관한 몇몇 지표들은 이미 알튀세르와 푸코의 작업에서 발견될 수 있다. 여기서 우리는 다종다양한 유물론에 대해 현저히 도발적인 것으로 알려진 그들의 생각들 중 몇몇을 드러내 보일 것이다.

푸코의 작업이 담론 구성물들의 강력한 효과들을 연구하기 위해 그리고 행위자와 윤리학에 대한 포스트휴먼적 질문들을 제기하기 위

---

51 최근 『신사회학』(New Sociology) 저널의 편집자들은 이 분야가 매일매일의 이슈들로부터 물러나는 반면, 이제 "거리가 먼 사회적 힘들, 사회적 실천들의 생산에서 지역적이고 지구적인 것들의 상호 뒤섞임에 따른 일상적인 사건들과 경험들에 대한 매개"와 "전 지구화된 세계의 보다 넓은 삶의 맥락에서 일상적인 사회적 실천들에 새로운 강조점을 두기 시작하고 있다"고 논한다. 엘리어트(Elliott)는 '서문' p. viii에서 신유물론이 『일상생활의 비판』(The Critique of Everyday Life) 1권에서 앙리 르페브르가 쓴 도입글들로 시작함이 유용할 것이라고 말한다. 르페브르는 탐구 과정이 진행되는 동안(1947~1981) 일상생활이 어떻게 급진적으로 변화되었는지에 대해서는 아무런 언급도 없다. 그러면서 르페브르는 다음과 같이 생각한다. "하지만 그것의 의미는 무엇인가? 여기에 우리의 문제 틀이 생겨나며, 따라서 재구성될 수 있다. 일상생활은 변화로부터의 어떤 보호막, 특히 그 변화들이 느닷없이 발생할 때, 보호막인가? 이것은 거대한 변화, 또는 어떤 소수적이지만 뚜렷한 변화에 저항하는 성인가? 또는 반대로 수동적으로든 능동적으로든 이것은 주류적인 변화의 편에 있는가?"(Lefebvre, The Critique of Everyday Life, vol. 3, p. 41, 또한 Certeau, The Practice of Everyday Life를 보라). 이 책은 푸코의 『감시와 처벌』로부터 조력을 받는다. 세르토는 "내가 정말로 해내고자 하는 것은 특이성의 과학이다"라고 설명한다. 다시 말해 그는 "어떤 특정 상황들을 따르는 일상을 연결하는 관계의 과학"을 원하는 것이다. 그리고 "단지 노동과 여가의 지역적 네트워크에서, 한 줌의 사회-경제적 제한들 안에서 어떻게 이러한 추구들이 실패 없이 관계적 전략(삶을 위한 투쟁), 예술적 창조(미학적인 것), 그리고 자율적인 주도권(윤리학)을 수립할 것인지 알게 된다. 이 '평범한' 활동들의 특징적으로 미묘한 논리는 그것들의 세부 사항들 안에서만 밝혀질 것이다"(The Practice of Everyday Life, p. ix).

해 광범위하게 이용되는 반면, 우리가 여기서 강조하는 것은 계보학이 신체적인 실존의 단조로운 세부 사항과 관련해서 고무하는 구체적인 물질적 분석이다. 이것은 페미니스트들이 종종 밟았던 측면들인데, 이들은 여성적 신체의 구성을 탐구하고자 애썼다.[52] 특별히 주목할 만한 점은 계보학이 '세부적인 지식'을 요청한다는 푸코의 주장이다. 즉 그것은 어떤 불연속적인 것들을 기록하는 것으로서, 신체의 '효과적인 역사'이며, "노동과 휴식 그리고 휴일의 리듬에 의해 무너진 […] 식습관이나 도덕법칙을 통해 식료품이나 가치들로 중독된" 그런 신체이다. 그리고 이 신체는 또한 "저항들을 구성한다". "신체, 신경 체계, 영양, 동화작용 그리고 에너지들"[53]을 강조하는 그와 같은 접근은 실존의 물질적 착종상과 훈육 과정, 강화 그리고 감정능력을 교정함으로써 생산적이지만 다루기 쉬운 물질로 신체들이 구성되는 방식을 신중하게 연구한다.[54] 다음으로 이것은 신체적 능력들이 결정성을 발휘하는 권력관계들의 경제를 이해하기 위한 보다 일반적인 장이나 방법을 개방한다. 푸코는 사회 체제를 평화롭게 유지하고 재생산하는 데 있어서 중대하다고 여겨지는 일련의 미시적 실행들을 기술한다. 이것은 총제

---

52 페미니스트들과 퀴어 이론가들이 푸코를 보다 후기구조주의적인 방식으로 활용하면서, 담론의 조건을 강조하는 반면, 이 방면에서는 유물론적인 페미니즘 연구들의 더 풍부한 장이 펼쳐져 있다. 이들은 젠더화된 육체를 생산하는 물질적 전략들과 그 효과들을 검토한다. 이를테면, 비록 우리가 특별히 주의를 환기하고자 하는 분석들이 구체적인 본성이라 해도, Diamond and Quinby eds., *Feminism and Foucault*를 보라. 비디 마틴(Biddy Martin)의 "Feminism, Criticism, and Foucault", pp. 4~5에서 보이는 페미니즘에 대한 유물론적 개입은 주목할 만하다.

53 Foucault, "Nietzsche, Genealogy, History", pp. 153, 155.

54 폴 패튼에 따르면, 푸코의 논증을 이해하는 이러한 방법이 자연주의를 허용하지 않지만 신체의 물질성을 지워 버리지도 않는다. 그보다 그것은 권력을 "어떤 특정 사태가 되거나 그것을 하는 능력이라는 일차적 의미 안에서" 이해한다. 또한 이때 권력은 그와 같은 능력들을 재정향하는 것이기도 하다(Patton, "Foucault's Subject of Power", p. 65).

적으로 우리의 평범하고, 물질적인 실존이 권력에 의해 영향을 받고, 거기 젖어 가는 방식, 그리고 그 책략에 속한 변화무쌍하지만 진부한 사태들이 어떻게 놓여 있는지를 증명하기 위함이다. 그는 그와 같은 권력의 전개가 단순하게 자본, 인구통계 또는 국가 구성의 효과나, 그 것을 위한 기능, 그와 연결된 보다 넓은 구조적 변화라고 주장하면서 이러한 미시적이고 거시적인 양상들(일상적인 것과 구조적인 것)이 상호 독립되어 있다는 것을 보여 준다. 달리 말해, 그는 근대적 사회질서의 생산과 재생산을 설명하기 위해 요구되는 다양한 유물론적 분석 지점들을 파악한 것이다. 푸코가 기술하는 물질화로서의 물질은 유연하고, 사회적으로 생산되며 그리고 그것의 역사들 안에 기입된다. 역설적으로 그것은 (부가적, 재정향된) 종속이라는 측면에서 행위적 능력들을 획득해야만 한다.

물질적인 세부 사항과 복수적 차원들에 대한 관심 그리고 그와 같은 세부 사항들을 이해할 수 있는 권력관계에 대한 이러한 관심은 알튀세르의 논문인 「이데올로기와 이데올로기적 국가 장치(탐구를 위한 노트)」에서 연구된 것이다. 알튀세르의 작업은 처음 제기되었을 때, 주목할 만한 관심을 끌었는데, 그것이 마르크스주의에 있어서 환원주의적이거나 목적론적인 형식을 대체할 보다 유물론적인 대안을 발전시켰기 때문이다. 이 이론은 마르크스주의의 기계론적이고 인간주의적인 지배적 양상들을 거부했다. 알튀세르는 그의 특별한 이 논문에서, 마르크스가 구분들이나 단계들과 관련하여 사회적 구조를 구상했고, 거기 속한 각각은 '유효성의 지표들'(indices of effectivity)과 다른 수준들과의 관계 방법들을 가진다고 본다.[55] 이러한 관점으로부터 단순

---

55 Althusser, "Ideology and Ideological State Apparatuses(Notes towards an Investigation)", p. 8f.

하게 사회적 생산관계의 재생산을 위해 기능하는 것으로 국가를 간주하는 것이 불충분함을 알 수 있다. 우리는 그 작동에 있어서 국가의 억압적이면서 이데올로기적인 복잡하고, 상이한 요소들을 검토할 필요가 있다. 이와 유사하게 우리가 제안한바, 『감시와 처벌』에서 푸코가 기술한 것을 암시하는 물질적 세부 사항들이 속해 있는 "착취의 모든 직접적 또는 간접적 형식들"과 "매일매일의 미세한 지배"에 대해 주의를 집중할 필요도 있게 된다.

알튀세르는 억압적 국가기구(Repressive State Apparatus, RSA)와 이데올로기적 국가 기구(Ideological State Apparatus, ISA) 사이의 구분을 계속 제기하지만, 둘 모두 강제적이고 이데올로기적인 도구의 혼합물로 활용된다는 것을 알고 있다. "매우 섬세한 명백함 또는 암묵적인 조합이 직조될 수 있다" 그리고 이것은 "세부적으로 연구될"(19f) 필요가 있다. 따라서 교회, 학교 또는 가족과 같은 이데올로기적 기구의 일부는 처벌, 추방, 배제라는 여러 형태를 포함하는 훈육의 상징적 양태들을 사용한다. 그리고 "생산관계들이 생산과 순환의 과정에 속한 물질성에 의해 처음으로 재생산"되는 동안, 이데올로기 관계들은 또한 "동일한 과정 안에 즉각적으로 현전한다"(p. 22, n. 12). 노동의 습관이나 소비의 실행들은 나날이 친숙하게 새로워지고, 사람들의 일상화된 수행들을 통해 살아가고 유지하는 무언가로서 체계를 안정화하는 것을 돕는다. 엄밀히 말해 자본주의경제, 사법-정치적 영역 그리고 물질적 일상은 상호 연관되어 있지만 어떤 고정되거나 공식화된 방식으로 그런 것은 아니다. 그것은 다양한 물질적 분석이 탐색하는 이런 상이한 수준들과 그것들의 상호 연관의 자리 옮김이다.

여기서 각별한 관심 중 하나는, 그 겉보기에 관념론적 형식들에도 불구하고, 이데올로기가 "물질적 실존을 가진다"는 알튀세르의 주장이다(p. 39). '물론' 그는 그의 논증에 관한 우리의 적용을 위해 중차대한 경고 사항을 부가한다. 즉 "어떤 장치와 그것의 실행에 있어서 이데올로기의 물질적 실존이란 포석(paving-stone)이나 소총의 물질적 실존과 동일한 양상을 가지는 것이 아니다. 하지만 신-아리스토텔레스주의의 위험을 감수하면서 […] 나는 마르크스에게 물질이란 다양한 의미로 논해진다고, 또는 상이한 양상들로 존재한다고 말할 것이다. 이때 모든 것은 최종 심급에서 '물리적' 물체에 뿌리를 둔다"(p. 40). 물질의 상이한 양상들에 대한 이 인식은 알튀세르가 음험하게 숨은 주체, 즉 "그 관념들이 그의 물질적 행위들이라는 면에서 그의 믿음에 관한 관념들이 물질적 관습들에 의해 지배되는 물질적 실행 안으로 삽입된" 그런 주체를 설명할 여지를 준다. "이때 관습들이란 그로부터 주체의 관념을 도출하는 물질적인 이데올로기적 기구"를 의미한다(p. 43). 따라서 그는 반복적이고, 의례화된 수행이 구체적 개인들에 의해 탄생되는 그런 행위들 안에 '관념들'이 기입되는 방식에 대한 관심을 이끌어 냈다. 이에 따라 이 개인들은 실천적으로 고분고분하거나 대리적인 주체들로 구성되어지는 것이다. 그와 같은 수행들이 의례들과 의식들에서 제도화되는 동안, 그것들은 마찬가지로 신체적 수준에 침전되며, 거기서 그것들은 습관들로 반복되거나 기꺼이 어떤 실질적 방식으로 취급된다. 이렇게 신체적 기억 안에 저장된 것들을 부르디외는 아비투스(habitus)라고 부르며, 현상학자들은 생활세계라고 지칭하기도 한다. 사실상 이것은 인공물들, 상품들 그리고 행위들을 의문의 여지 없이 자연스럽게 보이도록 만드는 비반성적 습성(habituality)이자 대상들을 친근성으로 젖어 들게 하는 방식이기도 하다. 이데올로기와 권력이 물질적인 것, 실천적 지평 그리고 일상의 제도들 안에 착근될 때, 가장 효과적으로 작동한다는 것은 이런 의미에서이다. 여기서 알튀세르의 유물론은 확실히 푸코의 주장, 즉 권력의 분석론은 그것의 "실재적이고 효과적인 실천들"에 초점을 맞추어야만 한다는 주장에 의해 예화된다. 다시 말해 "우리는 수체들이 유기체들, 권력들, 에너지들, 물질들, 욕망들, 사유들 등등의 다양성을 통해 점차적으로, 전진적으로, 현실적으로 그리고 물질적으로 구성되는 방식을 발견하려고 노력해야 한다. 우리는 그 물질적 예시들 안에 주체들(subjects)의 구성으로서 종속성(subjection)을 파악하려고 노력해야 한다"는 것이다.[56] 보다 넓은 체계 안에서, 이 논문의 처음에 제기되었던 역동적이고 생태적인 전망들과 연결하면서, 그와 같은 개입은 우리에게 (알튀세르의 초기 작업에서처럼) 반휴머니즘보다 포스트휴머니즘인 어떤 다종다양한 분석을 제안한다.

　　우리가 여기서 인용하는 알튀세르의 연구에서 궁극적으로 성찰하는 것은 바로 이 지점이다. 왜냐하면 이 지점이 바로 위에서 논했던 신유물론적 존재론의 몇몇과 친근성을 형성하기 때문이다. 이를 밝혀내는 것은 난해한데, 그 내용이 몇몇 단편적인 텍스트(1982~1986) 여기저기에 흩어져 있기 때문이다. 최근에 출판된 이 텍스트들은 알튀세르 사후에 나온 것으로 후기 알튀세르의 우발적 유물론에 대한 암시와 관련되는 것으로 드러날 뿐이다.[57] 이 논문들에서, 알튀세르는 유물론을 모든 것들 중 가장 난해한 질문으로 규정한다. 우발적 유물론, 또는 '교전의 유물론'(materialism of the encounter)은 그가 에피쿠로스로부터 스피노자, 마르크스 그리고 비트겐슈타인을 통과하여 하이데거까지 철학사 안에서 발견한 어떤 은밀한 흐름을 말한다. 이것은 그 비목

56　Foucault, *Power/Knowledge*, p. 97.
57　Althusser, *Philosophy of the Encounter*.

적론적 원리들에 의해 그리고 그것의 기원과 목적들에 대한 결정적인 무시라는 측면에서 다른 것과 구별된다. 대신에 이 유물론은 허공, 우발성 그리고 우연을 강조한다. 알튀세르는 유물론이 그 자체로 더 이상 자의적인 손쉬운 꼬리표가 될 수 없다는 것, 그리고 그것의 목표가 존재론 자체를 발견하는 것이라기보다 어떤 특정한 민감성 — 이론적 실천 — 을 가동하는 것임을 서술한다.

교전(encounter)이라는 생각은 원자들, 즉 사건의 우연한 결합을 설명한다. 그러한 결합의 결과 사실들이나 형상들의 일시적인 배치가 생겨난다는 것이다. 새롭고, 해독 불가능하며 예측 불가능한 사건들에 의한 우발적 개입으로서의 역사는 여기서 일시적인 형식들의 끊임없는 변환으로 등장하는데, 이는 이 진행 방향에 대한 참을성 있는 이해보다 더 효과적일 만한 추론 과정을 통해 드러난다. 또한 여기서 그 내적 전개의 논리는 계속적으로 이어지는 연속성을 거쳐 작동한다. 정치학에서 이러한 설명 틀은 국가가 언제나 그 내재적 붕괴나 재배치의 가능성에 의해 각인되어 있음을 의미하며, 거기에는 규칙에 대한 인민의 완전한 무관심이 있다. 또한 국가기구의 심문에 대한 사람들의 냉정함은 정치 기계를 멈추어 세우는 어떤 혁명적 사건의 역능이라는 항구적인 가능성을 산출한다. 그와 같은 사건들은 알튀세르가 허공이라고 부른 것 안에서 발생한다. 즉 이 공간에서는 근래의 결합된 요소들을 재배치하는 사건이 교전에 의해 발생한다. 하지만 새로운 현상(서구 자본주의와 같은)이 이제 이전 단계에서 성숙한 힘들의 결정이라기보다 전반적으로 우발적인 것으로 비춰진다 해도, 그와 같은 현상은 여전히 필연적 효과들을 가질 것이며, 어떤 더 크거나 작은 시간 영역 안에 존속할 것이다. 교전의 무용술이 카오스 이론과 가깝다고 제안하면서, 알튀세르는 그 자신의 접근법이란 우발적 유물론을 일련의 새로운 이론적·체계적 추상들과 동등하게 놓는 것이 아니라고 제안한다. 그렇다기보다 이 이론은 작동 중인 형식과 힘에 대한 어떤 경험적·구체적 분석이다. 우리가 여기서 강조하고 싶은 것은 힘의 관계에 대한 다종 다기한 유물론적 분석에 있어서, 그것의 다기한 잠정적 특성을 인지하는 것이 중요하다는 것이다. 이러한 특성들은 그보다 지속되는 구조들과 작동들뿐 아니라 그 균열과 변형의 허약성에 따라 사유되어야 한다. 다시 말해 사람들은 시종일관 그들이 미리 결정되거나, 필연적이거나 또는 예측 가능한 궤도를 따라가지 않는다는 것을 깨달아야 한다는 것이다.

만약 우리가 이 장의 결론부에서 알튀세르와 푸코의 보다 유물론적인 언급들 중 몇몇을 인용한 것이 유용함을 알게 되었다면, 그것은 그들의 이론 자체에 대해 충실성을 조언하기 위함이 아니다. 그보다 그것은 우리가 그들의 저작에서 소박한 유물론적 실천이 어떻게 비판적으로 탐구되어질 것인지에 대해 제안하기 위함이다. 그들은 우리가 그와 같은 친숙한 실천들이 권력을 재생산하는, 보다 먼 권력관계들의 효과라는 복잡한 방식들을 탐색하도록 고무한다. 그리고 그 자신의 비규범적 실증주의에 대한 푸코의 주장을 거슬러 그러한 분석들을 비판적 유물론에 쓸모 있게 만드는 것은 관계들로 빽빽한 네트워크가 사회경제적 구조를 떠받친다는 것에 관한 인식이다. 이 구조들은 몇몇 사람의 다른 사람들에 대한 특권을 지지하며, 이익들이 무작위하지 않으며, 훨씬 불공정하게 분배되도록 한다. 그리고 그것들이 어떻게 작동하며 유지되는지는 참여적인 사회 이론가들, 특히 현재나 미래 둘 중 하나의 불가피성에 대한 어떤 불확실한 믿음을 회피하는 사람들을 위해 관건적인 책무인 것이다.

신유물론들: 논문들 모음

이 책에 있는 논문들은 우리가 이 서문에서 고려했던 주제들과 질문들 중 많은 것을 탐색한다. 사실상 우리가 범주화했던 것을 신유물론에서의 분석의 세 가지 원칙적 방향들과 일치시킬 때, 논문들은 서로 간에 공명하면서 환기하는 성찰 방식들에 막대하게 의존한다. 이 논문들은 때로는 서로 논지를 재강화하고 있지만, 또 어떨 때에는 서로에게 도전적이다. 그러나 우리가 논의들에 도움을 구할 때 예상했던 바처럼, 논문들은 신유물론이 무엇일지 이해하고, 이미 알려진 것과 그들이 애써 논쟁하는 철학적 전통들 그리고 규약들 둘 모두에서 풍부하게 분기한다. 하지만 집합적으로, 이 논문들은 단순히 그런 다양성만을 제공하는 것은 아니다. 넓게 말해서, 저자들은 신유물론의 존재론이 물질화의 역학에 관해 재사유하고 새로운 관심을 기울여야 한다는 인식에 동의한다. 그들은 또한 그와 같은 기획이 결과적으로 주체의 형성을 급진적으로 재평가하고, 윤리학의 가능성과 그 틀을 재검토하며, 권력의 새로운 영역과 상상된 정의를 위한 낯선 틀들을 음미하면서, 행위자의 원천, 성질 그리고 그 차원들을 탐색한다는 깨달음을 공유한다. 사실상 편집자로서, 우리가 그토록 놀라면서 발견했던 것은 각각의 논문이 근본적으로 철학적이면서 또한 강렬하게 정치적으로 연루되어 있다는 점이다. 편집자의 뚜렷한 요청이 없었음에도, 각 필자들은 존재론적이고 형이상학적인 질문들을 그들의 윤리적이고 정치적인 상호연관과 함축들에 연결하는 노고를 아끼지 않았다. 이 점에서 논문의 통합성이란 그러한 연관성들과 함축들에 있어서 일치와 더불어 다종다기화된 성좌로 논문들을 묶어 내는 데 있다.

동시에 논문들에서 지속적으로 등장하는 주제와 질문들은 그것들을 결정적인 방식으로 분별하고, 그룹화하고, 질서 잡기 힘들게 만든다. 논문들로부터 우리가 알아낸 것뿐 아니라 기획을 위한 우리 자신의 연구들에 대해 개괄할 때, 우리는 텍스트를 세 부분으로 나누기로 결정했는데, 각각의 주제들 — '물질성의 힘', '생치적 문제들' 그리고 '분열의 경제' — 은 이 서문의 구별되는 부들을 조직화하는 주제를 시연한다. 즉 존재론, 생명윤리학/정치학 그리고 비판적 유물론이 그것이다. 저자들이 모두 신유물론적 존재론에 의해 열린 주체성, 권력, 행위자 그리고 윤리학의 형식에 대한 질문에 참여하기 때문에, 텍스트를 분할하는 핵심 기준 중 어느 것 아래에도 대개의 논문들을 놓는 것이 전반적으로 가능해졌다. 그래서 우리는 논문들의 순서가 다소 임의적이라는 점을 인정해야 하며, 이로써 독자들이 논문들을 어느 순서대로 읽어 나가든지 간에 그 독서를 통해 논문집을 재발명하도록 초대한다. 우리에게 이것은 불일치와 공명으로 논문들을 묶어 내고 있음을 의미했다. 이러한 불일치와 공명은 자료들의 텍스트적 근사성, 틀들 그리고 설명의 재숙고와 개념적 이행들을 불러일으키기 위한 핵심적인 질문들에 의해 생산되는 것이다.

1부에 있는 논문들, '물질성의 힘'은 신유물론의 존재론을 탐색한다. 이때 우리는 물질과 물질성을 어떻게 물질과 관념이라는 이원론 바깥에서 사유할 것인지 제안한다. 제인 베넷은 한스 드리슈와 앙리 베르그송의 생명철학에 대한 비교 연구에서 생명체의 활력에 철학적이고 과학적인 언어를 부여하고 특성화하는 노력을 기울이지만, 마찬가지로 생기론이 나치즘 또는 현대적인 '생명의 문화'에 관한 정치적 수사에 새로운 활기를 부여함으로써 문제를 불러일으킬 수 있다는 경고도 잊지 않는다. 의식의 주도권 바깥에 놓인 물질성을 형상화하고자 하는 데리다와 들뢰즈의 서로 다른 기획들을 따라가면서, 팽 치아는 신유물론적 존재론이 정치학에 있어서 몇몇 토대적인 개념들을 급진적으로 의문에 부치는 방식들을 분명히 한다. 다이애나 쿨은 여러 철학자들 가운데 모리스 메를로퐁티를 활용하는데, 이를 통해 현상학자들이 세계-내-신체를 재정위하고 재상상함으로써 지각과 행위자를 재배치하려고 하는 철학적 경로들을 추적한다. 멜리사 오를리는 니체의 힘에의 의지 개념과 프로이트의 심리적 생명에 관한 사유 둘 모두에 있는 비인격적 특성을 분석하고 강조함으로써, 우리가 신유물론적 틀거지 안에서 창조성과 자유를 어떻게 상상할 것인지 탐색한다.

2부 '정치적 문제들'에 있는 논문들은 신유물론의 존재론적·과학적 그리고 기술적 차원들이 어떻게 권력, 윤리학 그리고 정치학의 형식과 영역의 재구성을 요청하는지를 탐구한다. 엘리자베스 그로츠는 종종 신유물론적 존재론들의 정치적 적용에 장애를 노정하곤 하는 '자유 대 결정론' 문제를 회피하는 베르그송의 시도를 분석한다. 그녀는 자유가 주체의 특성으로서가 아니라 주체가 표현하는 행위들의 특성으로서 가장 잘 파악된다는 베르그송의 주장 안에서 페미니즘 정치의 가능성들을 탐색한다. 사만다 프로스트는 정념에 대한 토마스 홉스의 유물론을 분석하면서, 그것이 시공간 안의 주체를 지향하며, 공포란 자율적인 행위자로서 개인들이 자기 자신들의 감각을 산출하는 것을 통해 나온다고 주장한다. 윌리엄 코놀리는 퐁티, 푸코, 들뢰즈 그리고 현대 신경과학으로부터 지각과 힘에 관한 성찰들을 직조해 내면서, 우리의 세계에 대한 연결이 어떻게 정치적 판단과 비판을 조직하는지 탐색한다. 그리고 마지막으로 로지 브라이도티는 고통과 죽음을 비인격적인 생의 과정과 연관하여 정립하면서, 생명권력의 현대적 형식들을 재평가하고 긍정의 윤리학과 시민관의 가능성을 개괄한다.

3부 '파괴의 경제'에 있는 논문들에서는 신체의 물질성과 실천의 물질성 간의 관계를 분석하면서, 사회적이고 경제적인 실천이 체현된 주체성과 실존적 불평등성뿐만 아니라 정치적 변형의 공간과 그 가능성들을 생산하고 재생산하는 방식을 탐색한다. 레이 초우는 알프레드 존-레텔(Alfred Sohn-Rethel)과 루이 알뒤세르 그리고 슬라보예 지젝을 역사 유물론과 그것의 진보주의적 목적론을 재음미하기 위해 활용하면서, 구체적인 실천들이 정치적 행위자의 어떤 모델로 드러날 때, 진보뿐 아니라 테러의 잠재성도 가진다는 것을 성찰한다. 사라 아메드는 에드문트 후설의 현상학을 칼 마르크스의 역사 유물론을 따라 독해하면서, 신체들의 물질화가 그것들이 살아가는 세계(들)의 물질화와 객체화에 긴박되어 있는 방식을 성찰한다. 소니아 크룩스는 오래된 세대의 의지박약과 무기력에 대한 시몬 드 보부아르의 진단을 통해, 실존주의적 현상학에서 유물론이 마르크스주의 그리고 사회 구성주의와 더불어 창조, 경험 그리고 부정의의 지각에 대한 풍부한 사유를 어떤 식으로 제공할 수 있는지를 설명한다. 제이슨 에드워즈(Jason Edwards)는 마르크스와 알뒤세르의 자본주의 발전에 관한 분석을 앙리 르페브르의 일상적 삶의 실천에 관한 연구로 보충하는데, 이것은 세계 자본주의를 재생산하고 지정학적 체계를 구조화하는 어떤 확장적이고 보다 정치적으로 유용한 물질적 실천의 개념을 제공하기 위함이다.

우리는 이 논문을 출간하는 데 있어서 우리의 굉장한 즐거움을 다시 언급함으로써 모든 기고자들에게 진심 어린 감사를 전하며 마무리하고자 한다. 우리는 집단적으로 신념을 가지고 이 일을 하고 있으며, 기고자들은 문화적 전회 이후 사회 연구를 위한 주목할 만한 경향의 일정에 신유물론을 놓는다. 우리는 이들이 신유물론 패러다임에 관한 논쟁을 촉발할 뿐 아니라, 우리가 거주하고 있는 이 깨지기 쉽고, 덧없는 세계의 혁신적인 탐구 작업에 영감을 주기를 바란다.

물질성의 힘

신유물론으로 가는 길 위 생기론이라는 행선지

제인 베넷

이 논문은 신유물론의 보다 폭넓은 연구 영역 중 정치학의 일부에 속한다. 나는 여기서 비인간 물질들(전기, 지방)을 도구, 힘의 기술, 다루기 어려운 객체 또는 사회적 구성물로서라기보다 진정한 행위항들(agents) 자체로 드러내는 방식으로 사건(정전blackout의 힘, 비만의 위기)을 서술하는 실험을 한다. 만약 우리가 기술적인 물질과 자연의 물질이 우리 내부에 그리고 우리 옆에 있는 작인들(actors) 그 자체라고 본다면, 또는 인간이 그 안에서 기획한 의미, 지향 혹은 기호적 가치들에로 환원 불가능한 생명력, 궤도들, 그리고 힘들이라는 생각을 보다 신중하게 취한다면, 우리의 정치학적 사고에 무슨 일이 발생할 것인가? 이 새로운, '생기적 유물론'은 인간적 힘의 경제적 구조에 대해 보다 예외적으로 관심을 두는 역사 유물론와 함께 갈 것이다.

물론, 그와 같은 '사물-힘' 유물론[1]은 근원적으로 새로운 것은 아니지만, 특별히 발명의 한 부분이며 나를 포함해서 선재하는 전통들 ── 비록 어떤 강한 의미에서 목적적이지는 않지만, 물질성이 수동

---

1   나는 '사물-힘'에 관한 아이디어를 「사물의 힘」("The Force of Things")에서 전개한다.

적으로 저항하는 것으로서가 아니라 능동적이고 활동적인 것으로서 형상화되는 사유의 역사적 노선들 — 로부터 형성된 그러한 요소들을 취급하는 작업의 일부를 이룬다. 그 전통에 따르면, 여기에는 나를 포함하여, 에피쿠로스, 루크레티우스, 홉스, 스피노자, 라 메트리, 디드로, 데모크리토스에 관한 박사 논문을 쓴 마르크스, 우발적 유물론의 알튀세르, 들뢰즈 등등이 있다. 이들에게 생명과 물질, 유기적인 것과 비유기적인 것, 인간과 비인간, 사람과 신 사이의 구별은 필연적으로 존중해야 할 가장 중요한 것이 아니다.

이 유물론들에 덧붙여, 나는 '생기론'의 전통에서 유물론에 관한 생각의 풍부한 원천을 발견한다. 특히 20세기 초의 생기론적인 경향들은 '비판적 생기론' 또는 '현대' 생기론이라 불린다.[2] 이들 생기론자들은 경험과학과 밀접하게 연루됨으로써 스스로를 영혼에 관한 '소박한 생기론'(naive vitalism)과 구별하며, 물질이 기계적으로 작동하며 따라서 원리적으로 인간에게 언제나 계산 가능한 것이라고 보는 어떤 종류의 유물론에 저항하여 끈질기게 싸운다. 비판적 생기론자와 나는 기계적 또는 결정론적 유물론에서 공통의 적을 가지기 때문에, 이 논문에서는 그들 중 한 사람, 즉 한스 드리슈에 대한 탐구에 열중할 것이다.

'유기체의 과학과 철학'에 관한 1907~1908년 드리슈의 애버딘 대학교 기포드 강의(Gifford lectures)는 그의 동시대인이었던 앙리 베르그송의 연구를 따르는데, 이는 1차 세계대전 이전 몇 년간 미국에서의 생

---

2 앙리 베르그송과 한스 드리슈의 '비판적 생기론'은 '소박한' 생기론과 자신을 대립시킨다. 소박한 생기론은 "물리적 법칙이 작동하는 가운데 영적 활동을 받아들인다". 비판적 생기론은 "19세기에 질료-기반 물리학에서 에너지-기반 물리학으로의 이동에서" 출현했다. Burwick and Douglass eds., "Introduction", *The Crisis in Modernism*, p. 1. 드리슈는 『생기론의 역사와 이론』(*The History and Theory of Vitalism*)에서 그의 생기론을 '현대적' 또는 '새로운' 생기론으로 기술한다.

기론에 관한 대중적 열광에서 중요한 역할을 했다.[3] 이 생기론의 핵심은 '생명'이 '물질'로 환원 불가능하다는 생각이었으며, 오로지 물질과의 어떤 관계 안에 있을 때에만 물질에 생명을 불어넣는 어떤 생명-원리가 존재하지만, 이는 물질의 본성 자체에 있지는 않는다는 것이다.[4] **"자연**의 개념은 확장되어야 한다"고 드리슈는 쓴다. 따라서 그것은 "완전히 공간적인 어떤 것, 그리고 부분적으로만 공간적인 몫을 가지는 것으로 구성된다".[5] '생기 원리'는 후자에 놓여 있다. 이것은 배아(embryo) 안에 형태 변화를 위한 추진력(impetus)을 제공한다. 하지만 비판적 생기론의 범역은 생물학에 국한되지 않았는데, 왜냐하면 동일한 생기 원리가 인격성과 역사의 진보적 발전에 대한 원인도 된다고 생각되기 때문이다. 즉 씨, 배아, 지리적 특성 그리고 문화가 모두 유기적 전체인 한, 물리적·심리적 그리고 문명적 질서들 간에 어떤 구조적 동형성(isomorphism)이 있다.

생기론자들 간에는 생명력을 기술할 올바른 방식에 대해 몇몇 의견의 불일치가 존재했다. 예컨대 드리슈의 엔텔레키(entelechy)에 필

---

3 Quirk, *Bergson and American Culture*, p. 1~2. 쿼크는 또한 윌라 캐더와 월리스 스티븐스의 저작들을 이러한 맥락에 놓는다. "캐더와 스티븐스는 '창조적 힘'을 믿었으며, 둘 모두 […] 이 힘을 어떤 생기적 힘, 즉 자연 안의 생물학적 힘이자 기원에 있어서 최초인 것과 연결했다"(p. 8). 1911년에서 1915년 사이의 기간 동안 아서 러브조이와 제닝스 간의 생기론에 관한 논쟁도 참조하라. Lovejoy, "The Meaning of Vitalism"; Lovejoy, "The Import of Vitalism"; H. S. Jennings, "Driesch's Vitalism and Experimental Indeterminism"; Lovejoy, "The Meaning of Driesch and the Meaning of Vitalism"; Jennings, "Doctrines Held as Vitalism".

4 드리슈의 『생기론의 역사와 이론』에 관한 1916년 리뷰는 생기론은 "사라지지 않을 것이다. 최근의 문헌을 살펴 보면 우리는 이러한 결론으로 이끌린다. 과거 수십 년간 가장 널리 읽히는 철학 저작들 중 하나(베르그송의 『창조적 진화』)는 우선 이러한 가르침에 관한 변론이다. 독일어와 영어 둘 모두로 쓰여진 드리슈의 저작들은 놀라운 속도로 잇달아 나왔으며, 심지어 가장 확고한 기계론자들의 관심을 끌었다"고 쓴다(Sumner, "Review").

5 Driesch, *The Science and Philosophy of the Organism*, vol. 2, p. 321.

적하는 베르그송의 **생명의 도약**(élan vital)이 그런 것이다. 하지만 '물질'에 관한 문제 제기에 있어서는 그들의 '유물론적' 적수들은 물론이고 생기론자들 서로 간에도 일치했다. 물질은 (상태의 규칙적인 변화를 겪을 수 있다는 의미에서 '역동적'이라 해도) 부자유하며, 기계론적이고 결정론적이라는 문제가 그것이다. 생기론자들이 이런 기계적 세계의 영역 바깥에서 '생명'의 사례들을 찾아냈던 반면, 모든 개별 실체(entity) 또는 힘이 복잡하고, 유기적이거나 미묘하다고 주장한 유물론자들은 그럼에도 불구하고 (궁극석 또는 원리직으로) 〔그것들이〕 기계적으로 또는 그들이 '물리-화학적' 용어라고 불렀던 것으로 설명 가능하다고 주장했다.

드리슈는 내가 유물론적 존재론에 대해 하는 만큼 나아가지 않는 반면, '생기 원리'가 절대적으로 '물리-화학적' 물질과 독립적으로 존재하지 않는다고 주장한다. 그는 물질과 생명 간의 관계를 가능한 한 가깝게 만들면서도 여전히 구별을 유지할 수 있도록 한다. 따라서 나는 드리슈에 흥미를 느끼는데, 왜냐하면 그가 비록 마지막 순간에 **그 자체로** 생동적인 또는 능동적인 물질로 뛰어드는 것으로부터 물러나 버렸다 해도, 생명-물질 이항성을 한계까지 밀어붙이기 때문이다. 그가 왜 그로부터 물러났는지를 이해하는 것은 교훈적이다. 즉 그것은 자연 세계를 깜짝 놀라게 하는 항구적인 능력으로 파악되는 자유, 그 선행 사건에 의해 충분히 결정되지 않는 사건들을 산출하는 자유를 위해서다. 이러한 우발적(aleatory) 세계의 상은 나의 '생기적 유물론'도 마찬가지로 긍정하는 바다.

드리슈는 전반적으로 계산 가능하지는 않은, 완연히 물질적이지는 않은 추진력을 유기적 생성의 원인으로 규정했다. 베르그송과 같이 그가 미국에서 대중적 인기를 누렸던 이유는 아마도 그가 우주의 상을 신 없는 기계로 명백하게 확증하도록 위협하는 현대 과학의 실제적인 성공에 직면하여 자유, 즉 삶에 대한 어떤 개방성의 수호자로 받아들여졌기 때문이있다. 발생학사인 느리슈는 나치에 의해 교수 자격을 박탈당한 최초의 비-유대인들 중 한 명이었다. 왜냐하면 그는 '덜 생기적인' 사람들에 대한 독일의 침략에 그의 생기론이 이용되는 것을 거부했기 때문이다. 나는 이 논문의 끝에 정치적 폭력과 생기론의 관계에 관한 질문을 제기할 것이다. 거기서 나는 드리슈의 생기론을, 선제공격의 교리와 결합된 현대판 생기론인 '생명의 문화'에 관한 미국의 복음주의적 옹호와 대조한다.

그러나 우선, 나는 드리슈의 생기적 힘에 관한 개념인 엔텔레키, 즉 물질의 무딘 요소를 능동적으로 만드는 생명-원리로 돌아갈 것이다. 끊임없이 출몰하는 수동성과 물질의 연합은 드리슈가 거의 그러나 완전히 극복하지는 못했던 것으로, 그것이 내가 겨냥하는 바다. 만약 우리가 사물의 힘, 다시 말해 비인간 실체들과 힘들에 의해 소유된 적극적 생기성(vitality)을 분별하고 그것과 겨루는 데 보다 많이 숙련되어야 한다면, 미망히 그렇게 해야 한다.

엔텔레키

드리슈는 적어도 처음에는 칸트주의자였다. 칸트는 『판단력 비판』에서 반복해서 수동적 물질의 형상에 대해 역설했다. 즉 물질 '자체'는 그 어떤 '자발성'도 가질 수 없다.[6] "우리는 살아 있는 물질이 가능하리라는 생각을 조금도 할 수 없다. (그런 개념은 모순적인데, 왜냐하면 물

---

6   Kant, *Critique of Judgment*, sec. 78, #411.

질의 본질적 특성이 무생명성, 즉 **관성**inertia이기 때문이다.)"[7] 우리는 "단순한 물질로서, 그것의 본성과 일치하지 않는 물질에 어떤 속성(물활론이 그러는 것[처럼, 이른바 생명의 속성])을 부여하지" 말아야 한다.[8] 드리슈는 물질을 다루고, 조직화하며 생기 있게 하기 위해 비물질적 보충물을 요청하는 한, 물질에 관한 칸트의 이미지를 긍정한다. 칸트는 생기 원리가 결코 우리에게 완전히 투명하지 않으며, 사실상 유기체 내부에서 수행되지만, 아마도 그 어떤 기계적 물질도 그 자체로 수행할 수 없는 과제를 수행하는 어떤 비가시적인 존재로서만 알려질 수 있다고 주장한다. 엔텔레키는 자연의 기계적 모델의 부정적 공간 안에서, "엄격하게 물리-화학적인 또는 기계적인 사건들의 연쇄" 안의 '간격'에서 탄생한다.[9]

따라서 드리슈의 엔텔레키의 경우 우선 초월적 논증의 방식을 따라 진행한다. 즉 "y에 명백한 실재성이 주어지면, x는 작용하는 것**임에 틀림없다**". 예컨대 생기적 원리가 어째서 본성적으로 '물리-화학적'일 수 없는지를 보여 주기 위해, 그는 형태발생(수정된 알이 성체가 되는 과정)에서 "공간적 다양성(manifoldness)이 아무런 다양성이 없었던 장소에서 생산된다"는 관찰로부터 시작한다. 언뜻 보아도 이러한 공

---

7   *Ibid.*, sec. 73, #394.

8   *Ibid.*, sec. 65, #374.

9   드리슈는 스피노자의 '정신-신체 평행론'을 거부하는데, 이는 정확히 드리슈가 그것을 이해하는바, 스피노자주의가 "[그] […] 이원성 […]의 물리적 측면이 그 안의 어떠한 간격도 없이 엄격하게 물리-화학적이거나 기계적인 사건들의 연속적인 연결을 형성한다"고 주장하기 때문이다(Driesch, *The Science and Philosophy of the Organism*, vol. 2, p. 115). 드리슈에게 그 자신의 생기론의 '증명'이 어떤 부정적인 것으로 이해된다는 것은 매우 중요하다. "생기론에 관한 모든 **증명**, 즉 기계-론이 결코 생물학적 현상들의 장을 지배하지 않는다는 것을 보여 주는 모든 추론은 오로지 간접적 증명들일 수 있다. 즉 그것들은 기계적인 또는 단일한 인과성이 설명을 위해 충분하지 않다는 것을 분명히 할 수 있다"(Driesch, *The History and Theory of Vitalism*, p. 208).

간적 다양성이 공간적으로 균질되고, 분화되지 않은 알로부터 직접 출현한다는 것을 보여 주는 것 같지만, 이론적인 근거는 이것이 불가능하다는 것을 드러낸다. 즉 **공간적** 다양체(manifold)는 그 원천으로 어떤 **공간적** 균질성을 가질 수 없다. 따라서 **몇몇 다른 종류**의 '다양체'는 "형태발생에 앞서" 현존한다. "연장적 특성"을 결여하기 때문에, 이 앞선 다양체는 이후 유기체의 차이화의 기초로서, "강도적 다양성"[10] 즉 "공간 안에 다양체 그 자체로 존재하지 않고 다양하게 행위하는 행위항"이어야 한다(vol. 2, p. 250). "다시 말해, [그것은] […] 공간 안에 있지 않더라도, 복합적이다"(vol. 2, p. 316). 이때 우리는 엔텔레키의 첫 번째 정의를 가진다. 즉 그것은 성숙한 유기체의 연장적 다양성이 그로부터 출현하는 **강도적** 다양성이다.

둘째로 생기론에 대한 드리슈의 부정적이고 간접적인 사례는 실험실에서 그의 실증적이고 직접적인 개입들과 관찰들이라는 방식에 따라 진행된다. 사실상 '생명의 자율성'을 정립하는 데 있어서 처음으로 드리슈를 자극했던 것은 이론적 이유가 아니라 성게의 세포분열에 관한 실험이었다. 바다 성게의 메커니즘에 대한 계산적 개입은 역설적으로, 만약 그것이 어떤 기계론으로 파악된다면, 생명은 설명될 수 없다는 사실을 드러냈다. 그러나 드리슈가 기계적 설명의 부적합성을 주장한다는 사실이 그의 엔텔레키가 '심리적' 요인이라는 것을 의미하지는 않는다. 즉 "엔텔레키의 잠정적인 부정성을 파악하는 것은 중요하다. 왜냐하면 그것은 우리를 생기적 행위항이 '심리적인' 어떤 것이라고 간주하는 […] 실수로부터 구해 낼 것이기 때문이다. […] 그러나 기계적인 것의 반대는 단지 **비-기계적인 것**이지, '심리적'인 것이 아니

---

10 Driesch, *The Science and Philosophy of the Organism*, vol. 2, p. 144.

다"(vol. 2, p. 115).[11] 비판적 생기론자인 드리슈에게, 생기 원리는 기계적인 신체로서도, 에테르 같은 영혼으로도 파악되어서는 안 된다.

드리슈의 실험실 작업의 목표와 경험과학적 경로에 대한 그의 엄격한 천착은 단순히 유기체의 화학역학적인 그리고 물리적인 속성들에 관한 보다 미묘한 이해를 획득하기 위한 것일 뿐만 아니라, 기계적인 것을 **활성화했던** 것을 보다 잘 판별하기 위함이기도 하다. 즉 "그렇다면 왜 접히고, 굴절하는 그 모든 것들이 발생하는가, 그리고 우리가 기술해 왔던 그 모든 다른 과정들은 왜 일어나는가? 서기에는 말하자면 **그것들을 추동해 내는** 무언가가 있음에 틀림없다".[12] 드리슈는 그 무언가, 배아 안쪽에서 생기를 주는 추진력을 엔텔레키라고 이름 붙인다. 엔텔레키는 어떤 실체(substance)도 아니고 에너지도 아니며(그러한 현상들과 관련하여서만 능동적이라 해도), "생명현상들의 비-기계적인 행위적 귀인"이다.[13] 드리슈는 그의 전문용어인 **엔텔레키**를 아리스토텔레스로부터 가져오는데, 이때 자기-동력적이고 자기-변경적인 힘이라는 의미는 유지하지만, 그것의 아리스토텔레스적인 특유한 목적론은 거부한다.[14]

---

11 과학적으로 파악된 자연 안에는, 여기-지금과 같이 "'심리적' 실체들이 있을 만한 여유가 전혀 없다"(Driesch, *The Problem of Individuality*, p. 33). 드리슈는 『유기체의 과학과 철학』에서 동일한 점을 지적하는데, 거기서 그는 "공간적인 자연이라고 불리는 현상에는 […] 아무런 영혼도 '존재하지' 않는다"고 말한다(*The Science and Philosophy of the Organism*, vol. 2, p. 82).

12 Driesch, *The Science and Philosophy of the Organism*, vol. 1, p. 50(강조는 인용자). 이런 점에서 드리슈는 조직화된 존재자들을 판단함에 있어서, "우리는 언제나 그 스스로 메커니즘을 **활용하는** 몇몇 원초적인 유기체를 전제해야 한다"(Kant, *Critique of Judgment*, sec. 80, #418, 강조는 인용자)는 칸트의 주장과 공명한다.

13 Driesch, *The Problem of Individuality*, p. 34.

14 드리슈는 아리스토텔레스와 그의 차이점에 대해 자세히 설명하지 않으며, 단지 그가 "'그 자체로 목적을 가지는' 생명현상들 안에 작동하는 무언가가 존재한다"는 아리스

물질을 활성화한다는 의미에 더해, 엔텔레키는 또한 유기체들의 신체를 기예적으로(artistically) '배열하'거나 구성하는 것이기도 하다. 엔텔레기가 이것, 즉 그 **비기세석으로** '형성하기'(forming) 과업을 어떻게 수행하는지 이해하기 위해서, 드리슈가 말한바, 형태발생이라는 유기체들에 특유한 생성의 양상을 보다 상세하게 들여다볼 필요가 있다. 형태발생은 배반포(胚盤胞, blastocyst)가 더 적은 것에서 더 많은 미분화된 형태로 움직여 가는 (존재발생) 과정과 성숙한 유기체가 위험이나 질병에 반응하면서 스스로를 재-형성하는 (재생) 과정 둘 모두를 지칭한다.[15] 비유기적 물질은 **변화**할 수 있다. 반면에 오로지 생명체만이 형태가 바뀔 수 있다(morph). 즉 결정형성(crystal formation)은 질량을 줄이거나 늘릴 수는 있지만, 질적으로 보다 복잡하게 될 수는 없으며, 이를테면 '동일한' 전체가 지탱하는 부분들을 대체하거나 결합함으로써 스스로를 유지할 수는 없다. "유기체는 […] 결정체들의 조합과 완전히 […] 다르다. 예컨대 수상돌기(dendrites)라고 불리어지는 것은 […] 똑같은 단위들의 전형적인 배열로 구성된다. […] 이런 이유로, 수상돌기는 […] 집합체(aggregates)로 불려야 한다. 그러나 유기체는 집합체가 아니다"(vol. 1, p. 25). 산의 광물과 화학적 성분들과는 달리, 식물의 부분들은 **구성 부분들**(members)이 아니다. 즉 하나에서 변화가 일어날 때, 다른 것도 그것에 따라 영향을 받을 뿐만 아니라, 어떤 **통합된**(coordinated) 반응을 촉발하는 식으로 영향을 받는다.

기계와 유기체 간의 더 진전된 대조를 발전시키면서, 드리슈는

토텔레스의 생각을 이어 나갈 것이라고만 말한다(Driesch, *The Science and Philosophy of the Organism*, vol. 1, p. 144).

15 배반포는 수정란이 어떤 단단한 세포 덩어리로부터 액체로 채워진 빈 공간 주위의 속이 빈 공 모양 세포로 변화할 때, 그것의 발전된 단계에 대한 이름이다.

축음기가 "공기 중의 진동을 받아들이고 공기 중으로 진동을 내보냄"
으로써, "이전의 자극과 이후의 반응이 **동일한** 본성에 속하는" 반면,
유기체에서 "그 감각기관들 위의 인상들"(예컨대 소리)은 "절대적으
로 **다른** 종류의 현상들"에 속한 무언가를 내놓을 수 있다(vol. 2, p. 61,
강조는 인용자)고 주장한다. 드리슈는 비유기적 체계(단순 물질과 같
은)는 "발생했던 것의 단순한 상기"뿐만 아니라, "[…] **전체적인 것**으
로서 미래의 **개별화된** 특수한 것들을 새롭게 결합하기 위해 발생하는
앞선 요소들이 일어나게 하는 다른 장에서 **자유롭게** 활용하는 능력"
을 수반한 경험으로부터 **배울** 수도 없다고 말한다(vol. 2, p. 79). 드리슈
는 유기체의 생산성을 다음과 같이 기술한다. "**개별적 상응**(individual
correspondence)이라고 […] 불릴 만한 어떤 기묘한 원리, 즉 어떤 실
제적 행위는 개별적 자극에 대한 **개별적** '응답'이다."[16] 그와 같은 즉
각적인 상황에 특별히 맞추어진 개별화된 행위는 엔텔레키의 '감
독'(directing) 행위를 구성한다.

　　다른 곳에서 드리슈는 이러한 '감독'의 힘을, 현실화하기 위해 출
현하는 유기체 내부의 많은 형성 가능성들 중 하나를 받아들이는 힘으
로 기술한다. 여기에는 현실화되는 것 외에 세포, 기관 또는 유기체를
위한 발전의 보다 잠재적인 형태들과 선들이 있다. 예를 들어 (우리가
그렇게 부르는바) 성게 줄기세포 안 각각의 세포에는 "여러 상이한 '잠
재적인 것'의 형식에서 발생하는 막대한 수의 가능성들"이 존재한다.[17]
그러나 만약 "그 밖의 어떤 것이 현실적으로 형성되는 것 외에 형성**될**

16　Driesch, *The History and Theory of Vitalism*, p. 213. 또는 그가 이 논점에 대해 설명하는 *The
　　Science and Philosophy of the Organism*, vol. 1, p. 67. 즉 "자극과 결과 간의 '상응의 개별성'"이
　　존재한다.

17　Driesch, *The Problem of Individuality*, p. 38. 오늘날의 용어에서, 이것은 줄기세포가 아직 그
　　것들 각각의 "필연적 경로들"로 조정되지 않았다고 말해질 것이다.

수 있다면, 왜 각각의 경우에 어떤 일이 발생하고 아무것도 발생하지 않는 것인가?" 또한 드리슈는 거기에는 결과의 특이한 특수성에 대한 몇몇 행위적 귀인(agent responsibility), 즉 현실성으로의 진입을 돕는 몇몇 결정적인 행위항이 존재함에 **틀림없**다고 추론한다.

우리의 가설에 따르면, [⋯] n개의 세포 안에는 **동일한** 수많은 생성의 가능성들이 말하자면 엔텔레키에 의해 물리-화학적으로 준비되고, 검토된다. 체계의 발전은 우리의 가설에 따르면 이제 엔텔레키가 [⋯] 세포 a 안에서 **그것의 보류된 힘을 이완시키며**, 따라서 세포 a 안에서 하나가 발생하고, 세포 b 안에서 다른 것이, 그리고 세포 c 안에서 또 다른 것이 발생하도록 허용한다는 사실에 의존한다. 그러나 이제 실제적으로 a 안에서 발생하는 것은 또한 b 또는 c 안에서 발생했던 것일 수 있으며, 이는 엄청난 수의 가능성들에서 나온 **각각의 것**이 각 세포 안에서 발생**할 수 있기** 때문이다. 따라서 규칙에 따라 어떤 엄청나게 많은 가능한 사건들이 그것〔현실화된 사건〕에 의해 보류되었던 한 체계 안에 엔텔레키의 행동을 풀어놓는다면, **가능성들의 평등한 분배**가 **현실적 결과들의 불평등한 분배**로 변화되는 사태가 발생할 것이다.[18]

드리슈가 유기체 성장의 궤도를 규정하기 위해 부정적 용어들로 엔텔레키의 힘을 기술한다는 것에 다시 한 번 주목하자. 즉 엔텔레키는 선택적으로 그것의 '보류의 힘'을 '풀어 줌'으로 작동한다. 이 (부정적) 선택의 능력은 다양한 가능성들의 맥락에서 작동하며, 그렇게 함으로써 유기적 성장의 현실적 경로는 엄격하게, 기계적 방식으로 결정

18 *Ibid.*, p. 39.

되지 않는다. 이와 유사하게 성장한 유기체의 개별적 운동도 완전하게 결정되지 않으며, 개별적 환경의 자극에 의해 기계적으로 야기되지도 않는다. 다시 말해 사건들 바깥에서는 개별적인 것들에 영향을 주지만, 그것들은 오로지 "더 앞의 행위를 위한 일반적으로 비축된 가능성들"만을 창조하며, "아주 세부적인 사항에서 더 진전된 반응들 모두를 결정하지는 않았다".[19] 따라서 "특수한 원인과 특수한 결과 간의 상응에 있어서 **불확정성**(indefiniteness)이 존재한다".[20] '자유'가 존재하는 것은 바로 이 불확정성 안에서다.

기포드 강연에서 드리슈는 생명과 물질 사이의 질적 차이를 긍정한다. **자기-감독적 능동성**이 몇몇 신체들에서 나타나는 엔텔레키는 결정체를 배아와 구별하는 것, 즉 잔디밭과 주차장을 구별하는 것과 같이 나와 나의 시신을 구별하는 것이다. 그러나 드리슈 또한 인간과 생명의 다른 형태들 사이의 질적 차이를 긍정하는가? 내 생각에 이 질문은 중요한데, 왜냐하면 세속적인 존재의 정점으로 인간을 바라보고자 하는 욕망 안에 생기론의 대부분의 주장이 놓여 있는 것으로 보이기 때문이다.[21] 드리슈의 응답은 모호하다. 한편으로 엔텔레키의 '감독하는' 힘은 (모든 유기체에 걸쳐 동등하게 분배된 그것의 '형성적' 힘과는

---

19 Driesch, *The History and Theory of Vitalism*, p. 213.

20 Driesch, *The Science and Philosophy of the Organism*, vol. 2, p. 72(강조는 인용자). 어떤 사건에 대해 명료하고 독창적으로 반응하는 유기체의 능력('개별적 상응'을 위한 그것의 능력)은 **근원적으로** 자유롭지 않다. 엔텔레키는 **완전히** 새로운 생산을 하지는 못하는데, 왜냐하면 드리슈가 "가능성들의 일반적 저장고"로 기술한 그것의 지성적 민감성이 완연한 강도를 따라 남아 있기 때문이다.

21 이 욕망은 베르그송과 드리슈에 관한 조셉 치아리의 방어에서 매우 명백하다. "다윈은 변화와 돌연변이가 우연에 따른다고 생각했다. 라마르크는 그것들을 환경의 압력과 기능론에 귀속시킨다. 베르그송은 그것들을 물질이 인간을 통해 의식으로 진화하는 정보적 정신에 제공하는 본성적 저항에 귀속시키며, 그러므로 인간에게 창조의 목표와 정점의 자리를 부여한다"(Joseph Chiari, "Vitalism and Contemporary Thought", p. 254).

달리) 특별한 강도를 가진 인간 안에서 작동한다. 이는 인간의 '알기'와 '의지하기'의 보다 큰 능력에 대한 증거이다. 그러나 다른 한편, 드리슈는 또한 알기 및 의지하기와 비슷한 어떤 것이 **모든** 유기적 과정에 존재한다고 믿는다. "사실상 형태발생과 생리적 적응 그리고 본능적 반응들이 관련되는 한에서, 특수한 알기와 의지하기에 은유적으로 필적하는 어떤 것이 있음에 **틀림없다**."[22]

형태발생에 대한 면밀한 관심은 드리슈에게 '생명'의 독특한 변화 양상을 드러낸다. 즉 이러한 변화는 **조직화하고, 복잡화하며, 전체적**이면서 **자율적**(미결정적)이다. 그러나 왜 이러한 유형의 변화를 고도의 복잡하고 역동적인 **기계**로서 함축하는 생명체를 고안하지 않는가? 만약 그러하다면, 형태발생을 설명하기 위해 엔텔레키와 같은 특수한 생명 원리를 제기할 필요가 없을 것이다. 드리슈는 분명하게 의문을 제기하면서 형태발생에 관한 모든 기계적 해명이 부적합하다는 것을 발견한다. 그 이유는 다음과 같다. 즉 유기체는 전체의 정상적 기능을 유지하고 그 동일성을 보존하기 위한 혁신적인 행동의 능력 전체를 가동한다. 그것은 부상당한 부분을 회복하며, 심각한 부위를 재생하고, 오래된 부분을 새로운 역할을 수행하는 데 적응시킨다. 이와 대조적으로 기계(물리-화학적 요소들의 어떤 단순한 응집체)는 "**만약 당신이 원하는 무엇이든 그것으로부터 빼앗는다면, 그 자체로 유지되지 않는다**".[23] 기계는 자기-수리를 할 수 없기 때문에, 우리는 "복원 과정

---

22 드리슈는 그가 이 '어떤 것'이 무엇인지 모른다고 말하지만, 그것이 모든 유기체에 의해 가장 명쾌한 "[유기적 전체를 유지하는] 목표를 […] 향한 '수단들'이 알려지고 **발견된**"다는 것은 "매우 이상해 보일 것"임에도 불구하고, "그것은 **사실이다**"(*The Science and Philosophy of the Organism*, vol. 2, p. 143).

23 Driesch, *The History and Theory of Vitalism*, p. 210.

을 야기하는 특수하고 실제적인 자극"[24]을 제공하는 몇몇 비물질적인 행위자가 유기체 안에서 작동하고 있음에 틀림없다고 다시 한 번 결론 내려야 한다.

드리슈는 기계 유비는 유기체의 개별적 기관들을 받아들일 수 없다고 말한다. 예컨대 난소(ovary)는 "셀 수 없는 횟수로 나누어지고 또 나누어지는" 단일한, 전분화세포(totipotent cell, '원기'Anlage[25])로부터 출현하지만, **"어떻게 기계가 [⋯] 수없이 나누어지고도 그 자체로 남아 있을 수 있겠는가?"**[26] 이에 대한 드리슈의 실험적 증거는 하이드로이드-폴립 수종(hydroid-polyp Tubularia)이 있는데, 이 수종의 잘린 부위는 작지만 전체 유기체로 재성장하게 된다. 당시의 '기계론적' 관점에 따르면, 각각의 절단 부위는 어떤 기계를 담고 있어야 할 것이고, 그것이 둘로 나누어질 때, 그 각각은 절반 크기지만 완전한 기계인 채로 여전히 기능할 수 있어야 한다. 드리슈의 연구에 대한 초기 비판가였던 미하일 바흐친은 드리슈가 수종에 대한 그의 실험으로부터 이끌어 낸 결론들을 적절하게 기술한다.

우리가 그것을 충분히 나눌 수 있으면서도 언제나 그것의 정상적 기능을 유지하는 이것은 어떤 종류의 기계인가? 동일한 기능을 가진 아

---

24 *The Science and Philosophy of the Organism*, vol. 1, p. 110.

25 드리슈는 (형태발생론에 관한 기계론적 해명의 충분성에 대한 반박으로 보다 잘 기술되는) 생기론에 관한 그의 경험적 증명들에서 "조화로운 체계들의 분화" 과정과 그 안에서 분화가 발생할 원세포(original cell)의 전개를 구별한다. 후자는 "복잡한 체계들로부터 나온다는 것이 아니며, 그것들 스스로 생겨난다는 것이다. 그리고 우리는 이 모든 것을 대표하는 하나의 예로 난소를 취할 것이다. 난소는 쉽게 번역되지 않는 독일어 단어로 사용하자면 그것의 **원기**(Anlage)인 하나의 특수한 단일 세포로부터 발전한다"(Driesch, *The Problem of Individuality*, p. 21~22).

26 Driesch, *The History and Theory of Vitalism*, p. 212.

주 고도로 복잡하며 크고 작은 기계들이 우리의 2cm 크기의 두 부분 안에 담겨 있어야 한다. […] 게다가 이 기계들은 서로 간에 중첩한다. 그깃의 부분은 ㄱ것과 완전히 다른 부분과 상응한다. 그와 같은 기계 이론은 (드리슈의 견해에서) 불합리함으로 이끌린다.[27]

엔텔레키를 변형의 움직임을 위한 보이지 않지만 '실제적인 자극'으로 묘사하면서, 드리슈는 엔텔레키가 '에너지'로, 따라서 어떤 특수한 종류의 물리-화학적 실체로 파악될 수 있을지 어떨지도 고려한다. 그는 '생기 에너지'라는 생각이 모순이라고 거부하면서 다시 한 번 아니라고 답한다. 생명은 **계량화할 수 없**고 모든 에너지는 그에게 양으로 남아 있기 때문이다. "현상이 에너지 질서에 속해 있다고 […] 주장하면서, 우리는 **다소간의** 현상들이 그렇게 존재할 수 있다고 언급한다. […] 하지만 엔텔레키는 **양적 성격을 전반적으로 결여한다**. 즉 엔텔레키는 **관계의 질서**일 뿐 다른 것이 전혀 **아니다**."[28]

27 Bakhtin, "Contemporary Vitalism", p. 89.
28 Driesch, *The Science and Philosophy of the Organism*, vol. 2, p. 169. '관계의 질서'가 배타적으로 의미할 수 있는 바는 무엇인가? 드리슈는 이 개념을 요소들을 조화로운 전체로 "배열하는(arranges) 작인(agent)"으로 엔텔레키를 기술함으로써 얼마간 설명한다. 드리슈는 본능적 운동들에서 이러한 배열하는 힘의 증거를 본다. 즉 '생리적 요인들'이 본능에서 어떤 역할을 한다 해도, "거기에는 작동 중인 무언가 다른 것이 또한 있을 것인데, 이 '무언가'는 그 요인들을 활용한다고 알려질 만한 것이다"(*Ibid.*, vol. 2, p. 51). 이 "비유기적 세계에는 알려져 있지 않은 […] 새롭고 자동적인 본성적인 요인은"(*Ibid.*, vol. 2, p. 114) 마찬가지로 "종들의 진화의 근본에" 놓여 있다(vol. 1, p. 287). 게다가 이와 같은 배열은 형질 이전 과정에서 가동적이었어야 한다. 기계적 설명은 단지 "세포핵 안에 국지화된" 물질적 단위들의 이전에 대해서만 이야기할 것이지만, 다시 한 번 이 물질적 조건들은 "주요한 사태"가 될 수 없다. "**배열하는** 몇몇 작인이 요청되며, 형질에 있어서 이 배열하는 작인은 기계류, 즉 물리-화학적 특성에 속할 수 없다"(Driesch, *The Problem of Individuality*, p. 23). 왜 그런가? 왜냐하면 물리화학적인 것은 정의상 요청되는바 '배열하는' 작인을 가질 수 없기 때문이다. 배열하는 작인은 정확성과 유연성 둘 모두를 요구한다. 부분들의 특이성에

내가 이미 주목했던바, 드리슈의 '비판적 생기론'은 필연적으로 엔텔레키와 물질의 규칙적이며 관찰 가능한 작용(operation) 간의 밀접한 관계를 강조한다. 엔텔레키는 "물리-화학적으로 준비된 […] 생성의 가능성들" 중 유일하게 활용될 만한데, 왜냐하면 "생명은 신체와 연합되어 있다는 것 외에 우리에게 알려진 것이 없기" 때문이다.[29] 엔텔레키는 언제나 "각각의 개별적 형태발생 안에서 물질적 수단을 활용한다"(vol. 2, p. 295). 엔텔레키는 수소가 없다면 황산(sulphuric acid)을 만들 수 없지만, "현존하는 그와 같은 화합물로 **가능한** 그리고 엔텔레키 없이 발생할 만한 모든 반응들 중의 어떤 하나를 원하는 만큼 오랫동안 **유예**"할 수 있다. 이러한 공식들은 (기계적) 유물론을 완전히 넘어서지 않고 또한 '영혼'의 형이상학을 함축함이 없이 생명-물질 관계를 거의 밀접하게 만들기 위한 드리슈의 분투를 전개한다.

아마도 엔텔레키에 관해 나를 가장 흥미롭게 하는 것은 그것이 어떤 비인격적인 행위자의 형상을 취한다는 것이다. 마키아벨리의 **포르투나**(fortuna〔힘, 권력〕) 또는 호메로스의 그리스어인 프쉬케(psuche, 〔혼〕)와 같이,[30] 엔텔레키는 각각의 개체의 특유한 소유가 아니라, 오히려 모든 생명체들을 가로질러 흐르는 어떤 생기성이다. 엔텔레키는 어떤 경직된 계획을 따르지 않으면서 전체를 위해 부분들을 동조시킨다.

맞추어 특별히 정교하게 결정하는 것은 유기체가 유영해 나가는 그 맥락의 특이성에 맞추어 배열한다는 것이다. 비활성 물질로서의 물리화학적 요소들은 일반적인 생물법칙에 너무 종속적이기에 요청되는 복합적인 일을 수행할 수 없으며, 너무나 판에 박힌 나머지 교묘하게 배열할 수 없다.

29 Driesch, *The Science and Philosophy of the Organism*, vol. 1, p. 16.
30 프쉬케는 살아 있는 인간과 죽은 시체 간의 차이를 표시한다. 그것은 "매우 희박한 것으로 구성되는바, 개체가 살아 있는 동안 신체 안에 거주한다. 죽음에 이르러 프쉬케는 몇몇 구멍을 통해 날아가며 하데스에 내려가 머문다". 그리고 "간단히 말해 그것이 있다는 것은 그 개체가 살아 있다는 것을 보증한다"(Adkins, *From the Many to the One*, 15).

그것은 즉각적으로 그리고 실시간으로 발전의 많은 가능한 경로들 중 하나가 사실상 발생할 것이라고 결정하면서, 혁신적으로 그리고 명료하게 사건들에 내응한다. 엔텔레키의 행위 능력은 신체와 분리된 혼이 아닌데, 그것이 거주해야 하는 물질성에 의해 그리고 그 안에 담긴 수행적 가능성들에 의해 제한되기 때문이다. 즉 그것은 변화하는 조건들 아래에서조차, 활동하고, 정렬하며, 살아 있는 신체를 감독한다. 그것은 "자연의 어떤 **효과적인** 초-공간적인 강도의 다양체 구성"이다.[31]

드리슈가 엔텔레키를 어떤 창조적인 인과성으로 발명한 것은 처음부터 물질성이 물질, 즉 너무나 수동적이고 둔감한 것이어서, 아마도 전체를 조직화하고 형태 형성을 유지하는 교묘한 작동을 해낼 수 없다는 그의 가정에 의해 추동되었다. 간혹 이 물질은 엔텔레키가 주입되며 '생명'이 되고 가끔은 그렇지 않다. 그리고 간혹 비유기적 '기계들'로 응결된다. 드리슈는 그가 엔텔레키를 비물질적으로 형상화해야 한다고 생각했는데, 왜냐하면 그의 물질에 대한 생각이 기계론적이며, 결정론적인 기계의 관념에 얽매여 있었기 때문이다. 1926년 미하일 바흐친은 이 점에서, 드리슈가 "미리 준비된 부분들로부터가 아니라 자기-구성적인 것으로부터 스스로를 구축하는 […] 끈질기게 자기-구성, 즉 발전하는 기계"의 가능성을 상상하는 데 실패했다고 논하면서, 드리슈를 논박했다. 그와 같은 기계는, 만약 손실을 입으면, 실제로 자기-교정, 즉 섬세하고 상호작용하는 물리-화학적 신호들에 의해 시도되며 이끌어지는 복원을 할 수 있으며, 따라서 엔텔레키는 전혀 필요하지 않다.[32]

---

31 Driesch, *The Science and Philosophy of the Organism*, vol. 2, p. 326(강조는 인용자).

32 Bakhtin, "Contemporary Vitalism", pp. 95~96. 바흐친은 이 대안적인 기계-이미지를 드리슈의 "그 고정되고 부동의 기계라는 관점에서 소박한-기계론"과 대조적으로 "현대의

바흐친은 드리슈의 생기론이 그의 유물론 비판에 의존했으며, 그 비판은 물질성을 기계적 인과성과 동일시하고 기계의 이미지를 "완전히 조립되"고 "고정적이며 움직이지 않는" 배치물과 동일하게 보는 것에 의존했다고 지적했다.[33] 바흐친은 드리슈에게 물리-기계적 설명 자체를 거부하기보다, '기계'가 할 수 있는 바를 재사유하기를 권했다.[34] 나는 이에 동의한다.

　　그러나 나는 드리슈가 그의 생기 원리를 실험실에서의 경험적 활동들에 붙들어 두는 방식에 찬성한다. 이는 그가 생기론 내부에서 생기적 행위항을 **정신화하려는** 유혹을 떨쳐 버리도록 돕는다. 이러한 유혹에 굴복한 생기론의 예로서 나는 이제 생기적 힘에 관한 다른 관점, 즉 인간 배아 내부의 '영혼'이 생식성의 기술을 산출했다는 관점으로 나아갈 것이다.

변증법적 유물론"으로 칭한다(p. 96). 래슐리는 이와 유사한 논점을 1923년에 제출한다. 즉 "생기론자는 특유한 현상들 —— 형태발생, 재생, 습관-형성, 발화 복합체 —— 을 환기하면서 그것에 대한 기계론적 해명의 가능성을 거부한다. 그러나 그는 이에 따라 우리가 자기중심주의 오류라고 칭할 만한 것을 범한다. 분석에서 그의 논증은 그 형식에 있어서 매번 '**나**는 이런 것들을 행할 어떤 기계를 고안할 수 없을 것이다'로 축소한다. 이것은 나쁘게 말해, 드리슈와 맥두걸(McDougall)의 파악 불가능성으로부의 논증이다. 이에 대해 우리는 '당신은 당신 자신의 창의성을 과대평가한다'고 대답할 것이다"(Lashley, "The Behavioristic Interpretation of Consciousness", Part 1, p. 269).

33　Bakhtin, "Contemporary Vitalism", pp. 95~96.

34　들뢰즈와 가타리도 마찬가지다. 『천의 고원』에서 그들은 자연을 형태발생의 평면으로 기술하는데, 그들을 그것을 '전쟁-기계'라고 부른다. 폴 패튼은 보다 나은 용어는 '형태발생 기계'라고 주장한다. "'전쟁-기계'는 […] 그 이름과는 상반되는 개념이다. 왜냐하면 그것은 실재 전쟁과는 관련이 전혀 없으며, 단지 격렬한 갈등과 어떤 역설적이고 간접적인 관계를 가질 뿐이기 때문이다. [그것의] […] 실재 대상은 […] 전쟁이 아니라 창조적 돌연변이와 변화의 조건이다"(Patton, *Deleuze and the Political*, p. 110).

'생명의 문화'

20세기 초에 드리슈는 과학적이면서 동시에 도덕적인 공적 논쟁에 참여했다. 즉 그것은 생기론자-기세론자 논쟁이었는데, 여기서 자유와 생기성에 관한 담론이 형태론과 물질에 관한 연구와 결합되었다. 21세기 초에 많은 미국인들이 낙태, 인공 생명유지장치 그리고 배아줄기세포 연구에 관한 논쟁에서 드러나는 것과 같은, 유사하게 혼종적인 담론에 다시 참여하고 있었다. 이 논쟁에서 하나의 입장이 오늘날 생기론으로 기술되곤 한다. 그것은 '생명의 문화'라는 입장으로서, 당시 대통령이던 조지 부시를 포함하여 복음주의적이고 가톨릭적인 크리스천들이 옹호했다. 드리슈와 마찬가지로 '생명의 문화' 옹호자들은 유물론적 형이상학에 근본적으로 부적합한 무언가가 있다고 믿는다.

그러나 모든 생기론자들이 그렇지는 않으며, '생명의 문화'는 드리슈가 영혼의 소박한 생기론이라면서 거부했던 것으로 돌아가는 것처럼 보인다. 드리슈는 그의 생기 원리를 신체에서 분리된 정신이라는 생각과 구별하는 데 특별히 애를 먹었다. 그는 성게에 관한 실험실 실험을 통해 분명히 종교적 교조주의를 회피했으며 생명의 몇몇 형식들이 다른 것들보다 더 생기적이라는 생각에 생기 원리의 이념을 연결하려는 정치적 시도들을 거부했다. 생명의 문화라는 생기론은 이것들 중 어느 것도 아니다.

2005년 5월, 부시 대통령은 배아줄기세포 연구에 대한 그의 거부를 극적으로 드러내기 위해 "시험관 배아로 태어난 아기들 및 유아들과 함께 백악관에 등장했다". "보수적인 크리스천들과 대통령이 중요한 '생명의 문화' 문제라고 부르는 것에 있어서, 백악관은 부시가 얼마나 그의 대통령직의 도덕적 핵심에 가닿는 정책에 강력한 의지를 피력하고자 하는지를 증명했다. [⋯] 텍사스의 톰 딜레이는 그 법안에 대한 반대를 이끌어 냈는데, 그것도 또한 핵심적으로 [다음과 같은] 도덕적인 언어를 구사한다. '배아는 인간, 즉 구별되고, 내적으로 지향되며, 자기-통합적인 인간 유기체다.'[35] 2007년 4월의 전미 가톨릭 조찬 기도회에서, 부시는 인간 배아의 생명에 대한 그의 언급을 반복했다. "우리는 강자가 약자를 보호하는 곳에서, 그리고 모든 인간의 삶에서 우리 창조주의 형상을 인식하는 곳에서 생명의 문화를 위한 일을 계속해 나가야 합니다."[36] 3일 후 그리고 4년간의 선제적 전쟁 동안 수천 수만의 이라크인이 살해되었다고 추정된다.[37] 부시는 미군 철수 기간에 소요되는 1,000억 달러의 추가 자원 기금에 합의하려는 상원과 민주당의 시도를 거부했다. 부시는 "우리는 이 지극히 중요한 전쟁(vital war)에서 패배를 인정해서는 안 된다."[38] 인간 배아와 선제 공격이 둘 다 '생기적'(vital)인 것이다.

줄기세포는 다능성(pluripotent), 즉 여러 종류의 세포들 중 하나나 성숙하고 분화된 유기체의 조직들이 될 수 있다고 믿어지는 세포를 가리키는 신조어이다. 무엇보다 이 다능성을 더 잘 이해함으로써 과학자들은 손상된 척추 조직들에서 새로운 신경세포의 생산이나 알츠하이머 환자들을 위해 새로운 뇌조직을 생산할 수 있기를 희망한다.[39] 논쟁

---

35 Stolberg, "House Approves a Stem Cell Reseach Bill Opposed by Bush", p. 1.

36 Cole, "Bush Stands against 'Temptation to Manipulate Life'".

37 보다 적게 계산된 살해 인명수는 iraqbodycount.org의 것이며, 보다 큰 수는 볼티모어에 있는 존스홉킨스 블룸버그 공공보건 학과의 Les Roberts and Gilbert M. Burnham of the Center for International Emergency, Disaster, and Refugee Studies, 뉴욕 컬럼비아 대학교의 리처드 가필드(Richard Garfield) 그리고 바드다드의 알-무스탄시리야 대학 의학부의 리야드 라프타(Riyadh Lafta)와 자말 쿠드하이리(Jamal Kudhairi)로부터 나왔다.

38 White House, "President Bush Discusses Iraq War Supplemental".

39 줄기세포는 다능성이지만, '전능성'은 아니다. 또는 드리슈가 줄기세포 발명 전에 기술했던 바로, 그것은 "전체 체계에서 발생할 것의 총체성 안에서 모든 **특유한** 부분으로 활동"할 수 있는 "잠재력"이 아니다(Driesch, *The Science and Philosophy of the Organism*, vol. 1, pp.

의 여지가 있는 절차는 수정란의 '포배' 단계에서 세포를 추출하는 것으로 이루어진다. 이때 난자는 고체 덩어리 세포에서 유체가 채워진 공동(cavity) 주위의 빈 구(球)로 변화 중이다. 배반포는 그것이 세 가지 배엽들로 분화되는 '낭배' 단계로 이어질 것이며, 그것의 세포는 "그것들의 각각의 정해진 경로들로 나아가"는데, 이제 이 세포는 더 이상 다능적이지 않게 된다.[40] 부시는 그 추출이 낭배 단계에서 형태론적 과정을 멈춘다는 이유로 배아줄기세포 연구를 반대했다. 전임 하원 공화당 당수였던 딜레이는 이것을 "의학 실험의 목표를 위한 살아 있는 뚜렷한 인간의 절단"이라고 기술한다.[41] 많은 미국인들은 그의 의견에 동의한다. 줄기세포는 또한 제대혈, 성인의 골수로부터도 취해질 수 있으며, 수정 배아는 너무 나이를 먹었기 때문에 더 진전된 발전을 이루기 힘들다. 부시 행정부는 줄기세포의 이 공급원들에 반대하지 않는데, 왜냐하면 혈액, 골수 그리고 쇠약한 배아는 생명이라기보다 죽은 물질로 간주되며, 따라서 '생명의 문화'에 아무런 위협도 되지 않기 때문이다.

그런데 '생명의 문화'란 무엇인가? 이 구절은 일련의 공공정책들

120~21; National Institutes of Health, *Stem Cells*, ES-2도 참조하라).

40 Maienschein, "What's in a Name", p. 12.

41 Tom DeLay, "In Vitro Fertilization, Stem Cell Research Share Moral Issues", *Baer*에서 인용. 전 낭배형성(pregastrulated) 물질이 '배아'인지 아닌지에 대한 몇몇 논쟁들이 있다. 만약 배아가 수정란으로 정의된다면, 대답은 그렇다이다. 그러나 어떤 이들은 배아를 낭배형성을 통과해 버린 분할란(dividing egg)으로 정의한다. "많은 생물학자들은 […] 이러한 전개의 초기 단계를 배아로 부르지 않고, 착상 전 배아(preimplantation embryo) 또는 전-배아(pre-embryo)라고 부른다. 착상 전 배아는 그 발육 주간 동안 세 단계를 거친다. 접합체(zygote, 하나의 세포), 상실배(morula, 모두 똑같은 한덩어리로 되어 있는 여러 개의 세포들), 그리고 배반포[blastula](난황yolk sac을 포함하여 그것이 마디들을 전개할 때, 그리고 안쪽과 바깥쪽을 가지지만 여전히 그 어떤 정의된 배아 구조들도 가지지 못할 때)가 그것들이다"(Spike, "Open Commentary", p. 45).

과 연결되는 일군의 신학적 믿음을 지칭하기 위해 미국의 비-가톨릭 복음주의에 의해 채택되기 이전에는, 교황 요한 바오로 2세의 1995년 '에반젤리오 비테'의 중심 주제였다.[42] 그 정책들은 명명하기 쉽다. 즉 '죽음의 [세속적] 문화'와 반대로 정의되는 생명의 문화는 배아줄기세포 연구를 위한 연방기금에 반대할 뿐만 아니라, 두뇌 기능이 멈춘 여성 안으로 영양 보급관을 삽입하는 것을 금하고 불법적으로 낙태에 접근하는 것을 금지하며, 낙태 수술 기술을 불법화하기 위한 법 제정을 지원하도록 자극했다. 생명의 문화 안에 신학적인 또는 우주론적인 믿음은 다소 덜 분명하게 표현되지만, 아래의 네 가지 주장들이 핵심으로 보인다.

1. **생명은 물질과 근원적으로 다르다**. 생명은 조직적이며, 능동적이고 자기-추동적이고, 용어의 다양한 의미에서 '자유'롭다. 물질은 고유하게 수동적이며 그 작용에 있어서 미리 결정되어 있다. 생명은 체현되는바, 그것이 존재함에 있어서, 물리-화학적 실체들과 과정들을 따라 활동한다. 그러나 생명은 그러한 실체들과 과정들로 환원되지 않는다. 생명은 체현으로부터 떨어져나올 수 있다.

2. **인간 생명은 다른 모든 생명과 근원적으로 다르다**. 인간 신체의 생명은 물질과 질적으로 다를 뿐만 아니라, 다른 모든 생명-형식과도 다르다. 다른 동물들처럼, 인간은 생명-력을 타고나지만, 다른 것들과 달리, 이 힘은 "특유한 생명-원리 또는 영혼"이다.[43] "만약 사회가 동물적 생명, 물질적인 것과 본질적으로 다른 인간 생명의 의미를 상실한다면, 인간 배아를 복제하려는 이론적 또는 실천적 시도가 무엇이

---

42 "Evangelium Vitae".

43 Best, "Testimony of Robert A. Best, President, the Culture of Life Foundation".

든 간에, 사회는 인간 사회로서 그것의 위상을 잃어버리게 된다. 이것은 인간성의 척도를 잃어버리고, 대신 생물학적 카오스로 인간 생명을 대체하기 위한 기초를 놓는 것이다."[44] 혼이 불어넣어진 인간 유기체는 다른 유기체들 위로의 양자 도약(quantum leap)이다.

3. **인간적 특유성은 어떤 비범한 지향성을 표현한다.** 인간예외주의는 우연적 사건, 진화의 사태 또는 인간 신체에 관한 유별난 물질적 구성의 기능이 아니다. 오히려 그것은 전능한 존재('전능한 신')가 인간 개체에 심어 놓은 신성한 불꽃이다.

4. **세계는 신성하게 창조된 질서이며 그 질서는 어떤 고정된 위계의 형태를 가진다.** 인간은 단지 유기적이고 특유하며 혼이 불어넣어진 것만이 아니라, 위계의 가장 높은 곳, 비유기적 물질과 비인간적 유기체들 그리고 전체로서의 지구보다 **우월한** 위치에 놓여 있다.

첫 번째 논점, 즉 생명이 물질로 환원될 수 없다는 믿음에 동의하면서, 생명의 문화는 어떤 종류의 생기론으로 자격을 부여받는데, 왜냐하면 그것이 드리슈가 말했던바, 생기론**의 핵심 주장을 긍정하기 때문이다. 다시 말해 유기체의 발전 과정은 "비유기적인 것에 관한 과학에 **이미 알려진 요소들의 어떤 특수한 배치의 결과**"가 **아니라**, 오히려 생명에 있어서의 "**자율적 특성의 결과**"라는 것이다.[45] 그것의 실존

---

44 Ibid.

45 Driesch, *The History and Theory of Vitalism*, p. 1. 드리슈는 생기론을 "**생명의 자율성**에 관한 가르침"으로 정의한다. "나는 […] '자율'이 대개 스스로에 법칙들을 부여하는 능력을 의미한다는 것과 […] 인간 공동체와 관련하여 적용된다는 것을 […] 아주 잘 알고 있다. 그러나 우리의 맥락에서 자율은 문제가 되는 현상들에 고유한 법칙들에 **조건 지어져 있다**는 것을 의미한다"(*The Science and Philosophy of the Organism*, vol. 1, p. 143). 드리슈가 주로 생명의 '자율성'을 자기-조정 그리고 자기-보존에 대한 유기체들의 능력으로 지칭한다 해도, 그의 용어 활용은 또한 칸트적 의미의 자유, 즉 결정론으로부터의 자유에 속하는

이 물질과의 관계에 묶여 있지 않는 영혼을 긍정하는 한, 그것은 드리슈가 소박한 생기론이라고 불렀던 것으로 규정된다. 이 '구생기론'(old vitalism)은 자연 속으로의 과학적 통찰의 이익을 활용하는 데 실패한다. 드리슈에게 실험실과 추론적 과학은 생명 원리로 접근하는 특권적인 지점으로 남았으며, 그는 그것이 언제나 "실제적인 생물학 데이터에 대해 열린 정신으로 다시 한 번 숙고하기 위해 본질적"이라고 주장한다.[46] 신생기론은 어떤 조작 가능한 가설이지, 비도덕주의자들만이 대담하게 이의를 제기하는 교설은 아니었다.

생명의 문화에 관한 옹호는 자주 과학을 적극 긍정하는데, 만약 미국의 지배력에 관한 기획을 진전시킨다면, 특히 무기 기술에서 그러하다. 그러나 과학은 결코 영혼의 부여, 인간예외주의 그리고 창조의 질적 위계라는 신학적 진실성에 대한 위반이 아니다. 예컨대 딜레이에게는 비유기체의 자기-조직화에 관한 분자화학이나 복잡계 이론으로부터의 그 어떤 놀라운 발견도 물질이 비활성적이며 오로지 생명만이 자유롭고 개방되어 있다는 그의 확신을 논박할 수 없었다. 그리고 포배와 낭배 단계에서 세포들의 미분적 가소성(differential plasticity)과 관련된 그 어떤 데이터도 수정란이 절대자에 의해 혼이 불어넣어진 하나의 인격이라는 결론을 도저히 바꿀 수는 없었다.[47] 여기서 작동되는 것

무언가를 보유한다. 앙리 베르그송은 드리슈의 관점에 가까운 어떤 것을 긍정한다. 베르그송에 따르면, "분석이 의심할 여지 없이 점점 늘어나는 물리-화학적 현상들로 유기적 창조의 과정을 변형시키"지만, "화학과 물리학이 생명의 열쇠를 우리에게 선사하리라는 결론이 내려지지는 않는다"(Bergson, *Creative Evolution*, p. 31).

46 Driesch, *The History and Theory of Vitalism*, pp. 57~58.

47 우리가 '생명의 문화' 안에 있는 생각들의 특정한 배치를 거부하기 위해 무신론자가 될 필요는 없다는 것은 주목할 만하다. 즉 여러 종류의 범신론은 **모든** 사물들, 인간과 비인간, 유기체와 비유기체를 분별한다. 많은 "유대와 무슬림 학자들은 [⋯] 생명을" 수정 이후 "40일부터 시작하는 것으로 간주한다". 몇몇 신자들은 신이 배아줄기세포 연

으로 보이는 것은 어떤 종-나르시시즘(species-narcissism)이다. 만약 인간이 그 표현에 있어서 **가장** 특별한 것으로 스스로를 생각할 수 있다면, '생명'은 특별한 것, 즉 물질과 근원적으로 다른 것으로 남는다.

생명의 문화는 또한 드리슈의 생기론보다 인간중심주의적이고 위계적이다. 그것은 우주를 어떤 순위-질서화된 창조로 정립하는바, 설계자는 그 맨 꼭대기에 그의 가장 생기적인 피조물인 인간을 놓는다. 인간은 대지의 다른 피조물들에 대한 통치권을 부여받는데, 그가 세 가지 연합된 용어상의 의미에서 그것들 중 가장 생기적이기 때문이다. 즉 그는 가장 활력 있거나 활동적이고, 가장 자유롭거나 신체와 다른 물질적 조건들의 요구로 환원 불가능한 행위 능력을 가지며, 그리고 신의 이미지를 하고 있기에 그 위계질서에서 가장 중요하다는 것이다. 인간이 대부분의 생명을 가진다는 생각과 더불어, 두 가지 존재론적으로 구별되는 실체들(야만적인 물질과 정신적인 생명)이 존재한다는 합의된 생각은 과소비의 실천과 자연의 착취를 인간적 기획과 생산성의 상찬할 만한 행동으로 만든다. 세계가 본래 위계적으로 설계되었다는 생각은 인간적 불평등을 강화하기 때문에 마찬가지로 위계적으로 구조화된 사회질서를 합법화하며, 그렇지 않으면 불공정하거나 부정의하게 보이는 공공정책들, 즉 부자들의 세금을 줄이고, 전례 없는 기업 임원 보상의 수준을 방어하며, 보편적 의료보험을 반대하는 것을 정당화한다. 신성한 위계질서를 지배하는 원리가 가장 자유로운 종에 의해 통치된다는 가설은 점점 더 많은 사람들 사이에 번성하는 '자유'를 허용한다는 명목으로 행해지는 일련의 폭력적인 문명화 행위들

구를 형태발생 과정 내부의 잠재력의 더 완전한 실현으로서 찬성할 것이라고 단언한다 (Maienschien, "What's in a Name", p. 14 참조).

을 합법화한다. 이제 선제공격의 폭력, 국가가 공인하는 고문 행위, 그리고 우주 공간의 군사화[48]는 부시가 말한바, "강자가 약자를 보호하는 곳에서, 그리고 모든 인간 생명에서 우리 창조주의 이미지를 인식하는" 지점으로서 생명의 문화와 일치하는 관대한 행위가 된다. 그와 같은 신성한 위계 안으로 들어설 때, '생명' 그리고 그것을 위한 문화는 신의 가장 자유롭고 생기적인 피조물, 즉 미국인들에 의한 지구의 정당한 지배가 된다. 또는 차량의 포스트 9·11 범퍼 스티커 광고 문구로 명령의 문법을 천명한다. "신은 미국을 축복하신다."

하지만 나는 군국주의, 정치적 불평등, 끊임없이 낭비적인 소비 또는 문명 제국주의와 결속된 생기론에, 다시 말해 '생명의 자율성'이라는 생각에 내재된 무언가가 있다고 생각하지 않는다. 예컨대 드리슈는 그의 생기론적 전체론(vitalistic holism)을, 인간이 비인간 위에 군림해야 한다는 관점이든 또는 인간들 중 한 무리가 다른 무리를 처분할 자연적 권리를 가진다는 관점이든지 간에 그러한 터무니없는 위계와 통치의 욕망으로부터 떼어 놓는다. 『생기론의 역사와 이론』의 끝부분에서, 드리슈는 죽은 물질과 유기적 생명을 분할하는 그 자신의 자연에 대한 이미지를 거부하는 데에 이른다. 그는 거기서 '비유기적'이든 '유기적'이든 모든 것이 엔텔레키적이고, 생명적이며, 또는 생기적이라고 결론 맺는다. "자연은 진화하는 어떤 것이다. 모든 자연적 생성은 **하나의** 위대한 발생학과 같다." 따라서 드리슈는 그의 생기론 방어를

---

48 2001년, 도널드 럼스펠드는 "군대가 '대통령이 우주 공간에서 무기를 사용할 기회를 가지게 되도록 보장할 것'을 제안했다". 2002년에 부시는 "우주 기반 무기를 제한하는 30년이나 된 대탄도 미사일 조약을 철회했다". 그리고 2005년 공군우주사령부의 랜스 로드(Lance Lord) 장군은 "'우리는 우주 공간에서의 우위를 수립하고 유지해야 한다'고 […] 의회에 얘기했다"(New York Times News Service, "U.S. Policy Directive Might Open Door to Space Weapons").

"우리가 그토록 신중하게 수립했던 […] '기계론'과 '생기론' 간의 [바로 그] 차이"를 "파괴함"으로써 마무리한다.[49]

그리고 나치가 독일 민족이 그들의 생기적 운명을 완수해야 하고 그 생기적 전쟁(vital war)을 이끌어 가야 한다는 주장을 지지하면서, 생기적 원리에 의해 이끌어지는 유기적 전체에 관한 드리슈의 이론을 채택했을 때,[50] 드리슈는 격렬하게 반대했다. "엔텔레키는 그 어떤 국가 경계도 알지 못하며, […] 따라서 우리가 정당하게 가질 수 있는 유일한 생물학적 '전체'는 '인간성'일 뿐이다. 그는 국가에 반하는 자연의 군사적 행동 그 자체를 인정해야 한다고 주장하면서, 그 동일한 생물학적 언어로 부상하는 군사주의에 반대했다. 즉 그는 생명의 생기적 원리, 전체론적 협력 그리고 보다 높은 진보에 반하는, '모든 죄 중에서 가장 극악한 그것'을 알아채야 할 필요가 있다고 했다."[51]

내가 이해한 바에 따르면, '생명의 문화' 생기론이 제기하는 중요한 정치적 질문은 "배아는 물질인가 생명인가"가 아니라 "생명의 특성이 어떻게 힘과 (정당한) 폭력을 환대하는 것에 연결될 수 있는가?"다. 나는 한편으로 생명, 자유 그리고 약자에 대한 돌봄에 관한 부시의 반복적인 호소와 다른 한편으로 그의 고문, 경제적 불평등 그리고 선제공격에 관한 정책 사이의 내적인 연결을 설명하려고 시도했다. 위선적이라는 비난은 여기서 이루어지고 있는 것과는 무관하다. 오히려 신성하게 창조된 **위계** — 타자들에 대한 몇몇 부분들의 정당한 지배 — 라는 생각에 관한 신념은 부자들이 보다 더 부자가 되고, 전쟁은 이익

---

49 Driesch, *The History and Theory of Vitalism*, pp. 223~224.

50 "Après 1933, l'entéléchie est devenue un *Führer* de l'organisme", Canguilhem, "Aspects du vitalisme", p. 124.

51 Harrington, *Reenchanted Science*, p. 190. 1933년에 히틀러가 권력을 잡은 후, "드리슈는 강제 추방된 최초의 비-유대계 독일 교수들 중 한 명이었다"(p. 191).

이며 힘은 우리를 자유롭게 할 수 있다는, 그게 아니라면 납득할 수 없는 생각들에 관한 신념으로 흘러간다.

드리슈와 부시의 생기론은 위계에 관한 질문에서 갈라서는 반면, 자유의 가치나 행위적인 예측 불가능성과 미결정성의 요소는 공유한다. 둘 모두에게 세계는, 자연이나 신성한 법칙에 의해 제공되는 안락한 규칙성에도 불구하고 항구적인 자유의 순간을 담지한다. 엔텔레키를 믿는 것은 어떤 "특수한 원인과 특수한 결과 사이 상응의 **불확정성**"[52]이라는 자유, 즉 드리슈가 우주 전체로 확장했던 그 우발성의 능력을 긍정하는 것이다. 영혼을 믿는 것은, 우리가 비록 인간적으로 체현된 '생명'에 제한된다 하더라도, 마찬가지로 어떤 종류의 자유를 긍정하는 것이다. 즉 이것은 "테러를 사랑하기"[53] 때문에 "자유를 증오하는" 그러한 사람들의 영토를 미국이 침략하기 위한 자유이지만, 또한 그 자유는 인간적인 것에 속하는 것이며, 도덕적 상찬 또는 비난을 받을 가치가 있는 행위 능력이다.

바흐친은 드리슈의 표면적으로 과학적인 기술이 자유에 관한 형이상학적 가설을 암시하는 방식에 관해 비판했다. 드리슈는 분할세포(blastomere)가 다양한 강도들을 지니고 있고, 그것들 중 오직 하나가 엔텔레키에 의해 선택된다고 주장했지만, 어떤 주어진 시간과 장소에서 사실상 오직 하나가 발생적인 산출이 가능하기 때문에, 드리슈는

---

52 Driesch, *The Science and Philosophy of the Organism*, vol. 2, p. 72(강조는 인용자).

53 테러리스트는 "그들이 자유를 증오하기" 때문에 살인을 저지른다. White House, "Remarks by the President and Mrs. Bush in Interview by Television of Spain", "이라크가 더 많이 자유로워질수록, 전기가 더 많이 쓰일 수 있을 것이고, 더 많은 일자리가 생겨날 것이며, 더 많은 아이들이 학교에 가며, 더 많은 절망이 이 살인자들에게 도래할 것이다. 왜냐하면 그들은 자유로운 사회에 관한 생각을 견딜 수 없기 때문이다. 그들은 자유를 증오한다. 그들은 테러를 사랑한다"(White House, "President Bush, Ambassador Bremer Discuss Progress in Iraq").

"여러 잠재적이고 가능한 것들은 오직 하나의 목적에 봉사하는바, 그것들이 모두 평등하게 가능하다는 것 […] 때문에 그것들 중 하나를 자유롭게 **선택**하는 것이 가능힘이 […] 드리슈의 이론 체계의 모든 것에 있어서 토대라는 전제를 받아들인다."[54] 내 생각에 바흐친은 드리슈의 생기론에서 관건적인 것이 무엇인지 올바르게 지목하며, 그 목록 중에서 다른 것이 있다 해도, 그와 마찬가지로 부시의 생기론에서 관건적인 것도 규정한다. 그것은 자유, 또는 불확정적 세계의 존재에 대한 신념이다.

　이런 탄성이 강한 신념은 그것을 폭로하고 추방하려는 연쇄적인 시도에도 불구하고 반복적으로 재생하고 역사 안에서 되돌아오는 생기론의 능력을 설명하는 데 도움이 된다. 또한 생기론은 실험과학의 실천 내부에 무언가가 있는 것처럼 그것의 지속적인 또는 적어도 주기적인 생기성을 보게 한다 —— 아마도 유용한 결론들을 위한 그것의 실증적 탐구에서? —— 는 사실로부터 도출되며, 이러한 과학은 생기론이 자유를 폄하하거나 **축소하도록** 만든다. 이때 자유는 자연계의 활기 넘치는 유동성 또는 놀라운 창조성이다. 이것은 자연에 관한 기계론적 모델이 체계 이론과 복잡계 이론으로 변모한 지 오래인 경우 그리

54　Bakhtin, "Contemporary Vitalism", p. 92. 바흐친 자신의 결정론적 유물론은 다음의 인용에서 더 많이 드러난다. "모든 시간, 모든 장소에서 몇몇 특수한 조건들이 우세하다는 것은 말할 필요도 없다. 그러므로 [드리슈가 그러한 것처럼] 발전의 어떤 특정 가능성이 실제로 주어진 분할세포에 담겨 있다고 말하는 것은 완전히 불합리하다. 잠재적인 것은 그것의 환경조건들의 복잡성의 부분으로 존재하는 것과 똑같은 수준에서 […] 그 내부에 담겨 있다. 드리슈는 무엇을 하고 있는가? 그는 시간과 공간의 틀 바깥에 추상적인 분할세포를 놓으면서, 실재 조건들로부터 벗어난다. […] 여기서 잠재성과 가능성에 대해 말하는 것은 오직 하나의 목적에 봉사한다. 그것은 그러한 것들이 모두 공평하게 가능하다는 전제를 받아들인다. […] 그러므로 그것이 그것들 중 하나를 자유롭게 선택할 수 있다는 것도 받아들인다. 유기적 생명에서 결정론이 아니라 선택의 자유는 드리슈의 모든 이론 구성의 근본이다."

고 불활성 물질의 형상이 유체역학과 카오스 이론에 의해, 뿐만 아니라 미셸 세르가 『물리학의 탄생』(*The Birth of Physics*)에서 열거한 흐름에 관한 많은 초기 생물철학들에 의해 도전받은 지 오래인 경우처럼 보인다. 그러나 만약 자연에 내재한 불확정성의 요소에 관한 생각을 강조하는 것에 있어서 과학적 사유에 난해한 무언가가 있다면, 이는 아마도 서구에서 불확정성을 받아들이는 것이 언제나 기독교 신학의 교조적 형태에 의한 그것의 식민화를 도입하는 것이기 때문이다. 부시와 생명의 문화 정치가 바로 그것이다.

생기적 물질성

미국국립보건원 2001년 줄기세포 보고서에는 나를 놀라게 한 두 가지가 담겼다. 그것은 나 또한 자연의 기계 모델에 침윤되어 있었다는 것까지 드러냈다. 첫 번째 주장은 아무도 아직까지 '배아줄기세포'가 자궁 안에 인간 배아처럼 존재하는지 아닌지, 즉 그것이 배반포로부터 추출되기 **전** 어떤 현존을 가지는지, 그리고 어떤 새로운 실험실-생성 환경에 놓여지는지 아닌지 모른다는 것이다. "현재 대부분의 과학자들이 **성인** 줄기세포가 많은 인간 신체 조직 안에(체내에) 존재한다는 점에 동의한다. […] 배아줄기세포가 배아 안에서처럼 존재하는지는 확실하지 않다. 대신에 배아줄기세포는 […] 초기 배아의 내부세포괴(inner cell mass)로부터 **추출된 후 배양된 조직 안에서 발전한다.**"[55] 두 번째 뜻밖의 주장은 심지어 실험실에서 생산되는 줄기세포가, 비록 그것들이 존재하는 것처럼 보이고, 전분화능(pluripotency)에 관한 약속이 그러한 순수하고, 흔들리는 미결정성의 상태를 전제할지라도, 사

---

55 National Institutes of Health, *Stem Cells*, ES-9(강조는 인용자).

실상 "상동적이고 미분화"되었는지 아닌지 불분명하다는 것이다. 뭐라고?! '배아줄기세포'가 신체 안에 **존재**하지 않을 수 있고, 그것들의 실험실 복제 형대가 미**분화**된 선분화능의 표본**일** 수조차 없다고?

　　만약 내가 줄기세포를 포함하여 나의 신체를 고정되고 한정된 부분들로 이루어진 생리학적 메커니즘으로 생각하지 않았다면, 나는 이런 미결정성의 증거들에 의해 그토록 놀라지는 않았을 것이다. 이와 대조적으로 미국국립보건원 연구자들은 물질성을 생성의 연속체로, 즉 응결과 분해라는 여러 상태들에서 연장적이고 강도적인 형식들의 연속체로 경험하는 것으로 보인다. 만약 그 어떤 '배아줄기세포'도 생체적으로 존재하는 것으로 드러나지 않는다면, 그것은 아마도 어떤 배아가 각각의 분리된 부분들의 집합이 아니며, 심지어 원형적 부분이나 수행된 가능성들조차 아니기 때문이며, 그래서 그러한 배아는 생기적 물질이 스스로를 '배아줄기세포' 속으로 얇게 잘려지고 입방체로 잘려져 들어가도록 허용하는 **그 실험실**의 닫힌 체계에서만 존재한다.

　　만약 우리가 엔텔레키라는 개념을 자연주의적이지만 조르주 캉길렘이 "미결정의 영역, 분리의 지대, 이단들의 휴식처"[56]라고 기술했던 것과 유사하게, 결코 완전히 특수화되거나, 현행화되거나, 계산 가능하게 되지는 않는 어떤 힘 또는 행위자라고 이름 붙이려는 시도로 생각한다면, 그때 이 생기적 태도는 내가 찾는 유물론에 적대적이지는 않다. 이 유물론은 생명-물질 이항성을 회피하며 신이나 영적 힘을 믿지 않으나, 그럼에도 불구하고 ── 비록 이것이 정적인 위계에 제한되는 것에 **저항한다** 해도 ── 세계 안의 미결정적 생기성의 현존을 안다.

56　Canguilhem, "Aspects du vitalisme", p. 121. 이것은 복음주의 기독교도들이 그들의 질서 잡힌 창조라는 강한 의미에서 아마도 거부할 가능성이 가장 높은 문구이다.

그것은 나의 신체**이자** 또한 가끔 힘과 그것을 결합하기 위해 그리고 가끔은 그것과 경합하기 위해 그것의 바깥에서 작동하는 어떤 살아 있는 물질로 구성된 우주를 긍정한다. 자연의 놀라운 복잡성에 대한 그의 커다란 찬탄에도 불구하고, 드리슈는 그것에 합당한 '유물론'을 많이 상상할 수 없었다. 그럼에도 나는 이제 나의 '생기적 유물론'을 드리슈의 궤적 안에 위치 짓는다. 에머슨은 그의 저널에서 다음과 같이 썼다. "나는 당신이 생명을 요청하는 이러한 정묘함에 더 이상 흥미를 느낄 수 없지만, 야만적 물질 속으로 다시 한 번 뛰어들어 갈 것이다." 나 또한 거기로 뛰어들 것이며, 물질이 더 이상 야만적이지 않다는 것을 발견할 것이다.

비-변증법적 유물론

펭 치아

나는 이 논문에 가볍게 '비-변증법적 유물론'이라는 제목을 붙였는데, 이것은 데리다와 들뢰즈에 있어서의 유물론과 마르크스의 유물론을 대조하기 위해서다. 마르크스 자신은 '변증법적 유물론'이라는 말을 결코 사용하지 않았다. 이 개념을 처음 사용한 것은 플레하노프였는데, 이를 통해 그는 인간의 욕구와 수단들 그리고 그들의 만족에 초점을 맞춤으로써 사회역사적 과정에 대한 마르크스주의적 접근을 헤겔적인 관념론에서의 목적론적 관점과 구별 정립했다.[1] 하지만 이 개념은 엥겔스가 18세기의 형이상학적인 기계적 유물론과 독일 이데올로기 비판에서 따라 나온 근대 유물론 사이에서 도출해 낸 구별 안에 이미 함축되어 있었다. "구유물론은 모든 이전 역사를 비이성성과 폭력

---

1 Plekhanov, "The Materialist Conception of History", p. 20 참조. "사회과학으로부터 목적론을 총체적으로 제거하고, 사회적 인간의 행위를 그의 욕구에 의해 그리고 수단들과 그를 충족시키는, 그 주어진 시간에 지배적인 방법들에 의해 설명함으로써, 변증법적 유물론은 처음으로 이 과학에 '엄밀함'을 부여한다. 엄밀함은 변증법적 유물론의 자매 ── 자연과학 ── 에 속한 것으로서, 종종 그녀에 대해 자랑스러워한다. 사회과학은 그 자신 자연과학이 되어 간다. 마치 라브리올라가 정당하게 말했던바, '우리의 역사적 자연주의의 신조'처럼."

의 조야한 퇴적물로 바라보았으며, 그것으로부터 법칙들을 발견하고
자 했다." 따라서 엥겔스는 「유토피아 사회주의와 과학적 사회주의」
("Socialism: Utopian and Scientific")에서 "근대 유물론은 본질적으로 변
증법이다"²라고 썼다. 그는 더 나아가 역사를 계급투쟁의 역사로 이해
함으로써 유물론적 변증법과 헤겔 변증법을 구별했다. 그러한 역사에
서 사회계급들은 경제적 조건의 산물이 된다. "헤겔은 형이상학으로
부터 역사를 해방했다. 그는 그것을 변증법으로 만들었다. 하지만 그
의 역사 개념은 본질적으로 관념론적이었다. 그러나 관념론은 그것
의 마지막 피난처, 즉 역사철학으로부터 축출되었다. 이제 역사에 관
한 유물론적 파악이 대두되었으며, 그 방법은 지금까지는 인간의 '앎'
으로써 '존재'를 설명하는 것이었지만, 이제는 인간의 '존재'에 따라
'앎'이 설명되는 데에 놓이게 되었다."³ 간단히 말해, 유물론적 변증법
의 두 가지 핵심 속성들이란 첫째, 자연과 역사를 불변의 형이상학적
실체들 대신 합리적으로 이해될 수 있는 법칙-지배적 과정으로 이해
한다는 것이며, 둘째로 이러한 과정들의 측정을 경험과학에 의해 설명
가능한 **물질적** 실존의 과정으로 이해한다는 것이다.

마르크스가 헤겔 변증법을 전복한 방법에 대한 알튀세르의 연구
와는 상관없이 현실화의 원천으로서의 부정 개념은 마르크스주의 유
물론의 기초 원리로 남아 있다.⁴ 사회 과정들 안으로 즉자적으로 현재

2 Engels, "Socialism", p. 698.

3 Ibid., p. 699.

4 Althusser, "Contradiction and Overdetermination", pp. 93~94 참조. "만약 마르크스주의 변
   증법이 '원칙적으로' 헤겔 변증법의 반대라면, 만약 그것이 합리적이며 신비적-신비화
   된-신비주의적이지 않다면, 이 급진적인 구별은 그것의 본질 안에, 즉 그것의 특징적인
   결정 요소들과 구조 안에서 표명되어야만 한다. 확실히 이것은 부정성, 부정의 부정, 대
   립자의 동일성, '억압', 양의 질로의 전화, 모순 등등과 같은 **헤겔 변증법이 가진 기본 구
   조들이 […] 헤겔에게 부여된 구조와 다른 구조를 마르크스에게 부여한다**는 것을 의미

적인 실재성들을 해체하는 것과 실존하는 사회적 조건들의 급진적 변형으로서의 프롤레타리아 혁명의 내재성은, 역사적으로 조건 지어진 인간이 신체적 행위의 힙목직론적인 매개를 통해 창조되는 어떤 것으로서의 물질적 실존에 대한 마르크스의 이해에 전제된다. 마르크스는 우리가 노동을 통해 생존의 수단들을 생산할 때, 인간은 간접적으로 현실적인 물질적 삶을 산출한다고 주장했다. 그러므로 물질적 실재성은 부정성에 의해 생산된다. 그 이유는 마르크스가 창조적 노동을 그것에 의해 실재성이 주어지거나 물질이 합목적적 형태의 부과를 통해 부정되는 것에 의한 현실화의 과정으로 정의했다는 것이다. 생산력의 복잡한 발전의 결과로서, 각각의 직접적으로 주어진 대상과 마찬가지로 각 개체나 사회적 주체는 체계나 총체성을 형성하는 사회적 관계들의 망 안에 구성적으로 중첩됨으로써 존재하게 된다.[5] 이 상호적으로 서로 의존적인 관계들의 체계에 대한 모사물과 제유(synecdoche)는 유기체의 생생한 신체다. 내가 다른 곳에서 논증했다시피, 마르크스주의는 유기적 생기론의 존재론으로부터 자양분을 얻는다.[6]

부정성이 노동은 심지이 이 힘이 더 이상 프랑크푸르트학파의 연구에서처럼 감각적(미학적) 영역 외에 신체 노동 안에서 우선적으로 표명되는 전망이 아닐 때에도, 마르크스 철학의 전체 전통에서 기초

한다.[*]

5 하나의 객관적인 변증법적 체계를 생성시키는 노동의 후성적 특성에 대해서는, Marx and Engels, *The German Ideology*, ed. C. J. Arthur, pp. 55~56을 보라. "개인들은 확실히 신체적으로나 정신적으로 서로를 형성하지만, 스스로를 형성하지는 않는다." 이를 마르크스의 *The Eighteenth Brumaire of Louis Bonaparte*, p. 146과 비교하라. "인간은 그들 자신의 역사를 만들지만, 그들 자신이 자유의지에 의해서도 아니고, 그들 스스로 선택한 환경 아래에서도 아니고, 그들이 직접적으로 맞닥뜨리게 된 주어진 그리고 전승된 조건들 아래에서 그렇게 한다."

6 Cheah, *Spectral Nationality*, chap. 4를 보라.

적인 중요 요소로 남는다. 헤르베르트 마르쿠제는 이것을 다음과 같이 간명하게 표현한다. "예술은 부정의 합리성을 담고 있다. 그 진보된 입장에서, 그것은 위대한 거부(Great Refusal) ─── 존재하는바 그것에 대한 반항 ─── 이다."[7] 이 부정성의 그늘은 또한 여러 사회 구성주의와 수행성 이론들에서 저항과 역동론의 사유 기제에 생명을 불어넣는다. 이와는 대조적으로 비변증법적 유물론은 더 이상 부정의 노동에 우선권을 부여하지 않으며, 사실상 부정성을 형이상학적으로 취급한다. 이것은 변증법적 유물론이 기계론적 유물론과 관념론을 형이상학으로 규정한 것과 같은 방식이다. 우리가 아래에서 볼 것처럼, 데리다가 현전의 형이상학에 대해 설정한 한계는 마르크스주의 유물론도 포함한다. 유물론에서의 이 비-변증법적 전회에는 중요한 역사적이고 정치적인 이유들이 존재한다. 하지만 내가 이 논문에서 하고자 하는 것은 부정의 개념 및 그것의 몇몇 함축들과 비-변증법적 유물론의 단절에 관한 핵심적 특성들에 대해 연구하는 것이다.

I. 실체 없는 마르크스주의(데리다)

『마르크스의 유령』(*Specters of Marx*, 1994)에서 데리다는 마르크스의 "실체 없는 유물론, 즉 절망적인 '메시아주의'를 위한 **코라**(khôra)의 유물론에 대한 끈질긴 관심"에 대해 지나치면서 말한다.[8] 이 유물론이 어떤 것인지 분명하게 설명하지 않았다 해도, 그는 사실상 이미 1971년 인터뷰에서 그것에 몇몇 의미를 부여했다. 인터뷰에 참여한 두 명의 마르크스주의자들에 의해 마르크시즘에 대한 그의 입장을 정립

---

7 Marcuse, *One-Dimensional Man*, p. 63.
8 Derrida, *Specters of Marx*, pp. 168~169.

하도록 끊임없이 압박당할 때, 데리다는 특유의 수수께끼 같은 말이지만 중대한 언급을 하는데, 이것은 유물론과 해체를 융합하려는 시도에 대항하여 경고하는 것이었다. "이 일반경제학에서 **물질**이 [⋯] 급진적인 타자성을 [⋯] 지칭한다면, 그리고 그런 한에서, 그때 내가 쓰는 것은 '유물론적인 것'으로 고려될 수 있다."[9] 그는 부가하기를, '물질'이라는 말을 사용할 때의 신중함은 관념론적이거나 정신주의적인 것이 아니라, 로고스 중심적 가치와 관련하여 계속적으로 재투여될 위험으로 인한 것이다. 여기서 "가치들은 사물, 실재성, 현전 일반, 감각적 현전, 이를테면 실체적 포만, 내용, 지칭물 등등의 가치와 연합된다"(p. 64). 물질이 '절대적인 외재성 또는 급진적 이질성'으로 정의되지 않는 한, 유물론은 관념론과 연루된다. 이때 물질과 유물론은 모두 초월적 의미로 다시 떨어진다.

> 실재론 또는 감각주의 ── '경험론' ── 는 로고스 중심주의의 변형이다. [⋯] '물질'이라는 기표는 그것의 재기입이 새로운 기초 원리로 세워지는 것을 회피할 수 있을 때에만 문제적인 것으로 나에게 현상한다. 그 기초 원리는 이론적 퇴행에 의해 '초월적 의미(기의)'로 재구축될 것이다. [⋯] 그것은 언제나 형이상학적 유물론을 재보증하는 것으로 나타날 수 있다. 따라서 그것은 지칭의 가치에 의해 함축된 고전적 논리학에 따른 어떤 궁극적 참조물이 되거나, 어떤 흔적의 작업에 궁극적으로 '앞서는' '객관적 실재성'이 된다. 이것은 외부로부터 일반적으로 텍스트의 운동을 보증하는 현전의 형태에 관한 의미론적 내용이다(p. 65).

9 Derrida, *Positions*, p. 64.

해체적 유물론이 무엇을 의미하는지에 대한 이런 감질나는 단서들에서 데리다는 우리가 일반적으로 텍스트의 상(figure)을 통해 물질을 이해할 것이라고 주장한다. 이 상은 그것이 무한한 힘들의 직조 또는 끝없는 지칭의 과정이나 운동의 일부가 되는 것과 같은 어떤 현전의 형태의 개방이나 흘러넘침을 묘사한다. 이와는 대조적으로 물질에 관한 형이상학적 개념은 물질성을 이러한 지칭의 운동의 끝점 또는 이러한 운동을 전개하고 보호하는 외적 현전 중 하나로 취급한다. 현전으로서의 물질은 텍스트 일반의 감금이다. 여기서 이러한 운동이 텍스트적 비결정성의 '자유 활동', 해체적 문학비평에 의해 환영받는 즐거운 해석적 아나키가 아니라는 것을 부가하는 것이 중요하다. 폴 드 만의 텍스트에 대한 정의는 끊임없는 자기-지칭적 대상이라는 것인데, 이것은 이미 잘 알려진 오직 그 자신의 독해의 알레고리만을 제공할 뿐이다. 하지만 데리다는 즉시 그러한 자기-지칭성을 침식시키는데, 이는 외부의 철학으로서 유물론의 중요성을 강조함으로써다. 데리다가 강조하기를, 텍스트를 물질로 이해하는 것은 우리가 외부 없는 자기-내부성이라는 텍스트에 관한 새로운 관념론으로 도약하지 않기 위해 중요하다. 우연적인 외재성으로(헤겔적 관념론으로) 더럽혀지기 때문이든, 감각적인 신체적 실존의 현실성으로 환영받기 때문이든 간에, 물질은 언제나 외부에 존재해 왔다. 데리다는 다음과 같이 언급한다.

> 물질 개념은 두 번 흔적이 남겨짐에 틀림없다. […] 그것이 붙잡혔던 반대쪽 바깥에서(물질/영혼, 물질/관념, 물질/형식 등등) […] 우리가 막 말하고 있었던 이중적 글쓰기에서, 반대의 궁극적 외재성으로 물질에 관한 주장, 즉 유물론적 주장은 […] 내게 필수적으로 보인다. […] 가장 최근의 상황에 관한 어떤 매우 결정적인 장에서, 내겐 유물

론적 주장이 텍스트의 개념에 관한 필수적인 일반화를 가질 어떤 수단으로 기능할 수 있는 것으로 비춰진다. 그 개념의 외연은 어떤 단순한 이저 한계를 기지지 않으며, […] 텍스트에 관한 […] 새로운 자기-내재성, 즉 새로운 '관념론'으로 […] 마무리되지도 않는다(p. 66).

하지만 데리다는 우리에게 이러한 외재성이 안쪽과의 단순한 반대로 사유되어서는 안 된다고 경고한다. 단순한 바깥은 안과 연루된다. 여기서 독일어에서 대상을 지시하는 단어가 'Gegenstand'임을 상기하는 것이 중요하다. 이것은 주체에 대해 서 있는 바깥의 사물/사태를 의미한다. 변증법적 입장에서 대상으로서의 바깥은 주체로서의 안의 부정이다. 하지만 다음 차례에 이것은 바깥이 그 자체 이외의 아무것도 아닌 것으로 주체에 의해 인식될 때 부정된다. 이에 따라 그것은 반성적인 내면화의 순간에 그 자체로 되돌아가는 것이 허용되는 것이다. 혹 그렇지 않으면 바깥은 주체가 닻을 내리고 그것의 추세가 감금된 외적 현전을 재확증하는 것으로 정립될 수 있다. "바깥은 언제나 되풀이해서 주체/객체 극성에서 어떤 '객체'가 될 수 있거나, 텍스트 바깥에 있는 것의 실재성을 재확증하는 것이 된다. 이것은 내면성과 주체성의 비판에서 간과되지 않아야 한다."(p. 67) 그러므로 물질을 그것이 감금되어 있는 반대편 바깥으로 사유한다는 것은 우리로 하여금 반대편 바깥의 물질 자체에 관해 사유하도록 요청한다. 이는 가장 명백하게 대립을 표시하는 반대 항들, 즉 안/바깥 그리고 주체/객체 쌍을 포함한다.

텍스트와 그것의 상호 규정 가능성(interdefinability)에서 물질은 긍정성과 부정성, 직접성과 매개성, 현전과 그것의 재현 사이의 대립 항들을 초과하거나 뒤섞는다. 우리는 늘 하던 대로 언어적 구축주의의 형태 때문에 텍스트에 대한 이런 유물론적 이해에서 실수를 범한다. 왜냐하면 우리는 시간의 문제를 통해 그것을 틀 짓지 않았기 때문이다. 여기서 암시된 질문은 왜 그 물질이 텍스트-**엮임**(text-ile)이 되거나 직조되지 않는가라는 것이다. 왜 어떤 현재적 존재는 언제나 그 자신을 흘러넘치면서 궁극적인 타자성을 가리키는가? 데리다의 논점은 현존하기 위해서는 어떤 존재도 시간 안에 존속해야 한다는 것이다. 이것은 사물의 형식 ─ 즉 현실적으로 만드는 것 ─ 은 모든 가능한 반복들을 통틀어 동일성으로 인식 가능해져야 한다는 의미다. 그러니 이러한 반복 가능성(iterability)은 어떤 현전이든지 그것의 바로 그 구성 안에서 언제나 근원적인 타자성에 의해 쪼개어진다는 것을 함축하며, 이때 이 타자성은 그러한 사태를 가능하게 할 때조차, 그것을 불가능하게 만든다. 정의에 따르면, 이 타자성은 현전의 형태일 수 없다. 그것이 현전을 주는 동시에 탈안정화하기 때문에, 근원적인 오염의 엄격한 법칙에 현전을 종속시킨다.

엄격히 말해, 이 힘 또는 역동성은, 만약 우리가 이러한 단어들을 사용할 수 있다면, 비인간(inhuman)이다. 이것은 주체, 이성 또는 정신 그리고 심지어 어떠한 실천적 행위와 같은 인간 의식성의 형상에도 앞선다. 마찬가지로 이러한 비인간은 사회, 문화 또는 언어와 같은 부정성 또는 매개를 통한 실재성의 구축으로 통상적으로 조망되는 인간학적 구조들로부터도 나오지 않는다. 데리다의 관점에서 이러한 것들은 모두 현전의 형식이다. 동시에, 반대로 그는 비록 타자성의 활력이 변증법적 유물론의 두 가지 핵심 개념들을 위반한다 하더라도 "공간화/타자성의 체계는 변증법적 유물론에 있어서 본질적이고 불가결한 메커니즘이다"라고 주장했다(p. 94). 첫째로 타자성의 활력은 부정과 정립의 변증법적 계기를 회피한다. 타자의 비-현상성 또는 비-현전은 어떤 부재나 부정된 현전이 아니다. 그것은 단지 "현전/부재(부정적 현전)로부터 파생하는 [⋯] '어떤 것'"일 뿐이다(p. 95). 부정적 현전은 언제나 이떤 것을 현진으로 되돌리는 시양의 가능성을 견딘다. 마찬가지로, 타자 또한 드러나거나 정립될 수 없다. 왜냐하면 이것은 그 타자성을 동일성으로, 즉 **그것의** 타자로서의 주체에 의해 정립된 어떤 타자로 환원할 것이기 때문이다.[10] 데리다는 다음과 같이 주장한다. "헤겔 변증법에서, 타자-의-정립은 언제나, 궁극적으로 이념의 타자로서의 자기 자신, 즉 어떤 것의 유한한 규정 안에서, 스스로의 회복과 재전유 과정, 어떤 것의 규정의 유한한 풍부함에서 스스로에 인접한 되돌아감 등등이라는 목표와 더불어 자기 자신에 대하여 타자에 의한 자기-노출이어야 한다"(p. 96). 두 번째로 타자는 또한 마르크스주의적 의미에서 물질이 아닌데, 왜냐하면 마르크스주의 담론 안에서, 신체와 물질은 현전이나 실존의 감각적 형식들이기 때문이다. 데리다는 "그것은 현전의 형식일 뿐이며, 타자는 어떤 존재(어떤 결정된 존재, 실존, 본질 등등)가 아니다"라고 주장한다(p. 95).

해체를 타자성의 유물론이라고, 또는 더 정확히 타자성에 대한 참조 또는 관계의 유물론에 관한 사유라고 말하는 것은 부적합한 것이 아닐 것이다. 타자성에 대한 이 관계는 실체 또는 현전으로서의 물질보다 더 물질적이다. 왜냐하면 그것은 보다 더 기초적 또는 '하부구조적'이기 때문이다. 다시 말해 그것은 물질 그 자체를 구성한다는 것이다. 간단히 말해서 데리다의 논증은 물질들이란 바로 그 현전 —— 그

---

10 Derrida, *Positions*, pp. 95~96. "나는 심지어 타자의 타자성이 결코 '드러날' 수 없는 것을 이 관계 안에 기입한다고 말할 것이다. 기입은 [⋯] 어떤 단순한 입장이 아니다. 오히려 그것은 모든 입장이 **그 자체로 혼합되어 있다**(차연différance)는 의미이다. 이는 기입, 표식, 텍스트이며, 단지 **테제나 테마**가 아니다 —— 테제의 기입."

것의 존속, 지속 또는 시간 안에서의 존재 —— 이 시간의 진정한 선물과 같은 어떤 사물처럼 존재하는 것을 전제한다는 것, 또는 그것이 마찬가지로 어떤 순수 사건이라는 것을 논증한다. 유한한 존재들로서, 우리는 우리 자신에게 시간을 부여할 수 없다. 근원적인 유한함의 조건 아래에서, 즉 우리에게 시간을 줄 수 있는 어떤 유한한 현전에 관계할 수 없는 지점에서, 시간은 오직 현전 불가능하지만 현전의 질서에 흔적을 남기는 절대적 타자의 선물로서 사유될 수밖에 없다. 심지어 타자의 현상화, 출현 또는 현존이 그것의 위반일 때에도 그러하다. 이와 유사하게, 어떤 사건의 바로 그러한 사건-성은 그것의 동일하게 존재하지 않음, 인지되지 않음 또는 앞서 예상되지 않음에 놓여 있다. 만약 우리가 그것이 어디서부터 그리고 언제 존재하는지 또는 닥쳐올 것인지 말할 수 없다면, 그 무언가는 사건이 아니다. 그러므로 사건과 선물은 오직 그것들이 전반적으로 타자인 경우, 그것들이 타자로부터 오는 경우에만 존재할 수 있을 뿐이다. 그러므로 그것들은 불가능성의 형상을 통해 이해되어야만 하며, 우리가 가능성의 범위 안에서 상상하거나 형상화할 수 없는 것이다. 그 사건과 선물은 필연적으로 전유되지 않은 채로 남겨져야 하는 전유 불가능한 타자에 관한 사유를 요청한다. 왜냐하면 일단 시간과 사건을 건네주는 타자가 전유되기만 하면, 그때 그것은 더 이상 타자가 아니며, 거기에는 더 이상 어떤 선물, 또는 순수 사건도 존재하지 않게 되기 때문이다.

비록 불가능한 것이 현전의 질서에 속하지 않더라도, 구체적인 현실성과 관련 없이 존재하지는 않는데, 왜냐하면 그 현실성이 불가능성을 구성하기 때문이다. 사실상 그 불가능성은 기묘하게도 구체적인 현실성보다 더 물질적이며 실제적이다. 그의 후기 저작에서, 데리다는 반복해서 이러한 타자와의 불가능한 관계 또는 타자의 불가능한 도래의 근원적인 실재성을 주장한다.

> 로고스 중심주의, 인이주의, 경세주의(나낭성, **집**-안[chez-soi], **오이코스**oikos, 동일성) 등등의 해체뿐 아니라 불가능성의 긍정은 언제나 실재성, 즉 실재하는 것의 환원 불가능한 실재성의 이름으로 전면화된다. 이 실재성은 객체적인, 현재의, 지각 가능하거나 사유 가능한 **사태**(res)의 속성으로 실재에 속하는 것이 아니라, 타자의 도래나 사건으로서의 실재에 속한다. 여기서 타자는 재(再)-존재-현상학적(ana-onto-phenomenological) 전유임에도, 모든 전유에 저항한다. 실재성은 이 비-부정적 불가능성이다. 이 불가능한 도래 또는 사건의 발명은 존재-현상학이 아니다. 그것은 현전 그 자체의 존재론 또는 현상학에 의한 재전유를 거부하는 사건(그 예측 불가능한 도래에서, **지금 여기**, 타자의 특이성)에 대한 사유다. [⋯] 이런 의미에서 그 어떤 것도 해체보다 더 '실재적'인 것은 없다. 그것은 (무엇이든/누구든) 발생할 뿐[(ce) qui arrive]인 것이다.[11]

이 타자성의 불가능한 도래는 유토피아적이지 않다. 이것은 현전의 질서 내에서 어떤 분출로 경험되는, 그리고 제 차례에 와서 경험하는 주체가 행동하도록 강제하는 촉발의 힘이다. 데리다는 불가능한 것이 "바로 그러한 운동을 욕망에, 행위에 그리고 결정에 부여한다. 즉 그것은 실재성의 적확한 형상이다. 불가능한 것은 자신의 견고함, 폐쇄, 그리고 강제성을 가진다"고 쓴다.[12]

---

11 Derrida, "As If It Were Possible", p. 367(번역 수정).
12 Derrida, "Not Utopia, the Im-possible", p. 131.

현재의 목적을 위해, 타자와의 불가능한 관계로서 물질성에 대한 해체적 기입의 결과 발생하는 물질의 탈실체화는 적어도 세 가지 실천적 함축을 가진다. 첫째, 그것은 마르크스주의 유물론의 중심에 놓인 **현실성**(Wirklichkeit)과 **현실화**(Verwirklichung) 개념들을 문제시한다. 마르크스가 이데올로기, 상품 그리고 노동의 물질적인 신체 활동에 의해 현실화되는 구체적 현실성을 구현하는 화폐와 같은 유령과 망령들에 반대하는 곳에서, 데리다는 현전과 객관적 실존의 예화들로서, 구체적 현실성과 그것에 영향을 미치거나 그것을 야기하는 것이 어떤 유령성(spectrality) 때문에 가능할 뿐이라고 논증한다. 현실성의 바로 그 형식, 그리고 물질적 활동성이 실현되고자 하는 그 형식은 그것들의 반복 가능성과 시간화에 전제된다. 그러나 이러한 반복 가능성이 절대적 타자로부터 올 수 있을 뿐이기 때문에, 그것은 기초 근거 또는 **아르케**(arche, 원리)로 수립되는 어떠한 현실성 안으로부터 떨어져 나간다. 반복 가능성은 "타자에 대한 참조 가능성, 그리고 그 결과 원초적인 타자성과 이질성, 차연(differance), 기술성(technicity) 그리고 현전의 바로 그 사건에서의, 즉 그것이 가능하기 위해 **아프리오리**를 탈-구하는 현재의 현전에서의 이념성의 가능성[따라서 그 동일성 또는 그것의 그 자체와의 동시대성에서의 불가능성]"을 기입한다.[13]

두 번째, 이러한 탈실체화의 운동 ── 사물의 형식으로 생존하거나 살아가기 ── 은 서양철학사 안에서 서로 대립하는 것으로 드러났던 것을 함께 묶어 주는 인과성의 역설적 형식이다. 즉 자동성(automatism)과 자율성(autonomy)이 그것이다. 우리는 관습적으로 기계의 자동성을 자유로운 인간의 행위와 구별한다. 그 근거로 우리는

---

13 Derrida, *Specters of Marx*, p. 75.

전자가 정신이 없는 기계적 인과성의 형식이고 후자는 자발적이며 보편적인 합목적적인 활동이라고 말한다. 그런데 반복에 따른 살아 있는 현재의 구성적 탈구는 정확히 현전으로부터의 해방이나 독립이다. 하지만 이러한 자유는 비인간적인데, 왜냐하면 그것이 인간적인 실천이성의 자율성에 앞서거나 그것을 초과하기 때문이다. 여기서 데리다가 새롭게 내세우는 것은 "어떤 물질성인바, 이것은 신체성, 기술성, 프로그래밍, 반복이나 반복 가능성, 어떤 살아 있는 주체 —— 심리적·사회적·초월적이지만, 그렇다 해도 인간적 주체로부터 필연적으로 잘려져 나오거나 독립적인 것은 아닌 —— 이다".[14] 이 물질성은 자발적인 이성적 주체로부터 자유로워지는 운동이다. 따라서 이것은 역설적으로 인간 자유에 앞서는 어떤 자유다. 데리다는 다음과 같이 쓴다. "그것은 자동적 자율성, 기계적 자유, 기술적 생명의 모순이다."[15]

사실상 이러한 물질성은 어떤 자기-조직화하는 합당한 신체 또는 유기적 전체성으로서 유기체의 목적론적인 재귀성을 위협하는 어떤 흉터인 한에서 비유기적인 것이기도 하다. 데리다는 그것을 "유물론 없는 그리고 아마도 심지어는 물질 없는 기계적 물질성"[16]으로 기술하는 데까지 나아간다. 이런 의미에서 물질성은 네 가지 특성을 가진다. 첫째, "전유에 저항하는 모든 것을 위한 바로 그 유용한 포괄적인 명칭으로서, [⋯] 물질성은 [⋯] 유기적 총체성에 합당한 신체가 [⋯] 아니다"(p. 154). 둘째, 그것은 연기된 지칭물, 반복 그리고 훼손의 위협으로 표시된다(p. 156). 셋째, 그것은 "어떤 주체, 어떤 욕망의 주체와 그것의 무의식과 관련된 기계적·유사 기계적·자동적 독립"을 전개

---

14 Derrida, "Typewriter Ribbon", p. 136.
15 Derrida, *Specters of Marx*, p. 153.
16 Derrida, "Typewriter Ribbon", pp. 75~76.

한다(p. 157). 넷째, 그것은 임의적인 것, 무상의 것, 우발적인 것, 무작위적인 것, 그리고 우연적인 것의 가치를 함축한다(p. 158).

변증법적 유물론에서, 현실화하는 물질적 실재의 과정은 후생(後生)적인 것, 자기-생산, 그리고 인간 신체조직의 자기-지속성의 한 부분으로서, 그 자신의 존속의 수단을 창출한다. 프롤레타리아 혁명은 정확히 세계-역사의 무대 위에 널리 기입된 전유적 회귀에 있어서 창조적 노동의 목적론적 과정이다. 해체적 유물론은 유기체적 생기론의 한계이자, 역사에 관한 그것의 목적론적 이해이기도 하다. 반복 가능성이 기계적이고 유령적 효과에 착목함으로써 그것은 **기예**(techne)에 따른 유기적 생명의 보충 가능성, 그리고 상업화, 이데올로기 등등에 따른 살아 있는 현실성의 오염에 대해 생각한다.[17] 사실 데리다는 변증법적 유물론의 핵심 개념이 더 이상 현대의 기술미디어화된 실재의 리듬들과 속도를 이해하는 데 적합하지 않다고 논증한다. 왜냐하면 그러한 실재는 현실적인 것과 이념적인 것 또는 잠재적인 것 사이의 대립을 해체하기 때문이다. 변증법적 유물론의 해체는 "오늘날 과학 영역에서, 따라서 공적이거나 정치적인 영역에서 일어나는 환상적·유령적·'합성적'·'인공적' 잠재성에 의해 더 나은 방식으로 증명된다. 이것은 또한 사건의 공간에서 활동적인 것과 잠세적인(potential) 것의 대립으로 환원 불가능한 잠재성(virtuality)의 속도를 기입하는 것에 의해 사건의 사건-성(event-ness)으로 더 분명하게 만들어진다".[18]

하지만 현저한 타격으로서의 상흔(the scarring), 탈구 그리고 분열

---

17 해체와 알튀세르의 시도, 즉 그의 우발성의 유물론이나 교전의 유물론 안에서 변증법적 유물론과 단절하려는 시도의 차이와 연결에 관한 보다 충실한 논의를 위해서는 Balibar, "Eschatology versus Teleology"를 보라.

18 Derrida, *Specters of Marx*, p. 63.

에도 불구하고, 해체적 의미에서 물질성은 엄격하게 긍정적이며 발생적인 특징을 가진다. 그것이 급진적으로 다른 것을 우리에게 가리켜 보이기 때문에, 물질성도 또한 현전의 형식으로 예상될 수 없는 예측 불가능한 미래, 즉 **도-래**(à-venir, to-come)의 개방이다. 그의 저작에 어떤 윤리정치적 전환도 없다는 주장에도 불구하고, 데리다는 1990년대 이래 저작들에서 절대적 타자성으로서 이러한 물질성의 메시아적 차원에 있어서의 윤리정치적 함축들을 탐색했다.[19] 간단히 말해, 타자성은 도래하고 있었고, 그것이 아무리 파괴적이라 해도, 절대적 타자성의 경험은 긍정되었음에 틀림없다. 왜냐하면 그것 없이는 아무것도 발생할 수 없을 것이기 때문이다. 부정성에 따른 물질성의 이해는 메시아적 차원을 삭제하는바, 그 이유는 그러한 차원이 타자를 동일성으로 정립함으로써, 근원적인 타자성의 경험을 폐쇄시키기 때문이다.

타자성에 관한 이성적 주체의 경험으로서 물질성은 **뒤나미스**(dynamis, 〔가능태〕)와 **에네르게이아**(energeia, 〔현실태〕), 즉 잠재적인 것과 현실적인 것 사이의 고전적 구별을 문제삼는데, 이것은 우리의 힘과 행위에 관한 표준적인 이해를 근거 짓는다. **뒤나미스**로서의 물질은 언제나 가능성 개념 아래에서 사유되어 왔다. 단순히 잠재적인 것을 현실화하는 것이 바로 그 현실적인 것 또는 **에네르게이아**에 반하는 잠재성〔뒤나미스〕이며, 그것이 어떤 규정적 형식을 그것에 부여함으로써 잠재적인 것을 현실적으로 존재하게 한다. 잠재성이 현실성에 종속되는 아리스토텔레스에게서, **뒤나미스**는 **단지** 잠재적이거나 잠세적이지만, 그것은 또한 힘이나 세력, 능력, 역능 그리고 기능(Vermögen, Kraft)이며 따라서 마찬가지로 순수 가능성이다. 마르크스

---

19 Derrida, "As If It Were Possible", p. 360.

가 속한 독일철학의 전통에서 대립은 자기-활동성 또는 자기-현실화라는 이념 안에서 승화되는데, 이는 지속적으로 스스로를 실재적이거나 현실적인 것으로 만들 수 있는 힘이나 잠재성에 속한다. 이 힘은 자연이 우리에게 부여하는 단순한 물질의 부정으로 인간 주체의 형식 안에 거주하는 것으로 간주되며, 이때 부정성은 스스로를 객체적 실존에 자신을 외화하는 개념의 능력으로 또는 노동력으로 파악된다. 이 능력이란 물질 안에 목표를 설정함으로써 존속의 수단을 제작하고 생산하는 것이다. 이런 경우 **뒤나미스**는 목석의식적인 이미지의 잠재성, 즉 주체가 어떤 이념적 형식이나 이미지로 상상되거나 구성될 수 있는 한에서, 능동적으로 현실화할 수 있다는 것이다. 관건은 '나는 할 수 있다' 또는 '나는 할 만하다'의 힘인바, 그 가능성이다. 여기에는 많은 조합들이 있을 수 있다. 예컨대 생기적인 유기체 안에서, 살아 있는 물질은 자기-조직화의 능력을 부여받는다. 또는 수행성의 경우, 일련의 규범들이나 관습들은, 주체의 힘이 그러한 규범들에 의해 보호받는 순간, 이 규범들과 경합할 수 있는 주체의 가능성들의 영역을 수립한다.

대조적으로, 물질성의 해체적 이해는 불가능한 어떤 힘, 즉 더 이상 현전의 질서나 가능성이 아닌, 아직 도래하지 않은 어떤 것을 가리킨다.

[불-가능(The im-possible)]은 스스로를 알린다. 그것은 나를 앞서가며, 잠재화할 수 없는 방식으로, 잠재성이 아니라 현실성 안에서 나를 **여기 그리고 지금** 급습하며 잡아 쥔다. 그것은 단순히 지평을 기다리지 않는 계고의 형태로 높은 곳으로부터 나에게 내려온다. 나는 오는 것을 보지 않으며, 그것은 나를 결코 평화롭게 내버려 두지 않고, 결코 내가 그것을 이후로 미뤄 두도록 하지 않는다. 그러한 긴급성은 타자

이외에 다른 것으로 **생각될** 수는 없다. 따라서 불-가능성은 어떤 (규칙적인) **관념**(idea)이나 **이념**(ideal)이 아니다. 그것은 가장 명백하게 **실제적**인 것이다. 그리고 삼삭적이다. 타자와 같이. 환원 불가능하고 충전할 수 없는 타자의 차연(différance)과 같이.[20]

이런 미세한 힘은 세 가지 요소들을 통해 특성화될 수 있다. 첫째, 이것은 시간의 선물이나 순수 사건에 대한 어떤 물질적 존재의 구조적 개방성으로부터 파생되는 구축적인 이질성이나 유한성을 함축한다. 둘째, 이것은 잠재성의 현행화에 관한 무기한의 지연을 방지하는 가속(precipitation)과 강제(urgency)의 구조다. 셋째, 가능성의 바깥이나 주체의 힘으로부터 유래하기 때문에, 이것은 어떤 기초적인 수동성이다. 하지만 이러한 수동성은 능동성과 대립하지 않는다. 왜냐하면 그것은 하나의 반응으로서 주체의 능동성을 촉발하기 때문이다. 이것은 우리가 행동하도록 밀어붙인다. "따라서 여기서 생각해야 하는 것은 이러한 파악 불가능하고 알 수 없는 것, 더 이상 주체의 힘이 아닌 어떤 자유, 자율성 없는 자유, 예속 없는 타율성, 요컨대 수동적 결정과 같은 것이다. 우리는 그러므로 결정의 철학소들(philosophemes)을 재사유해야만 할 것이다. 이것은 그러한 기초적인 쌍, 즉 능동성과 수동성의 쌍이면서, 잠재성과 현실성의 쌍이기도 하다"(p. 152).

데리다의 관점에서 절대적 타자성의 경험은 규범성, 정언성 그리고 책임성의 기원이다. 그와 같은 윤리정치적 현상은 우리에게 현행성을 제공하는 전유 불가능한 타자와 조우하고 반응하는 조건들 안에서 발생한다. 예컨대 타산적인 법적 결정들의 수행은 모든 규칙을 벗어나

---

20 Derrida, *Rogues*, p. 84.

는 계산 불가능한 정의에 관한 우리의 경험에 의해 밀어붙여진다. 또는 진정 책임지는 결정이란 지적 질서와 불화함이 틀림없고 결정 불가능한 것의 시련을 겪는다. 왜냐하면 지적 질서를 따르는 결정은 단지 기술이며 따라서 책임능력이 없기 때문이다. 타자성의 경험은 본질적으로 어떤 이성적 결정의 강제력인바, 이는 이성적 주체의 권위나 주권으로 환원될 수 없다. 그것은 모든 결정들을 원초적으로 수동적인 것으로 만든다. 데리다는 다음과 같이 이를 설명한다.

> 수동적 결정, 즉 사건의 조건은 언제나 내 안에 있는 것으로서, 구조적으로 다른 사건, 타자의 결정으로서 어떤 분리의 결정이다. 내 안에 있는 절대적 타자에 관해, 내 안에 나를 결정하는 절대성으로서의 그 타자를 […] 나는 결정하고, 모든 주권을 다해 결심한다. 이것은 나 자신보다 타자, 나 자신과 다른 타자로서의 나, **그는 만든다, 또는 나는 만든다**, 어떤 동일성의 예외를 의미할 것이다. […] 만약 우리가 책임을 추정해야 한다면, 지식은 필수적이지만, 그 결정 또는 책임의 순간은 어떤 도약을 가정하는바, 그것에 의해 하나의 행위가 출발한다. 그리고 그 스스로 존재함에 따르는 ― 다시 말해 과학이나 의식성〔양심〕에 의해 결정될 수 있는 그것의 결과 ― 즉 **자유로워짐**(이것이 자유라고 일컬어지는 바다)에 따르는 결과를 도출하는 순간에 멈춘다. 이는 그것의 현행성(the act)의 행위에 따르며, 그러므로 그것에 대해 이질적인 것, 즉 지식이다. **요컨대, 하나의 결정은 무의식적이다.** 미친 것처럼 보일 때에도, 그것은 무의식을 함축하며, 그럼에도 불구하고 책임은 남는다. […] 우리가 여기서 사유하고자 시도하고 있는 것은 바로 이 현행성(the act, 현장의) 행위이다. 즉 '수동적'인 것, 타자로 넘겨져 옮겨지는 그것.[21]

달리 말해, 물질성의 힘은 타자성의 힘의 (주체의) 구축적인 드러남 외에 다른 것이 아니다. 왜냐하면 만약 이성적 주체의 자유가 도래하거나 타자에 대한 그것의 응답으로 도래한다면, 그때 결성은 타자성에 의해 촉발되며 마찬가지로 타자성으로부터 온다. 그러므로 원초적인 순간에 그것은 수동적이며 무의식적이지만, 능동적이면서 의식적이지 않다. 이것은 주권의 예외적 결정(슈미트)이 아니며, 공적 이성의 해방(하버마스)도 아니다. 문제되고 있는 힘이란 권력의 어떤 소여상태에 반해 전개될 수 있는 대항-권력이 아니다. 이것은 미시 권력들 사이의 관계들의 움직이는 장으로의 권력의 분산이 아니다(푸코). 대신에 이 힘은 그것을 깨지기 쉽게 만들고 무방비상태로 만드는 것에 대해, 권력 자체의 구축적 드러남이며, 전통적으로 전유의 순환 경제나 자기-지배의 자기성-으로-돌아감과 관련하여 사유되어져 온 것이다. 주체 권력의 정지로서, 물질성의 힘은 어떤 정치적 프로그램으로 이끌려 갈 수 없다. 사실상 이 힘은 마르크스주의의 그것과 같은 어떤 목적론에 저항하고 그것을 논파하는 것이며, 심지어 합리적 타산이나 이념적 목적의 기투에 기반한 목적의식적이거나 목표-지향적 행위에 대해서도 그렇게 한다. 하지만 무조건적으로 타자성에 대한 작동에 개방하는 것으로서, 이러한 힘은 마찬가지로 메시아적 차원을 가진다. 그것은 우리가 어떤 책임지는 방식으로 행위하기 위해 주어진 조건들을 상계하는 응답을 요청하는 타자성에 대한 절대적이거나 계산 불가능한 환대를 함축한다.

21 Derrida, *Politics of Friendship*, pp. 68~69.

2. 비유기적 삶/생명의 물질적 힘들(들뢰즈)

물질성의 힘에 관한 데리다의 이해는 질 들뢰즈가 물질을 비유기적 생명으로 생각하는 것과 밀접할 뿐만 아니라 매우 멀기도 하다. 이 논문을 마무리하는 절은 여러 논점들과 물질성에 대한 그들의 개념들 사이의 분기하는 세 영역들을 명료하게 논한다. 물질에 관한 들뢰즈의 사유는 차이를 변증법적 부정과 모순으로 환원하는 헤겔에 대한 신랄한 비판으로부터 나온다. 들뢰즈에 따르면 만약 우리가 부정성과 관련하여 존재와 세계의 발생을 이해한다면, 우리는 기본적으로 사유의 본성과 그것의 존재와의 관계, 그 둘 모두를 의식의 감옥에 가둠으로써 오해하게 된다. 우리는 출발점으로 의식을 취하며 사유를, 의식이 바깥에 존재하는 것과의 만남 안에서 전개하는 속성 또는 힘으로 간주하게 된다. 바깥은 의식에 반하고 그것과 차이 나는 것이다. 명제들에 기대어, 의식은 이중화되고, 재현되며 또는 바깥을 매개함으로써, 이 차이를 해소할 수 있게 된다. 바깥을 부정함으로써, 의식은 필연적인 확실성으로 그것을 파악할 수 있다. 들뢰즈는 대립, 부정과 관련하여 의식과 바깥 사이의 차이를 조망하는 것이 차이의 긍정적 힘에 의한 의식과 바깥 둘 모두의 생성에 관한 의문을 제기한다고 논증한다. 이 긍정적 차이는 부정으로 환원될 수 없는데, 왜냐하면 그것이 의식과 의식이 마주하는 대상들과 사태들에 앞서기 때문이다. 들뢰즈는 다음과 같이 말한다.

> 부정은 차이이지만, 그것의 아래쪽으로부터 보여지는, 이면으로 간주되는 차이다. 위에서 올바로 보면, 즉 위에서 아래로 보면, 차이는 긍정이다. […] 원동력은 부정성이 아니다. […] 부정은 긍정으로부터 초래되는 것이다. 즉 이것은 부정은 긍정을 뒤이어 또는 그 옆에서, 하

지만 오직 보다 근원적인 발생 요소의 그늘로서만 일어난다는 의미이다. ── 여기서 힘 또는 '의지'는 긍정과 긍정에서의 차이를 발생시킨다. 부정성을 담지하고 있는 자들은 그들이 하는 바를 알지 못한다. 그들은 실재의 그림자만을 취하며, 환각을 부추기고, 결론을 전제들로부터 분리시키며, 부수현상에 현상과 본질의 가치를 부여한다.[22]

이러한 차이의 긍정적 힘은 들뢰즈의 우발적 존재론의 핵심 원리이다. 들뢰즈는 존재가 절대적 우발성에 관한 하나의 물질이라고 주장하는데, 그 이유는 우리가 그것이 무엇인지 그리고 왜 거기에 존재하는지 모르기 때문이다. 존재는 반복해서, 존재의 추진체인 우발적 사건들(창조의 명령)에 의해 각각 그리고 모든 시간에 걸쳐 구성되며, 차이 나는 특이성들 또는 시작점들을 야기하는 주사위 던지기와 같다. 이러한 우발적 사건들은 질문과 명법의 형식을 가진다. 이념들 또는 문제들은 이 존재의 함성에 대한 응답 안에서 발생한다. 하나의 이념 또는 문제는 존재의 특정 추진체에 의해 개방되는 연속성의 무한한 장이다. 따라서 사유하는 실체의 속성으로 존재하는 대신에, 이념들(관념들)은 '나'(I)가 분열되는 그 신경학적 지점들에 있게 된다.

우리가 뒤얽혀 들어가는 질문들의 명법은 '나'로부터 유출되지 않는다. 심지어 '나'는 거기 귀기울이지도 않는다. 명법들은 존재에 속한 것들이며, 반면 모든 질문은 존재론적이고 문제들 사이에 '존재하는 그것'을 분배한다. 존재론은 주사위 던지기, 코스모스가 출현하는 카오스모스이다. 만약 존재의 명법들이 '나'와의 어떤 관계를 가진다

---

22 Deleuze, *Difference and Repetition*, p. 55. 들뢰즈는 차이에 있어서 이 긍정 개념을 부분적으로 니체의 영원회귀 개념으로부터 이끌어 낸다.

면, 그것은 분열된 나일 것이며, 그것은 시간의 질서에 따라 균열을 재구축하고, 탈구할 것이다. […] 결론적으로 특성들 또는 사유 실체의 속성들과는 달리, 명법들로부터 나온 이념들은 '나' 안에 균열됨으로써만 들어가고 남겨진다. 이것은 타자가 언제나 내 안에서 사유하며, 그 타자는 분명 사유될 수도 있어야만 한다는 것을 의미한다(pp. 199~200).

달리 말하자면, 이념들은 우리에게서 나오지 않는다. 그것들은 존재에 대한 응답이다. 하지만 존재가 절대적 우발성이기 때문에, 그것은 존재의 특이성들이 반복적인 던짐을 통해 유발하는 어떤 단순한 기원이나 개체성일 수 없다. 대신 우리는 존재 자체를 특이성들의 반복, 즉 존재의 재생이나 재시작으로 생각해야 한다. 특이성에 따라 존재를 규정하는 차이는 이때 어떤 원초적인 반복이나 차이를 따라 흘러나오거나 유출된다(pp. 200~201). 이 원초적인 반복과 차이의 운동은 (아직) 존재나 실존이 아니다. 하지만 이 비존재는 부정이 아닌데, 이것이 선재하는 존재로부터 파생된 어떤 것을 함축하기 때문이다. 대신에 비존재는 이념의 연속적 장에 상응한다. 우리가 이러한 비존재를 부정으로 정의할 때, 우리는 그것을 의식의 명제 언어로 환원하고 문제의 복잡성을 존재의 명법으로부터 형성된 장으로 모호하게 가린다. 들뢰즈의 말에 따르면, "부정성은 하나의 환영이며, 문제들의 그림자 외에 다른 것이 아니다. […] 부정의 형식은 명제들과 더불어 출현하며, 문제들을 표현하는데, 이때 명제들은 오직 문제를 왜곡함으로써 그리고 그것의 실재 구조를 가림으로써만 연명한다"(p. 202). 이 원초적인 차이는 긍정적인 것이지만, 그 긍정성은 단순한 통일성이 아니다. 이것은 일자와 다자 사이의 대립을 벗어난 다양체이다. 왜냐하면 다양은 다자 속으로의 일자의 단순한 파편화가 아니기 때문이다.

우리가 보았다시피, 데리다 또한 원초적인 차이의 운동(반복성/치연)에 대한 사유를 통해 변증법적 무정과 거리를 둔다. 하지만 데리다에게 원초적 차이가 현전과 현실성의 질서에 속하지 않는 급진적인 타자성과 조응하고, 이에 따라 부정도 긍정도 아닌 반면, 들뢰즈는 그 원초적인 차이의 운동을 어떤 초월론적 장으로 규정하거나, 같은 말이지만 현행성이 발생하는 내재성의 평면으로 특성화한다. 하나의 이념은 현행적인 구체적 존재의 긍정적 '근거'인 모든 이념적 구별들을 포함하는 어떤 연속적인 장이나 평면을 표현한다. 특이한 존재의 특정한 방사를 이해하기 위해서, 우리는 무엇보다 이 이념적 미분화의 장을 참조해야 한다. 이 장은 "미분적 관계들의 모든 변수들과 상호 간에 '온주름화된'(perplicated) 다양한 질서들 안에 공존하는 특이점들의 분배들"이다(p. 206). 여기서는 이러한 이념적 미분화들이 인간적인 이성적 의식에 의해 부과되지는 않는다는 점을 강조하는 것이 중요하다. 미분화는 의식뿐만 아니라 어떠한 구체적 현상 또는 드러난 대상에도 앞선다. 현행화는 대상들이 이러한 미분적 관계들로부터 구성되는 과정이다. 여기서 미분화는 구체적으로 규정되어지며, "한 다양성의 가치들에 조응하는 특이점들이 이런저런 종들의 특성들에 구별된 부분으로 육화되는 동안 각각의 종들 안에 구현된다"(p. 206). 달리 말해 현행화는 이념적 차이화들이 더 멀리까지 규정되는 것과 같은 실재 관계들과 구체적 배치들에 의한 이 연속된 장의 절편(cutting up)이다. 이러한 **단절**(coupure)은 어떤 현행적 존재나 주어진 객체를 발생시킨다. 들뢰즈가 논한 바에 따르면, 현행화는 "유한하게 발생된 긍정들의 생산이며, 이러한 장소들과 위치들을 점유하는 현행적 개념들을 품고 있으며, 이러한 관계들과 기능들에 기입된 실재 관계들도 품고 있다"(p.

207). 어떤 엄격한 칸트적 용례에서, 이 원초적 차이의 평면은 모든 현상들이나 외양들, 즉 우리에게 주어지는 모든 것들을 발생시키는 '근거'인 한에서 예지적인 것이다. 하지만 칸트적 의미에서 예지계, 다시 말해 단지 가능하고 사유할 수 있는 물자체와는 달리, 차이는 하나의 구조, 관계들의 실재적인 장이다. 그러므로 들뢰즈가 지적하듯이, 차이는 "다양하게 [⋯] 소여가 주어지는 바 그것이다. 차이는 현상이 아니라, 현상에 근접한 예지적인 것이다"(p. 222).

이 차이의 장은 발생의 토대이자, 현행적인 것의 '가능성의 실재 조건'이라는 의미에서 초월론적이다. 하지만 들뢰즈가 논증하길, 이러한 초월론적 장은 주체나 심지어 즉자적인 의식의 순수 흐름에 의해 정의될 수 없다. 왜냐하면 지향적 주체(그리고 그것이 지향하는 어떤 객체)는 토대적이지 않기 때문이다. 주체는 이러한 초월론적 장으로부터 생성되는바, 이것은 전-개체적이고 비인격적인 특이성들로 구성된다. 그는 "특이성들이란 진정한 초월론적 사건들이다. [⋯] 그것은 개체나 인격이 아니라, 개체들과 인격들의 생성 너머에 거주한다. 또한 그것들은 자기성도 나도 수용하지 않는 '잠재적인 것' 안에 분배되지만, 비록 이러한 현행화의 형상들이 전혀 실현된 잠재성과 닮지 않았다 해도, 그것들을 현행화하거나 그 자체로 현실화함으로써 생산한다"[23]고 쓴다. 초월론적인 것은 이제 더 이상 주체나 인격, 또는 즉자적 의식의 순수 흐름과 연결되지 않기 때문에, 그것은 또한 내재성의 평면이기도 하다. 들뢰즈는 이 어구를, 현행적 존재와 공존하기 때문

---

23 들뢰즈의 초월론적 장과 그의 의식으로부터의 초월론의 해체에 대한 사유, 또한 후설 현상학을 포함한 독일 관념론 전통 전반에 대한 들뢰즈의 비판에 대해서는 *The Logic of Sense*, pp. 98~110, 343~344, n.5와 "Immanence", pp. 25~28을 보라. 인용한 구절은 *The Logic of Sense*, p. 103에서 나온 것이다.

에, 다른 무엇에 의해 조건 지어지거나 함축될 수 없는 어떤 무한한 장을 의미하기 위해 사용한다. 하지만 그것은 생성되어 나오는 현행적 존재 안에 있기도 않기거니와 그것으로 환원 불가능하나. 그러나 누 번째로, 그리고 보다 중요하게도, 그것은 초월적인 다른 어떤 것의 속성으로 존재하는 대신 **절대적인** 평면으로서의 내재성으로 존재한다. 이것은 언제나 안으로 접혀지는 것 또는 그 자체로 내재된 것이다. 들뢰즈는 내재성이 "더 이상 다른 어떤 것을 의미하지 않을 때에야, 우리가 내재성의 장에 대해 말할 수 있다"[24]고 언급한다.

　우리는 이미 데리다가 물질성을 어떤 약한 메시아적 힘, 즉 잠재성/현실성, 가능/실재 대립항들을 초과하며, 권력을 무방비 상태로 만드는 그러한 힘으로 규정한 것을 보았다. 내재성의 평면으로서의 본래적 차이에 관한 들뢰즈의 생각은 잠재성/이념에 관한 다른 사유를 이끈다. 그는 잠재성/이념을 미분적 관계들의 장으로서의 이념이 실재적이며 규정되어 있고, 단순하게 추상적이며 잠재적이지 않다고 논증함으로써 단순한 가능성과 구별한다.[25] 잠재적인 것의 실재성은 완전하게 규정된 구조의 실재성으로서, 발생적인 미분적 요소와 관계들, 그리고 그러한 관계들에 조응하는 특이점들로부터 형성된다. 모든 실재 대상들은 어떤 잠재적 내용을 가진다.[26] 현행화의 과정은 이러한 잠재적 내용을 현행적 조건들에 따라 더욱더 '분화하고'(differenciates) 규

24　Deleuze, "Immanence", p. 26.
25　독일 관념론에서 잠재적인 것이나 관념적인 것이 단순히 가능성과 같은 의미를 가지는 것처럼 보이는 것은, 이념이 대상들이라기보다 이성의 원리들이기 때문이라는 점을 주목해야 한다. 따라서 관념은 현행적인 것에 반대되는바, 이것은 실재성과 유사한 것이다. 들뢰즈는 현행성과 실재성의 동일성을 풀어헤치면서 잠재성을 하나의 힘으로 포괄하기 위해 실재성을 확장한다.
26　Deleuze, *Difference and Repetition*, p. 209.

정한다. "잠재적인 것은 엄격하게 실재 객체의 한 부분으로 정의되어야만 한다. 객체가 잠재적인 것 안에 그 자체의 한 부분을 가지는 것처럼 말이다. 그것은 객체적 차원 안으로 뛰어드는 것과 흡사해 보인다"(p. 209). 우리는 잠재적인 것을 현행적인 것을 발생시키는 일련의 속도와 강도들로 이해할 수 있다. 그러므로 현행적 대상과 잠재적인 것 사이의 관계는 두 겹(twofold)이다. 한편으로 현행적 대상은 그것을 둘러싸고 있는 잠재적인 것들의 함몰이면서 파괴다. 다른 한편으로 현행적 대상은 또한 잠재적인 것들을 분출하거나 창조하는데, 이는 현행화의 과정이 그 안에서 그 과정이 해소되고 다른 식, 즉 어떤 다른 것으로 현행화될 수 있는 미분적 관계들과 연관된 관계 속으로, 다른 입자들에 대한 상이한 미분적 관계들과 이어지도록 연결됨으로써, 대상을 되돌리기 때문이다.[27]

실재를 현행적인 부분과 잠재적인 부분으로 나누는 들뢰즈의 구분은 객체의 현행화에서 우연과 차이의 기초적 활동을 전경화한다. 가능과 실재, 그리고 이상적인 것과 구체적 실존이라는 고전적 구분에서, 실재하는 것 또는 구체적으로 존재한다는 것은 가능적인 것 또는 이상적인 것과 유사성의 관계에 놓인다. 실재적인 것은 이념성의 단순한 복제, 사실상 결함 있는 복사물일 뿐이다. 또는 가능적인 것이란 결핍된 것으로 간주되는바, 그것의 현실화가 실존으로의 어떤 도약을 요청하기 때문이다. 대조적으로 잠재적인 것의 권능은 단순히 그것의 현행화가 복사나 유사의 과정에 의해 선결정되고 제한된 선재된 가능성의 그것이 아니다. 대신에 잠재적인 것의 현행화는 특이성들과 미분적

---

27 잠재성과 현행성 사이의 관계에 관한 보다 충실한 연구에 대해서는 Deleuze, "The Actual and the Virtual"을 보라.

관계들에 조응하는 어떤 것의 고유한 창조이다. 하지만 현행화는 잠재성과 유사한 것은 아니다. 들뢰즈가 논하다시피, "잠재적인 것의 현행화는 [⋯] 언제나 차이, 다양 또는 분화에 의해 발생한다. 현행화는 어떤 원리로서의 동일성을 거스르는 과정으로서 유사성을 깬다. 현행적 항목들은 결코 그것들이 구체화하는 특이성들과 닮지 않는다. [⋯] [현행화는] 잠재적 다양체에 —— 유사하게 됨이 없이 —— 조응하는 발산의 선을 창조한다."[28]

현행화에서, 현행적 대상과 잠재적인 것 사이의 관계는 미분적 관계들의 장으로부터의 함입이거나 추동의 관계이다. 초월론적 장 또는 내재성의 평면으로부터의 이러한 생성적 추동력에 대한 들뢰즈의 선호는 어떤 낙하하는 열매의 그것이다. "잠재성의 현행화는 특이성이지만, 현행적인 것 자체는 구성된 개체성이다. 현행성은 어떤 열매처럼 평면으로부터 떨어진다. 반면 현행화는 마치 객체를 어떤 주체로 되돌리는 것처럼 평면으로 되돌린다."[29] 결과를 그것의 생성의 기반으로 되돌려 관련짓는 것은 구성된 각 개체성이 다양한 특이성들로 이루어지고 따라서 언제나 어떤 상이하게 탈구축되고 재구축되는 생성의 근원적 운동에 종속된다는 것을 깨닫는 것이다. 그렇지 않으면 개체성은 영원히 동일한 초월적 대상으로 굳어지고 얼어 버리거나, 변하지 않는 활력 없는 대상 또는 오직 내적으로 프로그램된 목적들에 따라서만 변화하는 어떤 것이 될 것이다.

들뢰즈에게, 물질성은 내재성의 평면 외에 다른 것이 아니다. 가타리와의 공동 연구에서, 그는 우리가 "빠름과 느림의 등급들에 의존

---

28 Deleuze, *Difference and Repetition*, p. 212.
29 Deleuze and Parnet, "The Actual and the Virtual", pp. 149~150.

하는바, 이런저런 개체화된 배치에 들어가는 상대속도에 속한 비형식적인 요소들에 의해 횡단되는 […] 단일한 고정된 평면에 있는 이 세계를 파악하려고 노력해야 한다." 또한 "일관성의 평면은 익명의 물질에 의해 살아지는 것이며, 이는 여러 다양한 연결들로 진입하는 무한한 물질 조각들에 의해 가능해진다"[30]고 제안한다. 변증법적 유물론과는 달리, 물질의 역동론은 먼저 주어진 대상들의 내적 물질에 관한 형식을 변화(즉 변-형trans-forms)시키거나 만들어 내는 인간의 창조적 노동의 부정성으로부터 따라 나오지 않는다. 이것은 개체직 존재의 구성을 열어젖히는 속도들과 강도들을 구성하는 어떤 비인간적 역동론이다. 이때 입자들은 다른 입자들과 상이한 연결에 놓이며, 이에 따라 그것의 재구성을 이끈다.

들뢰즈의 유물론이 가진 급진적 본성은 변증법적 유물론의 중심 원리, 즉 조직화의 원리를 전복하는 데 있다. 변증법적 유물론에서, 물질의 역동성은 조직화 활동 또는 과정에서 유래한다. 이때 이 활동과 과정은 상호 간의 의존적인 변증법적 관계들을 통한 사물/사태의 질서들이다. 이는 마치 그것들이 전체의 부분들이나 구성요소들이 된다는 것과 같으며, 여기서 각각의 부분은 통합된 또는 체계적인 전체성 안에서 지정된 기능을 하는 어떤 기관이다. 이와 같은 종류의 인과성의 모범은 유기체주의다. 여기서 존재는 그것의 자기-조직화 능력 덕분에 스스로를 자발적으로 생성할 수 있다. 이것이 이전에 내가 마르크스주의란 일종의 유기적 생기론이라고 주장한 이유이다. 하지만 들뢰즈에게 내재성의 장으로서의 물질이란 미분화, 속도 그리고 어떠한

---

30 Deleuze and Guattari, *A Thousand Plateaus*, Minneapolis: University of Minnesota Press, 1987, p. 255.

조직화된 형식에도 앞서는 입자들의 흐름에 있어서의 활력이다. 옐름슬레우를 따라, 들뢰즈와 가타리는 물질을 "비형식의, 비조직적이며, 비지층화되거나 탈지층화된 신체와 그것의 모든 흐름들, 즉 아원자와 아분자적 입자들, 순수 강도들, 전생기적이고 전물리학적인 자유로운 특이성들로 정의한다"(p. 43). **진정으로** 물질적인 신체는 내재성의 장 안에 존속하는 신체다. 그것은 조직화된 체계가 아니라, "하나의 혼합체(an aggregate)로서, 그것의 연결들, 운동과 정지에 있어서 그것의 관계들, 그것이 진입하는 상이한 개체화된 배치들에 따라 요소들이 다양화된다"(p. 256). 따라서 물질적 신체는 유기체가 아니라 기관 없는 신체인 것이다.

여기서 우리는 데리다와 들뢰즈의 유물론에서 세 번째 차이에 근접한다. 데리다와는 달리, 긍정되는 것은, 살아 있는 존재의 유기적 형식을 탈구시키지만, 어떤 유기체보다 무한히 더 거대한 생명성을 가진 어떤 비유기적이고 비인격적인 삶의 힘을 충동질하는 유령 출몰(haunting)의 형식이나 **경계적 삶**(sur-vie)이 아니다. 실제로 들뢰즈는 유기체가 진정으로 생명을 구현하는 것이 아니라 조직화된 형태 안에 생명을 가두는 것이라고 말한다. 유기적 생명은 힘의 흐름을 계층화하고 개체의 특이점을 제한함으로써 내재성의 평면의 잠재적 특이점을 현행화하는 형태일 뿐이다. 그러나 유기체는 죽을 수 있는 반면, 조직화된 형태가 구성된 내재성의 평면은 생명 자체가 이러한 제한된 형태로부터 해방되는 곳이다. "모든 것이 살아 있다면 그것은 모든 것이 유기적이거나 조직화되어 있기 때문이 아니라 반대로 유기체가 생명의 다양성이기 때문이다. 요컨대, 문제의 생명은 비유기적이고 맹아적이며 집약적인 생명, 기관 없는 강력한 생명, 기관이 없기 때문에 더욱 살아 있는 신체, 유기체들 **사이**를 통과하는 모든 것이다"(p. 499).

비유기적 생명은 유기체의 막에서 일어나는 움직임으로, 잠재적으로 떨기 시작하여 분해되고 다시 재결합된다. 그것은 개별적인 형태의 생명과 죽음을 넘어서는 삶, 즉 "죽음과 함께 노니는 생명의 순간만 있다. 개별적 생명은 내적, 외적 생명의 사건으로부터, 즉 일어나는 일의 주관성과 객관성으로부터 해방된 순수한 사건을 방출하는 비인격적이면서도 특이한 생명으로 나아간다. [⋯] 특이한 본질, 즉 생명".[31] 하나의 생명(a life)에서 부정관사는 형태로 실현되기 이전의 잠재적 특이성 **그리고** 이미 실현된 형태들 사이에서 항상 특이점과 가상의 힘으로 맥동하는 안-사이(in-between)를 지시한다. 비유기체 또는 기관 없는 신체와 유기체 사이의 생성적이고 구성적인 관계는 항상 힘을 수반한다. "기관 없는 신체는 [⋯] 유기체와 그 조직을 제거할 때 더욱 생생하고 충만한 생명체이다."[32] 그러나 이 힘은 파괴적이지 않다. 들뢰즈가 말하는 비유기적 생명에 있어서 특권적 인물은 아이 또는 아기다. 그는 아기의 생성력은 전쟁(war)에서의 파괴적인 힘이 아니라고 단호하게 말한다. "전투(combat)는 [⋯] 힘으로 힘을 보충하고 그것이 붙잡는 모든 것을 풍요롭게 하는 강력하고 비유기적인 생명력이다. 아기는 이 생명력, 모든 유기적 생명체와 구별되는 고집스럽고 완고한 불굴의 삶의 의지를 생생하게 보여 준다."[33]

들뢰즈가 비유기적 생명의 힘으로 물질성을 이해한 것의 정치적 함의를 자세히 설명하기는 어렵다. 이는 부분적으로는 들뢰즈가 이 힘을 특징짓기 위해 사용하는 다양한 상들이 우리의 전통적인 정치적 담론과 제도적 관행에 대한 어휘로 쉽게 번역되지 않기 때문이다. 실제

31 Deleuze, "Immanence", pp. 28~29.
32 Deleuze and Guattari, *A Thousand Plateaus*, p. 30.
33 Deleuze, *Essays Critical and Clinical*, p. 133.

로 들뢰즈는 제도화된 권력 형태를 삶/생명을 계층화하고 제약하는 조직화의 몰적(molar) 형태로 이해하고, 이러한 조직 형태에 대항하여 유기적 형태를 구성하는 발아적 힘 또는 여러 특이성들을 방출하는 생성의 미시정치를 맞세운다.

　데리다와 들뢰즈의 유물론에 관해 제기될 필요가 있는 보다 일반적인 이슈는 다음과 같다. 물질성의 힘이 어떤 근원적인 존재론으로부터 이끌어져 나온다(들뢰즈의 경우)는 것과 존재론 자체의 어떤 제한으로부터 나온다(데리다)는 그들의 관점이 주어질 때, 정치적 공간, 제도 그리고 구체적인 정치학에서 그들의 유물론이 함축하고 있는 바는 무엇인가? 변증법적 유물론에서, 물질성은 구체적인 정치학과 연결되는데, 왜냐하면 물질적 생명이 부정성을 통한 창조적인 노동과 관련하여 정의되고, 노동은 사회역사적 주체로서의 프롤레타리아트 안에 구현되기 때문이다. 이와는 대조적으로 데리다는 물질적 힘을 불가능한 타자에 대한 참조점으로 이해하기 때문에, 그리고 들뢰즈는 물질성을 비인격적이고 전개체적인 힘들로 바라보기 때문에, 비록 이것이 그 자체로 형상화될 수 없을지라도, 정치적 담론에 따라 인지 가능한 구체적 형상들에 의해 용이하게 예화되지는 않는다. 이것은 정치론에 있어서 그의 마지막 저작들에 나타나는 환대와 용서와 같은 물질의 생태정치적 형상에 관한 데리다의 제한 두기 시도와 아무런 생산적인 연결이 없다. 들뢰즈의 경우, 그의 다양체 개념은 마이클 하트와 안토니오 네그리에 의해 창조적으로 재전유되어 사용되는데, 이들은 다양성 개념을, 최근의 세계화에 있어서 사회역사적 주체로서 다중(multitude)에 구체화하려고 시도한다.[34]

---

34 Hardt and Negri, *Empire*.

하지만 아마도 더 좋은 질문을 제기하자면, 이러한 신유물론들이 정치적 사유에 대한 적절성 여부와 구체적 정치 현실에 관한 함축이 아니라, 어떻게 정치적인 것 자체의 개념을 포함하여 정치 이론의 근본 범주들에 근원적인 질문을 던지는가 하는 것이다. 왜냐하면 우리가 구체적인 정치적 형태들, 기구들, 실천들과 행동들, 또한 그것들을 합리적인 선택 이론, 실증주의, 경험주의 그리고 변증법적 유물론과 같은 것으로 풍부하게 하는 담론들을 고려한다는 것은 데리다와 들뢰즈의 유물론이 탐색한 물질과 생명의 존재론에 의해 보증되기 때문이다. 그들의 물질에 대한 사유가 새롭게 등장하는 것 — 다양한 생성 가운데 현행성의 현전이나 개방을 방해하는 전적으로 다른 것의 출현 — 과 관련된다 해도 물질의 힘은 '새롭지' 않다는 것에 주목하는 것이 중요하다. 이것은 (유사) 초월론적 토대로서, 전통적 존재론에 의해 가려져 왔던 측면이다. 이 유물론들의 효과는 정치학과 정치적 사유에 관한 최근 언어와 용어들, 이를테면 정치조직에 관한 것들의 존재론적 기초를 재사유하도록 강제한다는 것이다. 달리 말해 정치적인 것의 문제는 무엇인지 그리고 정치학의 문제는 무엇인지에 대한 것이다. 이것이 이전에 보이지 않았던 정치적인 것과 정치적 행동 노선의 새로운 영역을 열어 놓으리라는 것은 분명하다.[35]

35 나는 데리다의 민주주의에 관한 생각을 곧 간행할 "The Untimely Secret of Democracy"에서 비판적으로 평가하려고 시도했다.

물질의 관성과 살의 생성성

현대 서구문화에서 물질에 대한 지배적인 의식은, 생존의 수단으로 사용하거나, 미적인 표현의 매체로서 변형해서, 그것에 주관적 의미를 부여하는 인간에 의해 작동되는 본질적으로 수동적인 재료라는 것이었다. 행위성 혹은 의미가 내재적으로 부재하며, 의식에 대해 외생적인(heterogeneous), 무기력한 물질이라는 견해는 고전 과학과 철학에 공고한 기원을 두고 있으며, '저기 바깥의' 자연 세계를 당연히 본질적으로 주어진 대상들의 집합으로 여기는 자연주의적 태도, 혹은 상식과 일치하며, 그것을 전제로 삼고 있다. 그러나 물질을 이와 다르게, 즉 스스로 변화 가능하며, 개별적이고, 관념적이며, 주관주의적인 영역에 위치한다고 여겨지는 행위자적 능력과 실존적 의미로 이미 충일해 있는 활기찬 물질성으로서 상상해 보는 것이 가능하지 않을까? 가능하다면, 우리 현대인들이 이러한 내재하는 생성성을 표현하는 데 어떤 개념적, 혹은 비유적 수단들을 도움으로 삼을 수 있을까? 물활론(animism)이나 종교, 혹은 낭만주의로부터 유래하는 신비주의에 의존하지 않고, 물질의 역동적이고 때로는 저항적인 능력을 파악하기 위해 물질화의 과정과 그것의 생성적 성격을 이해하는 것이 가능한가?

이 글에서 나는 모리스 메를로퐁티의 새로운 존재론에 대한 탐구를 이러한 질문들에 접근하는 수단으로 삼고자 한다. 물론 세잔, 라이프니츠, 들뢰즈의 통찰에서도 추가적인 도움을 받을 것이다. 메를로퐁티가 명확히 이러한 관점에서 연구를 수행한 것은 아니고, 더구나 그의 후기 글들은 매우 미완성 상태로 남아 있기 때문에, 이 프랑스 현상학자가 급진적으로 신유물론을 그려 보고 있었다는 것을 보여 주는, 대략적이지만 도발적인 저작의 부분들을 재구성하고 발전시키는 것이 필요했다. 지각(perception)을 중요시하는 그의 초기 작업에 이미 그것이 함축되어 있으며, 생산적인 부정성(productive negativity)으로서의 신체성에 대한 이후의 강조와 함께, 지각의 중요성은 메를로퐁티가 '주름진 살'(folded flesh)로서 물질적 존재를 설명할 때, 그 핵심에 자리한다.[1]

메를로퐁티가 이해한바 존재론적 현상학의 목표는 바꾸어 표현되거나 이론에 의해 대상화되기 이전의 생생한 체험(lived experience)으로 돌아가는 것이다. "사물이 가진 구체적인 형상을 회복"하기 위해 해야 할 "첫 번째 철학적 행위는 객관적 세계에 선행하는 실제적 경험의 세계로 돌아가는 것일 테고," 그럼으로써 "존재의 계보학"에 착수하는 것이다.[2] 그에게 있어서, 이는 지각 세계의 생성을 새롭게 보기 위하여 가시적 영역에 대한 우리의 습관적 가정들을 중지하는 것을 의미했다. 메를로퐁티는 경험주의가 감각경험을 물리-화학적 과정이

---

1   나는 생산적 차이로서의 메를로퐁티의 부정성 개념을 『부정성과 정치』(*Negativity and Politics*, 2000)의 4장과 『메를로퐁티와 반인간주의 이후의 현대 정치』(*Merleau-Ponty and Modern Politics after Anti-Humanism*, 2007)에서 좀 더 상세하게 탐구하였다. 그러나 그가 자연에 대한 강연들에서 전개한 이론 체계의 의미를 이해하게 된 것은 이 저작들 이후라고 할 수 있다.

2   Merleau-Ponty, *Phenomenology of Perception*, p. 54, 57.

나 자극과 반응의 형식적 관계로 환원시킴으로써 모든 신비를 박탈한다고 불평한다. 근대에서는 오직 헤르더[3]와 같은 낭만주의자만이 "'죽은' 속성이 아니라 능동적인 속성"(p. 52)을 생산하는 삼사경험에 대한 풍부한 이해를 유지하였다. 따라서 지각의 현상학(phenomenology of perception)의 임무는 선행하고 있음에도 불구하고 물리학자의 '존재의 동결'(freezing of being)에 의해 당연히 여겨지는 '세계와의 활기찬 소통'을 재발견하는 것이다. "우리는 우리 존재의 핵심에서 대상의 기원을 재발견해야 하며, 존재의 출현을 묘사해야만 한다" 그리고, "존재의 맥박에서 느껴지는 에너지도" 함께 묘사해야 한다(p. 71, 80). 이는 몸을 "세계의 중심축"으로, 자연을 세계-내-존재(beings-in-the-world)인 몸이 거주하는 현상의 장으로서 인식함으로써 가능하다. 내가 이해하는바 메를로퐁티의 목표는 물질의 생성성, 자기 변형성, 창조성을 신비하거나 비물질적인 힘이나 작인에 대한 형이상학적 전제 없이 설명하는 것이다.

자연/물질의 죽음

물질에 대한 이러한 접근의 새로움을 이해하기 위해서, 메를로퐁티의 주요 표적인 데카르트적 관점에서 관련된 양상들을 재구성해 보는 것이 도움이 된다. 데카르트는 모든 것이 물질이라는 유물론적 주장을 거부했다. 그의 접근은 합리주의자적인 것으로, 감각적 경험이나 경험적 관찰을 통해 물질성을 구성하기보다는 물질성의 좌표를 연역해 낸다.[4] 존재론적으로 이원론자인 그는 **사유하는 사물**(res cogitans)과 **연장**

---

3 [옮긴이] Johann Gottfried Herder(1744~1803).

4 Descartes, *Principles of Philosophy*, book I을 보라.

(延長)을 지닌 사물(res extensa)을 구분하는데, 후자는 단일하나 무한히 변형 가능한 연장된 물질의 실체이다. 물질을 입자로 개체화하는 국지적 속도나 소용돌이가 존재하나, 개별적인 부분들은 모래알처럼 한 **부분이 또 다른 부분의 바깥을 이루며**(partes extra partes)[5] 단순히 병치되어 있다. 이러한 데카르트의 설명에 따르면, 물질과 공간은 분리가 불가능하다. 물질은 공간을 점유하며, 역으로, 물질의 유일한 환원 불가능한 속성은 연장이기 때문에, 공간을 점유하는 것은 무엇이든지 물질이 된다. 그것의 좌표는 많은 미국 도시들에서 발견할 수 있는 일종의 격자와 같은 배치들을 만들어 내고, 그에 따라 물질은 근본적으로 양적인 현상이 되어, 정확한 측정에 귀속되게 된다. 구체적으로는 유클리드 기하학이 제공하는 계산 같은 것인데, 데카르트에게는 이것이야말로 탁월한 물질의 과학이다. 데카르트는 물질의 존재를 방법론적 회의에 귀속시키면서도, 물질이 그가 묘사하는 기계론적·수학적 방식으로 존재한다고 결론지었다. 이는 "자연은 본질적으로 기하학적이 아니"[6]며 지각적으로 출현한다고 여기는 현상학적 이해와 매우 대척점에 서 있다.

데카르트의 물질 이해에서 더 흥미로운 부분은 그것이 무엇을 배제하고 있느냐이다. 완전한 외부로서, 물질은 내부나 존재론적 깊이가 없다. 색채나 향기와 같은 속성이 없는 것은 아니지만, 이는 부차적인 속성으로 분류되며, 물질에 내재하는 것이기보다는 생각에 따라 덧붙여진 신뢰할 수 없고, 불안정한 감각으로 여겨진다. 물질의 지리학

---

5   [옮긴이] 데카르트가 물체의 연장을 묘사하는 데 사용된 이 표현을 이정우는 '타일 깔기'라고 번역하는데, 타일 깔기의 대전제는 빈 곳이 없되, 겹쳐져서도 안 된다는 것이다(이정우, 「17세기 과학적 사유의 철학적 독해」).

6   Merleau-Ponty, *Phenomenology of Perception*, p. 56f.

은 곡선과 미로의 지형학(topography)이기보다는 직선과 장방형의 그것이다. 그러므로 그것은 이성의 빛, 자연의 빛(lumen naturale) 앞에서 어두운 후미진 징소나 질벅, 골싸기가 없이 펼쳐진다. 데카르트적 물질은 인과의 법칙을 따르기는 하지만, 시간이나 부정성에 영향을 받지 않는다. 그것은 모든 내재하는 활기가 비워진 불활성의 성분이다. 데카르트의 작업은 분명히 반생기론적이다. 한편으로, 그의 철학은 급진적으로 주관주의적이다. 사고하는 주체(cogito)가 정확한, 연역적인 방법을 사용하여 물질을 이해할 수 있다. 나아가 물질은 가치나, 내재적 속성, 의미가 부재하기 때문에 주체가 물질의 영역을 통제하는 것이 금지되지 않는다. 데카르트에게 물질의 영역은 자연과 동의어인데, 이에는 영혼이나 자기 인식이 없으므로 자동인형과 다름없는 동물도 포함된다.

주관성(subjectivity)은 이렇게 비물질적이고(탈신체화된), 잠재적으로 전지하며, 정당하게 전능한 합리주의적인 관점에서 유래한다. 반면, 데카르트의 설명은 생각하는 주체가 행하는 추론에 의존하므로 인간중심주의적(anthropocentric)이지만, 최종적으로는 엄밀히 말해 유일한 실체이자, 그 밖의 모든 것이 좌우되는 신에 의존하고 있으므로 인본주의적(humanist)이지는 않다. 외부의 자연과 이성 간의 소통을 보장하고, 그래서 마침내 회의주의의 유령을 잠재우는 것은 신이다. 데카르트는 신이 우주라는 기계를 창조하고, 작동시켰음이 틀림없다고 추론하며, 그 후에 이 조물주가 측정과 이성의 추론에 순응하는 기계 장치를 남기고 떠나 버렸다고 결론을 맺는다.

요약하자면, 데카르트적 물질은 물활론적, 혹은 인간적 활기가 없는 동시에 본질적으로 형이상학적 의도나 목적이 비어 있다. 그렇게 근대의 세속적·기술 산업적인 기획을 위해 물질이 해방됨으로써, 이후의 물질의 여정과 관련해 17세기에는 생각할 수 없었던 효율성을 데카르트의 담론에 부여할 수 있었다. 물질 영역에 대한 이러한 명백히 탈형이상학적 이해가 뉴턴 기계학으로 가는 길을 닦았으며, 19세기에 장(場)과 에너지의 언어로, 20세기에 상대성과 기본입자 이론에 의해 수정되기까지, 고전물리학의 토대를 제공하였다. 메를로퐁티는 "자연을 침묵 속에 남겨 두는 존재론은 그 자체가 무형태 속에 갇히고, 바로 그 이유로 인간, 정신, 역사에 대해 상상적인 이미지를 부여"하게 되므로, "여전히 자연에 대한 관념을 지배하는"[7] 데카르트적 관점이 매장되지 않는 한 휴머니즘을 재평가하는 것은 불가능하다고 주장한다. 이런 이유로 자연의 내적 생산성이 "어떤 다른 방식으로 이해"되어야 할 필요가 있다.

데카르트주의가 가장 분명하게 절연한 것은 자연의 생산성을 또 다른 방식으로 이해하고 있었던, 당시 우세한, 아리스토텔레스 철학이었다. 아리스토텔레스에게, **자연**(physis)은 **물질**(hule)과 동연(同延, coextensive)적이지 않다. 자연의 사물이 물질로 구성되기는 하지만, 자연의 사물은 물질이 잠재적 가능성으로만 가지고 있는 실재성(actuality)을 가지고 있기 때문이다. 이와 같이 물질은 내재하는, 형성적인 효능으로 규정되는 자연과 관련해서만 완전한 의미나 형식을 획득한다. **physis**(자연, 라틴어로 **natura**), **morphe**와 **eidos**(형태와 형상), **telos**(목적, 라틴어로 **finis**), **entelexeia**(현실태, 완전태), **energeia**(활동성)와 같은 아리스토텔레스 철학의 몇몇 주요 용어들이 후대의 자연철학에서 살아남은 것은 그의 사상이 지속적인 영향을 발휘하고 있음을 보여 주는 증거이다. 자연의 생성적인 내재성에 대한 아리스토텔레스의

---

7   Merleau-Ponty, *In Praise of Philosophy*, p. 130.

설명은 데카르트의 불모의 대안과 독자적인 대조를 이루지만, 이 또한 형이상학적이고, 목적론적인 가정들로 포화되어 있다.

자연을 재사유하기: 기계론과 신비주의를 넘어

물질, 그리고 물질과 의식 간의 관계, 혹은 그것의 질적인 의미에 대한 논의는 여전히 자주 주체와 객체, 정신과 육체와 같이 데카르트가 제시한 대립항들의 관점에서 이루어진다. 메를로퐁티의 비판 역시 자주 이러한 **이항** 대립항들을 거부하는 관점에서 행해진다. 그는 이러한 대립항들이 어떻게 지각적인 생활세계와 환원할 수 없이 서로 얽어져 있는 과정들을 물화(物化)시키고 분리하는지 드러낸다. 그런데 그의 후기 저작에서는 여전히 그 흔적이 현대사상을 뒤덮고 있다고 여기는 **삼자** 분류법(triadic classificaton)에 대한 흥미로운 추가적 도전이 가끔 나타난다.[8] 존재론으로의 귀환을 계획하며, 그는 이제 그의 기획이 "철학이 더는 다음의 분할, 즉 신, 인간, 생물체에 따라 사고할 수 없다는 것을 보이기 위해… 휴머니즘, 나아가 자연주의, 마지막으로 신학과의 어떠한 타협도 없이 제시되어야 한다"[9]고 결심한다. 이 점은 자연을 주제로 한 그의 강연에서도 되풀이되는데, 그는 "철학의 고유한 주제가 있는데, 그것은 '자연'–'인간'–'신'이라는 연결(nexus), 유대(vinculum)"[10]라고 주장한다. 이러한 수수께끼 같은 주장을 어떤 의미로 이해할 수 있을까? 이는 확실히 물질성을 재개념화하는 데 있어 성공은 기계론적이나 신비주의적 가정, 혹은 각각 이들과 연결되는 인과성과 최종 목적론(목적론 teleology)의 개념에 의존하지 않고,

---

8 Merleau-Ponty, *Nature*.

9 Merleau-Ponty, *The Visible and the Invisible*, p. 274.

10 Merleau-Ponty, *Nature*, p. 204.

창발하는, 내재적으로 생산적인 물질성을 어떻게 설명할 수 있느냐에 달려 있다는 그의 인식을 요약해 보여 준다. 주름진, 뒤바뀔 수 있는 (reversible)[11] 살에 대한 그의 설명은 부당한 존재론적 구별과 함께 그 것과 연결되는 자연주의적·인본주의적·신학적 추정들을 피하고자 이 연결을 정교하게 다듬는 한 방식이라 할 수 있다. 메를로퐁티는 자연 은 존재의 층으로서 "중첩, 혹은 삼중첩되어 접힌 채로 나누어져 있다 [⋯] 물리적 자연과 삶, 정신 사이에 실질적 차이는 없다"(p. 212). 이 에 충실하기 위해, "존재를 외부가 아니라 내부에서부터" 정의하는 존 재론을 추구해야 하며, 거기에서는 "자연, 삶, 정신"이 본질적으로 분 리된 범주가 아니라 다양한 접힘의 현현으로 이해된다(p. 220)고 암시 한다.

메를로퐁티가 이러한 관점에서 존재론으로의 귀환을 고려하고 있었다는 사실은 『자연』이라는 제목으로 묶인, 1956년에서 1961년 사 이에 행한 세 강연의 원고들을 출판한 이후에서야 명백히 나타났다. 이 강의들을 통해 그는 (1959년에 시작하여 1961년에 사망하기까지 집 필하고 있던) 『보이는 것과 보이지 않는 것』의 미완성 장과 작업 노트 에 나타나는, 존재론의 여러 다룰 필요가 있는 논점들을 헤쳐 나가는 데 있어 도움을 받았다. 강연들은 자연에 대한 철학적·과학적 설명들 에 대해 비판적 성찰을 제공하면서, 원초적인, '인류 이전의' 야생적 존재의 영역을 불러들인다. 그의 성찰은 이 창발하는, 실존적 영역을 은폐하고 있는 신학적이고 합리주의적인 가정들을 밝히는 동시에, 명 백히 대조적으로 보이는 이들 자연에 대한 접근들이 서로 얼마나 얽혀

---

11 [옮긴이] 메를로퐁티의 *The Visible and the Invisible*의 제목이 정확히 표현하는 개념이 reverisbility이다. 보는 것과 보이는 것, 주체와 대상의 관계가 서로 얽혀 있으며 또 뒤바 뀔 수 있다는 것을 의미한다. intercorporeality, chiasm으로 표현되기도 한다.

있는지 보여 준다. 메를로퐁티는 시간, 공간, 물질, 인과성, 행위성 등의 과학적 범주들이 형이상학을 대체하는 것이 아니라 단일체로서의 신이라는 실체에 대한 신학적 인증의 유산이며, 그러므로 전부 다시 사유될 필요가 있다고 설명한다(p. 88, 112). 다른 부분에서 그는 형상, 지각, 물질에 대한 이해와 더불어 행위, 의식의 상태와 같은 근대의 개념들도 모두 근본적 재배치를 할 필요가 있다고 주장한다.[12]

고대로부터의 자연철학을 검토하면서, 첫 번째 강연은 존재에 대한 존재론적 주장이 필연적으로 수반되고 있음을 인식한다. 그리고 자연을 자가-생산적 생성으로 보는 설명과 기계적인 반복으로 보는 설명 사이에 존재하는 오래된 긴장을 밝혀낸다. 메를로퐁티는 이 긴장을 다루기 위해, 12세기 안달루시아의 아랍계 철학자인, 아베로에스[13]까지 거슬러 올라가는 **능산적 자연**(natura naturans)과 **소산적 자연**(natura naturata) 사이의 구별을 불러들인다.[14] 첫 번째 용어는 문자적으로 '산출하는 자연'(nature naturing), 즉 스스로 생산한다는 의미로 번역되고, 두 번째 용어는 '산출된 자연'(nature natured), 즉 창조된 형태로 번역될 수 있을 것이다. 따라서 전자는 동사로서 본질적으로, 내재적으로 역동적인 성격을 가지는 반면, 후자는 명사로서 관성과 타율을 암시한다. 많은 것이 이 둘 사이의 관계에 의해 결정된다. 구체적으로는 산출하는 것과 산출되는 것이 스피노자(**코나투스**conatus), 니체(**권력의지**),

---

12 Merleau-Ponty, *The Visible and the Invisible*, p. 158.
13 [옮긴이] 지금의 스페인과 포르투갈에 해당하는 이베리아반도 중 이슬람 세력의 지배 아래 있었던 지역을 이르는 '안달루시아'에서 활동했던 이븐 루슈드(1126~1198)를 라틴화하여 표기한 이름이다. 아리스토텔레스에 대한 광범한 주석으로 '주석자'(The Commentator)라는 별명을 얻었다.
14 비록 그가 스피노자의 논의를 명시적으로 언급하지는 않지만, 스피노자의 범신론적·급진적 일원론(monism) 그리고 "복합적·다층적 유물론"의 맥락에서 이 용어들이 현재 더 잘 알려지게 되었다(Williams, "Thinking the Political in the Wake of Spinoza", p. 353 참조).

베르그송(**생명의 도약**), 들뢰즈(차이)가 일반적으로 제시하고, 메를로퐁티의 '살의 존재론'이 수반하는바, 내재적으로 그 자신의 형상이나 집합을 생성해 내는 단일한 과정의 양상들이냐, 혹은 원인과 결과, 제작자와 기계, 힘과 형태와 같이 둘 사이의 연결이 다소간 우발적인, 서로 다른 것을 가리키는 용어들이냐 하는 질문이다. 또한, 효능이나 기원의 관점에서 '산출하는' 힘(naturans)에 부과되는 행위성의 종류와 그것이 물질화에 내재적인지 외재적인지에 따라 많은 것이 달라진다. 그렇다면 쟁점은 물질을 자기 구성의 활기 있는 과정으로 만들어 주는 산출하는 것과 산출되는 것 사이에 내재적이고 환원 불가능한 관계가 존재해서 자연이 내재적으로 스스로를 생산하느냐, 아니면 물질은 신이나 주체와 같은 비물질적인 힘이나 외부적인 행위성에 의해 작동될 뿐인 관성적 재료냐 하는 것이다. 이러한 질문들이 꽤 난해해 보인다면, 메를로퐁티가 이들이 탈고전물리학과 '신생물학'에 있어 지속적인 시사점을 지니고 있음을 증명할 것을 기대해 보는 것이 좋겠다.

메를로퐁티는 소크라테스 이전의 사상에서 자연은 불가사의한 것으로, 비인간이지만 비옥한 생산력을 지닌 것으로 여겨졌다고 설명한다. 그러나 아리스토텔레스와 스토아학파의 사상에서는 이미 이러한 최초의 입장이 감추어지고 운명이라는 목적론적 개념들이 주입되고 있었다. 하지만 이후 물질을 동원하는 대조적 수단들로 최종 목적론과 인과성이 출현하는 것을 고려하면, 메를로퐁티의 데카르트 비판은 이들이 어떤 형이상학적 가정들을 공유하고 있기 때문에 결국 전적으로 상반되는 것이 아님을 의미한다. 그는 데카르트와 함께 등장한 자연에 대한 새로운 이해와 과학적 세계관으로의 전환에도 불구하고, 데카르트와 뉴턴은 목적과 연결되는 최종성이나 가공해서 완벽하게 만들 수 있는 자연이라는 이상을 거부하지 않았다고 주장한다. 그들은 단지, 유대-기독교 전통에서 기원하는 무한으로서의 신이라는 관념 속에서 그 이상을 승화시켰을 뿐이었다.[15]

　메를로퐁디는 그것이 데카르트가 무한히 연상된 물질로서의 자연이라는 의미에 도달하는 수단으로 신의 역할을 해석하는 방식이었는데, 그럼으로써 근대과학에 종교의 흔적이 스며들었다고 주장한다. "데카르트의 사유에서 자연의 개념은 신과 인간의 개념과 뒤섞여 있다"(p. 131). 메를로퐁티는 데카르트의 자연에 대한 과학적 개념이 "그 기반에 있어서 전적으로 신학적"일 때가 빈번한데, 이는 그 개념이 여전히 실체의 철학에 근거하고 있기 때문이라고 주장한다(p. 88). 그럼에도 불구하고 데카르트가 독창적인 부분은 자연을 그것의 외부와 내부를 분리하는 효과를 가지도록 '**능산**(naturans)과 **소산**(naturata)'으로 '이원화', 혹은 구별했다는 점이다. 고대인들에게는 자연에 내재하는 것으로 여겨졌던 생산력이 이제는 외부적으로 존재하는 행위자인 신에게서 나왔다. 자연은 신을 닮아 무한하고, 균질한 실증성으로서 신의 완전한 법칙을 드러내는 기계적 시스템으로 존속하고 있다.[16] "의미는 능산적 자연에서 안전하게 보존되고 소산적 자연은 생산물로서, 완전한 외부성이 된다"(p. 9). 메를로퐁티는 이러한 자기 동일적인 긍정성으로서의 자연/물질에 대한 견해를 비판한다. 신의 완전성이라는 신학적 사상에서 유래하기 때문에, 그것의 구조에는 시간성, 결핍, 혹은 약점이 부재하는데, 그것은 곧 자연을 움직이게 할 부정성이나 차이가 없다는 의미이다. 그래서 그러한 자연에는 우발성이나 자기 변형

15　Merleau-Ponty, *Nature*, p. 7f.
16　"데카르트학파는 자연을 스스로를 상정하는 무한자의 현현으로 여기며", 무한자의 생산은 데카르트적 자연과 좀 더 보편적으로 연결되는 기계적 법칙과 같은 수준의 필연성을 누린다(*Ibid.*, p. 83).

의 가능성 역시 박탈되어 있다. "현실적 존재와 가능한 존재 사이의 차이의 범위"가 존재하지 않는다. 이것이 데카르트적 물질이 이 현상학자에게 죽어 있고, 혐오스러운 것으로 여겨지는 까닭이다. 데카르트가 묘사하는 것은 필연에 의해 규제되고, 생성성, 가상성(virtuality), 생기가 없는 균일하고, 정체된 세계이다. 데카르트는 "세계와의 직접적인 소통을 지워 버리는데", 이것이 현상학이 시작하는 지점이다.

반면에, 칸트는 **능산**(naturans)을 인간 의식과 동일화함으로써 인간화하였다("인간으로의 귀환은 우리 안에서 작동하는 **능산**으로의 귀환으로 보인다"[p. 22]). 그러나 메를로퐁티는 이러한 설명이 기계론적 설명만큼이나 자연의 자기 변형 능력을 외부의 행위성으로 이동시키기 때문에 물질의 내부성과 생산적인 내재성을 철저히 파괴한다고 주장한다. 두 경우 모두 생산력은 자연을 떠나 외부의, 이상화된 권위에 맡겨진다. 자연의 우발적인 풍부함을 대체하기 위해 보편적 법칙이 재생산되지만, 이를 대체하기에는 빈약하다.

메를로퐁티의 해석에 의하면 능산적 자연과 소산적 자연을 재통합하려 애쓰는 낭만주의적이고 생기론적인 시도들은 이러한 자연의 고유한 풍부함을 보존하려는 노력이기 때문에 그는 공감을 표현한다. 동시에 그가 염려하는 것은 그러한 시도들이 내재론으로 귀환할 때, 내부적 생산력의 신학적이고 목적론적인 의미를 되살아나게 하여, 신비주의에 경도될까 하는 것이다. 예를 들어, 셸링은 후대의 베르그송, 후설, 그리고 메를로퐁티 자신보다도 먼저 "선반성적(prereflexive) 존재의 현상학"(p. 41)을 추구했기 때문에 메를로퐁티의 강연(출판물에서는 아니지만)에서 중요한 역할을 부여받고 있다. 셸링의 성취는 자연이 반성(反省)에 선행하는 생산성으로 존재하는 "일종의 순수하고, 이유 없는 격동"을 묘사함으로써 능산적 자연과 소산적 자연을 재결합하려고 시도했다는 데 있다. 이는 삶의 근본적인 재료가 되는 무섭고도 원시적인 과잉이다(p. 37). 이러한 관점에서는 유기적 성질과 무기적 성질 사이에 본질적인 차이가 없다. 이들은 단지 차이 나는 소식력을 지닌 가능성으로서 내적인 발달을 통해 무생물이 생물이 되기도 하는 종류의 것이다. 이는 이후 신생기론과 유물론들을 관통하는 공통의 맥락을 먼저 보여 주고 있다. 셸링의 낭만주의적 설명에서는 지각이나 시를 통해 자연에의 직관적인 접근이 가능하므로 단절이 존재하지 않는다. 그는 이러한 생산력을 느끼고, 그러한 방식으로 살기를 원했었다. 그러나 메를로퐁티의 의견에 따르면 이것이 그의 낭만주의가 그를 실패시킨 지점이다. 왜냐하면, 셸링은 반성으로 환원되지 않는 자연의 집요한 끈기를 지지하며, 그것에 접근하기 위해 요구되는 창조성을 인식하면서, 반성으로 파괴되는 의식과 자연의 불가분성을 재확립함으로써 예술을 주체-객체 동일성의 경험으로 제시하였기 때문이다. 메를로퐁티는 자연을 사고하기 위하여 자연과 하나가 되는 이러한 매개되지 않은 융합에 대한 셸링의 욕망에서 신비주의적 요소를 감지한다. 메를로퐁티의 비판이 대개 헤겔이나 루카치의 비판을 경유하여 대리적으로 전달된다는 사실은 여기에 좀 더 광범위한 쟁점이 걸려 있음을 시사한다. 메를로퐁티가 『자연』과 겹치는 시기에 집필한 『변증법의 모험』에서 마르크스주의를 비평하며 설명했듯이, 주체-객체 동일성과 (기원이자 목적으로서) 소외되지 않은 자연에 대한 낭만주의적이고 목적론적인 견해는 폭력적인 정치적 유산을 예고한다. 그는 재현적 일치에의 환상이 혼동된 실증주의인 것과 판박이로, 직관적인 합일에의 욕망은 순전한 신비주의라고 결론짓는다.

철학의 자연 개념을 조망하는 메를로퐁티의 설명은 후설에서 마무리되는데, 메를로퐁티는 그의 후기작에 상당한 영향을 받았다. 메를로퐁티에게 후설은 "현상학의 역할이 우리와 세계를 묶어 주는 결속을 끊는 것이 아니라, 오히려 그것을 우리에게 드러내고 설명하는 것"임을 인식한 후 초월적 관념을 포기했으며, 상식, 철학, 과학이 전제하는 대립들 사이, 혹은 그 근저에서 펼쳐지는 미지의 현상들의 "새로운" "제3의" 차원으로 **생활세계**(Lebenswelt)를 언급했었던 철학자로서 중요성을 지닌다.[17] 이 제3의, 실존적 차원에 대해, 메를로퐁티는 후설이 감각할 수 있는 사물들과 가상의 것들이라는 수수께끼까지 봄으로써 "야생화처럼 피어나는 세계와 마음"의 딜이원론적 존재론을 제시했다고 주장한다. 이는 **"감각의 창조"**가 일어나는 "존재의 결합과 틀짜기"이다.[18] 강연들에 나타난 관점에서 볼 때, 능산적 자연과 소산적 자연의 분리에 대한 해결책으로서나 능산의 생산력을 기계론, 주관주의, 혹은 신비주의로 환원할 수 없는 육체적이고, 실존적인 과정들 안에 내재하는 것으로 설명하는 데 있어 왜 생활세계로 돌아가자는 현상학적 기획이 추천되는지는 명백하다. 이는 자연주의, 휴머니즘, 신학이라는 근대의 지지할 수 없는 삼각 체제가 극복되어야 한다는 관점에서이다.

생활세계로의 현상학적 귀환

메를로퐁티에게 물질에 의미 혹은 구조를 가능케 하는 것이 신체성이라면, 그것은 문자 그대로 신체가 행위할 수 있는 물질의 능력을 육화하기 때문이다. 그에게 있어 존재란 의미와 물질이 서로 환원 불가능하게 엮여 있는 내적으로 생산적이고, **형성적인**(formative) 과정이다.

---

17 Merleau-Ponty, *Signs*, p. 162; *In Praise of Philosophy*, p. 183; Husserl, *The Crisis of the European Sciences and Transcendental Phenomenology*, p. 112, 123.

18 Merleau-Ponty, *Signs*, p. 165, 172, 181; *Adventures of the Dialectic*, p. 138n.

즉 "지금까지는 의미가 없던 것들이 의미를 띠게 되는 바로 그 과정"[19]
이다. 현상학의 임무는 의식이 이 물질세계로부터 어떻게 출현하는지,
동시에 어떻게 속박된 채로 남게 되는지를 보이는 것이다. 여기에서
의식은 그 자신의 통찰에 충실하기 위하여, "세계를 바라보는 대신 그
안으로 뛰어들어야 한다".[20] 중요한 것은, 이러한 뛰어듦이 메를로퐁티
가 셸링(과 베르그송)에 대해 비판하는바, 직접적으로 주어지는 것이
나 비슷한 종류의 직관적인 우연성으로 비판적 의식 없이 귀환하는 것
을 의미하지는 않는다. 그는 "자연에 대한 우리의 관념에는 기교가 배
어 있다"[21]라는 것을 절대 잊지 않는다. 우리의 자연/물질에 대한 이해
는 많은 신체적 기량, 언어적 실천, 문화적 가정들을 수반하는데, 이는
자연이 펼쳐지고, 우리가 그 안에서 우리의 자리를 잡는 데 꼭 필요하
다. 반전들, 역선(力線),[22] 주름들이 현상적 장을 가로질러 파급되며 그
것의 물질성이 다차원적·우발적, 그리고 중층결정적이 되도록 한다.
현상학자에게는 모든 가정을 심문할 비판적 의무가 있는데, 이에는 우
리의 해석들 밑에서 발견되기를 기다리고 있는 어떤 원시적인 물질적
현실에 대한 가정도 포함된다. 현상학이 반성적인 의식을 낳고 유지하
는 전주관적이고(presubjective), 시원(始原)적인 과정을 설명하기 위해
애쓸 때, 그것은 '보편적 존재로서의 **생활세계**'를 창의적으로 드러내
는 것이기도 한데, 거기에서 "자연, 생명, 인간 신체, 언어에 관한 모든
구체적인 분석들이 우리를 점진적으로 생활세계와 '야생적 존재'로

---

19 Merleau-Ponty, *Phenomenology of Perception*, p. 169.

20 Merleau-Ponty, *The Visible and the Invisible*, pp. 38~39.

21 Merleau-Ponty, *Nature*, p. 86.

22 [옮긴이] 영국의 물리학자 마이클 패러데이(1791~1867)가 도입한 개념으로 자장이나 전
    장에서 자기 작용이나 전기 작용의 방향을 보이는 선이다(『고려대 한국어대사전』).

들어가게 만든다".[23] 그러므로 '생활세계의 철학'의 구성은 의문을 제기하는, 반복적이고, 창의적인 과정으로 진행된다. 왜냐하면, 현상학이 귀환하는 "야수적, 혹은 야생적 존재(=지각된 세계)"는 "말해지는 모든 것을 포함하는 것으로 보이지만, 그럼에도 불구하고 우리로 하여금 그것을 창조할 수 있도록 허용한다는 의미에서 근본적으로 하이데거적 의미에서의 존재"이기 때문이다(p. 170). 이것이 바로 메를로퐁티가 현상학의 대상은 "베르그송의 직관과 같이, 우리가 알지 못하는 현실이나, 탄탄한 비계(飛階)가 없는 곳으로 우리를 이끄는 것"이 아니라고 주장하는 이유이다.[24] 이 존재의, 미결정의 장은 직관적인 일치나 절대적인 지식을 향한 모든 시도를 거부한다. 그러나 새로운 의미들이 출현할 때 경이로움으로 지켜보며, 그것이 담론들과 수행들의 물화 작용으로 덮이기 전에 그 **형**성적인 과정을, 진실로 그것을 닮기 위해, 창조적으로 표현하려고 분투하며, 그 안으로 '뛰어들' 수 있다.

메를로퐁티에게 있어, 본질적인 의식, 주관성, 정신과의 연결은 신체적 실천을 관통하여, 혹은 그 내부에서 모험적으로 출현하는 세계를 구조 짓고 양식화하는 우발적이고 이질적인 능력의 물화일 뿐이다. 그러므로 그의 설명에서 능산으로서 특권화되는 것은 신체성인데, 이는 세계-내-존재를 통하여 생산적인 차이와 작인적 능력이 여기에서 나타나기 때문이다. 데카르트에게는 부수적이고 외부적인 것으로 여겨진 특성들이 이제 대상들에 감각적인 통일성을 부여하는데, 이는 신체에 있어 중요한 의미를 지닌다. 왜냐하면, 그것은 신체 자신의 변형으로 인식되어, '육화된'(in the flesh) 형태로 직접 전달되는 존재의 양

23 Merleau-Ponty, *The Visible and the Invisible*, p. 167.
24 Merleau-Ponty, *Phenomenology of Perception*, p. 58.

식 ── '존재의 어떤 리듬' ── 으로 실존적 친밀함을 지니고 있기 때문이다(p. 212, 319, 320). 물질과 관념, 혹은 유물론과 관념론 사이의 대립은 신체적 차원(은 지각에 의해)과 철학적 차원(은 현상학적 심문에 의해) 모두에서 극복된다. 신체는 세계를 "수평적으로, **양식화**된 방식으로" 안다.[25] 왜냐하면, 현상학적 신체는 "물질의 덩어리가 아니라, 오히려 사물의 표준"이며, 격차들이 그 주위에서 형성되는 수평면이며, "육체와 어긋나지 않는 관념성"을 초래하여, 그것에 "축, 깊이, 차원"을 부여하는 "사물의 측정 수단"이기 때문이다.[26] 따라서 신체는 "일상적인 공간적 관계들이 넘어서지 못하는 경계"이다.[27] 신체적 공간은 체험되는/체험하는/활기 있는(lived/ living/ lively) 신체가 그것의 움직임, 활동, 몸짓을 통해 능동적으로 공간화(그리고 시간화)하는 건축 무용의 착수 상황을 지향하는 체험적 공간성이다. 그러한 신체는 그 내부에서부터 패턴, 휴지, 지속, 그리고 감응을 데카르트적 혹은 유클리드적 공간에 주입하고, 그 자신의 신체 도식(corporeal schema〔몸틀〕)을 주위의 환경(**Umwelt**〔둘레 세계〕)에 반응하고, 재조립하며 계속해서 재형상화한다.

야콥 폰 윅스퀼이 창안한 '둘레 세계'라는 용어가 메를로퐁티가 환경에 둘러싸인 몸을 의미할 때 얼마나 중요했는지는 『자연』에 실린 강의들을 읽어 보면 분명해진다. 조르조 아감벤은 후에 윅스퀼을 20세기의 가장 위대한 동물학자 중 하나로 언급하며, "모든 인간 중심적 관점을 과감하게 폐기"했다고 칭송한다.[28] 1950년대 후반에 메를로퐁티

---

25 Merleau-Ponty, *The Visible and the Invisible*, p. 188.

26 Merleau-Ponty, *Nature*, p. 238; *The Visible and the Invisible*, p. 152.

27 Merleau-Ponty, *Phenomenology of Perception*, p. 98.

28 Agamben, *The Open*, p. 39.

가 (기계적) 유물론자들과 생기론자들 사이의 논쟁이 **형태**(Gestalt〔게 슈탈트〕)에 대한 공통의 이해를 통해 해결되었다고 결론 내릴 수 있었던 것은 부분적으로 윅스퀼의 작업 때문이었다.[29] "중개적인 현실"(p. 167), 사이의 것을 의미하는 윅스퀼의 둘레 세계는 여기에서 후설의 생활세계에 상응하는 역할을 한다. 근본적이고 초기 수준에서부터 이미 작동하고 있는 둘레 세계는 자극들을 의미 있는 기호로 경험함으로써 행동이 실질적으로 정향(定向)되는 환경이다. 윅스퀼에 따르면, 하등동물에게는 그들의 둘레 세계는 생명과 직접석으로 관련된 자극에만 입장을 허용하는 닫힘으로 작동한다. 그러나 고등동물에게 둘레 세계는 행동과 지각이 "사물의 표면 위에 의미의 잉여를 축적"하는 열림으로 작동하고 생명은 "행위의 장의 열림"으로 이해된다(p. 171, 173). 이러한 바탕에서 신생물학은 동물 세포와 인간종을 자연적 과정 내부의 '합생'(concrescence)의 구체적인 양태로, 그리고 신체를 환경(둘레 세계) 내부에 위치하고 있는 행동적 형태(게슈탈트)로 이해했다. 특히 신생물학은 의식이나 어떤 생기의 불꽃에 의해 움직이는 물리적 기계로서의 유기체를 거부하고, 그 대신 그 안에 내재하는 창발적이고 미래지향적이지만 미정인 상태의 조직화로 유기체를 설명하였다("영혼은 신체를 조직화기 위해 그 안으로 강림하는 것이 아니라, 그것에서 창발하는 것이다"[p. 140]). 따라서 동물은 기계라기보다는, 창발하는 운동력의 체계로부터 그것의 행동이 산출되는 장(場)으로서 개념화된다. 메를로퐁티는 목적론적 가정을 이 과정에 주입하는 것을 경계하면서도, 이러한 신생물학적 의미의 생명, 즉 가능성들이 어떻게 전개될지 미리 결정되어 있지 않고, 그것의 활기가 엄밀하게 내재적인, 우

---

29 Merleau-Ponty, *Nature*, p. 139.

발적인 가능성들의 펼쳐짐으로서 생명을 칭송했다. "생명은 존재 혹은 정신의 힘인 것이 아니라, 오히려 지각된 존재/맹목적 존재(brute being), 감각적인 것, 살 속에 우리가 자리를 잡는 것이다"(p. 210).

'비인간적인 자연'을 그리며

생활세계가 전개될 때 그것을 관측하려고 애쓰며, 이 현상학자는 "불에서 나오는 불꽃처럼 초월의 형태들이 날아오르는 것을 보려고 뒤로 물러난다".[30] 그러나 메를로퐁티는 언어는 의미를 물화하는 경향이 있으므로 철학자보다는 화가가 창안적인 공개의 과정에 더 능숙하다고 말한다. 그가 예로 드는 것은 **문자 이전**의 현상학자(phenomenologist avant la lettre)로 칭하는 세잔이다. 세잔의 그림은 익숙한 사물들에 대한 우리들의 일상적이고, 인간중심주의적인 가정들을 중지함으로써 그들의 불확실한 지각상의 창발에 관심을 갖게 한다. 또한 그림 그리기의 경험에 대한 그의 반성은 세계에 창의적으로 참여하는 것의 어떤 의미를 드러내며, 만드는 자와 만들어지는 것 사이의 경직된 구별을 삭제한다. "우리는 도구, 집, 거리, 도시와 같이 인간이 만든 사물들 사이에서 살기 때문에 대부분 그것들을 사용하는 인간의 행위를 통해서만 사물들을 보게 된다. 우리는 사물들이 필연적으로 그리고 확고부동하게 존재한다고 생각하는 것에 익숙하게 된다. 세잔의 그림은 그러한 사고의 습관을 중지시키고 인간이 정착해 있는 비인간적 자연이라는 토대를 드러내 보인다."[31] 인공물과 자연의 사물들은 일반적으로 단지 일상생활의 당연한 물질적 배경이자 도구로 여겨질 뿐이다. 우리는

---

30 Merleau-Ponty, *Phenomenology of Perception*, p. xiii.
31 Merleau-Ponty, *Sense and Non-Sense*, p. 16.

고된 생산노동과 그것을 구성하는 경제적 위계뿐만 아니라, 지각의 창조적 우발성을 경유해서 우리의 친숙한 가시적 세계가 존재하게 되는 그 우발적 과정들을 멈추어 생각해 보지는 않는다. 미술은 "야수적 의미의 피륙"이 형태를 갖출 때 우리가 바로 그것을 관찰하도록 함으로써 이러한 자연주의적이고 인본주의적인 습관을 중지하도록 도울 수 있다.[32] 철학이나 몸처럼, 그리기 또한 접힘이다. 그것은 "보는 주체와 보이는 대상, 그리는 주체와 그려지는 대상을 구별하는 것이 불가능"해지는 "감각석인 것의 반영싱"을 표현한다.[33] 메를로퐁티가 "풍경은 내 안에서 그 자신을 생각하고 나는 그것의 의식이다"[34]라는 세잔의 말을 인용할 때, 그것은 화가의 몸이 세계에 대해 문제를 제기하는 방식에 대해 주목하는 것인데, 이 세계의 매개체들(vectors)은 그에 응답하여 "별자리의 패턴들처럼 사물들 자체로부터 발산하는 것"으로 보인다.[35] 이는 또한 접힌 살을 내재적으로 생성적인 것으로 묘사하는 것과 일맥상통한다. "이러한 순회에 중단은 전혀 없다. 여기에서 자연이 끝나고, 사람, 혹은 표현이 여기에서부터 시작한다고 말하는 것은 불가능하다. 그러므로 그것은 자기 자신의 의미를 스스로 드러내어 보이게 되는 침묵하는 존재이다."[36] 이는 숙달된 행위는 아니지만, "자신의 형태를 '배태하고'"있으며, "그 자신의 수단으로 자신을 주장하는" 물질의 자기 공개이다.[37]

합리주의자들에게, 깊이는 길이와 높이의 2차원으로부터 추론된

---

32 Merleau-Ponty, *The Primacy of Perception*, p. 161.

33 *Ibid.*, p. 167f.

34 Merleau-Ponty, *Sense and Non-Sense*, p. 17.

35 Merleau-Ponty, *The Primacy of Perception*, p. 167.

36 *Ibid.*, p. 188.

37 Merleau-Ponty, *The Primacy of Perception*, p. 12, 15; *The Visible and the Invisible*, p. 208, 216.

다. 현상학자에게는, 깊이는 사물들 사이에서 살아가는 체화된 경험에 불가결한 것이다. 신체가 공간 내에서 움직일 때, 그것은 객관적인 계산이 예측하는 상대적인 크기들로서 사물을 지각하지 않는다. 몸은 평평하고, 기하학적이며, 완전히 확정된 평면이 아니라 환경(mileu), 즉 모호하며, 불확정적이고, 신체가 공간적 관계를 지각하는 데 영향을 미치는 의미심장한 의미들이 울려 퍼지는 둘레 세계에 거주한다. 메를로퐁티는 세잔이 이러한 시각적인 왜곡이 지각에서 일어날 때, 대상이 "우리의 눈앞에서 스스로를 조직하며, 출현하는 행위"가 일어나는 "창발적인 질서"를 전달하기 위하여 그것을 포착하려고 노력하는 것으로 이해한다.[38] 그의 입체파 단계에서, 세잔은 공존하는 모든 시점과 차원으로 사물의 '부피감'을 표현함으로써 깊이를 전달하기 위해 분투하며, 사물의 공간적 외피를 분쇄해 버렸다. 그러나 나중에 순수한 형태의 부적절함을 인식했는데, "사물이 움직이기 시작하고, 색색으로 바뀌며 불완전성 속에서 조절하기 시작하는 것"은 사물들 내부에 존재했기 때문이었다.[39] 색채는 그림이 '사물들의 껍질'을 깨고 그것들이 가시성을 지니고 창발하는 것을 보여 주도록 돕는 미묘한 동일성과 차이를 만들어 내기 때문에 형태나 선보다 가시성의 이러한 내적인 생성성을 훨씬 더 잘 포착하는 것 같다. 그의 인상파 단계에서 세잔은 "대상이 우리의 눈을 강타하고 우리의 감각을 공격하는 바로 그 방식"을 포착하려고 노력했다. "대상은 순간적인 지각에 나타나는 대로, 고정된 윤곽이 없이, 빛과 공기에 의해 결합된 상태로 묘사된다." 메를로퐁티에 의하면, 세잔은 "형태를 갖추어 가는 물질, 자연 발생적인 구성

---

38 Merleau-Ponty, *Sense and Non-Sense*, p. 13ff.
39 Merleau-Ponty, *The Primacy of Perception*, p. 180.

을 통한 질서의 탄생을 표현하기를" 원했다.[40]

시간과 공간 속에서, 또는 원근법의 형식화된 계측으로 석화된 합리주의의 대상과는 다르게, 세잔의 그림은 물질세계를 살아 있게 만든다. 그것은 현실을 측정하거나 재현하지 않고, 현실이 지각 속에서 물질화되는 과정을 모방한다. 메를로퐁티는 원근법적 깊이를 획득하기 위한 수단으로, 대상을 정의하는 윤곽이나 상대적인 공간 관계 속에 사물을 정확하게 배치하는 계산에 대해 주어지는 형식화된 초점을 예술에 있어 물리학자의 유클리드 좌표에 해당하는 것으로 인식한다. 그 공간은 "양의 성질을 지닌, 직선들의 네트워크"이며 고전적 존재론에 적합하다. 『광학』의 데카르트에게 예술은 연장의 재현이었고 원근법은 사물의 올바른 순서를 묘사하는 데 중요했지만, 색채는 단순한 장식에 불과했다.[41] 또한 이 데카르트적 형이상학이 자연을 좀 더 정확하게 묘사하는 것을 도우리라는 믿음으로 원근법을 계산한 고전주의 화가들에게 스며들었다. 메를로퐁티에게 이러한 표면적인 사실주의는 하나의 가능한 예술적 스타일이기는 하나 활기를 잃어버린 스타일이다. "나는 르네상스의 원근법이 하나의 문화적 사실이며, 지각 그 자체는 다형적이며, 이것이 유클리드적이 된다면, 그것은 지각이 체계에 의해 조정되는 것을 허용하기 때문이라고 주장한다." 문제는 "야만적인" 혹은 "야생적인" 지각의 "수직적" 세계가 창발할 때 그것을 발견하기 위해 이러한 문화적으로 형성된 지각을 중단하는 것이다.[42] 원근법에 대한 이러한 강조는 그것이 시각이 연원하는 이상화된 관찰자를 가정하기 때문에 더 광범위한 결과를 초래한다. 몸−주체는 시공간 내

---

40 Merleau-Ponty, *Sense and Non-Sense*, p. 11.

41 Merleau-Ponty, *The Primacy of Perception*, p. 171f; *The Visible and the Invisible*, p. 210.

42 Merleau-Ponty, *The Visible and the Invisible*, p. 212f.

에 놓여져 있고, 둘러싸여 있기 때문에 시점을 지닌다. 이것이 메를로 퐁티가 시선 혹은 이해 앞에 펼쳐진 물질의 평면을 조망하는 조감도라 는 척‧싱을 기부하는 이유이나. 반인산주의석 살의 손재본으로 옮겨 감에 있어, 그는 그래서 원근법적 감각을 유지하면서도 그것이 지닌 주관주의적, 혹은 인간중심주의적인 함의를 피할 필요가 있었을 것이다. 나는 그가 그렇게 하기 위해 시점을 **다변화**(multiplying)했다고 생각한다. 이러한 방법은 신체와 사물이 보는 동시에 보여진다는 인식에 의해 설득력을 얻는 수단이다. 즉 시각 장을 종횡으로 교차하는 시각/가시성의 광선 혹은 호들이 살을 구성하는 관계들의 고밀도 조직들을 잉태하고 휘젓고, 철학자를 모든 곳에 위치시키는 동시에 어디에도 위치시키지 않기 위하여 다 같이 겨루고 교차하며, 모든 대상의 윤곽으로부터 동시에 발산한다는 그런 인식이다. 간신체적 장(場)으로서 이러한 공존의 이미지는 고전주의 이전 혹은 고전주의 이후의 "지형학적 공간"을 제시한다. 이는 "근접의 관계, 혹은 둘러쌈으로 한정되는 환경"이다.[43]

　　메를로퐁티가 오직 차이와 관계성에만 기인하는 생산성을 개념화하는 데 구조언어학의 도움을 받았음이 분명히 보이는 부분이 많이 있는데, 이를테면 그가 지각적 형태(게슈탈트)를 "발음을 구별하는, 대립적이고, 상대적인 체계"로 정의하거나 혹은 지각을 "언어로서 구조화"되어 있다고 정의하거나, 생명을 분기(分岐)가 형성되는 "위치의 확립", "대립들의 체계"로 설명하는 것이 그 예들이다.[44] 우발적이고 뜨거운 생산성을 끌어내기 위하여 자연의 확실성을 해체하는 것은 이

43　*Ibid.*, p. 210f.
44　Merleau-Ponty, *Nature*, p. 238; *The Visible and the Invisible*, p. 126, 206.

런 종류의 변화하는 분화이다. 그러나 **차연**(différance)의 흐트러진, 언어적 유희와는 달리, 존재는 그것에 의미와 **방향**(sens)을 부여하는 중력의 지점들을 갖고 있는데, 그것들이 바로 신체들이다. 신체들은 자신들의 주위에 그리고 자신들을 통과하여 순환하며 활기를 띠는 관계의 장에서 공존하는데, 거기에서 살은 스스로 위에 접히면서 생성하고, 횡단하며, "자신의 신체뿐 아니라 다른 신체들에도 생기를 부여"한다.[45] 모두가 익명의, 전개인적인(prepersonal) 가시성, 그리고 그것이 주는 "조절"과 "위안"으로 향유하는 실존적 접촉의 뒤죽박죽 속에 잡혀 있다. 거기에서 그들은 세계의 회로에 잡혀, 그 세계의 간신체적이고, "세계 사이에 존재하는 공간"(intermundane space)에 거주한다.[46] 이것이 존재의 내재하는 생성성이다.

주름진 물질

나는 신체성, 회화, 그리고 철학이 모두 존재 내부의 주름을 구체화해 보여 줌을 제시하였다. 나는 글을 끝맺으며 메를로퐁티가 주름진 물질이라는 개념을 라이프니츠에게 빚지고 있다고 주장함으로써 이 개념을 조금 더 탐구하고자 한다. 『지각의 현상학』에서 메를로퐁티는 몸-주체에 대해 "나는, 그러므로, 헤겔의 표현에 따르면, '존재의 구멍'이 아니라, 만들어졌다가 다시 사라질 수 있는 꺼짐(hollow), 주름이다"라고 쓴다.[47] 이후에 물질로부터 생명이 창발하는 것은 시공간의 장을 열어젖히는 격동으로 묘사되며, 이제 생명 그 자체가 "주름"으로 표

45 Merleau-Ponty, *The Visible and the Invisible*, p. 140.
46 *Ibid.*, p. 143, 269.
47 Merleau-Ponty, *Phenomenology of Perception*, p. 215.

현된다.[48] 메를로퐁티는 후설의 서로를 만지는 두 손의 이야기에서 생산적 관계성과 반성에 대한 자연의 능력을 끌어낸다: "내가 나의 왼손으로 오른손을 만질 때, 대상에 해당하는 나의 오른손도 함께 느낄 수 있다는 이상한 속성을 가진다."[49] 내 손가락들의 살 속에서, 각각의 손가락은 대상이기도 하고 지각의 능력이 있기도 하다: "손가락의 바깥과 안이 서로 상호적으로 교차하며, 능동성과 수동성이 결합되어", 서로를 잠식하며, 내가 그것들과 나 자신을 만질 때, 그것들이 나를 만진다.[50] 그러나 만짐과 만져짐 사이의 뒤바뀜은, "마지막 순간에 항상 실패"해서, 그들 사이에 "교대" 혹은 "확산"(écart)이 존재하는 식이 되기 때문에 "모호한 설정"이다(p. 9, 138, 147f., 254). 사실은 이러한 미끄러짐이나 불일치가 일어나지 않는다면, "동일한 것들 사이의" 생산적 "차이"로서 "내 몸을 둘로 여는", "열개"(裂開)가 아닌 관성적인 반복만이 있을 것이다(p. 263). 메를로퐁티는 명확하게 **가역성**은 실질적인 **정체성**이 아니다"라고 말하지만, 동시에 "이러한 상이함은 공(空)이 아니라, 능동성을 품고 있는 수동성인, 시각의 창발로서의 살에 의해 채워진다. 또한, 보이는 외부 세계와 그 세계의 **덮개**[capitonnage]를 형성하는 몸 사이의 상이함도 그러하다"라고 말한다(p. 272). 신체에 "이중 감각"의 능력을 부여해서, 세계를 향해 열리게 만드는 것은 이러한 만짐과 만져짐, 능동성과 수동성, 현상적 존재와 객관적 존재 사이의 교차이다. 아니 좀 더 존재론적으로 표현하자면 이것은 있음(Being), 살, 존재(existence), 우발성에 자신을 열기, 의미, 그리고 자기 변형이다; 내부성, 차원성, 그리고 생산적인 분화가 발생하는 꺼진 공

---

48 Merleau-Ponty, *Nature*, p. 157.

49 Merleau-Ponty, *Phenomenology of Perception*, p. 93.

50 Merleau-Ponty, *The Visible and the Invisible*, p. 261.

간(a hollowing out)이다.

존재론에 관한 그의 후기 글에서 '주름'이라는 용어가 자주 사용되는 것은 이러한 맥락에서이다. "부정성이 존재하는 유일한 '장소'는 내부와 외부가 서로 접촉하며, 전환점이 되는, 주름이다"(p. 264). "몸이 경험적 사실이 아니"라 감각적 존재의 반대 혹은 다른 차원이 되는 것(p. 255)은 사물들 사이에서 행위자적인 사물로서 "두 쪽으로 이루어진"(p. 137) 몸을 산출하는 주름짐 때문이다: **"자신을 감각하는"**(p. 135) 것, "모범적인 감각"(p. 135), "지각하는 감각"(p. 136), "이차원의 존재"(p. 136), "주체-객체".[51] 이것이 "주름 혹은 생리화학(physiochemistry)의 특이성 — 혹은 구조로서의 생명의 실현이다".[52] 여기에는 외적인 힘, 혹은 신비한 힘이 작용하지 않으며, 주체나 신, 어떤 새로운 힘도 없다. 단지 시공간적 전환을 따라 주름 접혀 있는 존재와 육체성(corporeality)만이 있다. 메를로퐁티는 단호히 어떤 목적론적 가정도 없다고 주장한다. 오히려 육체를 생산적이고 창발적이지만 우발적으로 만드는 주름, 유예, 그리고 반전이 있다. 이러한 주름 접힘의 개념은 메를로퐁티가 "신체-대상의 스스로의 감싸기"[53]라고 언급할 때처럼 **포위**(Ineinander[서로 안에 있음])와 때때로 함께 사용된다.

들뢰즈는 "우리에게 어떻게 급진적, '수직적' 시야가 자신을 보는 것(self-seeing)으로 접혀 들어가는지를 보여 준 이는 메를로퐁티"였음을 인정할 것이다. 그는 그것은 "마치 '열림,' '간극,' 존재와 그 질문을 서로 연결하는 존재론적 '접힘'이 있는 것과 같다. 이 관계에서 존재는

51 Merleau-Ponty, *Signs*, p. 166. 또한 *Phenomenology of Perception*, p. 237; *The Primacy of Perception*, p. 162; *Nature*, p. 209f.

52 Merleau-Ponty, *Nature*, p. 208.

53 *Ibid.*, p. 209.

차이 그 자체이다"라고 설명한다.[54] 들뢰즈는 이러한 의미의 열림을 반
인간주의적인, 하이데거적 의미의 **현존재**(Dasein, 거기에 있음)와 연결
시키는데, 그는 메를로퐁티가 이를 높이 평가했다고 생각한다(인간 주
체성으로 잘못 인간화한 사르트르와는 구별되는 것으로). 그는 또한 푸
코가 궁극적으로 주체화를 주름, 즉 "발생학에서 조직의 함입(陷入)을
정확히 닮은" 것과 같은, 접힘에 의해 구성된 내면성으로 가득찬 움직
이는 물질로 이해한 것은 메를로퐁티에게 빚지고 있다고 언급한다.[55]
이 주름 이미지의 장점은 그것의 내면성을 어떤 본질주의적인 의식의
개념에 귀속시키지 않고, 주름이 잡히고, 구겨지고, 물결치고, 우묵하
고, 반성적인 물질의 감각을 허용한다는 것이다. 메를로퐁티를 따라,
여기에서 존재의 창조적 광휘 속에 내재하는 행위자적 능력을 발견할
수 있다.

　　메를로퐁티는 그러나 육체의 가역성을 설명하기 위해 자신이 사
용하던 언어에 여전히 만족하지 못했다. 그것은 아마도 주름을 생각할
때 완벽하게까지는 아니더라도 단정하게 그 자체 위에 포개져 있는 한
장의 천을 상상하고 싶어지기 때문이다. 이러한 이미지도 어떤 차이를
암시하기는 하지만, 확실히 그가 불러일으키기 원하는 조밀함이나 비
워 냄을 포착하지는 못한다. 나아가 그는 층, 차원, 벡터, 그리고 선이
그가 피하는 유클리드 기하학을 여전히 연상시킨다는 것을 인지하고,
스스로에게 "평면과 원근감"에 따라 사고하지 말 것을 강조한다. 그래
서 그는 좀 더 곡선적인 용어로 대체해서, 신체의 가역성을 "내가 순진
하게 살아갈 때는 동심을 이루고, 나 자신에게 질문을 던질 때는 서로

54　Deleuze, *Foucault*, p. 110, Deleuze, *Difference and Repetition*, pp. 64~65.

55　Deleuze, *Foucault*, p. 96ff. 들뢰즈가 여기에서 언급하는 부분은 『성의 역사』(*The History of Sexuality*)의 미출간된 4권 『살의 고백』(*Les Aveux de la Chair/Confessions of the Flesh*)이다.

에 대해 탈중심화되는 두 개의 원, 또는 두 개의 소용돌이, 또는 두 개의 구"로 더 잘 설명해 볼 것을 고려한다.[56] 이것은 확실히 그가 포위의 환경, 그리고 ─ 세잔이 보여 주었던 것과 같이 ─ 연장으로서의 물질로 환원 불가능한 근접성의 원시적 관계가 존재하는 곳으로 언급하는 지형적 공간과 더 부합한다.[57] 이는 또한 "존재의 단단한 핵으로서가 아니라 살의 부드러움", 포위, 설치, 돋을새김, 혹은 존재의 "워터마크"로서 이해되는 생명과 더 조화를 이룬다.[58] 주름이 두 평면이 뒤로, 혹은 위에 이차원적으로 겹쳐지는 것으로 이해되는 한, 그것은 그래서 그다지 만족스럽지 않다. 그러나 나는 메를로퐁티가 좀 더 풍부한 의미의 접힘, 즉 꼬임, 미로, 우묵하게 파인 곳, 워터마크, 부드러운 살, 소용돌이와 같은 것들을 생각해 보았으며, 이에 대한 영감은 라이프니츠에게서 왔다고 주장하고자 한다.

이러한 관련이 단순히 공상인 것은 아니다. 라이프니츠에 대해 상세하게 쓴 적은 없지만, 메를로퐁티는 그를 여러 번 언급하며 그의 저작을 잘 알고 있음을 보인다. 예를 들어, 『지각의 현상학』에서 그는 자신의 존재론에서 열망하는 비인간중심주의적, "시점 없는 위치"(perspectiveless position)와 같은 방식으로 시각 장을 설명하는 것과 라이프니츠를 연결한다.[59] 다른 곳에서는 "인과관계의 사슬 밑에서 그것을 깨뜨리지 않고 유지하는 또 다른 유형의 존재가 있다. 존재는 완전히 환원되거나 외부 존재의 수준에서 납작해지지 않는다. 그것은 여전히 내부성을 가진다"라고 인정했던 바로크 시대의 사상가들에 라이

---

56 Merleau-Ponty, *The Visible and the Invisible*, p. 138.

57 *Ibid.*, p. 210f.

58 Merleau-Ponty, *Nature*, p. 210, 238.

59 Merleau-Ponty, *Phenomenology of Perception*, p. 67.

프니츠를 포함한다.[60] 때때로 그는 정치를, 들뢰즈가 설명하듯이 다수의 주름인 미로로서 언급한다.[61] 마지막으로 그의 최종 작업 노트에는 라이프니츠에 대한 얼두 개의 인급이 있는네, "나는 들뢰즈와 라이프니츠에 의거해서 나의 철학적 기획을 명확히 한다"라고 말하거나, 라이프니츠의 존재론을 탐구하겠다는 계획을 여러 번 반복한다. 라이프니츠의 신 대신에 세계-내-존재를 사용하겠지만, 그 외 다른 점에 대해서는 야생적 존재에 그의 이론을 적용하기 위하여 실체론적이거나 존재 신학적인 색채를 제외한 후, 그의 설명을 어떤 부분은 "전적으로" 유지할 것이라고 말한다.[62]

　　이처럼 메를로퐁티는 라이프니츠에 확실히 관심을 가졌다. 그러나 주름에 대한 그의 개념이 라이프니츠적 의미를 포함한다면, 그것이 창발적 물질화에 대한 그의 설명에 의미하는 바는 무엇인가? 일단 장점 하나는 그것이 제시하는 물질 개념이 근본적으로 반데카르트, 반뉴턴적이라는 것이다. 그래서 데이비드 하비는 라이프니츠를 "그것을 정의하는 과정들 외부에 존재하는 공간이나 시간은 없다고 주장"하는 "공간의 관계적 개념"과 연결짓는다. 따라서 과정들은 사건이나 대상의 주변에서 소용돌이치고 응결하는 다수의 상이한 영향들을 고려하며 공간적 틀을 정의한다.[63] 들뢰즈는 주름을 보여 주는 모범적인 과학은 유클리드 기하학이 아니라 종이접기라고 적절한 언급을 한다. 그는 소크라테스 이전 철학자들에게서 발견되는 라이프니츠적 주름의 전조에 주목하는데, 메를로퐁티는 이들 철학자들의 신비로운 자연철학

---

60 Merleau-Ponty, *Signs*, p. 148.

60 Merleau-Ponty, *Signs*, p. 148.

61 Deleuze, *The Fold*, p. 3.

62 Merleau-Ponty, *The Visible and the Invisible*, p. 166, 176, 177, 185, 222f.

63 Harvey, *Spaces of Global Capitalism*, p. 124.

에 매료되었다. 또한 탈고전물리학에서도 이 개념이 울리고 있음을 발견한다(메를로퐁티의 『자연』 강좌들, 화이트헤드의 저작이 여기에서 중요한 역할을 한다). 들뢰즈가 환기하는 물질의 흐름은 데카르트, 혹은 뉴턴적 대상이 아니라 소립자의 움직임을 닮았지만, 라이프니츠와 유사한 가장 최신의 예는 미생물학의 주름진 단백질이다. 물론 메를로퐁티, 라이프니츠, 그리고 들뢰즈 사이에는 상당한 차이가 존재하지만, 이 맥락에서 나는 존재의 내재적인 펼쳐짐의 리듬과 이미지에 대한 그들의 설명에 존재하는 도발적인 공명과 교차점들에 더욱 관심이 있다.

들뢰즈가 메를로퐁티를 라이프니츠에 연결하는 유용한 출처가 된다면, 그것은 그가 후자에 대해 『주름』[64]이라는 책을 썼기 때문이다. 이전에 나는 그가 메를로퐁티의 주름 개념과 하이데거의 열림 개념을 연결한 것을 언급했는데, 하이데거의 접힘과 펼침의 의미는 여기에서 라이프니츠에게서 가져온 "존재의 동연적인 드러내기와 숨기기"로 다듬어진다(비록 라이프니츠의 세계를–위한–존재(being-for-the-world)가 세계–내–존재로 잘못 해석되기는 하지만).[65] 라이프니츠적 주름에 대한 들뢰즈의 설명은 메를로퐁티의 "사이"로서의 존재에 대한 의미와 공명한다. 유기적 접힘은 들뢰즈에 의해 "둘로 접힘"이 아니라 "둘의 접힘," **사이 내 존재**(entre-deux)로 설명된다. 차이의 분화로서 "접힘이 언제나 두 접힘 사이에 있"으며, "두–접힘–사이는 여기저기 돌아다닌다"(p. 11, 14). 하이데거 역시 이러한 라이프니츠적인, "양쪽 면의 각각 위에서 끝없이 펼쳐지고 접히는 차이"의 의미에 동의하고 있는 것으로 확인된다(p. 33). 그것이 암시하는 반유클리드적 기하학과

---

64 [옮긴이] 한국어 번역본으로 『주름, 라이프니츠와 바로크』(이찬웅 옮김, 문학과지성사, 2004)가 있다.

65 Deleuze, *The Fold*, p. 28, 34.

함께, 이러한 능동적이고, 극도로 활기찬 동사로서의 접힘의 의미는 때때로 수동적이거나, 명사로서의, 혹은 메를로퐁티의 주름진 살이 일으키는 이차원으로서의 집힘이라는 좀 더 성석인 의미를 극복하는 데 도움을 준다. 그것은 보이는 것과 보이지 않는 것의 내재적이고 관계적인 장의 불안전성과 복잡성을 제시하는 데 좀 더 적절하다. 만약 여기에서 유기체가 "생산적인 접힘과 주름짐"으로 이해된다면, 바로크 시대의 "영혼이 신체와 복합적 관계를 형성하며", 마음과 몸의 이원론을 거부하는 동시에 라이프니츠에게는 유기물과 비유기물 사이의 어떠한 근본적인 구별도 존재하지 않는다(p. 8f., 12).

그렇다면 라이프니츠적 접힘은 분명히 메를로퐁티가 감각적이고, 시각/촉각적인, 다차원의 살로 묘사하고 있었던 야생적 존재와 같은 것을 연상시켰을 것이다. 거기에서 물질은 좀 더 물질적이고 미묘한 겹들과 주름들 속에서 꼬여지고 또 꼬여진 조직이다. 이렇게 조밀한 살처럼, 라이프니츠의 연결된 물질은 공백을 가지지 않는다. "주름이 구멍을 대체한다." 들뢰즈는 그에 대해 "물질은 이처럼 공백은 없으나 무한한 다공성의, 해면질의, 틈이 많은 조직을 세공하며", 삭삭의 몸체는 유연해서, "불규칙한 도관들로 관통"되고, 합착되기 위해서는 외부의 힘이 가하는 압력에 의존한다고 주해를 덧붙인다(p. 5, 30). 이러한 라이프니츠적 표현의 양식들은 분명히 메를로퐁티가 물질성에 결을 부여하고 주체 중심의 지각 관점의 공식에 도전하는 불규칙한 꼬임을 생각해 내는 데 도움을 주었을 것이다. 그는 주체 중심의 관점보다 다양한 시점에서 발원하고 대응하는 복수의 관점이 가로질러지는 조밀한 장을 선호하였다. 들뢰즈/라이프니츠에게 이러한 가득 차, 격동하며, 서로 얽혀 있는 세계는, 시간과 공간처럼, 끊임없이 접힘과 펼침을 계속하는 주름진 물질의 무한함을 암시한다. 물질이 소용돌이치고 변화할 때, 그것의 조절 기능은 존재의 양식으로서 임시적인 형태들을 생성한다. 그러나 이것들도 주름들 내부에서 계속되는 주름의 구성들을 가로질러 자신들의 내적인 온전성을 유지하기 위하여 점차 작은 주름들로 분화한다. 들뢰즈는 그것들이 다른 어떤 것으로 포위되고 싸이기 위해 주름이 접힌다고 주장한다(p. 23).

이러한 접힘과 둘러싸기가 메를로퐁티의 시각/촉각 장을 가장 잘 상기시키는 예는 아마도 바로크미술일 것이다. 거기에서 감각적 이미지는 풍부하게 주름잡힌 천, 촉지할 수 있는 직물로 물질을 묘사한다. 들뢰즈는 데카르트가 직선적 경로를 따라 이 미로를 통과하려고 잘못 시도하다가 물질의 곡률을 파악하는 데 실패했다고 평가한다. 데카르트의 빛의 물리학 대신, 들뢰즈는 선명함이 "끊임없이 어두움으로 뛰어드는" 명암법(chiaroscuro)에 의해 윤곽선이 지워지는 카라바지오나 틴토레토의 바로크미술을 불러낸다(추가한다면 메를로퐁티에게는 오히려 지각과 같을 것이다: 반대의 경우도 마찬가지이다). 때로, 들뢰즈는 "빛이 물질의 주름들과 갈라진 틈들 속에서 색을 진동시킨다, 때로 빛이 비물질의 표면의 주름들 속에서 빛을 진동시킨다"라고 덧붙인다(p. 36, 40). 때로, 라이프니츠적 물질도 저항한다.

톰 콘리[66]가 『주름』을 위해 쓴 서문은 바로크 시대의 상상력에 거주하는 주름진 사물 일부를 목록화하는 데 도움을 준다: 휘장들, 머리다발들, 바둑판무늬의 직물들, 신체의 피부 표면들, 주택 건축, "삽입된" 서사를 가진 소설들, 복수의 리듬과 박자를 가진 복잡한 화성학, "정신과 물질의 데카르트적 구별의 문제를 주름으로 이해되는 물리적 수단으로 해결하는" 철학들, 그리고 굽이치는 직물 안에 모양이 있는

---

66 [옮긴이] 톰 콘리(1943~)는 미국의 문헌학자이다.

형태를 숨겨 두거나 공간, 표면, 원근법에 책략을 부려 보는 사람을 혼란스럽게 만드는 화가의 스타일들(p. xii).[67] 메를로퐁티는 빨간색을 분리된 인지기 아니라 가시성의 "구체화"로 설명(의미심장하게도 이것은 『보이는 것과 보이지 않는 것』에서 유일하게 비교적 완전한 장인 「얽힘 — 교차」("The Intertwining — The Chiasm")에서 나온다) 하며, 특정한 색조의 빨강은 다른 빨강들과의 유사성과 차이로 형성되는 실제의, 혹은 상상적인 관계들을 통해 하나의 "성운"을 형성한다고 말한다. 이것은 확실히 유물론자의 상상력과 일치한다. 여기에서 색은 "완전히 단단해서, 나눌 수 없는 존재의 덩어리로서, 적나라하게 시각에 제공되는 것"이 아니라, "외부 지평선과 내부의 지평선 사이에 영원히 열려 있는 일종의 직선들"로 정의된다. 즉 "세계의 일시적인 변조"와 모든 가시적 형태들을 형성하고 풍부하게 하는 차이들과 가능성들의 "조직"(tissue)의 "일시적인 변조"[68]다.

> 빨간 드레스는 더더욱 그것의 모든 섬유를 보이는 것의 직조에 결부시키고, 그를 통해 보이지 않는 깃의 직조에까지 결부시킨다. 그것은 지붕의 기와, 문지기와 혁명의 깃발, 에익스(Aix) 근처나 마다가스카르에 있는 어떤 지형들을 포함하는 빨간 사물의 장에 찍힌 구두점이며, 또한 여성의 드레스, 교수들, 주교들, 법무감들의 예복을 포함하는 빨간 의상들의 장, 그리고 장식품과 유니폼의 장에 찍힌 구두점이다.[69]

---

67 신비한 경험을 좀 더 강조한 몰입으로서의 '촉각적 비전'은 바로크 미술에 의해 환기되고 들뢰즈에 의해 자세히 설명되었는데, 이에 대한 흥미로운 서술로서 파나기아(Panagia)의 「보기의 효과」("The Effects of Viewing")를 참고.
68 Merleau-Ponty, *The Visible and the Invisible*, p. 132f.
69 *Ibid.*, p. 132.

결론

메를로퐁티의 저작 전부를 읽으면, 그가 존재론으로의 귀환을 정치로 돌아가는 우회로로서 기획했다는 것이 분명히 드러난다. 그는 존재론에서 그것의 정치적 의미로 너무 빨리 이동하는 것은 피해야 한다고 생각했지만, 동시에 우리가 물질에 대해 생각하는 방식과 그것을 위해 사용하는 이미지들이 우리가 자연과 다른 체현된 자아들을 다루는 방식과 더불어 인간으로서 우리 자신에 대해 생각하는 방식에 대해서도 광범위한 영향을 미친다는 점을 깊이 인식하고 있었다. 따라서 우리는 그의 작업이 어떻게 반인간주의, 혹은 탈인간주의적인 철학이 인간이 지배하는 관성적 물질의 외부자로서의 인간이 아니라 자연에 둘러싸인 체현된 인간성을 개념화하며 나아갈 수 있을지에 대해 몇 가지 시기적절한 제안을 하고 있음을 발견한다. 결과적으로 메를로퐁티는 우리가 행위 능력을 재사유하는 데 도움을 준다: 합리적 주체의 본질적 특징이나, 신, 혹은 어떤 생명력이 아니라 우발적인 반성의 능력, 창의적인 드러냄, 그리고 물질적/의미 있는 살의 주름들과 반전들의 내부에서 위험하게 창발하는 변화로서.[70] 간신체적·간주체적 "사이"에서 창발하는 복잡한 관계의 장으로서의 집단적 삶의 이미지와 함께, 행위 능력에 대한 이러한 접근은 우리가 특정한 시기에 존재하고 생성하는 상황을 어떻게 이해할지와 더불어 정치적인 것을 해석하는 데 있어서 중요한 영향을 미친다. 메를로퐁티에게 있어 정치에 대한 불변하는 이미지는 바로크 시대가 아니라 르네상스 시대에서 왔다. 그가 "정치에 적합한 환경"을 인식한 것으로 인정하는 사람은 마키아벨리이다[71]: 이

---

70 나는 이러한 영향들에 대해 「행위 능력을 재사유하며」("Rethinking Agency")에서 더 심화시켜 고찰하였다.

71 Merleau-Ponty, *Signs*, p. 214.

성의 빛이나 사회의 외부에 존재하는 국가의 힘으로 조사되고 통제되는 투명한 영역으로서의 정치가 아니라 내부에서 끊임없이 다듬어지고, 해석되고, 협상하여야 하는 경합하는 힘들, 전략들, 반전들, 구실들의 장(場)으로서의 정치. 그러나 아마도 그에게 초월적인 신비가 없는 세계라 할지라도 여전히 숨겨진 우묵한 곳들, 그림자와 그늘, 비밀과 익명성으로 물결치고 있음을 환기한 것은 라이프니츠의 주름이었을 것이다. 그것의 어두움이나 덮음이 형성이나 드러냄과 불가분의 관계에 있으면서도 초월적인 힘이나 확실성과 혼동되어 우리를 위험하게 하는 **자연의 빛**(lumen naturale)에 대한 끈질긴 저항과 함께.

비인격적 물질

멜리사 A. 오를리

> 세상이 충분히 아름답지 않을 때면 언제나 우리는 마음을 살핀다.
> ── 아담 필립스,『테러 및 전문가』

> 깨어 있음 자체가 임무인 우리…
> ── 니체,『선악의 저편』

우리는 자신의 삶과 활동을 자신이 것이라고 습관적으로 생각힌다. 하지만 우리 삶의 사회적·심리적 조건은 우리가 만든 것도 아니고 우리를 위해 만들어진 것도 아니라는 사실을 인정할 때에도 우리의 생각과 말, 행동이 우리 자신의 것이라고 여전히 주장할 수 있을까? 만약 우리가 물질일 뿐이며, 우리가 인격적 존재이든 아니든 종의 자격으로 우리가 그런 물질을 만들지도 통제하지도 않는다면, 인간이 비판적이며 창조적이고 자유로운 존재라고 말하는 것이 무슨 의미가 있겠는가? 이 글에서 나는 니체를 기원으로 하는, 비인격적 유물론을 통해 이 질문에 대해 답을 하려고 한다.

창조적 주관성의 문제

이 실존적 이슈를 좀 더 이론적인 용어로 풀어 보자. 일반적으로 주관성에 대한 유물론적 해석은 인간이 창조적인 행동과 비판적인 판단을 할 수 있다는 관념에 도전한다. 사고, 판단, 의지에 대한 지배적인 설명은 어느 정도 '이상주의적'인 것이다. 마르크스, 니체, 프로이트, 다윈 등 19세기와 20세기에 가장 영향력 있는 사상가들이 유물론자 또는 자연주의자였음에도 불구하고 유물론을 받아들이기를 꺼리는 이유는 어렵지 않게 짐작할 수 있다. 인간의 본성과 행동이 우리가 만든 것이 아닌 물질적 조건에 의해 형성된다는 것을 인정하는 순간, 우리의 가치와 견해가 인간이 통제할 수 없는 힘에 결정된다는 것을 받아들여야 하기 때문이다. 자연이 신이나 인간의 목적 어느 쪽에도 부합하지 않는다면, 창조적이고 비판적인 정신은 물질을 초월해야 하는 것처럼 보인다. 주관성에 대한 지배적인 설명이 정신적 능력이 신체와 구별된다고 가정하는 경향이 있는 것은 놀랍지 않다. 정신적 능력이 어떻게든 인간에게만 고유한 능력이어야만 이를 통해 인간은 물질적 자연과 구별될 수가 있기 때문이다. 자아 지향적인 정신분석처럼 주관성을 유물론적으로 설명하는 이론조차도 주관적 경험의 환원 불가능한 고유성을 강조함으로써 인격적 개체성을 유지하고 싶어 한다. 그런데 문제는, 그러한 시도가 경험이 어떻게 '우리'에게 의식이 되는지, 또 그것의 고유성이 어떻게 다른 사람들에게도 의미를 가지는지 증명할 수 없는 난관에 봉착한다는 점이다. 나는 비인격적 유물론이 자연주의적이지만 환원주의가 아닌 창조적 주관성에 대한 설명, 즉 포스트-다윈주의를 제안함으로써 이러한 어려움을 피할 수 있다고 주장한다.

비인격적 물질로서의 권력의지

니체는 주관성에 대한 유물론적 설명의 장애물을 피하면서 비판적 판단과 창조적 행동을 적절하게 설명하기에 부적절한 철학자로 보일 수있다. 물론, 니체는 "행위는 모든 것이다"라고 주장하면서 "행위 뒤에있는 행위자"를 전제하는 주체 이론을 거부하기 때문에 주관성에 대한 비인격적인 이해를 제시하기는 한다.[1] 마찬가지로, "영혼은 신체의 어떤 특성을 지칭하는 단어일 뿐"이라는 그의 주장도 유물론을 단적으로 보여 준다.[2] 그럼에도 니체는 행동이나 판단에 대한 비인격적이고 유물론적인 설명에 내재된 어려움을 드러내기도 한다. 그리고 그러한 주장은 수행적 모순이라는 비판에 취약하다. 먼저 그의 철학에는 서로 공존할 수 없는 두 가지 모순적 성향이 있다. 한편으로, 니체의 권력의지 개념은 일반적으로 유기적 세계의 모든 사건의 본질은 지배이며, 따라서 지배하면서 동시에 지배된다는 주장을 담고 있다. 그런 반면에 니체는 실체의 철학을 정면으로 거부한다. 그는 개별적으로 예속하거나 예속되는 현상이 존재한다는 것을 부인한다.[3] 어떻게 이와 같이 상호 모순적인 두 가지 주장을 이해할 수 있을까? 이러한 해석의 어려움에 직면해서 니체의 해석자들은 그러한 주장 중 하나를 강조하는 경향이 있다. 어떤 해석자들은 니체가 강조하는 '진실한 활동'과 '진정한 창조력'은 사물을 지배하고 제압하는 권력 개념과 일치한다고 결론짓는다. 그렇지만 이러한 해석은 개별적이고 영구적이며 정의가능한 실체가 없다는 그의 주된 주장과 모순된다. 이러한 이유로 어떤 해석자들은 니체가 주체의 죽음을 선언하였음에도 불구하고 개인

---

1   Nietzsche, *On the Genealogy of Morals*, essay 1, sec. 13.
2   Nietzsche, *Thus Spoke Zarathustra*, part 1, "Despisers of the Body".
3   이에 대해 도움이 되는 논의는 Bittner, "Masters without Substance"를 보라.

적 정체성의 개념에 의존할 수밖에 없었다고 주장하기도 한다. 그런가 하면 니체는 일관된 사상가가 아니었기 때문에 이와 같이 분명한 이론적 모순을 안고 가야 한다고 해석하는 학자들도 있다.

니체의 텍스트에는 창조성을, 타인의 영향으로부터 자유롭게 자신의 조건에 따라 자신을 창조할 수 있을 만큼 강한 개인의 이미지를 빌려서 설명하는 구절이 많다.[4] 그렇지만 창조성의 목적과 실천에 대해 이와 상반되는 대안적 주장을 찾는 것도 가능하다. 이러한 대안적이면서 동시에 보다 훌륭한 설명에 따르면 중요한 것은, 개인에게 속하는 개인적인 힘이 아니라 우리 삶에 비인격적으로 작용하는 것으로서의 권력의지이다. 즉 실체를 부정하는 니체의 주장과 권력의지에 대한 그의 주장 사이에 생기는 모순은, 우리가 권력의지를 개인적인 것이 아니라 비인격적 물질로 이해하는 순간에 해소될 수 있다. 이때 비인격적 물질은 내가 나의 것이라고 생각하는 것과 다르고, 그것을 넘어서는 것으로 구성된다. 그것이 암시하는 관계와 원인은 도식화될 수 없다. 그것들은 아마도 무한하고 끊임없이 변화하며 통제할 수 없는 것이다. 권력의지가 우리의 삶을 구성하는 이러한 비인간적인 에너지와 관련된 것이라면 권력의지의 개념은 실체를 부정하는 니체의 관점과 완벽하게 일치한다. 실제로, 권력의지의 이러한 비인격적인 해석은 개별적 실체가 없다는 것을 단적으로 보여 준다.

니체를 읽는 독자는 권력의지를 하나의 압도적 충동으로 상상하고 싶은 유혹을 받는다. 그러나 니체 자신은 그것을 "아주 복잡한 무

4　예컨대 주체성에 대한 이러한 주권적 상상력은 니체의 고귀함과 노예적인 것에 관한 최대한의 자구적 해석과 공명한다. 나는 『도덕의 계보학』에 등장하는 고귀함과 노예성에 대한 이러한 독해를 비판하면서 「자기혐오의 기술」("Despising Oneself")에서 대안을 제시한다.

엇"이나 "다만 어휘로서만 존재하는 단위"라고 설명함으로써 권력의
지를 서로 경합하는 충동이나 열정의 복합체로 제시한다.[5] 그가 신체
를 "여러 영혼으로 구성된 사회적 구조"로 정의하고, 주체 안에 있는
여러 영혼을 "하위–영혼"(under-souls) 혹은 "하위–의지"(under-wills)
로 언급하는 이유도 거기에 있다. 이것은 의지 활동의 복합성을 설명
하기 위한 노력의 일환이다(섹션 19). 그러한 구절에서 니체가 의지를
명령이나 지배, 복종을 강요하는 것과 같은 전통적 행동에 연관시키는
것은 사실이다. 그러나 개인이라는 복합체(다양체)에 대해 말할 때 그
는 하나가 아니라 여러 개의 충동(drive)을 염두에 두고 있음을 분명히
한다. 이들은 때때로 경쟁하고 때로는 협력하여 감응적 상태를 만들어
낸다. 간단히 말해서, 그것들은 모두 충돌하거나 협력함으로써 주어진
순간에 개인에게 발생하는 인식과 해석을 만들어 낸다. 의식적이든 아
니든, 정신적 활동은 신체의 활동이며, 우리 각자를 구성하는 "하위–
의지"와 "하위–영혼" 사이 관계에서 만들어진 결과이다. 니체는 "생
각이라는 것은 이러한 충동들의 상호 관계"일 뿐이며, "감응을 넘어서
려는 의지도 궁극적으로 다른 누군가의 의지나 여러 사람의 감응"(섹
션 36, 117)일 따름이고, "의지는 감각과 사고의 복합체일 뿐만 아니
라, 무엇보다도 감응, 특히 명령의 감응이다"(섹션 19)라고 말한다.

　이 설명에 따르면, 일반적으로 자아라고 불리는 것은 실제로 경
합하는 충동들의 복합체이며, 각각 자신의 이해를 가지고 각각 자신
의 조건에 따라 주인이 되려고 한다(섹션 6). 그러한 모든 충동은 몸에
좋은 것이 무엇인지에 대한 감각을 가지고 있고, 그것을 성취하기 위
해 노력한다는 점에서 가치 평가적이다. 더욱 긍정적으로 보면, 각각

5　Nietzsche, *Beyond Good and Evil*, sec. 19.

의 다양한 충동들은 주인이 되기를 추구한다고 말할 수 있다. 그러한 충동들을 해석하는 신체의 필요와 건강에 따라 세상을 다시 만들고, 경쟁적인 힘이나 해석의 저항을 극복하려고 하는 것이다. 만약 자아가 그러한 충동의 총체라면, 우리가 누구인지를 드러내는 우리의 본모습은 그러한 충동들 사이의 위계와 순위에서 찾을 수 있다(섹션 6). 여기에서 내가 말하는 권력의지의 비인격성은 다음과 같이 요약될 수 있다. 우리가 누구인지를 드러내는 정체성의 중심에는 선에 대한 다양한 감각과 의미를 표상하는 다양한 충동들, 그리고 너욱 좋은 것을 향한 열망들이 있다.

우리는 특정한 충동이나 감응이 선에 대한 감각을 가지고 있으며 더 좋은 감각을 달성하기 위해 노력한다는 말을, 다른 감응적 상태나 사람들의 관점으로 착각해선 안 된다. 우리가 관습적으로 우리 자신이라고 부르는 관점과도 착각해선 안 된다. 니체와 프로이트가 생생하게 묘사하듯이 우리의 정신적 삶에는 변치 않는 영속적 질서나 최후의 심판을 내리는 주권자가 없는 가운데 서로 경쟁하는 다양한 열정과 소망들의 전쟁이 있다. 이러한 충동들이나 그러한 충동의 만족들 사이에서 어떤 위계를 세우는 것은 우리의 자유이다. 그렇지만 그러한 자유는 심연의 자유, 아마도 불행한 자유이다. 프로이트와 마찬가지로 니체에게도, 우리가 성취하거나 성취할 가능성이 있는 인간성에는 지금까지 무의식적이었던 것들의 각성도 포함되어 있다. 우리는 우리의 정신적 삶에서 지금까지 우연이었던 것, 부분적이었던 것, 그리고 오류였던 것들까지 반성하고 변화시킴으로써 그렇게 할 수가 있다. 니체가 '각성 자체'라고 부른 것은 우리가 지구, 생명을 비롯해서, 심지어 비인간적이면서 생산적인 물질로 자아를 긍정할 수 있는 자세까지 요구한다.

그러한 각성의 몇몇 특성을 고려하기 전에, 먼저 우리는 비인격적 물질로서 권력의지를 받아들이는 경우에도 왜 여전히 주관성에 대한 주권적 개념에 집착하는지 고려할 필요가 있다. 왜 우리는 소화작용은 두말할 나위가 없고 심지어 청각과 시각까지도 배제하도록 만드는 개인적 관점에 그렇게 집착하는 것일까? 왜 권력의지를 비인격적 물질로 보는 니체의 해석을 거부하는 것일까? 그 답은 분명해 보인다. 우리는 비인격적 힘의 경험을 혐오한다. 우리 자신과 세상이라는 물질이 나나 당신, 혹은 우리의 것이 아니라는 주장에 대해 우리는 매우 적대적이다. 실제로, 대부분의 자아심리학은 우리의 정신활동이 비인격적인 힘으로 구성된다는 사실을 부정하는 방어 체계이다. 우리의 삶은 비인격적 힘에 대한 개인적이거나 간주체적 방어벽의 구축으로 점철되어 있다. 적어도 니체가 말하는 각성에 이르지 못한 삶은 그러하다. 이때 각성은 프로이트가 우리에게 권장했던 자유연상을 통해서 무의식과 만날 수 있는 능력이다. 왜냐하면 우리는 니체의 의미에서 깨어 있지도 않고 프로이트의 기괴함(uncanniness)에 열려 있지도 않기 때문에, 우리의 일상적 삶이 신체의 취약성에 얼마나 대책 없이 노출되어 있는지 알지 못한다. 또 자연으로의 귀환을 예고하는 죽음에 대해서도 무지한 상태에 있다. 이때 개인적 정체성이라는 환상은 그러한 전능하고 무목적적인 물질에 삼켜질 수밖에 없다.

주권적 환상

마음이 신체화되었다는 말은 영혼, 마음, 자아가 신체의 다양한 측면에 대한 이름에 지나지 않는다는 니체의 주장을 충분히 전달하지 못한다. 니체에게 마음은 몸이다. 그렇다고 마음의 있음이나 없음이 뇌와 같은 특정한 신체적 위치나 기관으로 축소될 수 있다는 것은 아니다. 니체에게 정신활동은 물질의 다양한 양상 또는 그것의 발현이다. 이

견해에 따르면, 가장 높은 수준의 의식 상태에서 프로이트 학자들이 1차 과정이라고 부르는 무의식에 이르기까지 모든 정신활동은 신체를 구성하는 동일한 물질적 요소에서 발생한다. 인간이 생각하고, 읽고, 쓰고, 서로 지시를 주고받을 수 있고, 때로는 그것에 의해 자신이 바뀔 수 있는 능력은 물질의 발달 궤적에서 필수불가결한 요소이다. 니체에 따르면, 의식이 우리의 본능 중에서 가장 약하고, 가장 마지막의 단계이며, 또 가장 덜 발달된 것이다.[6] 그에 따르면 우리의 기쁨과 고통의 가장 즉각적인 육체적 감각에서부터 가장 세련된 미적이고 도덕적 판단에 이르는 우리의 감응 활동은 **자연**(physis)으로부터 성장하고 **자연**과 더불어 변화한다. 그러나 그는 도덕적이고 미적인 판단이 기본적 감각과 반응으로 환원될 수 있다고 믿지 않았다. 그는 이와 같은 정신적 판단을 이러한 **자연**의 "미묘한 뉘앙스"라고 명명했다(섹션 39). 그럼에도 인간의 비판적 판단과 창조적인 활동도 물질로부터 비롯되고 물질을 통해서만 알려질 수 있다는 그의 주장에는 변함이 없다.

그렇다면 왜 우리는 생각하고, 의지하고, 행동하는 것을 물질이 아닌 '정신'과 연관시키는 것일까? 어떻게 우리가 자신이 몸과 구별되는 마음을 가지고 있다고 생각하며 그렇게 경험할 수 있을까? 비물질적인 영혼을 위해 몸을 거부하는 철학에 대해서 우리는 니체의 입장에서 몸이 몸에 대해서 왜 절망하는지 물어야 한다.[7] 간단하게 다음과 같이 대답할 수 있다. 몸이 스스로의 경험을 견디지 못하거나 고통을 소화하지 못할 때 몸은 절망한다. 이때 몸의 한 측면, 즉 우리가 마음

---

6 Nietzsche, *The Gay Science*, sec. 11.
7 Nietzsche, *Thus Spoke Zarathustra*, part 1, "Afterworldly".

이나 자아라고 알고 있는 몸의 한 측면은 몸에서 발생하는 그러한 경험을 스스로 통제할 수 없다는 사실을 받아들이기를 거부한다. 아이러니하게도 주권에 대한 환상은 통제가 불가능한 순간에 발생하지만, 이것은 경험의 주인이 자신이라는 환상을 포함하고 있다. 우리에게 일어나는 일은 우리의 선택이나 앎이 없이 발생하는 현상이다. 우리는 자신을 구성하는 물질을 통제할 수 없다는 사실, 그것은 우리 자신의 비인격적 물질성을 뜻한다. 세계와 자기 자신에게 형태와 의미를 부여할 수 있는 우리의 능력은 항상 제한되어 있다. 우리는 주권자가 아닌 것이다. 자아가 만들어지는 물질은 비인격적이다. 왜냐하면 그들이 태어나고 만들어진 물질은 우리에게서 시작되지도 않았고 우리에 의해 소유되거나 통제할 수 없기 때문이다. 요컨대, 우리는 물질, 그것도 비인격적 물질이다. 그것은 우리가 지배할 수 없으며 그 전체의 윤곽을 알 수 없는 것들로 이루어져 있다. 바로 이와 같이 불쾌한 사실이 언뜻 보일 때 자아는 주권에 대한 망상에 굴복할 가능성이 가장 높다.

우리는 니체의 '세 가지 변신'에 나오는 낙타처럼 삶을 시작한다: 우리는 많은 것을 짊어지도록 강요된다.[8] 그의 표현처럼, 오직 "운 좋은 사람들"만이 다시 아이들처럼 될 수 있고, 우리 자신이 원하는 조건으로 삶을 긍정할 수 있을 것이다. 하지만 이 행운아들은 누구일까? 『즐거운 지식』 2판에 추가된 다섯 번째 챕터에서, 니체는 그들은 "삶의 과잉"을 겪는 사람인 반면 불운한 사람들은 "삶의 빈곤"을 겪는 사람들이라고 말했다. 만약 우리가 실체와 주체가 있다고 믿고 있다면, 우리는 자신이 부유하고 강한 사람으로 태어났을 수도 있고 그렇지 않

8   *Ibid.*, preface, "On the Three Metamorphoses".

고 가난하고 허약한 사람으로 태어났을 수도 있다고 생각해야 할 것이다. 그러나 니체가 진정으로 의미하는 삶의 과잉은 고통을 회피하지 않고 수많은 구현된 자아인 고통을 폭넓고 깊게 경험하는 사람들에게서 발생한다. 반대로, 빈곤한 삶은 "고통을 겪지만 공포로부터 도피하면서 낙관적인 삶으로 자신을 축소하는 사람들의 안락한 편협"에서 발생한다.[9] 요컨대 우리는 인간의 기본적인 취약함에서 발생하는 고통을 겪으면 겪을수록 강해지는 반면, 자아를 지탱하는 비인격적인 혼돈으로부터 도망할수록 약한 자가 된다. 우리는 모든 범위의 광활한 경험과, 허용된 것과 금지된 것에 대해 각성하면 할수록 강해지지만, 우리 자신과 세상에 대한 경험이, 끊임없이 변화하기 때문에 온전하게 파악하거나 이해할 수 없는 것들을 회피하기 위해 트라우마에 고착될 때 약한 자가 된다.

『차라투스트라는 이렇게 말했다』의 첫 부분에서 니체는, 자신이 몸임에도 불구하고 우리가 어떻게 몸의 특정한 측면을 몸이 아닌 것으로 경험하는지를 서술하였다.

> 당신의 자기(self)는 당신의 자아(ego)와 그 잘난 도약을 비웃는다. "나에게 이 생각의 도약과 비행은 무엇인가?"라고 스스로에게 말한다. "그것은 내 목적지로 가는 우회로이다. 나야말로 자아의 중요한 끈이며 자아 개념을 암시하는 자이다."
>
> 자기는 자아에게 말한다, "자, 고통을 느껴라!" 그러면 자아는 고통을 받고, 어떻게 하면 고통을 면할 수 있을지 생각한다. 그렇게 하기 위해 자아는 머리를 써야 한다.

---

9 Nietzsche, *The Gay Science*, sec. 370.

자기는 자아에게 말한다. "자, 즐거움을 느껴라!" 그러면 자아는 기뻐하고 앞으로 얼마나 더 많은 기쁨이 있을지 생각한다. 그럴 수 있기 위해 지기는 머리를 써야 한다.[10]

이 구절에서 니체는 자기의 역량을 넘어서는 어떤 것이 몸에 일어나는 순간에 몸의 한 측면이 방어적 환상을 만들어 낸다고 주장한다. 그것은 자기 몸을 압박하는 힘으로부터 자신이 자유롭다는 자율성의 환상이다. "나는 생각한다"라고 말하는 자아는 고통이나 기쁨에 반응하여 출현한다. 두 가지 경험 모두 어느 정도 통제가 불가능하기 때문이다. '마음'은 몸이 자신의 경험의 주인이라고 스스로를 상상하는 수단이다. 그런데 바로 그러한 순간에 몸은 자신의 힘의 한계를 느끼고 그러한 이유로 고통을 당하고 있다. 이러한 취약성의 경험과 고통에 대한 반응으로서 '마음'의 출현은 몸이 스스로에 대해서 절망하는 과정에 있다.

우리 고통의 원인은 삶과 그것이 수반하는 광활한 경험으로부터 단절되는 것, 우리를 구성하는 물질에 대한 본능적 감각을 잃는 데 있다. 몸이 스스로에 대해 절망하는 것이 우리의 고통이다. 우리는 자신의 경험의 고정된 이미지와 주체의 잘못된 인상에 고착되기 때문이다. 결과적으로, 우리 자신과 경험은 일반적으로 미래에 대한 투사와 결합된 과거에 대한 인식의 형태로 제한된다. 역설적으로 우리는 자신의 경험에 의해 고통을 받고, 정확히는 우리의 고통을 강렬하게 겪거나 경험하지 않기 때문에 그것의 희생자가 된다. 고통을 줄이려는 현대 서구의 집착을 고려하면, 그러한 노력은 권장할 만하고 그러한 노력을

---

10 Nietzsche, *Thus Spoke Zarathustra*, part 1, "Despisers of the Body".

통해 얻은 결과를 후회할 필요가 없을지 모른다. 그러나 니체는 유한하며 물질적인 존재인 인간이 피할 수 없이 겪어야 하는 고통과 맞서 싸우지 않으면 우리가 삶을 긍정하는 데 필요한 에너지를 얻을 수가 없다고 논한다. 우리는 존중할 가치가 있는 것을 분별할 수 있는 능력으로부터 소외되는 것이다.

　　대체로 비인격적 물질의 경험에 대한 마음의 반응은 수용적인 것과 반동적인 것 두 가지가 있다. 수용석 반응은 시시각각으로 지각, 감정, 생각, 충동(drives), 그리고 그들의 격정 사이의 변화와 불협화음에 깨어 있다. 비인격적 물질에 대한 반동적인 반응은 경험 내에 있는 이러한 변화와 부조화를 거부한다. 자아와 세계에 대한 고정된 생각을 생성하는 기술을 통해 그렇게 하는 것이다. 프로이트의 억압과 반복강박, 궁극적으로 죽음충동과 같은 신경증적 증상이 단적인 예이다. 이러한 기술 중 가장 중요한 것은 몸과 구별되는 마음의 생성이다. 니체는 우리가 원하는 만큼 충분히 만족스럽지 않은 세상에 대한 이러한 반응에서 위험과 더불어 희망도 본다. "나는 생각한다"라고 말하는 자아의 탄생은 주체에 대한 고정관념으로 인해서 풍성한 경험을 상실할 위험을 내포한다. 바로 그러한 경험이 비판적이고 창의적인 주관성에 필요한 에너지와 자원의 주요 원천이기 때문이다. 그러나 자아의 탄생에는 희망도 있다. 이 반동적인 창조물이 각성된 물질에 대한 또 다른 경험의 목격과 흔적을 가지고 있기 때문이다. 이것이 니체가 "강제적으로 잠재적이 된" 권력의지의 어떤 측면들에 내재하는 "자유 본능"의 회복을 통해 우리의 고통은 우리 자신에게 가는 길이 될 수 있다고 말하는 이유이다.[11] 그러나 이러한 자유의 회복은 고정되고 제한된 주체의 도입을 통해 달성되는 것이 아니라, 우리가 시시각각으로 취합할 수 있는 경험을 최대한 수용하고 자각함으로써 얻어진다.

창조주 없는 피조물

니체는 반복적으로 창조성을 의지의 강함으로, 창조성의 부족을 약함
으로 설명한다. 그러나 우리는 의지의 강함과 약함을 이해하기 위해
주체의 행동 뒤에 있는 행위자라는 관념에 의지할 필요가 없다. 의지
가 강하든 약하든 간에, 그것을 주어진 성격이나 생리적 성향, 변치 않
는 본성에 대한 질문으로 이해할 필요는 없다. 오히려, 창조적 자유의
조건으로서 비개성적 물질의 무목적적 필연성을 경험할 수 있는 우리
의 능력은 우리 자신의 신체적 욕구와 열정에 얼마나 접근할 수 있는
가에 달려 있다. 역설적으로, 권력의지가 자유 본능이 될 수 있는 것의
정도는 우리가 자신의 비인격성을 인정하고 경험함에 따라 증가한다.
우리의 충동과 열정의 조건은 우리 자신이 만든 것이 아니므로 개인적
인 가치나 비난의 원천도 아니기 때문이다. 충동과 열정은 우리 자신
이 처한 조건의 영향일 뿐이다. 때문에 의지의 강함과 약함은 생리적
특징이나, 성격 또는 심리적 진단과 같은 우리 내부의 "확고하고 안정
된"지표가 될 수 없다.[12] 자아의 의지의 강함이나 약함은, 확고하게 정
착된 듯이 보이는 것이라도, 처음에는 자기 외부의 것, 또는 자기를 압
도했던 것으로부터 유래한다. 우리 자신의 비인격성을 인정하고 받아
들이는 것은 모든 충동과 열정의 스펙트럼을 온전하게 경험함으로써,
니체가 창조적인 몸이라고 부르는 것을 회복하기 위해 필요한 조건이
다. 의지의 강함이나 약함은 니체가 말하는 "우리의 밑바닥, '우리의

11 Nietzsche, *On the Genealogy of Morals*, essay 2, sec. 18.
12 Nietzsche, *Beyond Good and Evil*, sec. 233.

깊은 곳에 있는 것'"을 다시 만들어 내는 정도로 측정할 수 있는 것이 아니다. 의지는 "가르쳐질 수 없는 것, 정신적 운명의 화강암 지층, 미리 결정되어 선택된 질문에 대해 미리 결정된 판단과 대답"을 인정하고 느끼는 정도에 따라서 강하거나 약하다(섹션 231).

이 '정신적 운명'은 우리의 본질이나 우리 자신에 대한 진실이 아니다. 니체에게 정신적 운명이란, 우리가 누구인지에 대한 질문에 답하기 위해서 주사위를 던지는 것과 같은 것이다. 우리가 자신의 본질이라고 느끼는 확신은 우리의 주체성, 욕망, 그리고 신실에 대한 강한 믿음을 줄 수 있다. 그러나 니체는 '정신적 운명'의 기호를 새롭게 이해하도록 요구한다. 우리가 누구인지에 대한 진실을 밝혀 주는 것으로서가 아니라 "자기 인식을 위한 발걸음, 우리 자신의 정체성에 대한 문제의 이정표"(섹션 231)로서 경험하라는 것이다. 우리는 자신이 일상적으로 개인적이라고 착각하는 경험의 비인격성을 자각해야 하는데, 이것은 프로이트가 레오나르도 다빈치를 "사랑하고 미워하지는 않았지만, 그가 사랑하고 미워해야 할 것의 기원과 의미에 대해 스스로에게 질문한 사람"[13]이라고 묘사한 구절에 더할 나위 없이 명징하게 표현되어 있다. 마찬가지로 니체에게도, 자유와 창조성은 우리가 "이미 확고하고 결정된" 것처럼 보이는 것을 "더욱 온전하게 파악하면서" 그것을 우발적이고 무의미한 원재료로 삼아서 새로운 덕과 가치를 창조할 때 최대한 발휘된다. 그래야만 그것은 온전히 우리의 것이 될 수 있다. 물론 그것이 처음부터 우리의 것이 아니었고, 앞으로도 완전히 우리의 것이 되지 않을 것이라는 점을 인정해야 하겠지만.[14]

---

13 나는 'Loewald, *Sublimation*, p. 9'를 읽으면서 처음으로 프로이트의 이 구절이 갖는 의미를 알게 되었다.
14 Nietzsche, *Beyond Good and Evil*, sec. 231.

이와는 대조적으로, 개인적인 주체, 혹은 우리가 자기 자신이라고 느끼고 생각하는 것은 우리를 고통스럽게 하고 우리를 압도하거나 굴욕적으로 만드는 것에 대한 반동 형성으로 생겨난 고착 관념들이다. 따라서 우리 자신에 대한 이런 고정된 생각들은 항상 주어진 순간에 우리가 겪고 있는 경험을 전체로서 아니라 부분적으로만 대표할 따름이다. 자기에 대한 믿음도 위니콧의 거짓 자아(false self)인 경우가 대부분이기 때문에 참으로 어려운 것이다. 위니콧의 거짓 자아는 완전히 살아 있거나 완전히 창조적이지도 현실적이지도 않다. 위니콧과 니체에게 그러한 감정들은 자아의 해체에 입각해 있으면서 위니콧이 해체(unintegration)라고 명명한 자발적 경험을 위한 능력을 산출하는 심리적 성취이다. 모든 것에 점차적으로 각성된다는 것은 자연, 즉 물질의 비인격성에 눈을 뜨는 것이다. 그것은 우리가 완전히 무너지지 않으면서 그렇다고 스스로를 주체로서 집착하지도 않을 때 생기는 기쁨의 삶이다.[15]

각성 그 자체

니체는 권력의지 개념을 논쟁의 여지가 없는 이론이 아니라 하나의 작업 가설로 제시하였다. 그는 어떻게 이 가설에 도달했을까? 그에게 권력의지는 우리에게 실질적으로 "주어진" 유일한 것, 즉 "욕망과 열정의 세계", "우리 충동의 실재"에 뿌리를 두고 있다.[16] 그가 말하는 충동의 실재는 "인간의 지성은 오로지 자신의 관점에서만 자신을 볼 수 있

---

15 *Winnicott*, pp. 98~137에 나오는 거짓 자아에 대한 위니콧의 논문들에 관한 아담 필립스(Adam Phillips)의 유용한 연구와 더불어 Epstein, *Going to Pieces without Falling Apart*, pp. 36~48도 참조하라.

16 Nietzsche, *Beyond Good and Evil*, sec. 36.

기 때문에 오직 해석을 통해서만 접근이 가능하다".[17] 우리의 '감응'은 육체적 충동과 열정에서 성장하고 변화하며, 즉각적인 쾌락과 고통이라는 신체적 감각으로부터 미학적·도덕적 판단력에 이르기까지 넓은 스펙트럼에 걸쳐 있다. 우리는, 특정한 감응 상태는 일련의 사건을 특정하게 인식하고 해석하도록 유도하는 반면, 이와 다른 감응 상태는 다른 인식과 해석을 유도한다는 것을 (이론적으로는 알고 있을지라도) 습관적으로 망각하는 경향이 있다. 그리고 그러한 관점의 차이를 인정하는 경우에도 그것을 개인과 개인들 **사이**의 차이로 생각하곤 한다. 그러나 니체는 감응 상태의 이러한 강화와 쇠퇴, 그리고 이와 관련된 변화하는 인식과 해석이 개인의 **내부**에서 발생한다고 주장한다. 권력의지에 대한 비인격적 이해에 따르면, **자연**과 감응, 인식 및 해석의 불협화음적 변동은 개인의 선택처럼 보이는 경우에도 개인적인 선택의 문제가 아니라 비인격적인 에너지의 효과이다. 한 개인 안에서 일어나는 **자연**의 변화를 그에게 속하는 것으로 귀속시킬 수 없는 지점이 있다. 그것은 감응의 비인격적 흐름이라고 말해야 옳다.[18] 간단히 말해서, 우리가 느끼고 인식하고 생각하는 것은 우리가 의도하고 통제한다기보다는 "우리에게 닥치는 것들이다".[19]

독자들은 종종 니체가 개인들 사이의 투쟁과 경쟁을 강조한다고 생각하지만,[20] 그가 강조하는 것은 다른 사람들을 넘어서는 것이 아니라 자기 자신을 극복하는 것이다. 그는 주체의 비인격성을 주장하기는

17 Nietzsche, *The Gay Science*, sec. 374.
18 Brennan, *The Transmission of Affect*와 비교하라.
19 Nietzsche, *Beyond Good and Evil*, sec. 17.
20 이 전형적인 언급과 여타 탁월한 문헌들에 대해서는 Cox, *Nietzsche*, pp. 229~235를 보라.

하지만 그러면서도 주체 내에서의 투쟁적 경쟁을 일차적인 것이라 생각한다. 우리는 자신이 처한 특정한 감정 상태를 바로 우리 자신으로 생각하거나 그러한 상태에서 발생하는 인식과 해석이 바로 사물 자체라고 최종적으로 생각하는 경향이 있다. 만약 우리가 다른 순간에 그와 유사한 고착을 경험한다면, 그것은 우리가 그 순간의 불협화음을 무시하기 때문이다. 이것이 니체가 의식을 우리의 본능 중에서 가장 나중에 출현한 것, 가장 허약하고 가장 미발달한 것으로 취급하는 이유이다.[21] 우리는 우리의 경험에 대해서, 이 몸과 지구상에서 매 순간에 무엇이 발생하는지에 대해 충분히 알지 못한다. 그래서 니체는 우리가 잠들어 있다고 말하면서 동시에 "각성 자체"를 요구한다.[22] 우리의 무감각은 우리 자신의 경험을 제대로 파악하지 못하기 때문에 시작된다. 우리는 자신의 경험 안에서 발생하는 인식과 해석을 수용하는 태도를 변화시킴으로써만 이러한 망상에서 깨어날 수 있다.

니체에게 이해란 충동과 본능이 서로를 향하는 특정한 행동이다. 그는 이 점에서 자신의 견해를 스피노자와 대비시킨다. 무엇이 나를 웃도록 하거나 한탄하도록, 혹은 저주하도록 하는 데도 불구하고 내가 그렇게 하지 않는다고 해서(니체는 스피노자가 이렇게 생각한다고 보았다), 그것이 나의 이해를 증명하는 것이 아니다. 이해는 우리를 웃게 하고 한탄하게 하고 저주하는 것을 한꺼번에 느끼게 될 때 도래한다. 다시 말해, 이해는 갈등하는 감응들을 잠재우고 망각하는 것이 아니라 그러한 감응들이 유지되고 각성되도록 만드는 갈등이다. 이것이 니체가 말하는 각성 자체이다. 그는 다음과 같이 설명한다.

---

21 Nietzsche, *The Gay Science*, sec. 11.
22 *Ibid.*, "Preface".

지식이 가능하기 전에, 이러한 각각의 본능은 먼저 사물이나 사건에 대한 일방적인 견해를 제시해야 한다. 그다음에는 이러한 일방적인 견해의 싸움이 발생하고 때로는 타협점에 이른다. 우리의 감정은 차분해지고, 일방적 본능들 각자가 옳다고 보며, 정의가 실현되고 계약이 이루어진다. 이러한 정의와 계약 덕분에 모든 본능들은 자신의 존재를 유지하고 서로에 대한 자신의 권리를 주장할 수 있다. 우리는 이 긴 과정의 끝에서 화해의 마지막 장면들과 마지막 설명만을 의식할 따름이다. 그래서 지성은 본능에 반대되는 타협적이고 정의로우며 선한 것이라고 생각한다. 그러나 지성은 서로 작용하는 본능들의 특정한 행동일 따름이다(섹션 333).

니체는 우리를 웃게 만들고 한탄하고 저주하게 만드는 모든 것을 존중할 때 우리가 자신을 진정으로 이해한다고 생각한다. 그는 우리가 어떻게든 그들 사이의 갈등으로부터 벗어나거나 그것들을 초월하거나 중립적으로 판단하도록 요구하는 것이 아니라 그러한 갈등을 유지하도록 요구한다. 만약 우리의 정신적인 삶에 영웅이 있다면, 그것은 "영원히 그 자체에 변치 않고 머무르는 신성한 것"과는 거리가 멀다. 오히려 그것은 "우리의 투쟁하는 깊은 곳에서 숨어 있는 영웅주의"이다(섹션 333). 니체는 자신이 충동과 본능이라고 부르는 것에 대한 우리의 접근을 금하는 것은 아니다. 그러한 충동과 본능이 아닌 다른 것에 접근하는 것을 금한다. 우리는 덕과 탁월함이 무엇인지 나름대로 정의하기 위해서 싸우는 충동과 본능들의 사이에 이전과는 다른, 그러면서 더욱 정의로운 관계를 만들 수 있어야 한다. 이와 같이 정의를 향한 싸움이 우리 주체의 경험이 되기 때문이다.

니체는 "우리 정신의 활동의 가장 큰 부분은 무의식적이고 무감각한 상태로 남아 있다"(섹션 333)고 주장한다. 덕을 향한 경쟁의 전쟁 터로서 자기 자신을 경험한 사람은 거의 없다. "자신이 의식을 소유하고 있다고 믿으면서 사람들은 의식을 얻기 위해 별로 노력하지 않았고, 이 점에서 상황은 크게 변하지 않았다. 오늘날까지 지식을 통합하고 그것을 본능으로 만드는 작업은 이제 우리의 시야에 막 떠오르기 시작했기 때문에 아직 그 윤곽을 명확하게 파악할 수 없다"(섹션 11). 그렇다면 지금까지 우리는 지식이 아니라 오류만을 통합하는 데 성공했을 따름이다. 왜냐하면 우리는 경험의 일부, 즉 특정한 감응의 상태와 인식, 해석이 전체라고 착각했기 때문이었다. 이와 대조적으로, 우리 자신을 웃게 만드는 것뿐만 아니라 자신을 한탄하고 저주하게 만드는 것에 이르기까지 모든 범위의 경험을 망라해서 통합해야 한다. 그래야 즐거운 지혜의 옹호자로부터 칭찬을 기대할 수 있다. 우리는 자신의 충동과 본능을 그것의 몫 이상으로 허용해서는 안 되지만, 그렇다고 그러한 몫을 거부해서도 안 된다. 그것이 무엇인지를 결정하는 것이 우리의 자유와 운명이다.

왜 우리의 본능과 그들의 덕과 탁월함을 향한 감각의 충돌을 내재화하고 지속시켜야 하는가? 적어도, 건강이라는 실용적인 이유를 들 수가 있다. 니체는 본능의 정당한 주장을 의식적으로 억압한다면, 그것이 무감각해질 수는 있지만, 그러한 억압으로 본능이 사라지는 것은 아니라고 주장한다. 본능의 요구가 충족되지 않거나 의식적 인식으로 통합되지 않는 모호한 충동들은 다른 본능을 약화시키고 우리가 관습적으로 우리 자신이라고 부르는 "많은 영혼들로 이루어진 사회구조"의 에너지를 감소시킨다. 비록 그것들이 우리의 의식적인 마음에는 느끼지 않는 상태로 남아 있을 수 있다 해도 이러한 본능들은 잠재적으로 심각하게 건강을 해칠 수가 있다. "나는 서로 다투는 이 본능들이 서로에게 어떻게 자신을 느끼도록 만들고, 또 어떻게 서로에게 상처를 입히는지 매우 잘 이해한다고 생각한다. 이것이 사상가들을 괴롭히는 갑작스럽고 급진적인 탈진의 원인이 될 수도 있다(그것은 전쟁터에서의 탈진이다)"(섹션 333). 니체의 관점에 따르면, 그러한 본능들은 우리가 자신을 정당하게 인식하고 경험하도록 요구한다. 그러한 주장이 거부되면, 자신과 경쟁적인 충동의 주장을 약화시키는 효력을 발휘한다.

중요한 것은, 창의적 주관성의 관점에서, 우리가 어떤 충동과 본능의 접근을 금지하면, 우리는 경험의 특정한 측면뿐만 아니라 창조적이고 비판적인 활동을 위한 에너지와 자원을 상실한다는 사실이다. 각각의 감응적 상태는 특정한 인식과 해석을 촉진하고 다른 것들은 금지하기도 한다. 니체는 어떤 특정한 순간에 우리는 자신의 경험의 본질을 의식하지 못하는 경향이 있다고 주장한다. 순간과 순간 사이에 대해서는 더 말할 나위가 없다. 그렇다고 니체가 그러한 억제와 배제의 결과가 거짓이라고 주장하는 것은 아니다. 거짓이 삶의 조건이라 주장하는 그에게 이것은 대수로운 일이 아니다.[23] 우리 경험의 범위가 축소되면, 우리가 경험을 평가하고 행동하는 데 필요한 에너지가 차단되고 그 결과 우리의 판단과 행동 능력이 감소한다. 특히 허무주의의 문제에 직면한 우리는 판단과 행동에 필요한 능력을 잃지 않고 끊임없이 유지할 필요가 있다. 니체는 본능 억압의 영향을 프로이트만큼 명확하게 상세히 설명하지는 않지만, 우리가 의식하지 못하는 충동이 우리에게 미치는 영향력에 관한 입장이 분명하다. 니체는 프로이트와 마찬가지로, 우리가 자신의 갈등하는 본능과, 덕을 향한 본능들 사이의 갈등

23 Nietzsche, *Beyond Good and Evil*, sec. 4.

을 명확하게 인식하면 우리가 더욱 자유로워진다거나 더욱 건강해진다고 장담하지는 않는다. 우리는 지쳐서 쓰러져 죽거나 갈기갈기 찢길지도 모른다. 그러나 (우리의 영혼인) 사회구조를 이루는 충동들과 본능의 건강은 그들 사이에서 정당한 질서를 부여하는 데 달려 있다. 이것은 어떠한 덕이 각각의 본능들에 생명을 불어넣는지, 그것이 탁월함을 성취하기 위해 무엇을 필요로 하는지, 그리고 이것이 다른 본능과 전체(우리가 타고 태어난 '전체'는 비인격적 물질의 총체로서의 자연 전체이다)에 어떤 영향을 미치는지를 명확히 의식하는 것을 의미한다. 우리는 "내가 정말로 무엇을 경험했는가?", "그 당시 내 주변과 내 안에서 무슨 일이 일어났는가?"와 같은 질문을 하면서 우리의 경험의 통역사가 되어야 한다.[24] 우리의 경험의 통역사가 된다는 것은 우리가 아직 보지 못한 것을 보는 법을 배워야 함을 의미한다. 우리는 성찰적 판단뿐만 아니라 물질적 민감성도 훈련해야 한다.

> 보는 법을 배우는 것 ── 침착함과 인내에 눈을 익숙하게 하고, 사물이 시야에 다가오도록 해야 한다. 판단을 유보하고, 사건의 주위를 돌면서 여러 관점에서 사건을 파악하는 법을 배워야 한다. 그것은 정신성의 향상을 위한 첫 번째 예비교육이다. 자극에 즉시 반응하지 않으면서 본능을 배제하고 억제하지 못하도록 통제해야 한다. 내가 이해하는바, 보는 법을 배우는 것은 비철학적으로 말하자면 강한 의지라고 불리는 것이다. 본질적인 특징은 정확히 '의지'하지 않음에 있다. 결정을 유보할 수 있어야 한다.[25]

24 Nietzsche, *The Gay science*, sec. 319.
25 Nietzsche, *Twilight of the Idols*, "What the Germans Lack", sec. 6.

이 구절 및 이와 비슷한 다른 구절에서 니체는 권력의지의 자유로운 경험으로 향하는 길은 숙달된 주장이 아니라 수용성에 의해 성취된다고 말한다. 보는 법을 배우는 것은 우리가 누구라는 자신의 믿음을 확인하는 것이 아니라 자신의 비인격성의 경험을 포함하고 있다. 창조성의 조건은 우리의 본능과 그들의 목표가 우리의 경험에서 명백해짐에 따라 그것들에 감사하는 것을 배우는 데 있다. 니체의 주된 관심사가 자기 극복이라면, 이것은 감각적·본능적으로 생성물질의 흐름에 예민하다는 점에서 미적인 수용성의 배양을 요구한다. 그것은 내개 성찰적 사유의 총합으로 간주되는 합리적 인식에 이질적인 능력에 의존하고 있다. 이러한 방식으로 보는 법을 배우는 것은 자기 극복의 조건이지만, 이러한 '보는' 능력은 충돌들이 전체 범위의 조망을 차단하지 않을 때에 가능하다. 이러한 방식으로 주체를 개방함으로써만이 우리는 상호작용하는 충동들이 공평하고 질서 있게 행동하도록 만들 수 있다.

창조성과 비인격적 물질

우리가 우리 세계의 비인격성과 주체를 사회·심리적으로 관리할 수 있는 주된 방법은 통치자가 통치를 위해 우리에게 부과한 질서로 자신을 통제한다고 상상하는 것이다. 자크 라캉과 마찬가지로 니체도 주권이라는 환상을 폭로하고자 하면서도 동시에 그것이 가진 힘을 인정한다. 라캉처럼 니체도 우리가 알아야 할 진리가 있으며 그 진리를 아는 통치자가 있다는 믿음에 의해 우리가 통치되고 있다는 점을 논증하고 싶어 한다. 우리는 자신이 성취하고 증명해야 하는 무엇이 있으며 그것의 성공 여부를 판단할 사람이 있다는 믿음을 갖고 있다는 것이다.

아담 필립스는, 신의 죽음이 있기 전에 우리는 우리의 현재와 미래를 마치 신의 명령인 것처럼 받아들였다고 주장한다. 신의 죽음 이후에는 우리의 현재와 미래는 암시도 읽히기 시작했다고 한다. "암시는 무엇인가에 대한 암시이다. 명령은 복종하거나 거부될 수 있을 따름이다." 그러나 필립스 자신이 인정하듯이, 하나님의 죽음을 선언하는 것은 우리가 명령을 받았다는 느낌의 종료를 보장하지는 않는다. 실제로, 신의 죽음은 미지의 것에 대한 두려움을 초래하고 그러한 두려움은 "이해할 수 있는 것으로 바뀌면서 치유될 수 있기 때문에" 오히려 우리가 명령을 받고 있다는 느낌을 강화시킬 수 있다. 어린 시절부터 우리는 "모호하거나 수수께끼 같은 대상보다는 어떤 것을 쉽게 공유할 수 있게 만들고, 합의된 대상, 즉 수용 가능한 문구, 안심시키는 그림을 생산"[26]하는 것을 받아들이고 우리 자신에게 압력을 가한다. 그리고 우리가 우리 자신을 다른 사람들에게 이해시켜야 한다는 명령을 받는다고 느낌에 따라 사회적·자연적 세계의 질서가 합목적적이고 유의미한 사건과 기회로 이루어진 듯이 해석해야 한다고 강박적으로 느끼는 것이다.

니체와 프로이트로부터 발원한 비인격적 유물론의 전통에서, 세속적 사건과 정신적 삶은 결정된 목적이 없다는 바로 그 이유로 인해서 파열의 가능성이 더욱 커진다. 조나단 리어는 마음을 본질적으로 붕괴 경향이 있는 기능으로 묘사하였다. 의식적인 물질은 삶의 압박 아래 놓이기 때문에 파괴되는 경향이 있다. 삶은 단순히 "너무 과도(too much)한 것이다". 우리는 비인격적 에너지를 주체와 세계라는 안정된 관념으로 추상화하는데, 그러한 에너지가 힐끗 보일 때마다 무력

---

26 Phillips, *The Beast in the Nursery*, p. 101, 111.

감을 느끼고 자신의 나약함을 의식한다. 그러한 파괴적이며 비인간적인 에너지는 우리에게 친밀하게 존재하는 것이지만 그것의 정체를 완전히 식별할 수도 없고 통제할 수도 없다. 우리가 할 수 있는 것이란, 그와 같이 비인간적인 것을 개인화하고, 거기에 의미를 부여함으로써 그것을 우리의 것으로 만들기 위해 노력하는 것뿐이다. 그러나 우리를 떨게 만들고 뒤흔드는 그러한 과잉은 강도와 흐름을 가진 양적 에너지이기 때문에 우리의 노력은 실패할 수밖에 없다. 리어에 의하면 인간의 반복적인 무력함은 내용이 없는 어떤 사건의 반복이다. 반복적으로 발생하는 무력감은 너무 많은 에너지의 경험에서 비롯한다. 질이 없는 양의 돌출. 만약 실제로 반복이 있다면, 그것은 에너지의 돌파와 파괴를 유의미한 일상의 삶에 주입하려는 우리의 시도에 내재한다고 할 수 있다.[27]

우리가 미국의 자아심리학의 깊은 영향에 놓여 있기 때문에, 우리는 무의식적인 것이 지배하는 인간의 정신적 삶에 대한 프로이트의 심오한 비인격적 설명을 놓치기 쉽다. 『문명 속의 불만』의 첫 대목에서 프로이트는 "원래 자아는 모든 것을 포함하지만, 나중에 외부 세계로부터 자신을 분리한다"고 말했다.[28] 처음에 자아는 물질과 하나이고 그것과의 비인격적인 통일을 경험한다. 그러나 프로이트는 우리가 이러한 통일감을 회복할 수 있다고 생각하지 않으며 그것이 바람직하다고도 생각하지 않는다. 사실, 그는 그러한 통합에 대한 열망을 종교적 환상 및 비생산적이고 위험하기까지 한 형태의 퇴행과 연관시킨다. 반면 한스 로왈드는 승화의 목적이 **차이 나는** 통일성을 달성하는

27　Lear, *Happiness, Death, and the Remainders of Life*, pp. 108~109.
28　Freud, *The Standard Edition of the Complete Psychological Works*, vol. 21, p. 68.

데 있으며, 이는 자아의 발달단계와 차이를 생산하는 역전이라고 설명한다.[29] 보다 구체적으로 승화는 내부적 긴장이 제거되지 않고 "구속된"(bound) 더 복잡하고 차별화된 단일성을 달성힘으로씨 민족을 산출하는 퇴행의 일종이다.[30]『문명 속의 불만』의 도입부에서 프로이트는 퇴행적인 순간에 그러한 생산적 성과를 얻을 수 있다는 관념을 거부하는 것처럼 보인다. 그러나 로왈드(그의『에로스와 문명』에서 마르쿠제의 주장과 유사한)의 경우, 그것은 진정으로 창조적인 승화의 창안에서 생겨나는 퇴행적인 에너지와 경험에 대한 열린 수용성을 의미한다. 사실, 로왈드는 자신의 설명이 프로이트 자신보다 프로이트의 논리에 더욱 충실한 것이라고 주장했다. 로왈드가 주장한 건강한 승화의 비방어적인(nondefensive) 개념에 따르면, 더욱 가치가 있고 더욱 차별화된 에로스의 성취(『문명 속의 불만』의 후반부에서 프로이트가 언급한)는 무의식과 일차적 과정에 대한 열린 수용성에서 비롯된다. 그리고 프로이트가 이 책의 전반부에서 자신이 경험하지 못했다고 주장하면서 폄하했던 — 모든 물질로서 — 자연과의 합일의 회복(이것은 전적인 퇴행이 아니다)에서 비롯된다. 나는 로왈드가 프로이트를 더욱더 프로이트적으로 설명하였다고 생각한다. 그렇지만 그러한 이유 때문에 로왈드를 소개했던 것은 아니다. 나는 로왈드가 창조성에 대해 비인격적 물질주의의 해석을 제시하였기 때문에 그를 소개하였다.

　　우리가 자기 자신을 다른 존재와 구별되는 개별적 인격체로 상상하면서 발생하는 우여곡절의 하나는 우리가 속한 자연으로부터 자신

29　Loewald, *Sublimation*, p. 24.
30　*Ibid.*, p. 27. 신비주의적 경험과 분석적 경험 사이의 유사점과 더 나은 분화의 조건으로서 회귀의 중요성에 대해서는 핑가렛, "자아와 신비주의적 이타심"을 참조하라. 핑가렛을 참고하고 이러한 문제에 대한 지속적인 대화를 나눈 조지 슐먼(George Shulman)에게 감사드린다.

이 소외되었다는 느낌이다. 그런데 우리가 개인적 정신작용이며, 그럼으로써 우리가 대상의 세계와 마주하고 있는 개별적 주체라고 생각할 때, 상실감은 더욱 가치있고 더욱 차별화된 형태의 합일의 가능성에 대한 전주곡이 될 수 있다. 그것은 니체와 프로이트 모두 원하는 미묘한 형태의 **자연**이다. 로왈드는 "진정한 승화에서는 이러한 소외시키는 차별화가 역전되어 새로운 통합의 행동에 의해 새로운 통합이 이루어진다. 이 역전, 즉 회복된 통일성에서는, 통일의 행위에서 분리성을 포착하고 분리의 행위에서 통일성을 포착하는 분화된 통일싱(다양제)이 등장한다".[31] 이러한 이유로 승화는, 문명이 요구하는 단절이나 거짓 자아라는 성인기의 초입에서 요구되는 포기에 대한 방어가 아니라 화해가 된다.[32] 진정한 승화는 신성과 성욕, 자연과 인간, 주체와 대상, 무의식과 의식, 일차적이고 이차적인 과정 사고라는 전통적인 대립의 화해를 의미한다. 로왈드에 따르면 우리가 **자연**의 다양한 형태에 차등을 두지 않을 때 우리는 프로이트와 다윈의 통찰력에 충실할 수 있다.[33]

좀 더 전문적인 용어로 말해서, 로왈드의 승화는 대상 리비도가 나르시시즘 리비도로 변화하면서, 대상과의 관계가 정신 **내적** 관계(intrapsychic)로 변화하면서 발생한다(p. 19). 이 글에서 나는 그 과정을 이중 운동(double movement)으로 부를 것이다. 첫째, 개인적이거나 자신의 것이라 생각되는 것은 나를 위한 것도 아니고 나의 것도 아닌 지극히 비인격적인 것이라고 인정해야 한다. 그러나 이러한 낯설게 만들기의 첫 번째 운동은 두 번째 과제로 이어져야 한다. 비인격적인 것

---

31 Loewald, *Sublimation*, p. 24.

32 거짓 자아라는 첫 번째 성인기와 두 번째 성인기라는 개념에 대해서는 Holis, *The middle passage and Swamplands of the Soul*을 보라. 홀리스의 저작을 내게 소개해 준 마르틴 스라엑(Martin Srajek)에게 감사드린다.

33 Loewald, *Sublimation*, pp. 12~13.

에 대해 뚜렷하고 특개적인(singular) 관계를 달성해야 하는 것이다. 이것은 전통적으로 개인 안에 위치시키지만 아직 인식을 통해 차별화하지 않았기 때문에 개인직이라고 할 수 없는 것에 대한 관계를 밀상하는 것이다. 프로이트의 다빈치에 대한 설명처럼 나는 사랑이나 증오를 느낄지 모르지만, 나는 이러한 감정을 나 자신이나 세계의 진정한 진리로 보지 않는다. 이러한 사랑과 증오가 나를 위한 것도, 그렇다고 나의 것도 아니기 때문에 나는 비인격적 물질과의 특개적 관계를 모색할 준비가 되어 있어야 한다. 비인격적인 물질에 대한 그러한 관계는 사랑과 증오를 액면 그대로 받아들이지 않는다. 왜냐하면 나를 지배하는 우발적 필연성을 마치 내가 자유롭게 선택한 것처럼 취급하는 셈이 되기 때문이다. 우리의 자유는 우리를 움직이는 모든 것들 중에서 우리가 성취할 수 있는 순위의 순서로 나타나는데, 이는 필연적이지만 그럼에도 주어진 목적이나 의미를 위한 것이 아니다. 우리의 자유는 우리가 가치를 부여하는 것을 증명하는 행동에서 드러난다. 그러한 행동을 통해서 우리가 진정 창조적인지 아니면 우리를 만든 조건의 단순한 결과물인지의 여부가 드러난다.

창조적 주관성이 비개인적인 물질의 경험을 방어하기 위한 전략이 아니라면 그것은 무엇일까? 비방어적 승화라는 것은 비개인적 물질을 인정하면서 경험하고 그것에 자신을 내주면서 그것을 상징적으로 발화하는 것이다. 이러한 비인격적 유물론에 따르면, 주관성은 자연의 활동, 자연 자체의 창조적이면서 동시에 파괴적인 활동이다(pp. 78~81). 니체에게 깨달음은 모든 물질로서의 자연을 매 순간 인식하는 것인데, 그것이 비인격적인 물질에 대한 특개적 관계를 상징화적으로 표현할 때 행동에서 승화를 달성한다. 우리가 흔히 마음이라고 부르는 것은 간단히 말해서 물질에 작용하는 물질이다. 따라서 창조적 주관성은 자연에 **대한** 혹은 자연과 **함께하는** 인간의 행동이 **아니다**. 창조적 주관성은 말 그대로 자연선택의 표명이며, 니체가 윤리적 또는 미적 판단이라 지명하는 미묘한 형태의 **자연**이 다른 형태의 **자연**을 통해서, 또 그것들을 선택하면서 작동한다. 일단 우리가 자연이며, 우리는 오직 자연일 수밖에 없다는 사실을 인정하게 되면 우리는 더 이상 무엇이 자연적이고 **또** 무엇인 인간적인지에 대해 질문할 필요를 느끼지 못한다. 매 순간에 우리의 질문은 오로지 "우리는 말과 행동으로 자연의 어떤 부분을 선호하는가?"일 따름이다.[34] "우리가 주의를 기울여 선택하는 충동과 열정의 우선순위는 무엇인가?" 이 점에서 로왈드가 지적하듯이 승화는 이미 주어지거나 무로부터 창조된 것의 발견이 아니라 발명을 수반한다. 자연의 미묘한 뉘앙스를 표현하는 것은 이전에는 알려지지 않았던, 그러나 이전부터 항상 존재해 왔지만 인식되지 않았던 자연의 부분들의 조합을 형성한다. 비방어적 승화는 모든 것을 포용하고 통합하는 비개인적인 물질을 암시하는 것이다.[35] 삶의 초기 단계에서 거짓 자아의 발달은 우리로 하여금 모든 비인격적인 물질로서의 자연의 포괄적 일체성을 포기하도록 요구한다. 하지만, 우리가 운이 좋은 사람들 중 하나라면, 자아 발달의 후기 단계들은 비인격적인 물질에 대한 특개적이고 차별화된 상징화를 성취할 수 있다.[36] 우리는 항상 비개인적인 물질로 존재해 왔다. 그러나 우리는 오직 그것의 더 차별화된 형태로부터 출발하고 **또** 그러한 차별화된 형태를 향해 나아가면서만 이 자연을 경험하고 상징화하게 된다. 아마도 이것이 니체가 차라투스트라로 하여금 "이 가장 정직한 존재인 자아는 시를 짓고 환호

---

34 Phillips, *Darwin's Worms*, p. 6. 또한 pp. 3~63를 보자.

35 Loewald, *Sublimation*, p. 76.

36 주 32를 보라.

하며 날개가 부러진 채 펄럭일 때에도 몸을 말하고 여전히 몸을 원한다"고 선언하게 하는 이유일 것이다. "이 자아는 더 정직하게 말하는 법을 배운다. 그리고 더 많이 배울수록 자아는 몸과 땅을 위해 더 많은 어휘와 명예를 발견한다."[37]

37 Nietzsche, *Thus Spoke Zarathustra*, part 1, "Despisers of the Body".

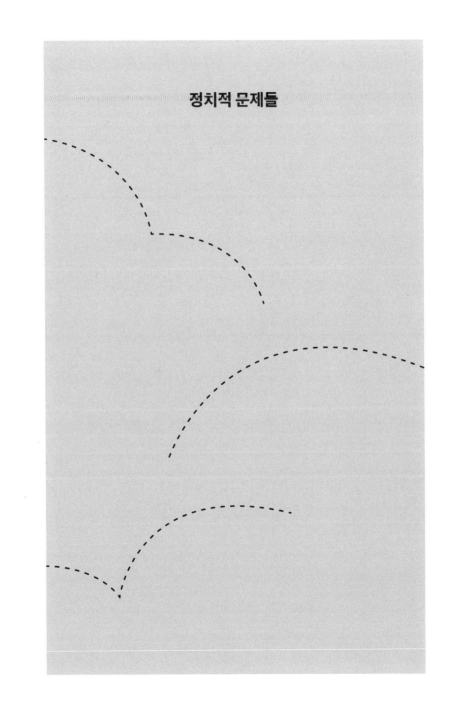

정치적 문제들

페미니즘, 유물론, 그리고 자유

엘리자베스 그로츠

자율성과 행위성, 그리고 자유의 개념은 20세기 이후 주체성을 이해하는 중심 용어가 되었다. 이 개념들은 시몬 드 보부아르의 저술들 안에서 이론적으로 재분출된 이래 페미니즘 정치학의 중심에 자리해 왔다. 하지만 이 개념들은 페미니즘 이론 안에서 계속 환기시켜지는 반면에, 좀처럼 정의되고 설명되고 또는 분석되지는 않았다. 대신 그것들은 순전히 페미니즘적인 질문들을 향한 정치를 위해서뿐만 아니라 계급, 인종 또는 국가와 인송 분쟁을 향한 어떤 정치에 대해서도 일종의 자유에 대한 주문, 당연한 이념으로서 기능해 왔다. 나는 이 에세이에서 주체성 또는 정체성을 규정하기 위해 매우 흔하게 사용되는 이 용어들을 개방하고, 페미니즘과 다른 정치 담론 속 일반적 사용을 문제시하며, 페미니스트들은 거의 사용하지 않지만 그런 개념들을 도덕적 이념보다는 존재론적 조건으로 만들고 활성화시키는 철학적 전통의 측면에서 그것들을 재구성할 것을 제안한다.

나는 자유와 자율성의 질문들이 (억압적인 또는 지배적인) 타자에 대해 작동하는 박탈적 권능과 치유 불가능하게 결합돼 있는 철학 전통, 즉 헤겔로부터 시작되어 마르크시즘을 거쳐 실존주의, 구조주의,

후기구조주의에 영향을 주고 변화시키며, 주체와 관련해 대부분 동시대 페미니즘 형식들에 매우 커다란 영향을 끼쳐 온 변증법적 현상학 전통에 의존하지 않는다고 본다. 대신 나는 페미니스트들이 회피하곤 하는 더욱 고전적이고 더욱 근대적인 전통, 즉 생철학, 생물학의 철학, 자연철학에 의지하고 싶다. 이런 철학들은 소크라테스 이전 철학자들에 의해 어느 정도 시작됐지만 주로 19세기에 다윈, 니체, 그리고 베르그송의 텍스트들을 통해서 전면적으로 상술됐으며 20세기 초반 수십 년간 번성했다.

여기서 나는 자유와 자율성 그리고 심지어 주체성 같은 개념들을 지난 세기 주체와 사회집단의 주권과 권리에 대한 정치철학 담론, 그리고 자유주의와 역사 유물론, 그리고 포스트모더니즘 간의 논쟁을 통해 일반화된 것이 아니라 존재론적이고, 심지어 형이상학적인 용어들로서 재사유하려고 시도할 것이다. 그렇게 함으로써 나는 보부아르 이래 페미니즘을 특징지어 온 인식 패러다임의 구속을 넘어서서 주체성을 다시 생각하도록 페미니즘 사상을 위한 새 원천, 새 개념, 그리고 새 질문을 제공하길 희망한다. 자유롭거나 자율적인 것으로서의 주체성과 의식에 대한 어떤 이해에 물질의 중심성을 상술하면서 우리는 주체성을 오직 이성과 권리, 그리고 인식의 획득을 통해서 행위성과 자유의 영역으로 여겨 온 사유의 전통 바깥을 바라볼 필요가 있다. 즉 오직 주체 바깥의 사회적·문화적 또는 동일시적 힘들의 작동을 통해서만 보는 것이다.

따라서 나는 페미니즘 및 여타 반억압적 투쟁과 담론에서 보통 그렇듯이, 자유의 문제를 해방의 개념 또는 억압적이거나 불공정한 형태의 구속 또는 제한으로부터 해방되는 것, 아니면 이를 제거하는 것으로 이해하는 것과 결부시키지 않는다. 대신 나는 그 안에서 자유가 구속이나 압제의 제거일 뿐만 아니라 더욱 적극적으로 삶의 활동의 조건 또는 활동을 위한 능력으로 여기지는 삶, 벌거벗은 삶의 개념을 발전시킨다. 그렇게 함으로써, 나는 '~로부터의 자유'의 개념 측면이 아닌 '~를 향한 자유'의 측면에서 자유와 행위성, 그리고 자율성에 대한 나의 이해를 상술하고 설명하고자 한다. '~로부터의 자유'에서 자유는 구속의 제거로서 부정적으로 이해되는 데에 반해, '~를 향한 자유'는 자유를 행동을 위한 능력으로서 긍정적으로 이해하는 것이다. 나는 이것이 자유의 개념을 탈정치화하는 것이 아니라 이 개념에 다른 다양한 정치적 동맹과 연합, 그리고 주체성에 대한 다른 이해를 제공해 줄 다른 맥락 안에서 재구성하는 것이라고 생각한다.

물론 '~로부터의 자유'와 '~를 향한 자유' 사이의 차이는 길고 화려한 역사를 지닌다. 미셸 푸코의 계보학적 저술들 안에서 이에 대한 가장 최신 표현을 발견할 수 있을 것이다. 푸코는 부정적이거나 억압적인 권력 가설을 생산하거나 가능하게 하는 것으로서의 권력에 대한 긍정적인 이해로부터 이를 구별하면서, 니체가 반동적 군중 도덕성의 타율성, 그리고 타자와 그 구속은 상관하지 않고 오직 자신의 능력과 자기 힘의 완전한 선언을 향하는, 능동적이거나 고결한 도덕성의 자기-선언을 구별한 것에 크게 의존한다. 대개는 '~로부터의 자유'와 '~를 향한 자유' 사이의 구별은, 한편으로는 타자와 공유된 존재 그리고 주체에 대한 타자의 권력과 밀접한 자유 개념, 그리고 다른 한편으로는 오직 자신의 행동들 및 그 조건과 결과로만 향하는 자유와 상관된다. 페미니즘 이론은 여성들이 가부장제와 인종주의, 식민주의 그리고 이성애를 규범으로 단정하는 구속으로부터 자유를 획득하는 것에 대한 전통적인 집중을 통해서 최상의 도움을 받았는가? 아니면 무엇이 여성 주체(또는 페미니스트)인지 그리고 여성 주체가 무엇을 만들 수 있고 할 수 있는지를 탐색함으로써 그랬는가? 그 물질성에 대한 몰입을 통해서 주체의 자유를 탐색하는 데에 달려 있는 것은 이러한 무엇보다 중요하고 광범위한 질문이다. 이 질문은 페미니즘을 훨씬 넘어 현대 정치가 직면한 헤아릴 수 없는 딜레마 중 하나이다.

나의 의도는 '~로부터의 자유' 개념에 대한 비판을 제시하려는 것이 아니다. 이 개념은 분명히 어떤 정치적 적절성을 지니기 때문이다.[1] 하지만 그 적절성이 과장되어서는 안 된다. 만약 자유가 단지 이런 자유의 부정적 개념에만 묶인 채로 있다면, 자유는 새로운 것의 발명에 접근하고 현존하는 것을 이에 개방하는 대신에 현존하고 우세하며, 제한하는 세력들에 의해 제공되는 선택들이나 대안들에 묶인 채 남게 된다. 다시 말해서, '~로부터 자유'는 주체성과 행위성 그리고 자율성 같은 개념들을 이해하기 위해 분명히 필요하긴 하지만, 충분하지는 않다. 이는 미래의 활동을 위한 어떤 긍정적인 방향을 제공하지는 못한 채 기껏해야 과거의 잘못들을 다루고 고치려고 시도하기 때문이다. 이에 따르면 일단 주체가 속박과 금지, 부정적인 제한을 받아 자유가 박탈되면, 천부적이거나 당연히 주어진 자율성은 보전되게 된다. 만약 외부적 간섭이 최소화될 수 있다면 주체는 자기 자신이 될 수 있고, 자신으로서 남을 수 있게 되며, 그 주어진 자유를 행사할 수 있다. 자유

---

1 창조하고 만들고 또는 생산할 자유는 어느 정도 제약이 부재해야만 획득될 수 있는 사치인 것은 완벽히 명백하다. 하지만 노예제의 가장 극단적인 경우들, 그리고 최근 국제적으로 경험된 종류의 정치적 또는 자연적 재해의 상황들에서조차 언제나 혁신을 위한 작은 공간이 있으며 단지 반응만 있지는 않다. 대량 학살 투쟁, 장기간 감금과 강제수용소와 전쟁포로 수용소의 공포, 그리고 자연적·사회적 재해 상황에서의 장기간 사회적 공존의 전망에 대해 주목할 만하게 남아 있는 점은 제약받는 자들의 활동의 발명성이다. 즉 소수의 감춰진 예술과 문학, 기술과 도구, 소통망 그리고 정보의 전달이 번창한 것이다. 제약의 극단적 상황에 대해 가장 놀라운 것은 "~로부터의 자유"를 요청하는 자들이 "~를 향한 자유"를 배제하지 않고 단지 그것을 끌어들인다는 사실이다.

는, 긍정적인 행동이 선언되기보다는 부정적인 간섭을 최소화시키는 권리와 법, 규율을 통해서 획득된다.

　나는 '~를 향한 자유'의 전통에 집중하고 싶다. '~를 향한 자유'는 주체성과 행위성 그리고 자율성의 페미니즘 개념에서 쟁점이 되는 것을 더욱 명시적이고 분명하게 만드는 데도 불구하고 페미니즘과 다른 급진적 정치투쟁에서 무시되어 온 경향이 있다. 니체와 푸코는 자유의 긍정적인 개념, 즉 행동하는 능력, 심지어 자신이 외부적 세력에 의해 만들어지면서도 자신을 만들기 위해 행동 중인 능력으로서의 자유에 대한 가장 분명하고 명시적인 제안자들이다. 하지만 (내가 다른 곳에서 그랬듯이)[2] 이 연결망을 논술하기 위해 니체와 푸코에게 의존하기보다는 나는 페미니즘과 많은 포스트모던 연구에서 완전히 소홀히 여겨진 인물, 앙리 베르그송의 업적을 바라보고자 한다. 베르그송의 자유에 대한 이해는 주목할 만하게 미묘하고 복잡하며 주체성과 정치의 개방성, 그리고 그것들의 각 과거 또는 역사와의 통합과 응집을 이해하는 새로운 방식들을 제공할 수 있다.[3]

　나는 베르그송이 권리와 인정을 위한 투쟁 중심의 다양한 과제들을 더욱 명백히 지지하는 평등주의 페미니즘보다 차이의 페미니즘과 더욱 일치하는 주체성과 행위성, 그리고 자유에 대한 이해를 우리가 논술하도록 도울 수 있다고 믿는다. 이런 의미에서, 비록 이리가레의 저술들과 베르그송의 저술들 사이에 직접적인 연결성이 없음에도 불구하고 어떤 베르그송의 개념들은 단지 생성되는 과정 중에 있는 주

2　*Volatile Bodies*(1994)뿐만 아니라 *The Nick of Time*(2004)에서도.

3　그동안 베르그송에 대한 몇 가지의 페미니즘 텍스트들이 있었다. 특히 올코우스키(Olkowski)의 "The End of Phenomenology" 그리고 힐(Hill)의 "Interval, Sexual Difference"를 보라.

체, 즉 주체가-되고자 하는-자(a subject-to-be, 여성 주체)에게 자율성
은 어떤 것일지에 대한 이리가레의 이해를 설명하도록 도울 수 있다.[4]
베르그송은 주체성과 자유가 언제나 생명과 비생명이 공유하는 물질
성, 지금까지 페미니즘 사유에 지대한 영향력으로 남아 있는 대안적
전통들 속에서 제대로 다뤄지지 않은 물질성 안에서만 그리고 이 물질
성을 통해서만 시행되는 방식을 재사유하도록 도울 수 있다.

베르그송과 자유

자유, 그리고 자유의 주체성과의 연관에 대한 베르그송의 이해는 그
의 첫 주요 저작인 『시간과 자유의지』에서 맨 처음 논술된다. 이 책은
이후 『물질과 기억』 그리고 『창조적 진화』에서 그의 분석의 중심이 될
지속과 공간에 대한 그의 개념을 개설할 뿐만 아니라 그의 작업을 자
유의지와 결정론 사이의 전통 형이상학적 대립 안에 내장시킨다. 이러
한 대립은 아이러니하게도 현대 페미니즘 내부에서조차 여전히 집요
하게 나타나는 오래된 논쟁이다. 자유에 대한 그의 이해는, 지각과 생
명 그리고 직관에 대한 그의 개념들이 그렇듯이, 서구 사상의 대부분
을 특징짓는 전통적인 이분법적 구분 바깥에 그리고 너머에 자리한다.

　　베르그송은 자유의지와 결정론에 대한 전통적 논쟁에서 양쪽 견
해는 많은 문제적 수행을 공유한다고 주장한다. 둘 다 주체가 이용 가
능한 선택들이나 대안들, 그리고 주체 자신의 진행 중인 자기-정체성
으로부터 분리되거나 불연속적이라고 간주한다. 현재의 원인들과 미
래의 결과들 사이의 근본적인 연속성(원인이 주체 내부적인 것, 또는
외부적인 것으로 여겨질지가 결정론자와 자유의지론자의 입장을 각각

4　이리가레는 페미니스트 평등주의 프로젝트에 대한 자신의 반박과 이 프로젝트와 자신
　의 차이를 "Equal to Whom?"에서 논술한다.

정의 내리는 경향이 있다). 그리고 원인과 결과 사이의 원자적인 분리 또는 논리적 구분, 다시 말해, 모든 대립적이거나 이분법적 구분에서 그렇듯이 자유의지/결정론 논쟁의 양측 견해들은 문제적이며 자신들이 대립한다고 여기게 만드는 근본 전제들을 공유한다.[5] 모든 대립적 구조에 대해 그렇듯이, 우리는 양쪽 견해가 그 상반성에도 불구하고 공통적으로 지니는 것, 그리고 그들의 한계를 초과하고 제약 바깥에서 기능하는 것을 설명해 줄 중요한 어떤 것을 발견할 필요가 있다.

강경 결정론자들에게 있어서는, 만약 누군가 선행 사건들, 즉 원인에 대한 상세한 지식을 정확하게 갖고 있다면, 그는 이러한 원인이 물질적이고 외적이든 또는 심리적이고 내적이든 상관없이 그 결과가 어떨지 절대적으로 확실하게 예언할 수 있을 것이다. 그것이 가장 최근 구체화된 예로, 결정론은 원인이, 몸과 그 행동의 집단 조절의 효과로서, 아니면 더욱 미시적인 분자 운동과 뇌 구조, 또는 각 세포의 훨씬 더 극소한 염색체 구조의 결과로서, 살아 있는 유기체 내부에서 머물 수 있다고 단언한다. ("게이 두뇌"[6], "게이 유전자" 또는 너무 인접한 퀴어 생활 방식에 의한 "오염"을 통한 퀴어의 구성에 대한 최근 담론들은 단지 이런 오랜 논쟁의 현대 버전일 뿐이다.) 이 입장의 각 변주 위에 놓여 있는 것은 만약 우리가 뇌 구조나 유전적 또는 행동적 패턴을 충분

5 실제로 베르그송은, 자유의지론자와 결정론자는 모두 동어반복, 사실상 상보적인 동어 반복에 전념한다고 주장한다. "결정론들의 주장은 이런 미숙한 형태를 가정한다. '행동은, 일단 수행되면, 수행된 것이다.' 그리고 그 반대편은 답변한다. '행동은, 수행되기 이전에는, 아직 수행되지 않았다.' 다시 말해서, 자유의 문제는 그것이 시작돼야만 하는 정확한 지점인 이런 논의 이후로 남게 된다. 우리는 이에 놀라야만 하지도 않다. 자유는 행동 자체의 어떤 그늘이나 특성 안에서 찾아져야만 하지 이 행동이 무엇이 아니거나 무엇이었는지에 대한 관계 속에서 찾아지지 않기 때문이다"(Bergson, *Time and Free Will*, p. 182).
6 LeVay, *Queer Science*를 볼 것.

히 자세히 알 수 있다면, 우리는 그것이 범죄적이든 성적이든 또는 문화적이든 미래의 행동을 예언할 수 있다는 믿음이다.

다른 한쪽에는 자유의지론 입장이 있다. 이들은 비록 결정론이 인간 주체 영역에서 물질적 질서를 규율할지라도 주어진 원인으로부터 결과의 본질적 예측 불가능성이 있다고 주장한다. 만약 다양한 선택지나 대안들이 있다면, 어느 것이 선택될지 예측 불가능하다. 그것은 열려 있거나 자유로운 행동이다. 반결정론자 입장에서 자유는, 정확히 동일한 조건에서조차 다르게 이뤄졌을 수 있는 행동의 수행으로 이해된다. 자유의지론자와 결정론자는 대안들이 제시되고 하나가 선택되기 전후에 주체가 동일한 주체, 동일한 독립 개체라는 믿음을 공유한다. 주체는 심지어 특정한 경로를 선택한 이후에도, 그 경로를 검토하고 정확히 동일한 방식으로 같은 선택을 하거나(결정주의자 입장), 또는 동일한 상황에서조차 다른 선택을 할 수 있다(자유의지론자 입장). 두 입장 모두에서, 선택지들 중 하나를 택하는 것은 다른 선택들의 존재를 폐지하지 않고 본래대로 두어 다시 선택을 받을 수 있게 (또는 받지 못하게) 한다.

자유의 문제에 대한 베르그송의 입장은 결정론자 또는 자유의지론자보다 더욱 복잡하다. 베르그송에게 그것은 주체가 자유롭다 또는 자유롭지 않다는 문제가 아니다. 그것은 그 행위자와의 일치를 표현하면서 (또는 하지 않으면서) 자유로운 (또는 자동화된), 그리고 자유로운 행동들의 질적 특성을 지닌 (또는 결여한) **행동들**의 문제이다. "오직 자아만이 그 행동의 저자였으며, 그리고 […] 그 행동이 자아의 전체를 표현할" 정도로 행동이 자유로운 것이다.[7] 베르그송의 입장은 매

---

7   Bergson, *Time and Free Will*, pp. 165~166.

혹적이고 향수적으로 형이상학적이고 놀랍도록 단순하다. 자유로운 행동은 (주체의 어떤 심리적 상태 또는 주체를 둘러싼 어떤 조종된 행동으로부터가 아니라) 오직 주체로부터 발생하는 것이다. 자유로운 행동은 주체 안에서 또는 주체를 통해서 발생할 뿐만 아니라 그 주체의 **모든 것**을 표현한다. 다시 말해, 그것은 주체가 누구인지 또는 무엇인지에 필수적이다.

이런 이해 속에서는, 주체가 동일한 선택을 다시 할 것인가 아닌가라는 질문은 잘못 제기된 것이다. 그런 상황은 비현실적이고 불가능하다. 주체가 동일하지 않기 때문에, 최소한 정확한 상황이 되풀이될 수는 없다. 불가피하게 주체는 변했고, 나이가 들었으며, 앞서 내린 결정들에 영향을 받았고, 이전 선택을 알고 있다. 만약 특정 선택을 재생하는 데에 있어 주체가 절대적으로 동일하다면 결정론자의 입장도 자유의지론자의 입장도 확언되지 않을 것이다. 우리가 할 수 있는 말은 주체가 자아-동일적인 주체라는 것이 전부이다. 하지만 심지어 결정론자가 지지하는 사례, 즉 최면에 걸린 주체의 경우에도, 행동이 수행되거나 착수되려면 제안을 통해 수행된 행동이 행위자의 인생사 속에 합리화되고 통합되며, 행위자의 모든 다른 행동들에 질적으로 삽입돼야만 하는 한, 자유의 척도는 존재한다.[8]

가장 구속받고 조종받는 상황에서조차 한 사람의 의지는 다른 사

---

8 "빗방울들이 호수의 물과 그렇듯이 결코 모든 의식적 상태들이 서로 섞이는 것은 아니기 때문이다. 자아는, 그것이 동질적 공간과 상관되는 한, 일종의 표면 위에서 전개되며, 이 표면 위에서 독립적 성장이 형성되고 떠다닐 수 있다. 따라서 최면적 상태에서 받아들여진 제안은 일단의 의식의 상태들에 통합되지 않고 그 자신의 생명을 지닌 채 자기 시간이 오면 전체 인격을 빼앗을 것이다. 어떤 우연한 상황에 의해 돋우어진 폭력적인 분노, 유기체의 모호한 깊이로부터 의식의 표면으로 갑자기 나타난 세습적 악덕은 거의 최면적 제안처럼 행동할 것이다."(*Ibid.*, p. 166).

람의 의지에 의식적인 깨달음 없이 강제된다. 베르그송은 그럼에도 불구하고 주체의 현재 행동과, 그리고 그것을 준비하고 가능하도록 만든 앞선 일련의 연결성 사이의 소급적인 응집력이 있다고 주장한다. 이런 경우에도, 심리적 삶에서는 서로 외부적 관계에 있는 물질적 사물들을 특징짓는 결과로부터 원인을 논리적으로 분리할 수 없기 때문에 우리가 원인과 결과 사이의 차이를 분별할 수 있는 것은, 그 행동이 완성된 이후에 오직 소급적으로만 가능하다. 베르그송은 주장하길, 심리적 삶을 특징짓는 것은 부분들을 (이 경우, 심리적 상태들을) 나란히 놓는 능력이 아니다. 이것은 살아있는 존재에게 불가능하거나 체험되지 않는 공간적 질서이기 때문이다. 중요한 것은 시간 속에서 존재의 일관성과 내재적 몰입을 성취하는 것이다. 심리적 상태들은 부분들이 없기 때문에 사물들과 같지 않고, 직접 비교될 수도, 크기나 정도를 허용할 수도 없다.

심리 상태는 다음과 같은 세 가지 적절한 특성을 지닌다. (a) 심리 상태는 언제나 질적이므로, 외부적 기준의 부과 없이는 측정될 수 없다. (이것은 이미 심리적 결정론을 일관되지 않은 입장으로 만든다. 만약 원인이 측정될 수도 정확히 산정될 수도 없다면, 설사 결정론이 원칙적으로 정확하다고 할지라도, 역설적으로 그 가장 명시적인 목표-예언을 달성하지 못한 채 남는다.)[9] (b) 심리 상태는 구별과 대립, 범주, 또는 정체성이 아니라 "혼합 또는 상호 침투"를 통해서,[10] 상태들 사이의 또는 과정들 사이의 연속성을 발생시키고 그것들의 병치를 불가능하게 만드

---

9 "여기서 그 종류가 독특한 원인들은 그 효과의 일부이고 효과와 함께 존재하게 되었으며, 그 원인들이 효과를 결정하는 만큼 효과에 의해 결정된다"(Bergson, *Creative Evolution*, p. 164).

10 Bergson, *Time and Free Will*, p. 163.

는 몰입이나 침투를 통해서 기능한다. (이것이 베르그송이 연상심리학을 비판하는 근거이다.)[11] (c) 심리 상태는 사유, 특히 과학적이거나 도구적인 사유를 일반적으로 규율하는 인습적인 공간화 양식들, 즉 부분으로 나누어 분석하는 어떤 양식을 통해서가 아니라 오직 지속 안에서 창발하고 이해될 수 있다. 부분, 요소, 그리고 상태는 오직 공간적 범주 또는 용어로서만 분별할 수 있다. 이런 속성이나 구분은 삶과 의식의 연속성에 부여될 수 있지만 그것으로부터 발생하지는 않는다. 삶은 존재인 만큼 생성이기 때문이다. 비록 우리가 지도로 그릴 수 있는 공간적 구조의 기하학보다 지속적 유동을 덜 보거나 이해할 수 있지만 삶은 공간적인 만큼 지속적이다.

베르그송에게, 최소한 그의 초기 업적에서, 자유로운 행동이 예기치 않은 즉흥적인 때조차 그것이 그 주체의 전체를 표현하는 한 자유로운 행동은 주체로부터 분출된다. "우리 행동이 우리의 전 인격으로부터 일어날 때, 우리 행동이 전 인격을 표현할 때, 때때로 예술가와 그 작품 사이에 발견되는 정의할 수 없는 닮음이 우리 행동과 전 인격 사이에 있을 때 우리는 자유롭다"(p. 172). 행동이 그 주체를 표현하고 닮는 한 행동은 자유롭다. 주체가 언제나 동일하고, 하나의 본질, 하나의 정체성이어서가 아니라 주체가 그 행동을 통해 변모되고 활동하고, 생성되는 한 그렇다. "우리가 우리의 성격을 자유롭게 바꿀 수 있는지 묻는 사람들은 (이러한) 반론에 스스로를 개방하는 것이다. 분명히 우리 성격은 감지 불가능하게 매일 변하고 있으며, 만약 이러한 새로운

---

11 "우리가 표면 아래를 파서 진정한 자아에 도달하는 것에 비례해서, 의식의 상태들은 나란히 놓이길 그치고 서로에게 침투하고 녹아들기 시작하며, 각 상태는 다른 상태들의 색채를 띤다. 따라서 우리 각자는 자신만의 사랑하고 미워하는 방식을 지닌다. 그리고 이 사랑 또는 미움은 그 자신의 전체 인격을 반영한다"(*Ibid.*, p. 164).

획득이 우리 자아에 접목되고서 섞이지는 못하면 우리의 자유는 고통받을 것이다. 하지만 이 혼합이 발생하자마자 우리는 우리 성격 속에 잇달아 발생해 온 변화가 우리에게 속하며, 우리가 그것을 전유해 왔다는 사실을 인정해야만 한다"(p. 172).

베르그송의 요지는 자유로운 행동은 우리로부터 또는 우리를 통해서 나온다는 것이다. (어디에서 그 행동의 추진력이 기원하는지가 중요한 문제인지는 분명하지 않다. 중요한 것은 그것이 주체의 역사와 연속성에 소급적으로 통합되는 방식이다.) 더욱 중요한 것은, 만약 그로부터 행동이 발생하는 이 주체가 결코 동일하지 않고, 결코 자아-동일적이지 않으며, 한때 주체가 무엇이었고 지금 주체가 무엇인가가 아니라 언제나 감지 불가능하게 생성되고 있는 것이라면, 착수된 자유로운 행위는 우리를 변모시키는 것이며, 그것이 우리를 변화시키는 그 과정 속에서 우리는 우리의 생성으로 통합될 수 있는 것이다. 자유로운 행위는 우리를 표현하기도 하고 우리를 변모시키기도 하며, 우리의 변모를 표현하는 것이다.

결정론자와 자유의지론자 모두 오해하는 것은 **가능성**의 개념 자체이다. 결정론자는 주어진 조건들 또는 어떤 주어진 주체에 대한 선행 사건들로부터 벌어질 수 있는 오직 하나의 가능한 행동만 있다고 추정한다. 반면에 자유의지론자는 주어진 조건들이나 선행 사건들의 결과로 일어날 수 있는 몇 가지 다른 행동들이 있을 수 있다고 추정한다. 만약 X와 Y, 두 가지 가능한 결과가 있다면, 결정론자는 사실 오직 하나만 가능했다고 추정한다. 반대로, 자유의지론자는 둘 다 실제로 가능했다고 추정한다. 두 견해 모두 두 선택은 어떤 추상적 가능성으로서 그 자체로 존재하지 않기 때문에 결코 동등한 가치가 아니라는 것을 이해하지 못한다. 만약 우리가 가능한 것(the possible)과 가상적인 것(the virtual) 사이의 베르그송의 유명한 구별을 따른다면,[12] 가능한 것은 기껏해야 실재의 회고적인 투사에 불과하다. 즉 스스로 영원하고, 항상적이고, 가능하다고 상상하길 원하지만, 오직 변별화의 예측할 수 없는 노역과 수고, 그 전제 조건을 초과하는 후생적 발생을 통해서만 실재가 된 것이다. 오직 어떤 예술 작품, 개념, 공식 또는 행동 이후에야 그것은 실재이며 우리가 그것이 가능했음에 틀림없고, 그것이 이용 가능한 선택들 중 하나였다고 말할 수 있는 현실성을 지녀 온 것이다. 그 가능성은 오직 그 현실성으로부터만 찾아질 수 있다. 가능한 것은 결코 현실적인 것을 예시하지 않으며, 단지 사후적 그림자로서 동반하기 때문이다. 따라서 비록 우리가 X와 Y가 동등하게 가능하다고 (또는 동등하지 않게 가능하다고) 단정할지라도, 오직 그것들 중 하나가 현실화되거나 선택된 이후에야 우리는 그것을 바람직하게 만든 이유들과 원인들 또는 설명들의 경로를 알 수 있다.[13] 오직 선택들 중 하나가 선택된 이후에야 우리는 택해지지 않은 선택이 그 가능성으로서 보전되지 않고 완전히 용해되어 단지 회상 또는 투영이 돼 버린다는 사실을 알 수 있다.

베르그송은 선택의 문제, 대안의 작동, 주체 바깥의 그리고 그 또는 그녀가 독립적으로 이용 가능한 선택지의 선정과는 근본적으로 연결되지 않는 자유에 대한 이해를 제공해 왔다.

---

12 Bergson, *The Creative Mind* 중 "The Possible and the Real"을 볼 것.
13 현실은 예측 불가능하고 새로운 어떤 것으로서 창조됐기 때문에, 그 이미지는 불확정한 과거 속으로 반영된다. 따라서 현실은 그것이 예전부터 가능해 왔지만 언제나 가능하기 시작한 것은 바로 정확히 이 순간이라는 사실을 발견한다. 이것이 내가 현실은 가능하지만 그것이 언제나 가능하길 시작하는 것은 정확히 바로 이 순간이며, 그것이 내가 그 현실보다 앞서지 않는 그러한 가능성이 일단 현실이 나타났을 때 현실보다 앞섰을 것이라고 말한 이유이다. 그러므로 가능한 것은 과거 속 현재의 신기루이다"(Bergson, *The Creative Mind*, p. 119).

그것은 선택의 자유, 소비의 자유, 객체의 획득과 연결된 자유가 아니라 무엇보다 능동적인 자아, 육체화된 존재, 그리고 다른 존재들과 사물들의 세계 속에서 행동하는 존재와 연결된 행동의 자유이다. 행동들이 착수되면, 그 행위자들을 변모시켜서 그 행위자가 취했던 경로들은 추상적이거나 재구성 중인 경우 외에는 더 이상 그 또는 그녀가 이용할 수 없다. 사실, 그 행동이 실행될 때까지는 어떤 가능한 행동에 대한 경로도 없으며(이것이 어떤 행동이 가능하지만 현실이 아닌 채로 남는 이유이다), 그 경로는 현실성이 아니라 오직 재구성 안에서만 존재한다. 그 경로는 오직 움직임이 완성된 이후에만 그려질 수 있다. 일단 그 행동이 수행되면, 우리는 그 수행의 과정 중에 나눠지지 않고 분석될 수 없고 놀라우며 전적으로 우발적으로 남아 있는 것을 나누고 분석하고 평가하며 필요에 따라 다룰 수 있다. 그 행동은, 일단 수행되고, 일단 현실화되면, 그 수행의 비결정성과는 다르다.

게다가, 베르그송의 자유에 대한 이해는 자유 그리고 주체의 내적 구성 또는 선험적 권리 사이의 친밀한 연결을 해체시킨다. 자유는 현상학 전통 내에서 암시되듯이 인간 주체의 어떤 특질 또는 속성이 아니라, 어떤 과정, 어떤 행동, 특정한 특성이 없는 어떤 움직임의 성격을 나타낼 수 있을 뿐이다. 자유는 어떤 주어진 내용물도 지니지 않는다. 자유는 정의될 수 없다. "자유에 대한 어떤 긍정적인 정의도 결정론의 승리를 보장할 것이다."[14] 그 이유는 어느 정도는 자유가 그 실행으로부터 독립적으로 존재하는 속성, 특성 또는 능력이 아니기 때문이다. 주체가 자유롭거나 또는 자유롭지 않는 것이 아니라 행동들, 즉 살아 있는 존재들에 의해 개시된 행동들이 때때로 그러한 자유를 표현하

14 Bedrgson, *Time and Free Will*, p. 220.

는 것이다. 자유는 정도의 문제이고 오직 누군가 자기 존재의 전부로써 행동하는 그 행동들의 특징을 이루며 그 과정 속에서 그 행동들은 그 존재를 변모시킬 수 있는 능력이 있게 된다. 우리의 행동이 우리 상황과 우리 자신의 입장의 독특성을 그런 친밀한 강도로써 표현하는 것은 드물다.[15] 하지만 자유가 최대한 강하게 표현되는 것은 이러한 순간들이다.

따라서 오직 관례화되거나 습관화된 활동을 배경으로 살아 있는 존재의 '자율성'을 통해서만 기능할 수 있다는 의미에서 자유는 규칙이라기보다는 예외이다. 오로지 일상의 대부분이 일종의 반사 또는 습관에 의해 자동성을 통해 수용되는 한에서만 자유로운 행동들은 그 저자 또는 행위자에게 강력하고 미학-도덕적인 힘 그리고 그 효력을 끼친다. 연상심리학과 결정론은 의식적인 삶에서 그 적절성을 지닌다. 이들은 일상 행위의 자동화된 기질에 대한 설명을 제공한다. 이 설명은 성취된 행동에 대한 개연론적인 보증을 해 준다. 오직 이러한 추정되거나 당연시되는 세부 사항들을 배경으로 해야만 자유로운 행동이 분출될 수 있다.[16] 경직된 결정론 또는 자유의지론의 무의미하고 목표가 불분명한 개방성 대신에 베르그송은 삶의 결정적 특징 그리고 자유

---

15 "사실, 자유로운 결정을 일으키는 것은 전체 영혼이다. 행동과 연결된 일련의 역동적인 것들이 더욱 근본적 자아인 경향이 클수록 그 행동은 더욱 자유로울 것이다. 그렇게 이해하면, 그들이 하는 것을 통제하고 추론하는 것을 하는 버릇이 있는 사람들 입장에서조차 자유로운 행동은 예외적이다"(*Ibid.*, p. 167).

16 "연상심리학 이론이 적용될 수 있는 것은 매우 많지만 대부분 중요하지 않은 이런 행위들이다. 그것들은, 모두 함께 고려될 때, 우리의 자유로운 행동의 근거이며, 이 행동에 대해 그것들은 우리 의식적 삶의 전체와의 관련 안에서 우리의 유기적 기능들과 동일한 역할을 행한다. 게다가 우리는 더욱 심각한 상황에서 우리 자유를 자주 단념하며, 우리의 전체 인격이 진동해야만 할 때 우리가 그 경로를 달리는 이 동일한 국소적 과정을 게으름 또는 나태에 의해 허락한다는 것을 결정론에 부여한다"(*Ibid.*, p. 169).

를 위한 조건으로서의 비결정성을 주장한다. "우리가 인습적으로 동기라고 불리는 것에 반항하면서 선택을 하는 것은 타자들에 대한 그리고 우리들 자신에 대한 우리의 명성에 있어 결정적인 거대하고 엄숙한 위기일 때이다. 그리고 우리의 자유가 깊어질수록 이러한 어떤 유형적인 이유의 부재는 더욱 현저하다."(p. 170)

자유와 물질성

베르그송은 그의 후기 저작들에서는, 그의 초기 저작 『시간과 자유의지』에서 그랬듯이, 자아의 독점적인 속성으로서의 자유에는 덜 집중하고, 유기체와 비유기체 사이의 구별의 의식적인 측면이 단 한사람에게 집중되는, 유기체와 비유기체 사이의 관계들, 즉 물질의 저항과의 만남을 통한 자유의 내적인 구성에 더욱 집중한다.[17] 만약 자유가 주체보다는 행동 안에 위치한다면 행동하는 능력과 행동의 효과성은 많은 정도 그 자신의 목적과 이해를 위해 물질을 이용하고 활용하는 능력에 의해 구성된다. 자유는 주체 안의 본질적인 초월적 특성이 아니라 살아 있는 것이 다른 형태의 생명을 포함한 물질적 세계와 갖는 관계 안에 내재한다.

다소 휴면 중이거나 활동적인 상태의 의식을 동반하는 생명 자체의 상관물로서의 자유는 인간의 초월적 속성이 아니라 그 모든 복잡성 안에서 생명 속에 내재된 때때로 잠재된 능력이다. 비록 언제나 활동적인 의식은 아닐지라도, 생명은 의식이다. 의식은 어떤 선택의 가능성을 물질성으로 투영하는 것, 그 결과가 미리 주어지지 않은 결정, 그리고 물질을 단순화하거나 골격을 이루게 하는 방식이므로 의식은

17 특히 *Matter and Memory; The Creative Mind; Mind-Energy; Creative Evolution*에서.

우리가 물질들을 감당하게 하고 물질을 가지고 행동하게 해 준다.[18] 의식은 선택을 위한, 자유를 위한 능력과 연결된다. 그것은 이성의 창발, 반성을 위한 능력, 또는 인간의 본질적 특성과 결합되지 않는다. 생명은 그 진화적 형태들 안에서 자유의 다양한 정도를 표현하며, 이 자유의 정도는 그 자체가 행동의 다양한 가능성과 서로 관련된 의식의 정도 및 범위와 상관관계에 있다. '선택' 또는 행동이 식물성 존재에는 보통 가능하지 않은 한, 대부분의 식물들 삶을 특징짓는 무감각 또는 무의식은 자유 개념을 부적절하거나 그 가장 최소 수준으로 기능하도록 만든다.[19]

하지만 움직이는 생명의 가장 낮은 형태들, 원생동물 이상의 동물 존재는, 그들의 가장 중요한 행동들 중 일부 안에서 일종의 초기 자유를 보여 준다. '선택'을 위한 능력은, 비록 언제 어디에서 수축되거나 팽창할지, 언제 무엇을 먹을지 등의 선택으로 축소될지라도 각 종의 특수성 그리고 종 내부 개체들의 특수성 모두를 표현한다.[20] 베르그송은 각 종이 그 종이 이용할 수 있는 범위의 행동들에 정확하게 적절한 의식을 지닌다고 제안한다: 각 종은 자신에게 개방된 세계를 지니

18 "따라서 이론적으로, 살아 있는 모든 것은 의식이 있어야만 한다. 원칙적으로 의식은 생명과 동일한 시공간에 걸쳐 있다"(Bergson, *Mind-Energy*, p. 8).

19 "유기체가 보통 토양에 고정된 식물 세계에서조차 움직임의 기능은 부재하는 것이 아니라 휴지하는 것이다. 그것은 사용될 수 있을 때 깨어난다[…] 그러므로 내게는 더 이상 자동적인 움직임이 없는 그 모든 삶에 본래 내재하는 의식은 휴지하는 것 같아 보인다"(*Ibid.*, pp. 10~11).

20 "아메바는 음식으로 만들어질 수 있는 물질이 현존할 때 이질적 몸들을 잡아서 감쌀 수 있는 필라멘트를 그쪽으로 내뻗는다. 이 위족은 현실적 기관이며 메커니즘이다. 하지만 위족은 단지 특정한 목적을 위해 창조된 일시적 기관이며, 초보적인 선택을 보여 주는 것으로 보인다. 그러므로 비록 내려갈수록 그 형태는 더욱 모호할지라도, 동물 생명 규모의 위에서부터 바닥까지 우리는 선택의 기능이 행사되는 것을 본다. 이 선택의 기능은 다소 예측되지 않은 움직임이 확정된 자극에 응답하는 것이다." *Ibid.*, p. 9~10.

며, 그 세계 안에서 그 기관들은 자연선택을 통해 그 종이 자신의 계속적인 생존을 위해 필요한 것을 자기를 위해 뽑아내는 능력을 지닌다. 여기서 베르그송은 일부 이론생물학자들의 연구가 뒤에 이어질 것을 예상하고 있다.[21] 각 동물종은, 사회적 곤충들이 그렇듯 본능의 규제를 받든지 또는 척추동물의 단계적 변화 속에서 일어나듯이 지성의 규제를 받든지, 그 안에서 자신이 행동할 수 있는 세계, 어떤 의식을 필요로 하는 세계를 지닌다. 이 세계 안에 그 종을 위한 자유의 '가장자리', 즉 주어진 자극에 대한 단순히 자동화된 반응 이상으로 그 종을 고양시키는 비결정의 지대가 있다.

베르그송에게 생명을 대표하는 자유 그리고 생명이 물질적 조직에 부여할 수 있는 다르게 되기 위한 능력 모두를 특징짓는 것이 이 "비결정의 지대"이다. 비결정은 생명의 "진정한 원리", 살아 있는 존재들의 끝나지 않는 행동을 위한 조건, 그리고 살아 있는 몸들이 미리 명시될 수 없는 행동을 위해 동원되는 방식들이다.[22] 비결정의 정도는 자유의 정도이다. 살아 있는 몸은 단순히 또는 주로 고의나 의식적 결정을 통해서가 아니라 비결정을 통해서, 그리고 그 몸이 생명을 위해 그것들을 유용하게 만들기 위해 물질적 세계와 사물들에 가져다주는 능력을 통해 미리 명시될 수 없는 방식들로 행동한다.[23]

---

21 특히 Uexküll, *Theoretical Biology*, Uexküll, *Instinctive Behavior*; Raymond Ruyer, *Néo-finalisme* 그리고 Simondon, "The Genesis of the Individual"을 볼 것.

22 Bergson, *Matter and Memory*, p. 31.

23 "물질은 불활성, 기하학, 필요성이다. 하지만 생명과 함께 자유롭고 예측 가능한 움직임이 나타난다. 살아 있는 존재는 선택하거나 선택하는 경향이 있다. 그 역할은 창조하는 것이다. 다른 모든 것들이 결정된 세계 안에서 비결정의 지대가 그것을 둘러싼다. 미래를 창조하는 것은 현재에 준비 행동을 요청한다. 앞으로의 상태를 준비하는 것은 지금까지의 상태를 활용하는 것이다. 그러므로 과거와 현재 그리고 미래가 서로를 밟으면서 나뉘지지 않는 계속성을 형성하는 지속 안에서 과거를 보전하고 미래를 예측하는 데에 생

비결정은 살아 있는 것으로부터 살아 있지 않은 것까지 퍼져 있다. 살아 있는 것이 비유기체에 가져다주는 가상성을 통해서, 그리고 비유기체가 나르세 될 수 있고, 송과 개체의 생명과 활동성 안에서 합체, 변모 그리고 정력적인 연장에 가담할 수 있는 잠재성을 통해서 그렇다. "생명의 뿌리에는 최대한 가능한 양의 비결정을 물리적 힘의 필요성에 접목시키려는 노력이 자리한다."[24] 생명은 우주를 현재 상태 이상으로 생성되도록 개방한다.

하지만 동시에 베르그송은 전체로서의 물질, 물질적 우주는 그것이 발생시켰던 생명의 비결정성을 위한 바로 그 조건들을 그 내부에 포함해야만 한다고 주장한다. 그러한 혼합물 또는 합성물이 기억과 역사 그리고 과거를 산출할 수 있으며 그것들이 머무르고 나아가고 현재와 미래에 적절하게 남아 있게 만든다. 물질은 그 가장 잠재적인 원리, 그 가장 가상적 쉼으로서, 생명이 물질에 되돌려 주는 동일한 비결정성을 포함해야만 한다. 이것이 물질과 기억, 확장과 의식, 공간과 지속 같은 이항대립적 용어들의 공통 지점이며, 이 용어들을 초과하는 것이다. 이는 우주 자체의 비결정성 안에서의 정신과 물질, 생명과 비유기체, 그리고 그 기관들의 근본적 상호 내포, 그리고 순수한 지속 속에서 물질이 생명으로 확장하고 생명이 물질로 수축되는, 그들이 삼투하는 지점이다. 생명 그리고 진화적 합성을 통한 그 증가하는 복잡성은 생명을 확장하고 그 다중적인 생성 속의 생명을 잘 받아들이고 그 원천이 되도록 생명이 비유기체적 우주에 되돌려 주는 "비결정의 저장소"(p. 126)를 생성시킨다; 그런 다음 물질 역시 살아 있는 활동성의 자

명은 처음부터 활용된다. 그런 기억, 그런 기대가 의식 자체이다. 이는 의식이 생명과 동일한 시공간에 걸쳐 있는 이유이다"(Bergson, *Mind-Energy*, p. 13).

24 Bergson, *Creative Evolution*, p. 114.

원과 객체를 제공하면서 자유의 외적 한계나 제약일 뿐만 아니라 자유의 내적 조건이 된다. "[생명의 진화]는 그것이 취해 온 물질성에 좌우된다. 이는 우리들 각자가 스스로 경험할 수 있는 것이다. 우리의 자유는, 그에 의해 자유가 선언되는 바로 그 움직임들 속에서, 만약 끊임없는 노력에 의해 스스로를 갱생하지 못한다면 숨이 막히게 될 증가하는 습관들을 창조한다. 자유에는 자동성이 붙어 다닌다"(p. 127).

물질성은 결정으로 향하는 경향이 있다. 물질성은 계산과 정확, 그리고 공간화에 자신을 맡긴다. 하지만 동시에 물질성은, 생명과 물질의 만남, 그리고 생명과 물질이 서로에게 그 형상과 세력, 그 무기력과 역동성 모두를 가져오는 능력을 통해서 자유로운 행동이 산출되는 현장이다. 물질, 즉 비유기적 물질은 결정의 수축하는 조건이며 동시에 비결정의 확장하는 표현이다. 그리고 이 가능성들은 비유기적 형태인 물질, 그리고 살아 있는 유기적인 물질적 몸 모두의 특징이다. 물질, 그리고 그로부터의 분출에 몰입하면서 생명은 그 자신의 확장을 위한 조건을 창조하는 물질과의 계속적인 협상이며 그 자신의 가상성을 향한 물질의 개방성이다. "[생명]은 필요 그 자체인 물질로써 자유의 도구를 창조하고, 메커니즘을 극복해야 하는 기계를 만들며, 자연의 결정론을 이용해 바로 이 결정론이 퍼져 온 그물망을 통과하게 하려 했다"(p. 264).

물질적 우주는, 분리 가능한 체계, 고정된 독립체, 서로에 대해 외부적 관계인 사물들로서, 규율성과 예측 가능성, 그리고 결정의 근원 자체이다. 이 결정은 인식하는 주체가 효력의 보증을 측정해 습관적 행동을 수행하게 해 준다. 하지만 상호 연결된 전체로서의 우주 자체는 망설임과 불확정성, 그리고 진화적 창발에 대한 개방성, 즉 생명을 특징짓는 비결정 자체를 보여 준다. 물질적 우주는 가장 수축된 때 규칙적이고, 매 순간 다시 태어나 완전히 현실적이고 현재 속에 있다. 하지만 가장 확장된 때, 물질적 우주는 현재와 함께 과거를, 현실적인 것과 힘께 가싱직인 섯을 실어 나르고, 그것들이 자신들이 포함하지 않은 미래로 바뀌도록 만드는, 순수한 지속의 흐름의 일부이다. 우주는 이러한 확장된 가능성, 즉 생명이 그렇게 인식하기 때문이 아니라 오직 물질이 생명에 제공하는 현재와 과거의 동시성으로 인해 생명이 존재할 수 있기 때문에 다르게 될 가능성을 지닌다.[25]

페미니즘과 자유

페미니스트들은 강제적 형태의 제약으로서 여성들의 자유를 제한해 온 것이 가부장제와 가부장적 권력관계라고 오랫동안 가정해 왔다. 가부장제가 남자들에게 제공하는 행동을 위한 선택들의 전체 범주를 여성들은 이용할 수 없게 만듦으로써 그렇게 해 왔다는 것이다. 집단으로서의 여성들이 이용 가능한 '선택들'의 범위가 집단으로서의 남자들이 이용 가능한 범위보다 더 작고 더 제한된 것은 분명히 진실이다. 하지만 여성들 또는 어떤 억압받는 사회집단을 위한 자유의 문제는 결코 단순히 이용 가능한 선택들의 범위를 확장하는 문제는 아니다. 그것은 그들이 어떻게 그리고 무엇을 하는지를 통해서 스스로를 만들고 선택을 하는 주체들의 특성과 활동을 변모시키는 것에 대한 것이다.

25 "이것이 정확히 생명이란 무엇인가, 즉 필요성으로 자신을 삽입하고, 그것을 이익으로 돌리는 자유이다. 물질의 결정론이 너무 절대적이어서 이완을 인정하지 않는다면 생명은 불가능할 것이다. 하지만 특정 지점에서 물질은 어떤 탄력성을 보이며 즉시 의식이 자리 잡을 기회가 될 것이라고 가정하자. 우선 그것은 겸손해져야만 할 것이다. 하지만 일단 자리 잡으면, 의식은 팽창할 것이고 진입 지점들로부터 퍼져서 전체를 정복할 때까지 쉬지 않을 것이다. 시간은 사용될 수 있고 비결정의 가장 작은 양도 계속적으로 자신을 늘리면서 당신이 원하는 만큼 자유를 구성할 것이기 때문이다"(Bergson, *Mind-Energy*, pp. 13~14).

자유는 선택(이미 주어진 선택들 또는 일용품들로부터의 선정)과 연결된다기보다는 자율성과 연결된다. 그리고 자율성은 (언어 그리고 재현과 가치의 체계를 포함한) 활동을 자신의 것으로 만드는 (또는 만들기를 거절하는) 능력, 즉 자신이 착수한 행동들을 자신의 역사, 자신의 생성으로 통합시키는 능력과 연결된다. 자유에 대한 베르그송의 이해는 페미니스트 인류 평등주의보다는 이리가레의 성적 자율성 개념과 더욱 쉽게 응집된다는 것이 나의 주장이다. 비록 물론 베르그송은 이리가레가 주장했던 성적 차이의 패러다임에 관심이 없었고 시기적으로 앞서지만 그의 자유 개념은 행동을 가상적인 것, 그리고 생성의 과정에 있는 것으로서 성적 차이에 대한 이리가레의 이해, 두 성별의 자율성과 이중 대칭을 상세히 예상하는 자아-만들기 과정에 결합시킨다.[26]

베르그송은 자유를 선택이 아닌 혁신과 발명에 연결시키는 자유 개념을 설명해 왔다. 자유는 행동과 과정, 그리고 현재 안에 담기지 않고 또는 현재로부터 예측 가능하지 않은 사건의 영역에 속한다. 자유는 창발하고 놀라게 하는 것이며 미리 완전히 예측될 수는 없다. 자유는 누군가 처한 상태 또는 누군가 지닌 특성이 아니라 누군가 착수하여 자신과 세상의 일부를 변모시키는 행동들 안에 존재한다. 자유는 타인들에 의해 개인들에게 부여되거나 그들로부터 제거되는 속성 또는 권리가 아니라 자신의 과거와 일치하게, 그리고 '조화되지 않는' 놀라운 방식으로 행동하는 능력 또는 잠재력이다.

따라서 자유는 주로 정신이 아닌 몸의 능력이다. 자유는 움직임

---

26 자율성과 정체성에 대한 그녀의 이해, 그리고 생성의 프로젝트, 과거와 현재의 성적 무차별을 극복하는 미래의 프로젝트를 개관하는 것은 주로 이리가레의 초기 저서들인 *Speculum of the Other Woman; This Sex Which is Not One; Marine Lover; An Ethics of Sexual Difference* 이다.

을 위한 몸의 능력, 따라서 그 행동의 다중적 가능성과 연결된다. 자유는 타자의 은혜나 선한 의지에 의해 부여받는 부수물이 아니라 오직 물질과의 투쟁을 통해서, 몸이 현재 상태 이상이 되려는 투쟁, 개인 수준에서뿐만 아니라 종의 차원에서도 벌어지는 투쟁을 통해서 획득되는 것이다.

자유는 비결정의 결과, 의식과 지각 모두를 특징짓는 바로 그 비결정의 결과이다. 자유는 생명을 즉시성과 사물들의 주어짐뿐만 아니라 과거의 즉시성과 주어짐으로부터 해방하는 이러한 비결정이다. 비결정은 지각에 기초한 현실의 구별, 의식이 다른 몸들을 포함한 물질적 객체들에 수행하는 흥미의 구별이다. 삶은 현재가 그 과거, 그 역사와 일치하는 것이 아니다. 삶은 또한 그 경로가 오직 회고적으로만 분명한 방향의 나아감이다. 비결정은 삶을 현재의 제약으로부터 해방시킨다. 삶은 과거를 현재로 연장하는 것, 물질을 기억으로 채우는 것이다. 이는 물질을 미래의 행동을 위해 유용한 것으로 수축시키고, 물질이 과거보다 미래에 다르게 기능하도록 만드는 능력이다. 생명을 가능하게 만드는 비결정의 불꽃은 생명이 물질에 수행하는 행동들을 수단으로 물질을 통해 퍼진다. 그 결과 세계 자체가 다르게 될 가능성들로 진동하게 된다.

그러므로 베르그송주의 또는 생명의 철학은 자유에 대한 자유주의자, 마르크스주의자, 경험론자 또는 현상학자들의 개념을 넘어서서 페미니즘 이론에 무엇을 제공하는가? 이 모든 개념들이 어떤 점에서 하나의 견해를 공유하듯이, 만약 우리가 타자의 통제력, 그것이 계급, 성별, 인종이든 또는 집단들이든 개인들이든 사회적으로 지배적인 타자들과 결합된 자유 개념에 의존한다면 우리는 미래 자율성 개념을 포기하는 것이다. 만약 자유가 타자에 의해 부여된 것이라면, 그것은 자율성 안에, 개인의 내적 응집성과 역사적 계속성 안에 자리할 수 없다. 그것은 우리 안의 본질적인 능력이라기보다는 외부로부터, 우리에게 수여된 권리로부터 나오는 것이다. 자유는 내재적이 아니라 초월적인 것, 자율적인 것이 아니라 타자 지향적인 것, 행동이 아닌 존재에 연결된 것이 돼 버린다. 자유에 대한 그러한 이해는 최소한 생의 철학 관점으로부터는, 반동적이고 이차적이며, 주변적이다. 자유가 생의 양도 불가능한 조건 자체로서 여겨지는 대신에 생의 외부로 이해되기 때문이다. 자유는 절대적 권리가 아닌 정도의 문제이다. 자유는 부여된 것이 아니라 획득된 것이다. 자유는 그 순간을 수동적으로 기다리는 것이 아니라 활동을 통해서 기능한다. 예를 들어, 게이가 되느냐 이성애자가 되느냐는 (성적 객체로서의 남성 또는 여성, 정체성 확인의 양식으로서의 남성적이거나 여성적인 것처럼, 그들의 독립적 중립 안에서 이미 주어진 선택지들 중) 선택의 문제가 아니라 그가 누구인지 그리고 그가 무엇을 즐기는지의 표현, 즉 그의 존재의 표현이다. 그것은 이미 설계된 선택들에 스스로를 반드시 제한시키지 않는 자유의 표현이다. 게이임(또는 이성애자임)은 생리학적·유전적·신경학적 또는 사회적 원인으로부터 생산되지 않으며, 동등하게 매력적인 주어진 대안들 중 자유로운 선택의 결과도 아니다. 그것은 성적 취향과 성적 파트너를 어떤 주어진 기능과 목적 또는 활동에 제한시키길 거부할 수 있으며, 심지어 생물학적·문화적·개인적 구축의 짐을 나르면서 성적 취향을 어떤 열려 있는 발명으로 만드는 자유의 실행이다.

페미니즘의 문제는 여성의 자유 결여 또는 단지 가부장적 권력관계가 여성과 그 정체성에 부과하는 제약의 문제가 아니다. 만약 어떤 의미로 여성들이 자유롭다면, 페미니즘은 가능할 수 없을 것이다. 문제는 여성들과 남성들이 다양하게 행동하고 새로운 흥미와 관점, 그리고 여태껏 제대로 탐색되거나 발명되지 않은 틀에 활동을 개방할 수 있도록 지식-생산 활동을 포함한 활동의 다양성을 어떻게 확장하느냐이다. 문제는 씨싱에서 너 석설한 인정(여성들은 누구로부터의 인정을 요구하는가?), 더 많은 권리 또는 더 많은 목소리를 주는 방식이 아니라 더 많은 행동, 더 많은 창조와 행위, 더 많은 차이를 가능하게 하는 방식이다. 즉 오늘날 페미니즘이 직면한 도전은 더 이상 단지 어떻게 기존 사회적 연결망과 관계 내부에서 여성에게 더욱 동등한 자리를 주느냐가 아니라 어떻게 여성들이 현재와 다른 미래의 창조에 참가할 수 있게 하는가이다.

공포와 자율성의 환상

사만다 프로스트

토마스 홉스는 공포와 정치를 연결한 것으로 악명 높다. 하지만 그의 이러한 평판에도 불구하고, 우리는 그러한 공포가 무엇인지에 대한 어떤 복잡하고 세세한 설명 때문에 그를 신뢰하지는 않는다. 자주 홉스의 기여로 돌려지는 공포에 관한 설명들은 공포에 관한 보다 일반적인 이해를 반영한다. 즉 공포란 위해의 위협 또는 생존의 위협을 마주하고 비명을 지르는 물리적 반응이다. 공포는 익히 알려진 대로 미지의 모호함에 대한 반응, 그 인식론적 한계에 대한 반응이다.[1] 또는 공포는 이데올로기적 구성, 문화적이고 정치적인 자극제들에 응답하는 중에 우리가 배우는 어떤 감응(affect)이다.[2] 이러한 해석 각각이 공포의

---

1   예컨대 블리츠(Blits)의 「홉스의 공포」("Hobbesian Fear")를 보라. 블리츠는 홉스에게서 공포란 미지의 것에 대한 공포, 즉 블리츠가 논증하는바, 인식론적 한계로부터 나오는 공포인데, 이는 홉스의 지각에 관한 유아론적 설명의 당연한 귀결이다. 내가 여기서 유아론에 대한 논증을 충분히 논할 수 없다 해도, 나는 「홉스와 자기-의식의 문제」("Hobbes and the Matter of Self-Consciousness")에서 반론을 제시하고 있다.

2   코리 로빈은 홉스에게 공포는 어떤 자연스러운 감정이 아니라 오히려 정치적 장치의 제작물이며, 질서의 생산을 위해 필수적인 도구라고 논한다. 그의 독해에 따르면, 홉스는 공포란 정치적 목적을 위해 만들어짐에 틀림없다. "공포는 창조되어야 한다. […] 그것은 합리적이며 도덕적인 감정으로서, 교회와 대학에서 영향력 있는 사람들에 의해 가

근원들에 대한 가정에서 다르다 할지라도, 그 각각에서 그러한 〔공포에 대한〕 해석은 행동을 위한 강력한 동기유발 요인들로 형상화된다. 사실상 홉스의 정치학에 관한 보통의 교과서는, 정치학에서 "해명되어야 할 정념은 공포다"라는 홉스의 진술을 강조하기 위해 공포에 관한 세 가지 해명 모두를 결합한다.[3] 이 이야기에 따라, 공포는 유기적으로 그리고 불가피하게 개인 욕망의 개별적 추구에 있어서 경합성과 논쟁성으로부터 출현한다. 공포가 일차적 — 생존을 위한 일종의 동물적 본능 — 이라 할지라도, 그럼에도 불구하고 그것의 강제적 명령은 이성의 요청과 일치한다. 다시 말해 공포는 우리를 지배하는 어떤 주권을 전개함으로써 자연조건의 불확실성과 폭력을 떠날 지혜를 이해하도록 강제한다.[4] 계약의 메커니즘을 통해, 우리는 개개인이 모든 타자를 공포스러워하는 "만인의 만인에 대한 전쟁상태"[5]를 떠나며, 어떤 극도로 강력한 주권자를 종속과 굴종에 강제되는 우리의 통상적인 공포에 도입한다. 그러므로 여기서 공포는 사회적 적대의 촉매제이면서 침전물임과 동시에 정치적 질서의 기초로 파악된다.

공포에 관한 홉스의 설명을 재고하면서 나는 공포의 관할 아래에 묶이는 정념들의 중요한 요소들 각각을 획득하기 위해, 그와 같은 취급들을 모두 평가절하하고자 하지는 않는다. 그러나 그의 유물론적 형이상학을 통해 — 그리고 주체에 관한 그것의 설명을 통해 — 홉스는

르쳐진다"(Robin, *Fear*, p. 33)을 보라. 실행과 인식론적 논증을 결합한 판본에 가까운 어떤 것을 제공하는 논문들에서, 윌리엄 소콜로프와 채드 라빈은 알려지지 않은 것에 의해 생산되는 불확실성에 주어지는 강하고 공포스러운 주권의 필요성을 지적한다. Sokoloff, "Politics and Anxiety in Thomas Hobbes's *Leviathan*"; Lavin, "Fear, Radical Democracy, and Ontological Methadone"을 보라.

3 Hobbes, *Leviathan*, chap. 14, p. 200.
4 이와 같은 논증의 예로는, Leo Strauss, *The Political Philosophy of Thomas Hobbes*를 보라.
5 Hobbes, *Leviathan*, chap. 14, p. 189.

우리에게 순수하게 동물적이지는 않은, 즉 근본적인 인식론적 공포에 대해 사유할 길을 열어 주며, 우리가 정치적 조작에 속는 얼간이가 되지 않을 수 없게 하는 분화에 완전히 물들지는 않게 한다. 만약 공포가 시간 안에서 주체를 겨냥한다는 홉스의 분석 방식을 따라 인과성의 근원적인 복잡성에 관한 그의 유물론적 사유를 좇아간다면, 공포란 자기-주권의 불가능성에 관한 응답이며 그것에 대한 부인이라는 것을 알게 된다. 즉 홉스가 공포라는 정념을 중심으로 탐색하는 기억과 예측의 운동은 주체 자신에 대한 그리고 주체를 둘러싼 세계에 대한 가능한 지배라는 의미를 주체에 부여하는 방식으로 주체를 위한 복잡한 인과적 장을 변형한다. 공포가 어떻게 자율성의 환영을 개별적인 행위자에게 촉진시키는지를 보여 주면서, 홉스는 주권자에 귀속된 거대하고 공포스러운 권력이 단순히 날뜀과 무질서를 억누를 필요에 대한 응답일 뿐만 아니라, 각 개인들의 그 자신의 자기-주권성의 감각을 위한 조건이라는 점을 지목한다.

타율성

자기-주권성의 불가능성에 대한 홉스의 논증은 그의 유물론적 형이상학의 핵심에 있는 복잡한 인과성에 관한 해명에 놓여 있다. 홉스의 관점에서, 모든 것은 물질이거나 물질적이다. 그가 논한바, "우주, 다시 말해 존재하는 모든 사물들의 집단 전체"는 "물체(Corporeal), 즉 신체(Body)이다".[6] 홉스의 유물론에서 특별히 흥미로운 점은 그의 물질 개념 자체다. 데카르트 『성찰』에 대한 세 번째 반론 묶음을 썼던 철학자로서, 홉스는 후자의 주체에 관한 이원적 배치뿐만 아니라, 데카르트

---

6 *Ibid.*, chap. 46, p. 689.

의 이원론적 틀로 통합되는 물질의 개념 또한 격렬하게 거부한다. 즉 자적이며 본질적으로 사유할 수 없는 데카르트의 물질 개념에 반하여, 홉스는 내가 "잡색 유물론"(variegated materialism)이라고 부르는 것으로 나아간다. 이것은 물질의 몇몇 형식들이 내적 성향에 "부가된" 사유를 위해 생동성이나 능력 없이 살아 있는 또는 사유하는 것으로 파악된다.[7] 다시 말해 홉스에게 어떤 물질은 단적으로 살아 있는 것, 또는 스스로 사유 가능한 것이다. 따라서, 그는 우리가 민중을 "사유하는-신체"로 파악할 것을 제안한다.[8]

물론 민중을 사유하는-신체 — 사유 능력을 가진 신체 — 로 형상화하는 것은 내가 이 맥락에서 완전히 드러낼 수 없는 자기-의식, 인지, 자유 그리고 결정론에 관한 다수의 질문을 제기하는 것이다. 그러나 몇몇 해당 문제들에 대한 명쾌한 개괄은 다음과 같은 자기성(the self)의 유물론적 이해에 의해 제기되었다. 즉 총체적으로 체현된 민중을 묘사하는 것 — 그리고 그것의 물리적 환경으로부터 멀리 떨어진 신체를 수립하는 행위항이나 메커니즘으로 기여할 수 있는 몇몇 비물리적이고 비신체적인 요소를 보존하기 위해 〔그것을〕 철학적으로 거부하는 것 — 은 세계 안으로 자기성을 해체하는 위험을 무릅쓰는 것이다. 다시 말해 총체적으로 체현된 주체의 형상은 그와 같은 신체가 그것이 존재하는 맥락에서 작동하는 인과 운동들과 궤도들을 기계적으로 재생산할 수밖에 없다는 중요한 관련성을 이끌어 낸다. 정확히 주체 주변에 인과적 힘을 위한 어떤 운반체로 존재하는 주체의 유령을 불러내면서, 홉스의 기계론은 겉보기에 스스로를 자율적 행위자 이

---

7 홉스의 유물론과 그것의 윤리적이고 정치적인 함축에 대한 온전한 연구로는 Frost, *Lessons from a Materialist Thinker*를 보라.

8 Hobbes, *De Corpore*, chap. 3, p. 34.

론의 반정립으로 드러낸다. 즉 그의 유물론은 환원적인 기계적 결정론 외에 다른 것을 약속하지 않는 것으로 보인다. 인과성에 관한 홉스의 유물론적 사유는 사실상 자율적 행위자의 가능성을 의문에 붙인다. 여기서 자율성은 이성 원리에만 천착하는 의지라는 엄격한 칸트적 의미에서가 아니라 오히려 독립적인 자기-의식적 자기-결정성이라는 보다 일반적인 의미이다. 그러나 행위자로서의 개인의 자기-주권성에 관한 그의 거부는 인간 행위자 또한 거부하는 것은 아니다. 우리의 상호독립성이 우리의 효과적 행위를 위한 조건이라는 주장을 부가하면서, 홉스는 마찬가지로 타율성의 사실에도 불구하고 — 또는 아마도 그것을 거부할 필요에서 — 우리가 현실적으로 자율성의 환영을 촉진하고 이에 따라 우리가 행동할 때 효과적임을 **느낄** 수 있다고 주장한다.[9] 사실상, 이 논문에서, 나는 공포란 그것의 효과가 개별적인 자율적 행위자의 환영에 속하는 어떤 정념이라고 논증하길 원한다.

홉스에 따르면, 모든 사건들과 행위들은 발생하며, 그 각각은 복잡하고, 비선형적인 경향으로 서로 간에 관계되는 광범위한 인과적 선례들을 가진다. 그가 설명하길, 각각의 사건 또는 행위는 단지 하나나 둘의 인과 요인들에 따라서가 아니라, "모든 사태들의 총합"을 따라 생산되거나 결정된다.[10] 홉스는 심지어 천문학적 요인들이 몇몇 (계산 불가능한) 인과적 무게를 가질 것이라고 가정한다(p. 246). 하지만, 행위를 결정하는 데 기여하는 인과 요인들의 거대한 범위는, 비록 하

---

9 이 논점을 형성하도록 나를 고무해 준 제임스 마르텔(James Martell)에게 감사드린다.

10 비록 텍스트 안에 포함하는 것이 너무 성가신 것이라 해도, 전체를 인용하자면 다음과 같다. "다시 말해 필연적이며 결정적인 모든 행위는 […] 모든 사태들의 총합이라는 것이다. 이 사태는 이제 존재하고 있고, 이후로 그러한 행위의 생산을 초래하며 거기에 일치하는 것이다. 그것에 관해 만약 그 어떤 것이 이제 원해지고 있다면, 그 결과는 산출될 수 없다"(Hobbes, *Of Liberty and Necessity*, p. 246).

나의 사태가 그다음을 이끄는 결과를 초래하더라도, 단선적 경향으로 연결되지는 않는다. 단선적이고 누적적인 인과성 개념을 거부하면서, 홉스는 "사태들의 총합"은 "하나의 단순한 연쇄 또는 연속"이 아니라, "수없이 많은 연쇄들로서, 서로 결합되고 […] 결과적으로 어떤 한 사건의 전체 원인이 되는 것이지, 언제나 단 하나의 연쇄에 의존하지는 않으며, 함께 여럿인 것에 의존한다"(pp. 246~247)고 말한다.

중요하게도, 사건들과 행위들의 인과적 결정의 복잡성에 관해 홉스가 말하고자 하는 바는 불가피한 결과를 생산하기 위해 특정한 방향으로 가차 없이 움직이는 그 동력이 신체적 네트워크의 이미지에 의해 남김없이 포획되지 않는다는 것이다. 그 궤적이 어떤 사건을 생산하는 것과 일치하는 다양한 원인들을 부가적으로 가리키면서, 홉스는 사건들과 행위들이 불러일으키는 장들이나 맥락들이 동등하게 사건들과 행위들의 원인이라는 것을 상기시킨다. 『신체에 관하여』의 원인과 결과에 관한 논증에서, 그는 사건들 또는 행위들을 두 가지 구별 가능한 요소들로 분석적으로 변형한다. 한편으로 그것의 운동이 다른 신체 안에 "움직임을 발생시키는" 신체가 존재한다.[11] 이 '발생적' 신체는 홉스가 행위의 작인이라고 부르는 것으로서, 그 움직임은 '행위'다. 다른 한편, 운동이 발생되는 신체가 있다. 이 움직여지는 신체는 홉스가 수용자(patient)라고 부르는 것으로서, 그 움직임은 '정념'이다. 발생하는 그 어떤 행위에도, 작인과 수용자 둘 모두가 존재함에 틀림없다. 같은 말이지만, 그 운동이 포함하는 것은 다음과 같다. 즉 모든 행위는 능동과 수동을 요청한다. 물론 우리는 작인과 행위의 측면에서 행동들에 대해 사유하는 데 매우 익숙하다. 우리는 행위의 수용자와 행위 안

---

11 Hobbes, *De Corpore*, chap. 9, p. 120.

의 정념에 대해 사유하는 것에는 그렇게 익숙하지 않다. 그것은 움직여지는 것이며 모든 행위의 구성적 부분인 움직여지는 운동이다. 그러나 홉스가 분석에서, 정념이 없으면, 즉 수용자가 없으면, 행위는 시작될 수 있지만 발생하지 않을 것이다. 그래서 행위를 산출하기 위해 합쳐지는 원인들을 고려하면서, 우리는 능동적 원인들의 복잡성뿐만 아니라 맥락적인 수동적 원인들의 복잡성도 생각해야 한다.

더 난해하게도 홉스는 특별히 인간적 행위의 원인들이 이와 비슷하게 결정된다고 논증한다. 다시 말해 그는 우리의 사고와 정념에 있어서 복잡한 인과성에 관한 그의 해명을, 어떤 복잡하고, 우리의 행위가 비선형적 방향으로 상호 관련된 내적이며 외적인 수많은 원인들의 융합에 의해 산출된다는 것을 파악해야 한다고 주장하기 위해 확장한다. 요약하자면, "아무것도 그 자체로부터 시작하지 않는다"는 홉스의 유물론적 주장은 타율성으로 간주되어야 한다.[12]

홉스에게 있어서, 우리의 사유든 정념이든 우리 안에 그 기원을 가지지 않는다. 그의 유물론에 따르면, 우리의 사유는 우리의 자기-의식적 노력과 이성적 지향의 직관적 생산물이라기보다는 초래되는 것이다.[13] 각각의 사유 또는 '상상력'은 신체적 나이, 움직임들 그리고 그 행위의 맥락에 대한 마주침과 반응으로 발생하고 공명하는 감각적 지각과 기억들의 합성물이다.[14] 이와 유사하게 홉스는 우리의 정념이 우

---

12 Hobbes, *Of Liberty and Necessity*, p. 274.
13 홉스는 『인간 본성론』에서, "우리의 정신에 그것을 가져오는 사물들과 같은 것을 듣거나 보는 것은 우리에게 우연적이라는 논의에 따르면, 하나의 개념은 다른 것이 아니라 우리의 선택에 따라 나온다"고 지적하면서, "우리 자신의 사유에 대한 우리의 지배력 결핍을 논한다"고 지적한다(Hobbes, *Human Nature*, chap. 5, p. 35).
14 홉스는 상상력이 "붕괴하는 감각"일 뿐이며, "우리가 **붕괴**라는 표현을 할 때, 그리고 감각이 쇠퇴하고, 오래되고 과거라는 것을 의미할 때, 그것을 **기억**이라 부른다. 따라서 **상상력**과 **기억**은 하나일 뿐이다. 다양한 사고 과정은 다양한 이름을 가진다"(Hobbes,

리가 타고난 것이 아니라, 여러 가지 신체 구성의 배치와 합류, 경험, 문화적 규범들, 물질적 계기, 그리고 뜻밖의 행운을 통해 구성되는 것이라고 주장한다.[15] 우리는 어떤 특정한 것 또는 여타 정념적인 것을 느끼기 위해 우리 자신을 방향 지을 수 없으므로, 우리는 행위의 동력인 의지의 원초적이며 유일한 원천이 아니다.[16] 요컨대 우리 행위를 추진하고 야기시키는 사유와 욕망은 어떠한 사건으로서 인과적 역사를 복잡다단하게 가진다.[17] 결과적으로 홉스는 주체가 행위의 **유일한 기원**으로 취해질 수 없다고 주장하는 것이다.[18]

하지만 중요한 것은 개체가 그 행위의 단일한 기원이 아니라는 주장이 그 행위들이 단순히 수동적인 병합의 결과이며 현존하는 환경적 원인의 힘의 전달일 뿐이라는 주장은 아니라는 점이다. 홉스는 사

Leviathan, chap. 2, p. 89)고 주장한다.

15 Hobbes, *De Homine*, chap. 13, p. 63. 여기서 참조된 텍스트는 본서 242쪽에 실제로 포함되어 있다.

16 바로 그 언명이 주체가 그 또는 그녀 자신의 행위들을 지배하는 주권이라는 가정을 의문시하는 언급에서, 홉스는 의지가 자기-지배와 어떤 관련이 있을 것이라는 생각을 기각한다. 그는 "의지한다는 것은 그 자신의 행위에 대한 지배력을 가지고, 그 자신의 의지를 실제로 결정하는 것"이라는 주장을 거부한다. 이와 반대로 그는 "의지가 욕구이기 때문에, 그 어떤 인간도 그 자신의 의지를 결정할 수 없으며, 그 어떤 인간도 여타 욕구보다 그의 의지를 보다 많이, 즉 그가 배고프거나 그렇지 않을 때 결정할 수 있는 것보다 더 많이 결정할 수 없다"고 말한다(Hobbes, *The Questions Concerning Liberty, Necessity, and Chance*, p. 34).

17 세계적으로 사건들이 결정되는 복잡한 인과 연쇄의 경우에 그런 것처럼, 우리는 우리의 상상력과 정념들을 형태 짓는 기억들과 경험들 전부에 대해, 또는 우리가 이 행위보다 저 행위를 선택하게 하는 정념과 기억의 그 모든 운동들에 대해 알지 못할 것이다. 사실상 그 모든 것들을 상기하거나 추적하는 데 있어서 우리의 무능력은 마치 우리와 우리의 행위들이 몇몇 실존적 감각에 있어서 '자유'로운 것처럼 보이도록 만든다. 그러나 홉스는 "그에게 그러한 원인들, 즉 모든 인간들이 의지적 행위들의 연결을 이해할 수 있다는 것은 명백한 것으로 드러난다"(Hobbes, *Leviathan*, chap. 21, p. 263).

18 De Corpore, "Of Cause and Effect" p. 120과 Hobbes, *Of Liberty and Necessity*, pp. 270~274를 보라.

유하는-신체들이 그것들의 행위 맥락의 결정들과 모순적으로 행위할 수 있으며 사실상 그렇게 한다고 강력히 주장한다. 그의 분석에서 독특한 또는 혁신적인 것으로서의 행위란 주체의 상상력과 욕망의 설성과 더불어 촉발되면서 주체적 행위들의 조건이 되는 인과적 맥락의 결정인자들 간의 시간적 분리 상태가 있기 때문에 가능하다.

홉스에 따르면, "상상은 모든 의지적 움직임의 최초의 **내부적** 시작점이다".[19] 상상은 행위의 최초의 내적 시작으로 파악될 수 있는데, 왜냐하면 상상을 구성하는 사유들이 주체 앞에 즉각적으로 있는 지각 대상들의 어떤 단순하고 직접적인 인상이 아니기 때문이다. 그보다 위에서 살펴보았듯이, 상상은 현재의 지각적이며 생리적인 반응일 뿐만 아니라, 과거의 지각 경험, 과거의 감응적 응답들을 포함하는 기억의 형식이다. 따라서 기억의 상호 변형, 즉 감응, 그리고 특정 사유와 정념들을 함께 구성하는 지각은 특유한 역사, 즉 각각의 개체적 삶에 고유한 것이다. 그렇기에 사유와 정념은 실제로 야기되는 것인 반면, 그것의 인과적 연쇄는 맥락의 인과적 결정과 동시 발생적이지 않으며 동시 존재하지도 않는다. 즉 홉스가 상상의 내적인 인과적 역사로 기술하는 것 때문에, 상상과 정념의 원인들은 그것들을 불러일으키는 환경적 자극과 조응하지 않으며, 그것에 의해 파악되지도 않는다.

그의 인과성에 관한 철학에 이러한 간명한 부가 사항들이 의심할 여지 없이 분명하기 때문에, 홉스의 유물론은 오만한, 자기-주권적 주체로서의 우리의 위상을 의문에 부치는 것이다. 비록 우리는 우리 행위의 장 안에서 인과적 힘들의 단순한 꼭두각시가 아님에도 불구하고, 완전히 자기-결정적인 작인도 아니다. 이와 유사하게 어떤 사건을 생

---

19 Hobbes, *Leviathan*, chap. 6, p. 118(강조는 인용자).

산하기 위해 융합하는 맥락적 원인들의 광범위하고 복잡한 범위 중 많은 것이 우리의 시야와 통제 너머에 있는바, 이는 우리가 사건들의 미래 진행을 실수 없이 규제하거나 감독할 수 없다는 것을 의미한다. 하지만 인과성의 복잡성은 원인과 결과의 특유한 패치워크를 결정적으로 추출해 내고, 그 안에서 하나의 원인이 어떤 특유한 행위나 사건을 위해 관건적이라고 규정하는 것을 거의 불가능하게 만들지만, 홉스는 우리가 매번 그런 식으로 원인들을 따로 분리한다고 말한다. 사실상 우리는 그런 식으로 이끌린다.

홉스가 설명하는 바에 따르면, "미래에 대한 염려는 사람들이 사태의 원인들을 탐색하도록 만든다. 왜냐하면 그것들에 대한 지식은 현재를 그것의 가장 나은 이익을 따라 더 잘 질서 잡을 수 있도록 만들기 때문이다".[20] 다시 말해 우리는 더 적게 행복하고 덜 성공적인 것보다 더 많은 것을 원하기 때문에, 좋은 것과 나쁜 것이 왜 우리에게 발생하고, 뒤따라 일어나는지, 우리가 해야만 하는 것이 무엇인지 분별하려고 한다. 하지만 물론, 원인과 결과에 관한 우리의 모든 탐구들을 위해, 우리가 제안할 수 있는 것은 단지 우리들의 통찰이 자주 "매우 오류투성이"라는 "추론"이다(p. 97). 홉스는 "사건이 우리의 기대에 부응할" 때조차, 즉 어떤 예견이 옳은 것으로 드러날 때조차, 그러한 선견지명은 "그것 자체의 본성 안의 […] 추측"일 뿐이며, 말하자면 훌륭한 어림짐작이라고 본다. 그리고 우리가 "사태의 진정한 원인"을 발견할 수 없는 상황에서, 우리는 어쩔 수 없이 그것들을 "이를테면 [우리] 자신의 공상적 제안이나 다른 이들의 권위에 대한 진실"로 지어내면서 "원인들

---

20 *Ibid.*, chap. 11, p. 167. 우리 각자는, 홉스가 언급한바, "그 자신의 선과 악이라는 운명의 원인을 찾는 데 흥미가 있다"(chap. 12, p. 168).

을 추측"한다(12장, pp. 168~169). 그리고 사실상 원인을 선별하고 규정하는 경향은 특히 공포의 경험에서 표명된다. 우리가 아래에서 보게 될 바와 같이, 공포의 원인들에 관한 규정은 나율싱의 조건 아래에서 사율성의 환영을 생산하려는 어떤 노력으로 이해될 수 있다.

공포

위에서 언급한 바와 같이, 홉스에게 정념은 자극에 대한 즉각적 반응보다 더 많은 것을 만들어 내는 시간적 깊이를 가진다. 그 이름이 제안하는 바와 같이, 정념(passions)은 자극에 의해 촉발되는 '움직여짐'의 형식이다. 하지만 그러한 자극은 단지 작동 중인 인과적 힘이 아니다. 즉 정념의 다양한 조직과 중력은 기억, 평가 그리고 지각 자체의 부분인 예견의 작용으로부터 나온다. 실제로 홉스의 정념에 대한 설명에서, 그 정념들 각각은 그 자체 특유한 시간성(temporality)을 가진다. 나는 특별히 공포의 시간성에 관심을 가지는데, 이는 단순히 홉스가 공포란 정치적으로 정념 중에서 가장 강제적인 것이라고 말하기 때문이 아니다. 나는 홉스의 공포에 관한 해명에 집중하길 원하는데, 왜냐하면 인과적 장을 단일화하는 공포 안의 반복적인 시간적 운동이 있고, 그렇게 단일화함으로써, 효과적인 행위자의 가능성을 주체에 부여하기 때문이다. 공포가 자율성에 대한 열망에 연루된다는 사실은 그것의 정치적인 의미와 위치, 그것의 동기부여로서의 특성이 우리가 믿어 왔던 것보다 복잡하며 생산적이라는 것을 의미한다.

　명확히, 공포는 역사를 가진다는 것과는 다른 의미에서 시간성을 가진다. 분명히 주체에 관한 홉스의 유물론적 해명은 공포가 역사를 가진다는 것을 도출한다. 홉스의 경우 개별적 욕망과 공포가 각 인격에 '본래적'이라는 일반적인 관점과는 반대로, 그는 『리바이어던』에서 정념들이 "경험으로부터, 그리고 그것들 자체에 의한 효과들로부터 또는 다른 인민들로부터 비롯된다"고 주장한다(6장, p. 120).[21] 사실상 홉스는 『인간론』에서 정념을 구성하는 외재적인 또는 문화적인 요인들에 관한 보다 폭넓은 설명을 제공한다. 그는 거기서 다음과 같이 쓴다. "어떤 사물에 대한 인간의 경향성은 여섯-겹의 원천으로부터 나온다. 즉 그것은 신체의 구성, 경험, 습관, 행운의 선물, 누군가가 스스로에 대해 가지는 의견, 그리고 권위이다"(13장, p. 63). 다시 말해, 우리의 습성과 욕망은 우리 자신에 대해 원초적으로 존재한다기보다, 생리학적인 복잡한 상호작용, 개인적 역사와 역사적·문화적 그리고 정치적 맥락을 통해 발생하며, 그 요인들이 시간을 통해 변화하는 것과 더불어 변화한다(p. 63). 만약 우리가 **비**경향성(disinclination)을 포함한 경향성에 관한 홉스의 생각을 택한다면 —— 그가 정념에 관한 그의 사유에서 욕망과 욕구뿐만 아니라 공포와 혐오를 포함한 것과 마찬가지로 —— 우리는 그가 인민들의 욕망을 위해 존재하는 것이 개인들의 공포만큼 복잡하다고 지적하는 것을 이해할 수 있다. 홉스가 그러한 것처럼, 공포가 어떤 역사를 가진다고 주장하는 것은 그것을 경험하는 특유한 개인에 특수할 뿐만 아니라 사회적으로 그리고 역사적으로 인식 가능한 풍부함과 조직성을 부여하는 것이다. 그러나 그나 그녀의 역사적 맥락에서 주체의 특유성의 이러한 고정점은 특수화하는 공포의 시간성 안에서 내가 시간적으로 뒤에 존재한다는 것이 아니다. '시간성'이라는 말로 나는 공포의 느낌이 시간 안의 주체를 지향하는 방식을 강조한다는 것을 의미한다. 즉 그것은 앞서-보기, 뒤-보기, 또는

---

21 이 특정 언급은, 비록 욕망과 공포가 주체의 내부에서 유래한다는 가설이 홉스의 많은 해석의 특성이라 해도, 장 햄프톤의 것이다. Hampton, *Hobbes and the Social Contract Tradition*, p. 6을 보라.

이것들의 몇몇 조합들이다.[22] 물론 우리가 이해하는 바와 같이, 공포의 시간성은 그것의 역사성과 밀접하게 연결된다. 그러나 내가 특히 관심을 가지는 것은 공포에서 기억과 예견의 운동들이 그의 행위들에 대한, (그러므로) 미래에 대한 영역을 지배할 가능성에 대한 감각을 부여하는 방식에서 어떤 식으로 주체를 시간과의 연관성 안에 위치 지우는가다.

홉스가 이해한 바에 따라 공포의 시간성에 도달하기 위해, 우리는 여타 기피하는 정념들로부터 공포의 정념을 구별하는 데 있어서 기술적(technical)일 필요가 있다. 우선 보다 일반적으로 정념에 다가가자. 홉스에 따르면, 개별적으로 만나는 각각의 지각 객체는 인격적 생명력의 능동성 — 또는 그가 '생명 운동'이라고 부르는 것[23] — 의 균형상태에 따라 어떤 결과를 가진다. 그가 말한 바에 따르면, "각각의 감각에 적합하게 유기체를 압박하는" 그 움직임들은 뇌와 심장으로 가면서 "신경의 매개, 여타 섬유질, 그리고 신체의 구성요소들에 의해" 변환된다. 여기서 그것들은 "어떤 저항, 대항-압력 또는 심장의 운동을 그 자체로 전달하는 […] 원인이 된다"(1장, p. 85). 다시 말해, 지각 과정에서, 개별적 인간은 단순히 행동하는 것이 아니라 지각적 만

22　팻첸 마르켈은 시간성이라는 개념을 무언가가 어떻게 "행위자의 과거와 현재를 그 미래와 연결하는지"를 파악하기 위해 사용한다. Markell, *Bound by Recognition*, p. 10을 보라. 공포의 미적 경험에 대한 매우 흥미로운 논변에서 필립 피셔는 그가 공포의 두 가지 상이한 시간 운동으로 간주하는 것을 주기화한다(periodize). 그의 분석에서 공포의 '고전적' 모델은 앞선 미래의 운동과 가까운 시간적 운동을 포함한다. 이 단일한 운동에 관한 상상은 곧 상상된 미래의 관점에서 과거가 된다. 다른 모델은 완연히 근대적이라고 그는 논하며 그것은 보다 단도직입적으로 예견할 수 없으며 불확실한 미래로 열린 계열이다. Fisher, "The Aesthetics of Fear"를 보라. 피셔가 홉스는 우리에게 이러한 공포에 관한 근대적인 시간적 운동의 원형을 제공한다고 주장하는 반면, 내가 규정하는 시간성은 공포에 관한 홉스의 설명에 있어서 상당히 다르다는 점을 지적하고 싶다.

23　Hobbes, *Leviathan*, chap. 6, p. 118.

남에 의해 촉발되는 움직임에 저항한다. 지각하는 자는 자극에 따라 수동적으로 영향을 받지 않으며, 오히려 지각하기의 바로 그 과정 안에서 능동적으로 반응한다. 따라서 지각에 속한 사건은 자극만큼이나 변화에 대한 응답이나 저항이다. 그리고 만약 우리가 홉스에게서 기억이, 매우 단순하게 시간이 지나면서 사유하는-신체에 남아 있는 지각에 의해 촉발되는 잔여 운동들을 의미함을 상기한다면, 우리는 지각적 객체가 존재하는 바의 기억과 더불어 지각의 구성요소가 되는 지각적 효과의 두 가지 형식들 — 자극과 저항 — 을 이해할 수 있다. 다시 말해 사유와 기억 각각은 평가적인 또는 감응적인 차원을 가진다.

홉스의 분석에서 어떤 정념의 집합은 어떤 사람이 자극하는 객체에 대해 가지는 여러 다른 종류의 반응들 또는 응답을 구성한다. 생명 운동에 있어서 이것의 긍정적 효과는 홉스가 욕구라고 부른 추동력(impetus)에 유기체가 더 가까워지도록 강제한다는 점이다. 생명 운동에 대한 부정적 효과는 유기체를 추방하는바, 이는 그가 혐오라고 부르는 운동이다(6장, p. 119). 욕구와 혐오는 그래서 사유하는-신체에서 "걷고, 말하고, 부딪히고 그리고 여타 가시적인 행위들을 하는 동안 [그 운동들이] 나타나기 전에" 자극하는 객체를 향하거나 그로부터 멀어지는 지각 불가능한 운동 또는 '코나투스'(endevours)이다(p. 119). 그리고 중요하게도 지각적인 만남에 의해 촉진되는 운동들은 "감정 기관들의 몇몇 내적 부분에 있는 운동 외에 다른 것이 아닌"[24]데도, 그 것들은 다른 어떤 것으로 경험된다. 홉스가 설명한 바에 따르면, 신체의 균형이 지각 과정에서 강화되거나 방해받을 때, "실제적인 결과에는 운동, 또는 코나투스만 존재하는데, 이는 욕구 또는 혐오를 구성하

---

24 Hobbes, *De Corpore*, chap. 25, p. 390.

거나, 운동하는 객체로부터 초래된다".[25] 하지만 지각의 '실제적 결과 〔효과〕'가 자극하는 객체를 향하거나 그로부터 떨어지는 신체의 운동일 뿐임에도, "그 운동의 나타남 또는 삼삭은 우리가 기쁨 또는 정신의 혼돈이라고 부르는 것들 중 하나이다"(p. 121). 다시 말해, 인간에 대한 그러한 효과들의 '나타남'은 특정 객체의 현존에 있어서 쾌락이나 불쾌의 느낌이다(p. 122). 정념들은 움직여지는-것에 속하는 이러한 여러 종류의 경험이거나 '나타남'이다.

놀랄 것도 없이, 정념들은 어떤 객체의 현존이나 부재에 따라 다른 형식을 취한다. 상실을 통해 구성되는 욕망에 관한 프로이트적 이해를 예견하면서, 홉스는 욕망이 "객체의 부재"를 표시하고 "동일성의 현존"을 사랑한다고 언급한다(p. 119).[26] 이와 유사하게, 혐오는 "부재 […] 그리고 […] 증오, 객체의 현존"을 표시한다(p. 119). 다시 말해, 증오는 일반적으로 어떤 사람 앞에 있는 어떤 대상에 대한 반응에 있어서 주체에 의해 느껴지는 반발이다. 그리고 혐오는 어떤 대상에 관한 그의 기억의 일부에 따라 주체에 의해 느껴지는 반발이다. 그래서 혐오는 부재를 통해 구성되며 기억의 부재로부터 지속적인 멀어지는 운동에 관한 주체의 절실한 경험으로 드러남에 틀림없다.

우리가 현재 발생하거나 어떤 특정한 자극하는 대상의 부재로부터 나오는 정념들을 구분할 수 있는 것처럼, 마찬가지로 홉스에게서도 우리는 **"감각의 쾌락"**(또는 **"관능적** 쾌락")인 바와 **"정신의 쾌락"**인 바를 구별할 수 있다(p. 122). 표면적으로 그와 같은 구별을 홉스의

---

25 Hobbes, *Leviathan*, chap. 6, p. 121.
26 물론, 기억이 지각의 과정 안에서 활동한다는 중요한 역할이 주어지면, 우리는 부재하는 대상의 기억이 필연적으로 현존 대상의 지각 안에 둥지를 튼다는 것을 깨닫는다. 나의 논문 "Hobbes and the Matter of Self-Consciousness"를 보라. 하지만 현재의 목적을 위해서는 부재하는 대상과 현존하는 대상 사이의 보다 단순한 구별로도 충분할 것이다.

데카르트적 이원론과 구별하기는 어려워 보인다. 하지만 그는 '감각적' 쾌락으로 대상의 현존에서 또는 대상과의 물리적 만남에서 즉각적으로 몸에 느껴지는 것을 말하고자 한다. 즉 "이런 종류의 것들 중 어떤 것은 모두 신체로부터 비롯되며 어떤 것은 그렇지 않다. 여기서는 **보고, 듣고, 냄새 맡고, 맛보고** 또는 **접촉하는** 모든 것이 쾌락이다"(p. 122). 이와 대조적으로 그는 정신의 쾌락은 상상력과 연결되어 있으며, "최종적인 것 또는 사태의 결과를 앞서 보는 것으로부터 진행되는 기대에서 나온다"고 말할 수 있다고 언급한다(p. 122). 다시 말해, 정신의 쾌락과 불쾌는 일종의 예견(anticipation)이다. 그리고 그와 같은 예견이 확실히 '신체 안의 운동' —— 홉스에게 모든 사유와 정념이 그렇듯이 —— 에 놓여 있지만, 예견의 기초에 놓인 상상력은 감각적 쾌락의 상대적으로 신선한 운동이라기보다 잔여적 운동(residual motions)을 포함한다.

이제 중요하게도 홉스에게, 미래에 관한 어떤 예견, 또는 기대는 과거의 기억들에서부터 이끌어져 나와야 한다. 그가 논하는바, 미래는 실제로 존재하는 어떤 것이 아니다. 오히려 그것은 "과거 행위들의 귀결들을 현재인 행위들에 적용할 때 정신의 어떤 허상"이다(3장, p. 97). 이것이 의미하는 바는 우리가 오로지 기억으로부터의 상상적인 외삽을 통해서만 미래를 파악할 수 있으며, 따라서 기대를 만들어 낼 수 있다는 것이다. 다소 거칠게 말하자면 우리는 앞을 내다보기 위해 먼저 뒤를 바라봐야 한다는 것이다. 즉 우리가 상상하는 미래는 과거에 관한 우리 기억의 배치 또는 재배치로부터 이끌려 나올 것이다. 따라서 "결과에 관한 기대"(6장 p. 122)로부터 발생하는 정념은 앞선 시간을 통과한 과거의 상상적 투사로 규정된다.

우리가 홉스의 공포에 관한 설명을 식별해 내기 시작할 수 있다는 것은 우선 우리가 정념들의 뒤를 바라보기와 앞을 바라보기 둘 모두를 파악한다는 것이다. 그는 공포란 "대상으로부터 받은 상처에 관한 평가와 함께하는 혐오"(p. 122)라고 말한다. 혐오가 미래에 대한 기대를 함축하는 어떤 부재하는 대상과 '상처에 관한 평가'를 포함하기 때문에, 우리는 공포가 어떤 부재하는 모욕적인 대상으로부터의 고통에 관한 미래 경험의 상상적 기대에서 작동하는 반발 운동의 느낌이라고 정확하게 말하고자 할 수 있다. 보다 자연스럽게 말하자면, 공포는 상기된 대상과 유사한 대상이 해로운 경험이 도래한다는 표시로 받아들여지는 대상 혹은 두려운 재발이 이전에 왔던 일의 반복을 예고하는 대상에 대해 느끼는 불쾌함이다. 따라서 공포는 상기된 과거로 되돌아가는 현재로부터, 그러므로 예견된 미래를 향하는 과거로부터 조형적(figurative) 운동을 수반한다. 공포의 이러한 재귀적인 시간 운동은 인과의 장을 개조하고 이에 따라 주체의 행위적 가능성을 허용하는 데 있어서 중요하다.[27]

공포의 재귀성에 함축된 것은 "사건들과 마찬가지로 의지는 행위를 좇는다"[28]는 가정이다. 즉 상기하는 것과 주체의 과거를 어떤 상상된 미래로 투사하는 것은 예상되는 경험들이 과거의 경험들과 유사할 것이라는 추측에 놓인다. 표면적으로 사건들 간의 관계는 스스로를 반복하는 과거가 단지 상관물이라는 가정 안에 함축되어 있다. 다시 말해 이 결론의 전제로서, 이 대상은 앞으로 올 경험의 기호라는 것이다.[29] 그러나 홉스의 신중성과 학문에 관한 논의에서 그는 시간이 흐르

---

27 어떤 도발적인 분석에서 브라이언 마수미(Brian Massumi)는 지각의 시간성과 관련하여 재귀성(recursivity) 개념을 사용한다. *Parables of the Virtual*, p. 15를 보라.

28 Hobbes, *Leviathan*, chap. 3, p. 97.

29 홉스는 "기호는 선행하는 사건이며, 귀결에 속한다. 반대로 결과와 유사한 것들이 이전에 관찰되었을 때, 선행하는 것의 귀결이기도 하다. 그것들이 자주 관찰되었을수록 기호

는 동안, 그리고 경험과 언어의 도움으로 그와 같은 예견이 취하는 잠정적인 형식은 상관관계의 관찰로부터 인과관계에 대한 가정으로 미끄러진다고 주장한다. 그는 원인들, 결과들, 그리고 여러 사물들의 효과들에 관해 탐구하는 것과 함께, "인간은 […] 그가 일반적 규칙들, 이른바 공리 또는 경구들에서 알아낸 결과들을 단어로 환원할 수 있다"(5장, p. 113)고 말한다. 즉 우리는 언제 무엇이 발생하는지에 대해 경험칙으로 취해질 수 있는 조건적 진술들을 공식화함으로써 우리의 관찰 결과들을 요약할 수 있다. 그와 같은 규칙들에 대해 ── 홉스가 결과적 지식이라고 부르는 과학에 대해 ── 그토록 유용한 것은 그것들이 모두 우리에게 "다른 것에 대한 한 사실의 의존성"(p. 115)을 말해준다는 점이다. 다시 말해 우리는 그와 같은 규칙들을 인과관계로 특정하기 위해 취한다.

사실상 우리가 인과 연쇄에 개입하고 사물들을 우리가 의지하는 대로 발생시키는 방법을 상상할 수 있다는 것은 운동의 규칙성에 관한 이런 가정 안에서다. 홉스는 다음과 같이 논한다. "우리가 무언가가 어떻게 발생하는지, 무엇에 따라 야기되는지, 그리고 어떤 방법에 따르는지, 그러한 원인들이 우리의 힘에 귀인하는 때는 언제인지를 이해할 때, 우리는 그 결과들을 생산하게 되는 방식을 이해한다"(p. 115). 물론 경험에서 나오는 관찰과 같이 과학적 통찰도 자주 불분명하다. 즉 "오로지 몇몇 특별한 사건들만이 [과학의 그] 주장에 답하며, 많은 계기들에서 그 사건들이 해야만 하는 [하나의] 말들로서 그렇게 증명한다"(p. 117).[30] 다시 말해 단지 몇몇 사건들만이 과학 지식에 따른 특정한 방

는 덜 불확실하다"고 말한다(*Ibid.*, chap. 3, p. 98).

30 홉스는 "이것은 어떤 사람이 다른 사람보다 과거의 사태에 관한 보다 많은 경험을 얼마나 많이 가지는지, 그가 마찬가지로 얼마나 보다 많이 분별력 있는지, 그리고 그의 예견

식에서 규칙적으로 발생한다. 그러나 홉스는 우리 관찰들의 정확성이나 우리가 인과성에 대해 공식화하는 규칙들의 적용 가능성의 불확실성에도 불구하고, 우리는 우리 자신의 행위를 위한 기조저넘 그것들을 사용한다고 말한다. 그러니까 인과성에 관한 우리 지식 — 그 자체로 약정적이고 불확실한 — 은 우리를 어떤 효과적인 행위자들로 만든다. 만약 내가 이것을 한다면, 그때 그것은 일어날 것이다. 간략하게 논해서, 과거가 스스로를 반복한다는 가설의 결과인 인과 이론은 주체가 행위의 원인으로 자기 자신을 취할 수 있게 한다.

단순 인과적 장에서 행위의 원인으로의 이러한 주체의 중심화는 정확히 공포의 정념에서 발생하는 것이다. 공포의 경우 주체의 위협에 관한 지각은 부재하는 대상이 아니라 어떤 불쾌의 기억에 닻을 내리고 있는 것이며 그것에 의해 가능해지는 것이다. 위협적인 기억으로 돌아가는 유비 운동에서 인과적 지평이 협소해지므로, 실제로 공포의 느낌은 매우 중요한 주축이 된다. 다시 말해 거기에는 대상이 있고, 내가 있다. 보다 특수하게는, 혐오스러운 대상은 공포 속에서 상기되는데, 이는 불쾌의 원인, 즉 **나에게** 고통을 불러일으키는 서 내싱 또는 그것의 지나간 도착으로 기억된다. 다시 말해 혐오스러운 기억의 추론인 인과적 지평의 협소화는 마찬가지로 인과 연쇄의 단순화이다. 그와 같은 기억과 그것의 추측되고 단순화된 인과적 운반물들이 제시간에 앞으로 투사될 때, 그것들은 미래에 무슨 일이 일어날 것인지에 관한 어떤 예측으로 기여하며, 따라서 이러한 (다른) 대상들이 나에게 곧 고통을 야기하게 될 것이다.

이 더 적게 실패하는지에 의해 확실하다"(*Ibid.*, chap. 3, p. 97)고 말한다. 그러나 그는 "분별력 있는 기호들은 모두 불확실하다. 왜냐하면 경험에 의해 관찰되기 때문이며, 성공을 뒤바꿀 수 있는 환경들을 상기한다는 것은 불가능하기 때문이다"(*Ibid.*, chap. 5, p. 117).

홉스의 분석은 공포가 형성하는 기억의 대상이 아담 필립스가 "과거로부터의 줄거리와 가능성들"[31]이라고 불렀던 것을 지닌 주체를 드러낸다고 주장한다. 사건과 행위의 결과는 어떤 상황에서 발생하는 사례들로서 과거가 앞으로 투사된 혐오스러운 대상과 관련된다. 만약 우리가 인과의 규칙을 제정하는 것은 행위자에 관한 어떤 감각을 생성시키는 것이라는 홉스의 주장을 상기한다면, 그때 우리는 공포의 혐오스러운 대상에 의해 제공된 가능성들의 목록이 행위를 위한 가능성들이 존재한다는 감각을 주체에 부여한다는 것을 알 수 있다. 즉 거기에는 우리가 할 수 있는 무언가가 있다.[32] 즉 공포 안에서의 시간적 운동들은 주체가 스스로를 어떤 효과적인 행위자로 상상할 수 있도록 한다. 더욱이 그러한 운동들은 주체가 그 자신의 행위의 기원으로 스스로를 취하도록 허용한다.

이제 홉스가 『리바이어던』에서 다루는 정념들 가운데 하나는 그가 "갑작스러운 공포"(6장, p. 124)라고 정의한 것이다. 이 정념에 대한 그의 최초의 탐구는 그것을 "이유도 내용도 파악할 수 없는 공포"(p. 124)로 묘사한다. 다시 말해 그것은 규정 가능한 원인이나 대상이 없는 공포다. 중요하게도 어떤 비대상적인 공포를 가진다는 것은 단순히 무엇이 위협적인지를 모른다는 것이 아니다. 만약 공포가 어떤 대상도 가지지 않는다면, 그때는 기억을 맴도는 어떤 회귀 운동도 가능하지

---

31 Phillips, *Terrors and Experts*, p. 53.
32 공포의 느낌 안에서 예견은 그 자체로 공포의 대상을 제거하거나 추방하는 행동을 하기 위해 그 또는 그녀의 능력 또는 무능력에 관한 주체의 감각을 포함하지 않는다고 논하는 것은 중요하다. 만약 그것이 주체의 능력이나 무능력에 관한 느낌을 포함한다면, 공포스러운 느낌은 그 대신에 각각 격려의 느낌 또는 절망의 느낌일 것이다(Hobbes, *Leviathan*, chap. 6, p. 123). "미래의 악에 관한 어떤 예견"으로서, 공포는 행위자의 능력이라기보다 그 가능성들에 대한 것이다(Hobbes, *De Cive*, chap. 1, p. 6).

않게 되며, 그 어떤 인과성의 단순화도 발생할 수 없으며, 또한 그 어떤 예견적 투사도 발생할 수 없다. 미래로 투사하기 위한 어떤 기억된 대상도 없다면, 상상력의 운봉은 막나른 길에 몰리게 되고, 주체는 그 결과에 있어서 정념들이 달리 숙고 작업을 행할 가능성, 즉 미래를 위한 그 어떤 상상적 가능성도 불러일으키지 못한다. 아무런 숙고도 없는 곳에는 그 어떤 의지 작용도 없다. 의지가 없으면 행동도 없다. 또는 아마도 그 어떤 의지적 행위도 없다고 말하는 편이 더 나을 것이다. 홉스는 갑작스러운 공포가 군중 속에서 발생할 때, 언제나 "그 원인에 관한 몇몇 견해"를 가지는 누군가가 있다고 설명한다. 이 견해는 우리가 보았다시피 제작된 것이다. 하지만 "나머지는 예시적으로 빠져나간다. 그리고 모든 사람은 그들의 동료가 이유를 안다고 여긴다"(p. 124). 다시 말해 갑작스러운 공포 안에서 주체에 의해 수행되는 행위는 어떤 종류의 모방(mimesis)을 통해 발생한다. 공포가 아무런 대상도 가지지 않을 때, 주체는 일반적으로 공포의 대상에 의해 제공되는 '가능성의 목록'을 상실하며, 따라서 그 주체가 의지적 행위자로 행동하는 어떤 단순한 행위의 장을 상상적으로 구성할 수 없게 된다. 가장 중요한 상상력의 활동 없이, 주체는 다른 사람들의 반응에 대해 반영적으로, 모방적으로 반응하면서 주변 환경의 인과적 힘을 위한 어떤 도관 이상이 아니게 된다. 그래서 비대상적 공포는 주체로부터 나온 행위자의 환영을 찢고 이에 따라 행위를 시작하는 능력을 인민들로부터 빼앗는다. 이것은 단순히 환멸을 탄생시키는 어떤 종류의 혼미함이 아니다. 즉 나는 내가 어떤 행위자라고 생각했지만, 그렇지 않다. 지금은 어떤가? 오히려 미래를 잃어버린다면, 주체는 스스로를 상실하게 될 것이다.

그래서 홉스에 의하면 만약 우리가 우리를 둘러싼 세계를 어지럽히는 복잡한 원인들을 확실하게 개괄하지 못하는 우리의 무능력에 의해 보이지 않는 공포 속으로 던져 넣어지지 않아야 한다면, 우리는 우리의 공포를 어떤 대상에 부여해야 한다. 다시 말해 우리의 공포는 "무언가 대상을 가질 필요가 있어야 한다"(12장, pp. 169~170). 즉 우리는 대상을 소환하고, 기억 ─ 무슨 기억이든 간에 ─ 에 구멍을 파고, 그럼으로써 우리의 상상력은 그 시간적 무도(do-si-do)를 행할 수 있으며, 그 장을 우리의 능동적 개입을 위해 유용하게 한다. 공포의 대상 주위의 순환적인 시간 운동은 주체가 장악 불가능하지만 그럼에도 불구하고 마치 주체가 시배석 행위자인 듯이 존재하는 어떤 장을 마주 대하게 할 수 있다. 즉 공포의 대상을 중심으로 하는 순환 운동은 행위자에 속하는 외형에 있어서만, 주체를 어떤 감각으로 채운다. 홉스의 논증에 따르면, 이때 공포에 있어서 원인을 추정하고, 공포의 대상을 확고히 하는 강제력은 우리의 무능력 ─ 우리 자신, 우리의 행위 그리고 세계에 대한 주권성의 결여 ─ 안의 통찰력에 부가된다. 사실상 공포에서 우리는 그러한 주권의 부재에 대한 주체의 거부를 볼 수 있다.

공포 안의 그리고 그것에 속한 정치학

공포가 개인들 안에서 자기-주권성의 유사체를 생산한다는 홉스의 통찰은 계약을 통해 승인되고 수립되는 정치적 주권에 관한 그의 논의 안에 반영된다. 사실상 공포의 분석에 있는 틀을 통해 그의 정치학을 독해하는 것은 위에서 제시한바, 주권자의 악명 높은 거대하고 집중된 권력이 개인들이 그들 스스로 자율적인 행위자라는 감각을 획득하도록 역동성을 형성하는 기능을 한다는 것이다. 다시 말해 주권자의 팽만한 주권자성은 각각의 개인들의 자기-주권자에 관한 상상을 위한 어떤 장소를 제공한다.

따라서 그와 같은 독해는 개략적으로 흘러간다. 이를테면 내전의 대혼란 속에서 "주인 없는 인간이라는 방만한 조건"(18장, p. 238)을 수반하는 "비참하고 끔찍한 재난"은 개별적 생명을 안전하지 못하게 하고 개인들의 행위와 노동의 결과를 불확실하게 만든다(13장, p. 186). 무수히 많은 장애물들, 사건들 그리고 상처받는 마주침들과 같은 혼란스러운 맥락에서, 개인들은 미래를 안정적으로 하는 데 있어서 그들 자신의 유효성을 상상하고 유지할 수 없다. 즉 그들 자신의 행위자의 가능성을 그로부터 추론하는 이해 가능하고 안정되고 선형적인 인과성에 관한 지각 없이는 그들이 "산업, [⋯] 지구의 문화, 항해 [⋯] 건설 [⋯] 예술 [⋯] 문자들"(p. 186) 등등에 참여하는 것은 불가능하다. 그러한 복잡하고 완강한 인과적 장에서 홉스는 개인들이 "지속되는 공포, 그리고 폭력적 죽음의 위험"에 맞닥뜨린다는 것을, 말하자면 그들의 공포의 대상이 아무런 미래 없는 어떤 미래임을 말한다(p. 186). 이러한 상황에서 홉스는 인민들이 그들의 공포를 대체할 대상을 필요로 한다고 언급하는데, 이 대상은 그들이 개괄할 수 있고 이에 따라 인과적 장 안에 개입할 수 있는 것이다. 주권자는 바로 그와 같은 대상, 즉 공포의 일반 대상으로 기능한다.

홉스에 따르면, 주권자는 단순히 처벌의 위협을 통해 질서를 부과하지 않는다(낯익은 동기-로서-공포 이야기). 주권자는 또한 인민이 행동하는 그 인과적 장을 축소하고 좁힌다. 다시 말해 주권의 힘은 각 개인들의 공포가 그 주위를 도는 대상으로서 그리고 어떤 단순화된 인과적 장 안의 참조점 둘 모두로 기여한다. 홉스는 이 지점을 그의 법과 처벌에 관한 논의에서 해명한다. 예컨대 그는 "범죄가 될 만한 것이 무엇인지 예측하는 사람은 그가 이전에 범죄와 유사한 것에 의해 따라나오는 것을 이해했던 것을 살핀다. 이 사유의 질서에 따라, 범죄, 경찰, 죄수, 판사 그리고 교수대가 있다"(3장, p. 97). 홉스가 어떤 특정 행위의 원인과 결과에 대한 개인적 추적이라고 가정한 것을 제시한 데서 볼 수 있듯이, 두려운 대상-으로서-주권자는 그것에 집중함으로써 인과적 장을 축소한다. 즉 이 행위가 이 처벌을 야기했다는 식이다. 행위와 그 결과를 규범화하면서 주권자의 법들은 그 자체로 주체에 선택과 행동을 위한 기반을 제공하는 상상된 미래의 재료로서 기여한다.[33] 개인이 행위를 결심하는 것은 이러한 행위의 축소된 장 안에서 상상된 (그리고 제한된) 가능한 결과들을 목적으로 하는 것이다(p. 97). 그러나 결과의 장을 개관하는 것에 더해, 처벌의 위협은 또한 인민들의 행위를 수정하여 행동 영역 내부의 위협들과 위험들을 보다 많이 규범화하거나 예견하게 만든다. 이런 식으로 인과적 장이 단순화되고 보다 취급 가능하게 될 때, 개인들은 그들 스스로를 현재 파악 가능한 인과 연쇄 안으로 집어넣을 수 있으며, 그들 스스로를 효과적인 행위자로 간주할 수 있게 된다. 그러므로 주권자는 개인들이 마치 처벌을 피하고자 하는 것처럼, 그 주위에서 그들의 행위들을 지시하는 공포의 통상적 대상이 아니다. 주권자는 또한 자율적 행위자로서 각 주체 자신의 위상에 관한 추정을 위한 근거로 기능한다. 즉 인과적 장의 단순화의 결과로서 주권자의 주권성은 어떤 개별적 행위자로서 각각의 개인이 자신의 주권성에 관한 환영을 개별적으로 구축하기 위한 조건을 구성한다.[34]

---

33 홉스 자신은 주권자에 의해 반포된 법률이 행위를 위한 길잡이 또는 지도 제작을 겨냥한다고 밝힌다. 그는 법의 목적은 "강력한 의지적 행위로 인민을 구속하는 것이 아니라, 그들의 맹렬한 욕망, 경솔함 또는 무분별로 다치지 않도록 하고, 울타리를 쳐서, 움직이지 못하도록 함으로써, 방해하며 그와 같은 움직임을 못하도록 지도하는 것"이라고 쓴다 (Hobbes, *Leviathan*, chap. 30, p. 388).

34 사실상 홉스는 개인들이 그들의 의지가 그나 그녀의 행위의 원인으로 귀속적으로 취해지는 어떤 인물로 고려될 수 있을 때에야 비로소 법의 주권적 표명이 존재한다고 지적한다(chap. 16, pp. 217~220).

그리고 매우 중요하게도, 주권자의 노련한 통합적 외양은 그 행위들의 이질적인 원인들을 숨긴다. 주권자는 그의 유일한 권위가 어떤 광범위한 합의를 통해 창조된 가상적 인물일 뿐만 아니라(17장, pp. 227~228), 그 성공으로 인한 주권자의 행동은 결국 주체들의 정념들 — 감응적 의미일 뿐 아니라 철학적인 인과적 의미인 — 에 기반한다.[35] 홉스에 따르면, 개인들의 활동들과, 보다 특수하게는 그들의 복종은 주권자의 행위들에 대한 필연적인 보충물이다. 다시 말해 주권자의 주체들은 주권자의 주도권을 가동시키는 움직여지는-움직이는 자이다. 따라서 주권자는 사실상 그 의지가 특유하고, 자기-발생하며, 효과적인 원인, 그리고 그 행위들이 국한되고 집중된 결과를 가지는 노련한 행위자가 아니다. 그러나 그것은 만약 개인들이 스스로를 효과적이며, 자율적인 행위자들로 상상할 수 있게 하는 식으로 인과적 장을 단순화하는 기능을 해야 한다면, 그런 식으로 나타나야만 한다. 그러므로 인과성이라는 복잡한 장 바깥의 홉스의 분석에서 개인들은 개인들로서 그들의 행위자의 보증인으로 기여하는 공포에 관한 단순화하는 대상으로 주권자를 생산한다.

여기서 그 통찰을 강조하는 것이 중요한데, 그것은 개인들이 그들의 무시무시하고 유일한 효과가 자율적 행위자들로서 그들 자신에

---

35 홉스는 그의 저작 여러 군데에서 주권자의 권력이 오로지 주체와 주권자 대리인들의 의견과 행위가 그렇게 만드는 한에서 행위적인 효과가 있다고 설명한다. 예컨대 『베헤모스』(Behemoth)에서 홉스는 주권자의 힘은 "오로지 인민의 의견과 믿음" 위에 놓여 있다고 주장한다. Hobbes, Behemoth, or the Long Parliament, chap. 1, p. 16을 보라. 이와 유사하게 그는 『리바이어던』에서도 "인간의 행위는 그들의 의견에서 나오며, 의견들의 훌륭한 통치 안에 있는바, 그것은 그들의 평화와 의견 일치를 위해 인간의 행위들에 관한 훌륭한 통치를 구성한다"(chap. 18, p. 233)고 주장한다. 우리는 또한 『리바이어던』의 2권을 고려함으로써, 홉스가 주권의 힘은 그것이 반드시 통치해야 하는 많은 사람들에 의해 유지되는 명성과 의견을 통해 구성되는 여러 방식들을 규정한다는 것을 알게 된다.

관한 그들 감각의 조건인 주권자를 적극적으로 생산한다는 사실이다. 위에서 논한바, 개인들에게 자율성의 환영 안에서 가지게 되었던 안락함은 무시무시한 주권자의 행위들의 명백한 자연 발생에 놓여 있다. 다시 말해 공포의 대상으로 활동하기 위해, 주권자의 행위들이 어떤 인과적 장으로서 그리고 그 안에서 개괄되기 쉬운 단독적이고 자기-충족적인 실체로서 나타나야 한다. 하지만 주권자가 어떤 단순하고 단순화하는 통일성으로 나타나게 하기 위해, 집합적으로 그것을 생산하는 개인들은 주권자의 행위들의 복잡한 원인들을 부인해야 한다. 다시 말해 타율적인 주권자에게 그것이 반드시 가져야 할 자율성의 외관을 부여하기 위해서, 만약 그것이 공포의 효과적인 대상이 된다면, 개인들은 그들 스스로 주권적 권력으로부터 거리를 유지해야 하며, 그 행위들에 대한 그들의 기여 그리고 그들의 촉진 작용을 지워야 한다. 달리 말하자면, 개인들에 있어서 자기-주권적 자율성의 환상은 주권자의 단순한 통일성에 관한 환상에 기생하는 것이다. 따라서 그들의 그러한 환상 추구는 주권 권력의 증강과 중심화, 그리고 그 주체들의 그러한 추구로부터 나오는 행위의 차별화를 초래한다.[36] 역설적으로 효과적인 자율적 행위자들로서 스스로에 관한 감각을 생성시키는 개인들의 노력은 그것들의 유효성이 대중의 나날의 행위들로부터 유리된 것으로 보이는, 마찬가지로 그것에 반하는 것으로 보이는 어떤 과장된 주권 권력을 초래한다. 이에 따라 개인들은 그들이 사실상 효과적이라는 방식, 즉 모든 행위들이 발생하는 복잡한 상호 의존성으로부터 소외된다. 그뿐 아니라 그들은 그들의 환상적이고 애매한 자기-주권성

---

36 동역학의 현재 사례에 관한 분석에 대해서는 Nelson, "The President and Presidentialism"을 보라.

을 더 실재적으로 느끼게 만들 수 있는 두려움의 대상으로서 주권자를 생산하려는 반복적 노력들을 요청하는 불가피하게 취약한 자율성에 관한 환상 안에 스스로를 투여한다.

결론

공포가 어떤 동기로 형상화될 때, 두려움에 떠는 개인들은 그들의 삶에서 공포스러운 것을 원하지 않는 것처럼 그려진다. 즉 공포와 이를 촉발하는 것들은 우리가 우리 스스로에게서 제거하고자 분투하는 현상이다. 공포는 그 자체로 법률과 질서를 수립하기 위한 노력에서 신뢰할 만한 도구가 될 수 있다. 그리고 그것은 정치적 조작을 위해 모아 놓은 병기고 안의 하나의 도구이다. 하지만, 홉스는 공포의 동역학이 우리가 어떻게 행동할지 상상할 수 있는 방식으로 세계를 단순화한다고 분석한다. 다시 말해 공포가 인과성에 관한 우리의 지각과 파악에 집중하기 때문에, 개인들은 실제적으로 그들의 자기-이미지를 자기-주권적 행위자들로서 강화하기 위해 공포의 척도를 찾아낸다는 것이다. 우리가 살펴본 대로, 홉스는 우리의 존재론적 조건이 애처롭게도 우리에게 분명해지는 순간, 즉 우리 행위들의 인과성과 타율성의 복잡성이 우리의 나날의 삶에서 보다 의심스러워질 때를 제안하며, 우리는 주권 권력이 증가하는 경향을 분명히 할 것이다. 다시 말해 공포에 있어서 순환적인 일시적 운동들이 자율적인 개별적 행위자들로서 주체를 중심에 놓음으로써 모든 행위들의 불확정성을 제거하기 때문에, 개인들은 국가의 공포스러운 힘을 강화할 것이다. 여기서의 주제는 마치 주권자의 효과가 위기의 시기에 개인들의 유효성을 위한 대리권으로 기여하는 것과 같은 동일시의 문제가 아니다. 그보다 홉스가 제안하는 것은 위기가 아닌 상황에서조차, 자율성의 형식 안에서 개별적인 효과

에 관한 어떤 감각을 생성시키기 위한 노력이 공포의 대상에 관한 선
별 방식 —— 그리고 심지어 생산 —— 에 따라 진행된다는 것이다.

경험의 물질성

윌리엄 E. 커놀리

나는 모리스 메를로퐁티, 미셸 푸코, 질 들뢰즈를 대화의 자리에 놓고, 이들 모두를 신경과학의 최근 작업과 대화하게 함으로써 지각의 물질 성을 설명하고자 한다. 첫 번째 대화는 메를로퐁티는 현상학자인 반 면, 다른 두 명은 현상학에 반대한다는 점에 의해 난관에 부딪혔다. 그 러나 나의 판단은 푸코와 들뢰즈에게도 현상학적 순간이 있다는 것이 다. 나아가 메를로퐁티는 그들이 비판하는 주체의 개념에서 점진적으 로 벗어났다. 또한, 그는 『지각의 현상학』의 주제들을 되살리는 데 필 요하다고 생각해 비인간 자연이라는 개념으로 옮겨 갔다. 주체 개념을 수정하고 그것과 양립하는 자연 개념을 정립하는 이러한 이중의 움직 임은 내가 내재성의 철학(philosophy of immanence)으로 명명한 것으로 메를로퐁티를 이끈다. 그 이동이 완료되었는지, 혹은 초월적 계기에 의 해 중단되었는지에 대해 여기서 답하지는 않겠다.

나는 내재성이라는 개념을 통해 우주가 더 고차원의 힘에 의존하 지 않는 되기(becoming)의 철학을 표명한다. 이 철학은 기계론적 유물 론, 이원론, 신적 목적론, 혹은 최소주의 신학의 부재하는 신으로 환원 되지 않는다. 내재성은 실재(reality)에 현실(actuality)보다 더한 무언가가 있다고 주장한다는 점에서 뒤의 세 가지 철학과 일치하지만, 이 '무언가 더'는 강력하거나 혹은 최소한이거나 간에 신에 의해 주어지지는 않는다. 인간의 조건에는 많은 이로 하여금 빚이나 원죄를 진 것처럼 행동하게끔 하는 특징들이 있지만, 우리는 자신의 존재에 대해 빚이나 원죄의 부담을 지고 있지 않다.[1] 오히려, 안정화된 지층들과 그것의 내부와 아래에 존재하는 움직이는 힘들 사이에 불확실한 교환이 존재한다. 생물학적 진화, 우주의 진화, 정치의 급진적 변화들, 그리고 개인의 중요한 전환의 경험들은 그러한 교환의 회로들이 주기적으로 증폭됨을 증명한다.

들뢰즈와 펠릭스 가타리는 이렇게 표현한다. 첫째, 그들은 "신의 마음, 혹은 생명, 영혼, 언어의 무의식에" 박혀 있는, "언제나 추론되는" 초월의 개념에 이의를 제기한다. 두 번째, 그들은 역사적으로 변화하는 "이동과 정지의 관계, 형성되지 않은 원소들 사이의 빠름과 느림, 마지막으로, 모든 종류의 분자들과 입자들처럼 상대적으로 미형성된 원소들 사이의 빠름과 느림"을 주장한다.[2] 험담하기 좋아하는 사람들은 종종 그렇게 축소하여 이해하지만, 이러한 "이동과 정지"의 철학이 모든 것은 항상 유동적이라는 것을 의미하지는 않는다.[3] 이것이 의미하는 바는 어떤 종, 사물, 체계, 문명이 오랜 시간 지속될 수는 있어도,

---

1 메를로퐁티가 가끔 그러하듯이 여러분도 초월자(the Transcendent) 없는 초월에 관해 이야기할 수 있을 것이다. 그러나 그러한 정식화는 계속될 필요가 있는 대안적인 믿음들이나 철학들 사이의 논쟁을 모호하게 만들 수 있다.

2 Deleuze and Guattari, *A Thousand Plateaus*, Minneapolis: University of Minnesota Press, 1987, p. 266.

3 *Problems and Methods in The Study of Politics*에서 편집자인 이안 샤피로(Ian Shapiro), 로저스 M. 스미스(Rogers M. Smith), 타렉 E.마수드(Tarek E. Masoud)는 내가 "세계는 부단히 계속되며 예측 불가한 유동의 상태에 있다"(p. 11)라고 말했다고 쓰고 있다. 이는 나의 입장의 한쪽 면을 아는 것이 다른 쪽을 만나는 것의 충격으로 막혀 있음을 알려 준다.

그중 어떤 것도 영원할 수는 없다는 뜻이다. (그것에 알맞은 연대기적 시간에 맞추어진) 각각의 역장(力場)은 상대적인 정지와 고조된 불안정의 시기, 다시 뒤따르는 새로운 안정화 사이에서 진동한다. 우주는 긴 반복의 주기로 이루어져 있지 않고, 선형적 인과관계를 보이지 않으며, 존재의 본질적인 목적은 존재하지 않는다. 노벨상 수상자인 일리아 프리고진이 표현하듯, "우리의 우주는 평형과는 거리가 멀고, 비선형적이며, 비가역적인 과정들로 가득 차 있다."[4]

　우리 인간들이 —— 서로 간에 자주 의견 차이가 있기는 하나 —— 마주치게 되거나 우리가 도와서 존재하게 된 새로운 결과들을 **판단**한다는 것은 부인할 수 없다. 그러나 그 판단들이 어떤 영원한 법칙을 표현한다거나 존재의 본질적인 목적에 우리를 일치시키는 것은 아니다. 왜냐하면, 내재적 유물론자들은 그러한 법칙이나 본질적인 목적이 있다는 것을 부인하기 때문이다. 우리는 우리의 윤리를 다른 곳에, 다른 방식으로 정박시킨다.

　내재적 유물론은 또한 기계론적 유물론과 대조적으로 정의된다. 많은 인과관계가 효율적이거나 기계적인 분석의 양식에 부합하지 않는다. 고전적인 예를 들자면, 하나의 당구공이 다른 공을 특정한 방향으로 움직이게 할 때와 같이 효율적인 원인이 있다. 그러나 새로운 실체들과 과정들이 주기적으로 쇄도하는 위험한 과정인 **창발적인 인과관계**(emergent causality)는 효율적인 인과관계로 환원될 수 없다. 이것은 새로운 힘들이 가끔은 사물, 종, 체계, 혹은 존재가 그들 사이의 소용돌이로부터 무언가 새로운 것이 창발하도록 허용해서 **자기 조직화**(self-organization)의 새로운 패턴을 촉발할 수 있는 양식이다: 새로운

4　Prigogine, *Is the Future Given?*, p. 65.

종, 우주의 상태, 기상 시스템, 생태적 균형, 또는 정치구조.

메를로퐁티는 지각에 대한 그의 초기 작업에서 과거의 지배적인 철학과 반대로 인류를 비인간 자연에 더욱 가까운 존재로 제시하였다. 그러한 여정을 추구해야 한다는 압박감은 항상 거기에 존재했다: 인간 체화의 다층적 이론은 인간의 능력과 다른 생명체, 물리적 체계의 능력 사이의 선택적 **유사성**(affinities)을 식별하라는 요구를 마주한다.

메를로퐁티가 갑작스럽게 죽기 전 남긴 강연을 모은 『자연』에 나오는 몇 가지 진술을 고려해 보라: "그러므로, 예를 들어, 우리 안의 자연은 우리 바깥의 자연과 어떤 관계가 있어야만 한다. 나아가 우리 바깥의 자연은 우리 자신인 자연에 의해 밝혀져야만 한다…. 우리는 어떤 자연의 일부이며, 그래서 상호적으로, 생명체와 심지어 우주가 우리에게 말을 거는 것은 우리 자신들로부터이다."[5] 여기에서 메를로퐁티는 인간과 비인간 자연 사이의 유사성을 간절히 추구한다. 또한, 일단 최초의 유사성이 드러나면, 전에는 그 경험의 범위 바깥에 있던 인간과 비인간 자연의 차원을 밝히는 실험적인 연구를 조직하는 것이 가능하리라고 그는 제시하고 있는 것인가? 그리고 그렇게 되면 연구에서 나온 결과들이 우리 자신과 세계에 대한 확장된 경험으로 접혀 들어갈 것이라고 제시하는가?[6] 그렇다면, 신경과학자 라마찬드란이 자기 이미징(magnetic imaging)과 여타 관측의 기술을 사용하여 환상통의 발현에 관련된 신체–뇌 과정을 메를로퐁티의 경험적 설명보다 뛰어나게 설명할 때,[7] 그러한 결과들은 라마찬드란이 통증을 완화하기 위

5　Merleau-Ponty, *Nature*, p. 206.

6　이러한 서술은 사실 17세기에 스피노자가 주장한 심신평행론(parallelism)을 암시한다. 신경과학에서 스피노자의 심신평행 철학과 감응(affect)이 언제나 지각, 신념, 사고에 수반된다는 그의 사상을 잘 끌어들인 연구로는 Antonio R. Damasio, *Looking for Spinoza*를 보라.

7　Ramachandran, *Phantoms in Brain*을 보라. Connolly, *Neuropolitics*, 1장에서 이 연구가 문화 이

해 발닝킨 기술들과 더불어 메를로퐁티의 설명 안으로 접혀 들어갈 수 있을 것이다. 여기에서 **실험적인** 관점과 **경험적인** 관점은 앞뒤로 순환하면서, 가끔은 서로의 놀라운 변화를 촉발한다. 또 다른 진술을 고려해 보자. "모든 이러한 개념(생기론, 엔텔레키[8])은 전성설(preformation, 前成說)을 가정하지만, 현대의 발생학은 후성설(epigenesis, 後成說)적 입장을 명확히 한다…. 미래가 현재 안에 봉쇄되어서는 안 된다. 이 역사를 기계론적 인과관계의 부수 현상으로 이해하는 것은 근거가 없는 일일 것이다. 기계론적 사고는 횡단하며 무언가에서 결코 멈추지 않는 인과관계에 근거한다."[9]

"미래가 현재 안에 봉쇄되어서는 안 된다." 인간의 문화가 과거에서 유래하는 효율적 원인들에 의해 충분조건적으로 결정되지 않듯이, 비인간 자연에서도 역시 —— 식별되는 시간-역(chrono-periods)이 문제가 되는 장에 적합할 때는 —— 미래는 현재의 내부에 충분조건적으로 봉쇄되지 않는다. 이제 적어도 메를로퐁티의 독해에서 기계론적 인과관계, 생기론, 엔텔레키는 효력을 발휘하지 못한다.

그러나 만약 미래가 현재 안에 충분히 봉쇄되지 않는다면, 무엇이 단기간과 장기간의 변화를 가능하게 하는가? 여기에서 메를로퐁티는 이제는 과학자들의 작업, 예를 들어 화학의 일리아 프리고진, 생물학의 브라이언 굿윈과 린 마굴리스, 신경과학의 안토니오 다마지오와 라마찬드란, 진화생물학의 스티븐 제이 굴드의 저작으로 익숙해진 지향(orientation)의 문제에 접근한다[10]: "배아 단계의 유기체의 윤곽은 불

론에 대해 가지는 함의의 일부를 탐구한다.

8 [옮긴이] 엔텔레키는 질료가 형상을 얻어 완성하는 현실을 의미하며, 생기론과 관련해서는 생명력, 활력을 뜻한다.

9 Merleau-Ponty, *Nature*, p. 152.

10 위에 언급한 다마지오, 프리고진, 라마찬드란의 저서 외에, Goodwin, *How the Leopard*

균형의 한 요소를 구성한다. 그것은 인간이 윤곽선을 유기체가 그러한 모양이라고 이해하기 때문이 아니고 그 윤곽선이 현재의 균형을 깨뜨리고 미래의 균형을 위한 조건을 규정하기 때문이다."[11] 메를로퐁티가 언급하는 '불균형'은 들뢰즈가 '자연의 비대칭'이라고 부르는 것과 유사한데, 이것은 다른 조건들이 고정되어 있을 때, 낡은 지층이 붕괴하고, 새 지층이 밀려들어 존재할 수 있도록 주기적으로 무대를 마련하는 강력한 비대칭이다. 이것은 프리고진의 '반평형'(disequilibrium)의 단계에 들어가는 체계에 대한 설명이나 브라이언 굿윈의 연구에서 한 종이 새로운, 예측 불가한 종으로 진화하거나 멸종을 맞을 때 나타나는 '혼돈의 가장자리에서의' 행동과 유사하다. 이들 사상가와 동맹관계에 있는 메를로퐁티는 자연 질서에 대한 기계적 개념에서 혼돈의 세계로 이동하지 않는다. 그는 각 대상에서 생육 기간의 불균형은 새롭고 불완전한 안정화와 번갈아 나타난다고 주장한다. 나는 이러한 서술이 이 글에서 추구하는 시도를 지지하는 것으로 읽는다.

지각의 복잡성

시각적 지각은 ── 감각경험을 수용하여 이미지를 형성하는 0.5초의 지연 동안 ── 언어, 감응, 감정, 촉각 그리고 예상의 복잡한 혼합을 수반한다.[12] 이 혼합은 기억이 스며들어 있는 인간의 삶을 배경으로 일어나는데, 인간의 경험은 지각이 자리하는 화학적·전기적 네트워크의

Changed Its Spots를 볼 것. The Structure of Evolutionary Theory에서 스티븐 제이 굴드는 다윈 이론에 대한 자신의 수정 작업이 니체가 주장한 계보학 개념과 매우 가까움을 강조한다.

11 Merleau-Ponty, Nature, p. 156.

12 "0.5초의 지연"이라는 어구는 신경과학 분야의 선구자인 벤자민 리벳의 저작에서 나온다. 그러나 메를로퐁티가 시간 지연(time lag)을 알고 있었다는 것은 확실하다. 지연과 그 의미에 대한 탁월한 논의는 Massumi, Parables for the Virtual에서 찾을 수 있다.

이전 영역과, 인간 체현과 운동성의 특징적인 형상에 의해 조건 지어
긴다. 인간의 이동은 우리의 두 다리와 몸의 꼭대기에 머리가 위치하
고, 두 눈은 앞을 향해 있으므로 가능하다. 이러한 체현의 양식은, 예
를 들어, '우리 앞의' 미래와 '우리 뒤의' 과거라는 널리 받아들여지는
비유의 생산을 촉진한다. 가장 중요하게, 지각 행위는 현상적 장과 관
련하여 자기 신체의 위치와 기분을 암묵적으로 참고하는 중에 스며든
다.[13] 메를로퐁티는 "우선 우리에 대한, 우리의 몸인 무거운 덩어리에
대한 의미에서" 경험이 파악되기 때문에, "그것은 언제나 우리 몸에
대한 언급을 포함하게 된다"라고 말한다.[14] 나의 "몸은 나에게 존재하
거나 혹은 가능한 과제를 향한 어떤 태도로서 나에게 나타난다. 그리
고 확실히 그것은 **위치의 공간성**이 아니라 **상황의 공간성**이다".[15]

　　우리는 또한 지각이 **복합감각적**(intersensory)이어서, 별개의 감
각 경험들로 완전히 나눌 수 없다는 것을 인정할 필요가 있다.[16] 예를
들어, 시각적 경험은 경험하는 주체의 촉각적 역사로 가득 차 있다. 해
당하는 물체와 비슷한 물건을 만져 온 나의 역사가 현재 그것을 바라
보는 나의 시각 속으로 누비고 들어간다는 점에서 촉각과 시각은 서
로 얽혀 있다. 로라 마크스는 영화의 한 장면을 설명하며 이와 관련해
마음을 울리는 예를 제시하는데, 목소리와 거친 결의 시각적 이미지
가 결합해 돌아가신 어머니의 피부에 대한 딸의 촉각적 기억을 전달하
는 것이다.[17] 이와 비슷하게, 언어와 감각경험은 완전히 분리되어 있지

13　Merleau-Ponty, *Nature*, p. 100.

14　Merleau-Ponty, *Phenomenology of Perception*, p. 52.

15　*Ibid.*, p. 100.

16　이 주제는 오늘날 신경과학에서도 점차 받아들여지고 있다. Bruce Durie, "Doors of
　　Perception"을 보라. 듀리 역시 감각들이 상호 수반된다고 인정한다.

17　Marks, *The Skin of the Film*, chap. 3, "The Memory of Touch".

않고, 서로 환원할 수 있지도 않다. 그들은 경험 속에서 각자가 상대를 능가하도록 허용한다는 점에서 비늘처럼 겹쳐져 있다: "단어 내에 잡혀 있는 감각, 그리고 감각의 외부적 존재가 되는 단어."[18]

이러한 경로를 따라가며, 메를로퐁티는 어떻게 사물의 색상이 감응적 자극을 유발하는지 설명한다. 특정한 운동장애를 지닌 사람들은 색면(color field)이 파란색일 경우 경련성 움직임을 보이고, 빨간색이나 노란색일 때는 좀 더 부드럽게 움직인다. 그리고 "정상적인" 주체들에게도 색상의 시각 장은 그것이 빨간색 혹은 파란색이냐에 따라 그에 대한 구체적인 인식에 스며들거나 선행하는 따뜻함이나 차가움의 경험과 서로 얽혀 있다(p. 209, 211). 이러한 상호-수반의 장은 다음에는 색상과 소리 사이의 얽힘으로 이어져, 특정한 유형의 소리가 색상의 경험에 영향을 미침으로써, 그것을 강화하거나 둔화시키게 된다(p. 228). 단어도 역시 이러한 과정에 참여하는데, 이를테면 "'단단한'이라는 말이 등이나 목의 뻣뻣함을 유발할 때이다". 심지어 "어떤 개념의 지시어가 되기 전에 단어는 우선 나의 몸을 움켜잡는 사건이고, 이 움켜쥠은 그것이 가리키는 의미의 영역을 한정한다"(p. 235). 이 문장에서 "전에"라는 말은 문명화되지 않은 신체를 의미하는 것이 아니라 문명화된 존재의 예비단계에서의 경향을 의미한다. 다른 말로 표현하자면, 체현, 언어, 기질, 지각, 기분 사이의 겹쳐짐이 항상 작동하고 있다. 이러한 필수적인 관련을 무시하는 언어철학이 정확하고 엄밀해 보일 수 있으나, 그것은 지각이 형성되는 상호-수반의 회로들을 생략하기

18 Merleau-Ponty, *Phenomenology of Perception*, p. 183. 이러한 상호-수반의 패턴은 모든 연관이 정의적, 혹은 경험적(인과적) 관계로 환원되는 분석-종합적인 이분법에 포착된 이에게는 불가능해 보일 것이다. 일단 이러한 이분법을 타파하면, 기억이 스며들어 있는 상호-수반의 연쇄들을 통해 지각이 형성된다는 것을 인정할 수 있다. 또한 효율적인 인과성을 초월하는 인과성의 모델을 생각할 수 있게 된다.

때문에 그렇게 보이는 것이다.

　이러한 예비적 경험은 개인이나 문화에 따라 다르며, 그러한 차이들은 문화의 다양성을 이해하는 데 중요하다. 그러나 핵심은 항상 어떤 일련의 상호-수반하는 것들이 지각의 톤과 색조 속으로 유입되어 경험의 예비적 특성으로 부호화된다는 점이다. 현상학자, 불교의 승려, 기업의 광고주, 문화인류학자, 신경과학자, TV 드라마작가, 가톨릭의 신부, 영화 제작자, 복음주의 설교자들은 그러한 기억으로 가득 찬 상호-수반의 패턴에 맞추어져 있다. 너무 많은 수의 사회과학자, 분석철학자, 합리적 선택 이론가, 숙의민주주의자, 그리고 다양한 종류의 '주지주의자들'은 덜 그러하다. 메를로퐁티에게 주지주의자는 개념으로서의 삶의 자율성, 시각의 독립성, 이성의 자족성, 순수한 숙고의 힘, 논쟁의 자족성을 과장하는 사람이다.

　바로 이 지점에서 메를로퐁티의 현상학이 신경과학자 자코모 리촐라티가 최근 발견한 거울 신경세포와 만난다. 이들에게 사회적 경험은 단지 언어의 망에 의해 중재되는 것만이 아니다. 언어 이전의, 혹은 언어화되기 이전에 존재하는 타자의 의도를 알아차리고 모방할 수 있는 인간과 원숭이의 능력도 사회적 경험에 관여한다. 따라서 리촐라티는 문화적으로 부호화된 거울 신경세포가 어떻게 우리가 다른 이들의 의도를 즉시 알아차리고, 그러한 의도들의 일부를 우리의 몸 틀에 심을 수 있도록 그들의 행위를 되풀이하여 연습하도록 하는지를 탐구한다. 리촐라티가 요점을 설명하는 방식은 이를테면 다음과 같다: "다른 사람이 수행하는 행위를 보면 그러한 행위의 조직과 실행을 담당하는 운동영역이 즉시 활성화된다. 이러한 활성화를 통해 관찰된 '운동 이벤트'의 의미를 해독하는 것, 즉 목표를 중심으로 하는 움직임의 관점에서 그것을 이해하는 것이 가능하다. 이 이해는 우리의 행위 능력이 의존하는 행위의 어휘와 운동 지식에 기초하고 있어서 반성적·개념적 그리고/또는 언어적 중재가 전혀 존재하지 않는다.[19] 그 작업을 하는 거울 신경세포가 고정된 유전적 성질을 단순히 표현하는 것이 아니라는 사실은 강조해야 할 만큼 중요하다. 신경세포 자체가 문화의 주고받는 교환 작용을 통해 문화적으로 부호화된다. 이러한 덜 중재된 해석의 배경이 없다면 언어적으로 중재된 경험은 '창백하고, 무색이며, 감정적 온기가 부족한, 순전히 인지적 형식의' 지각으로 축소될 것이다.[20] 메를로퐁티 자신의 의도는 (내 생각이 맞는 한) 언어의 정교한 사용이 이루어지면 어떻게 경험의 두 가지 방식이 서로 즉각적으로 혼합되는지를 강조하는 것이지만, 나는 메를로퐁티가 우선 이러한 논점들에 동의할 것으로 여긴다.

지각은 그 안으로 접혀 들어가 있는 다층의 복합감각적 **기억**을 가지고 있을 뿐 아니라, **기대**(anticpation)로 가득차 있다. 이는 단지 당신이 어떤 결과를 예측하고 그것을 경험의 결과에 비추어 시험해 본다는 의미는 아니다. 그것이 의미하는 바는 지각이 실제로 그렇게 되는

---

19 Rizzolatti and Sinigaglia, *Mirrors in the Brain*, p. 125. 리촐라티와 코라도 시니가글리아(Corrado Sinigaglia)는 거울 신경세포의 문화적 부호화가 가능케 하는 전언어적 경험의 기초가 없이는 언어가 발달할 수 없었으리라 생각한다(나는 '언어적'이라는 단어가 이러한 과정까지 포함하도록 의미가 확장될 수 있다는 것을 알지만, 그렇게 하지 않음으로써 언어가 어느 날 갑자기 생겨난 것이 아니라 문화적 경험으로부터 진화해 왔음을 이해하고, 경험의 다층적인 특성을 좀 더 면밀히 인식하는 데 도움을 줄 수 있다). 리촐라티와 시니가글리아는 또한 메를로퐁티의 관찰 시험에 그들의 현상학적 작업을 지지해 주는 많은 논점이 있음을 인정하여, 책 곳곳에서 메를로퐁티를 인용한다. 메를로퐁티의 작업에서 나에게 사소한 수정을 암시하는 부분이 있는데, 그것은 자아와 미디어 미시정치의 전략이 지적 자의식의 즉각적 이해를 초과하는 멀티미디어적 수단을 통해 문화적 경험의 씨앗을 입력하는 것을 돕는 방식을 지적하는 부분이다. 그 후, 그는 푸코와 들뢰즈에 의해 수립된 정치적 영역으로 우리를 이끈다.

20 *Ibid.*, p. 189.

것을 구성하도록 돕는 일련의 예측적 기대를 표현한다는 것이다. '단단함'이라는 단어의 예가 이미 이를 제시한다. 신경과학자들의 좀 더 최근의 실험은 이 주장을 극적으로 보여 준다. 피험자들이 왼쪽에서 오른쪽으로 움직이며 일련의 그림들을 따라가라는 지시를 따를 때, 다양한 이미징 기술을 통하여 그 응답자들의 신체-뇌 패턴이 관찰되었다. 처음에 그 이미지들은 똑같아 보이지만, 좀 더 자세히 살펴보면 이미지의 선을 따라 진행할 때 당신의 경험은 남성의 민머리를 보는 것에서 여성의 나체를 보는 것으로 급작스럽게 옮겨 간다. 형태 변화가 어느 시점에 일어나는지는 사람에 따라 다르다. 좀 더 주목할 것은, 그들이 두 번째에는 오른쪽에서 왼쪽으로 이동하며 그림들을 보라고 했을 때, 거의 모든 사람이 나체의 여성에서 남성의 얼굴로 바뀌는 것을 처음 왼쪽에서 오른쪽으로 움직이며 식별했을 때보다 훨씬 더 늦게 발견한다는 점이다. 저자들은 이 일련의 그림들이 촉진한 신체-뇌 과정이 두 개의 구체화된 끌개(attractor) 사이에 불안정한 전환을 생성한다고 주장한다. 첫 번째 끌개는 가능한 한 오래 지배력을 유지한다. 오른쪽에서 왼쪽으로 이동할 때 촉발된 두 번째 끌개는 첫 번째 끌개의 물러나라는 압력이 있을 때까지 유지된다. 급작스럽게 경험되는 변화는 관찰 가능한 신체/뇌 패턴의 극적인 변화와 관련이 있다. [신경생물학자인] 스콧 켈소는 "적당한 근육 위에 전극을 배치해 전자기적 활동을 관찰함으로써" 한 패턴에서 다른 패턴으로의 갑작스러운 변화를 측정할 수 있었다. 켈소 연구의 기저에는 뇌는 불안정한 상태에 근접하여 작동하는 자기조직적이고, 패턴을 형성하는 시스템으로서, 유연하고도 자발적으로 하나의 일관된 상태에서 다른 일관된 상태로 전환한다는 생각이 자리 잡고 있다.²¹ 메를로퐁티가 태아에서 발견하는 "불안정"은 또한 변화하는 맥락에 빠르게 반응해야 하는 움직이는 인간 존재의 지각에서도 작동한다.[22] 지각은, 유연하기 위해, 다수의 "불안정" 지점을 통해 형성되는데, 여기에서 기억이 주입된 한 세트의 끌개가 마주침이 주는 압력이 충분히 강한 다른 세트의 끌개에 길을 내준다.

지각은 체현, 움직임, 신체 이미지, 촉각, 시각, 후각, 언어, 감응, 색상 사이의 상호-수반이라는 풍부한 역사가 없이는 기능하지 않는다. 지각의 예측적 구조로 인해 일상생활의 빠르게 변화하는 맥락 속에서 지각이 그 기능을 실행할 수 있다. 지각의 예측적 구조는 또한 신비주의자, 사제, 연인, 정치인, 부모, 군사지도자, 영화 제작자, 교사, 토크쇼 진행자, TV 광고주들이 무의식적 영향력을 행사할 수 있는 길을 지각에 열어 놓는다. 다르게 표현한다면, 지각이 의미하는 바가 이제 문화적으로 구성된 끌개를 그것에 대략적으로 반응하는 상황에 적용하는 것이기 때문에 지각의 실재는 '규범적'이라는 것이다. 예를 들어, 시각적으로 지각된 결과물은 지각이 시작되는 특정한 위치의 한계를 보완하며, 균형 잡힌 대상의 규범을 포함한다. 메를로퐁티가 표현하듯이, "주체나 객체의 통일성은 진정한 통일성이 아니라 **경험의 지평에서의 추정적 통일성이다.** 우리는 주체와 객체의 개념보다 앞서는 것으로서 사물과 개념이 둘 다 생겨나는 최초의 층위를 재발견해야만 한다".[23] 이 추정적 통일성의 중요성은 깊이와 훈련에 대한 다음의 논

---

21 Soló and Goodwin, *Signs of Life*, pp. 142~143.

22 사실 일상생활의 무수한 마주침을 헤쳐 나갈 때 지각적 판단을 해야 할 필요성이 작동적 지각이 생성해 내는 생략과 단순화에 끼치는 영향에 대해서는 메를로퐁티보다 앙리 베르그송의 설명이 더 낫다. 각 관점의 장점과 단점에 대한 비교적 분석은 이 글의 범위를 넘어서는 것이 될 것이다. 내가 그런 작업을 한다면, 위에서 언급한 메를로퐁티의 한계는 지각을 가능하게 하는 수많은 감각의 "상호-수반"에 대한 그의 사려 깊은 이해로 상쇄되는 것으로 주장할 것이다. 이 논점들에 대해 베르그송이 쓴 출발점으로서의 저작은 『물질과 기억』(*Matter and Memory*)이다.

23 Merleau-Ponty, *Phenomenology of Perception*, p. 219(강조는 인용자).

의를 통해 더 명확해진다.

시각과 깊이

메를로퐁티는 다이애나 쿨이 말하듯, "시각적 선명성을 허용하는 깊이와 시점은 보는 주체, 혹은 보이는 대상 어느 하나에 속해 있는 것이 아니라 그들이 만나는 곳에서 펼쳐"지지만, 우리가 시각적 깊이의 경험에 특별한 기여를 한다고 주장한다.[24] 당신은 깊이의 경험이 대상에 대해 가능한 다른 관점들을 그 대상이 관여되어 있는 시점으로 통합한다고 말할 것이다. 그 경험은 어디에나 편재해 있다. 당신이 평면의 종이에 네케르 큐브(Necker cube)[25]를 그린다면 깊이가 즉시 그것에 투영될 것이다. 그 이미지를 몇 초 동안 보면, 그 이미지가 반전되어 깊이감이 왼쪽에서 오른쪽으로 이동했던 그림이 다른 방향으로 뒤집혀 움직인다. 처음에는 눈을 오른쪽 아래 각에 집중하다가, 이후 왼쪽 위의 각에 집중하는 방식으로 반전을 어떻게 만들어 내는지 알게 되면, 깊이에서 경험을 제거하는 일이 얼마나 어려운지 분명해진다. 시선의 전환과 각의 뒤집힘 사이의 짧은 간격은 또한 감각경험의 수용과 지각 형성의 문화적 참여 사이에 존재하는 0.5초의 지연을 입증해 준다. 그것

---

24 Coole, *Negativity and Politics*, p. 132. 이 책은 푸코와 들뢰즈와 관련하여 메를로퐁티를 새롭게 보게 했다. 일부는 우선권이 주체, 혹은 객체 어느 하나에 주어져야 한다고 말하며 그녀의 주장에 반대할 것이다. 그러나 그 후 그들은 다수의 상호 수반에 관한 메를로퐁티의 설명과 이러한 혼합과 재혼합이 발생하면 어떤 쪽이 어떤 기여를 하는지 정확히 구분할 수는 없다는 그의 판단을 받아들여야만 한다. 자신의 지각 능력에 예민한 화가라도 "(그 구별이 아무 의미가 없기 때문에) 무엇이 자신에게서 나오고 무엇이 사물로부터 나오는지를, 새로운 작업이 이전의 작업에 더하는 것은 무엇이고, 가져가는 것은 무엇인지를 말할 수" 없다("Indirect Language and the Voices of Silence", pp. 58~59).

25 스위스의 결정학자이자 지리학자인 루이 알베르 네케르 드 소쉬르(Louis Albert Necker de Saussure, 1786~1861)가 고안한 정육면체로 의도적으로 깊이감을 가늠할 수 있는 점선을 표시하지 않아 어느 쪽이 정면인지를 알 수 없게 그렸다.

은 지각이 존재하기 위해서는 훈련되어야 한다는 사실을 우리에게 알려 주며, 지각이 형성되는 동안의 금세 사라지고 마는 간격에 주목하게 한다. 지각은 당신이 가지고 있지 않은 다수의 관점들의 경험에 대한 투사에 의존한다. 또한, 이러한 경험에의 자동적 투사가 당신이 사물을 볼 때 사물도 당신을 보는 것처럼 보이게 만든다. 메를로퐁티는 그것을 이렇게 표현한다: 이 "보는 주체와 관찰되는 대상 사이의 이상한 유착 속에서, …**나는 사물에 의해 나 자신이 보여지는 것을 느낀다, 나의 행위는 동일하게 수동성이다.**"[26] 깊이를 경험한다는 것은 당신을 바라보는 사물을 느끼고, 당신 자신을 대상으로 느끼는 것이다. 이러한 자기 인식은 보통 의식으로 자각되지 않지만, 경험 자체에 머무르기 위해 행동 지향적인 지각 과정에서 벗어나면 좀 더 분명해진다. 그 결과는 불가사의할 정도이다: 본다는 것은 당신 자신을 가시성의 대상으로서 경험한다는 것인데, 이는 단순히 불투명한 물질로 구성된 당신을 누군가 볼 **수 있음**을 당신이 인식한다는 의미가 아니라, 바로 시각의 구조 자체가 다양한 관점에서 보이는 것의 투사 속으로 통합된다는 의미이다. 이 경험은 지각의 예측적 구조 속에서, 자신을 바라보는 잠재적 시야각들과 다른 각도에서 대상을 만지고, 잡고, 이동시키는 것은 어떠한 것인지를 종합하여 정리한다. 행동을 가능케 하는 조작적 (operational) 각도와 보여지는 것에 대한 배경적 감각의 체계화가 결합하여 깊이를 생성한다.

그러나 체계화가 모든 각도의 합계이거나 반대로 **어느 곳에서의 전망도 아니**(nowhere)라는 의미로 축소될 수는 없다. 각각의 가능한

26 Merleau-Ponty, *The Visible and Invisible*, p. 13(강조는 인용자). 이 저작은 위에서 논의된 감각 기관에 대해 주장된 모든 논점을 확장하는 방식으로 '살'에 대한 우리의 경험을 심화한다. 논의할 것이 많은 흥미로운 주제이기는 하지만 여기에서 다루지는 않는다.

시야각이 그것이 배치되는 확산된 배경 속으로 스며들어 가기 때문이다. 체계화는 **모든 곳**(everywhere)으로부터의 전망에 더 가까운데, 이는 규범의 암시적 참조에 의존하는 경험에 규범으로서 투사되는 전망이다. 메를로퐁티에 대한 에세이에서, 선 도런스 켈리(Sean Dorrance Kelley)는 이러한 예측과 관점의 주제를 정리한다. 첫째, 특정 빛이나 색상의 경험은 "주어진 조명의 맥락에서 각 색상의 표현은 필연적으로 좀 더 완전히 표현된 **실재** 색상, 즉 조명의 맥락이 규범적 방향으로 변화되면 드러날 법한 색상에 대한 암시적 참조를 만든다. 모든 경험에서 암시적으로 참조되는 이 실제의 색상이 내가 **존재**(to be)하는 것으로 보는 불변의 색상이다"라는 의미에서 규범적이다. 둘째, 깊이의 경험에 내장된 "모든 곳으로부터의 전망"은 이러한 기억이 스며들어 있는 투사와 분리하여 당신이 실제로 소유할 수 있는 전망이 아니다. 모든 관점에 알맞은 각도와 배경을 검토할 수 있는 잠재적 관점이란 없기 때문이다. 배경은 이런 식으로 더해지지 않는다. 깊이의 경험은 오히려 "나 자신의 관점이 빗나간다고 느껴지는 곳으로부터의 […] 전망이다".²⁷ 깊이의 지각은 내 실제의 시야각이 빗나간다고 느껴지는 곳에서의 관점을 예측한다. 그러므로 지각은 실제로 구체화할 수 없는 규범, 실재성으로서 스스로에게 접근한다. 지각은 예측적이고 규범적이다. 켈리가 생략하는 유일한 논점은 깊이의 지각에서 어떻게 "나는 사물에 의해 나 자신이 보여지는 것을 느끼"고, 나의 지각 활동이 "동일하게 수동성"이냐는 점이다. 그 주제는 현대 정치와 관련해 중요성이 있다.

---

27 Kelly, "Seeing Things in Merleau-Ponty", p. 86, 92.

지각과 규율

미셸 푸코와 메를로퐁티 사이의 차이는 너무 커서 한쪽이 다른 한쪽을 조명하는 것은 여전히 불가능한 것으로 보일 수도 있다. 초기 푸코는 '삶, 노동, 언어'의 불투명성으로 인해 경험의 구조가 주체 이론을 회복할 수 있는 단단한 기반을 제공할 수 없다고 주장하지 않았는가? 현상학자들이 추구하는 초월적인 주장 —— 먼저 경험에서 의심할 수 없는 것을 발견하고, 그 후 그 경험이 어떤 개념의 주체를 가정하는지 보여라 —— 은 삶, 노동, 언어의 '이중체'(doubles)가 어둠 속으로 희미해져 갈 때 유지될 수 없게 된다고 그가 말하지 않았던가? 그렇다. 그러나 그러한 비판들은 메를로퐁티보다는 후설에게 더 적용될 만하며, 메를로퐁티의 후기 저작을 고려하면 특히 그러하다.

푸코는 "규율"에 복속되는 유권자의 자세, 태도, 및 감성을 형성하는 세부 사항의 정치적 해부학에 대해 이야기하는데, 이를 통해 "권력관계는 [신체에 대해] 직접적 지배력을 행사한다. 권력관계는 그것에 투자하고, 표시하고, 훈련하고, 고문하고, 임무를 수행하도록 강제하고, 의식을 행하고, 표식을 제정한다".[28] 우리는 벌써 푸코의 문장과 메를로퐁티의 문장에 존재하는 리듬의 차이를 알아본다. 메를로퐁티의 문장은 세계에 대한 암묵적인 의미의 소속감을 전달하는 데 반해, 푸코의 문장은 경험의 현대적 양식 내에 퍼져 있는 저항과 불만의 요소들을 확인하거나 집결시킨다. 두 사상가 사이의 차이를 가로지르는 초기의 연결은 둘 다 풍부한 상호-수반의 역사가 경험을 위한 무대를 설정하는 데 있어 지각이 어떻게 감각의 선행하는 **규율하기**를 요구하는지를 본다는 점이다. 태어날 때 실명 상태였다가 회복된 시신경 기

---

28 Foucault, *Discipline and Punish*, p. 25.

제를 가지고 있는 사람의 경우, 움직임, 만지기, 대상 조작 간에 일어나는 상호-수반의 새로운 역사가 시각 체계의 시냅스로 통합되어 입력되기까지는 적동성 실명 상태가 유시된다는 사실은 신체-분화석인 규율과 경험의 형태 사이에 중요한 연결이 있음을 강조해 보여 준다. 출생 시 시각 시냅스의 약 10%만이 연결되어 있다. 나머지 연결은 신체/뇌의 다능성(pluripotentiality)과 통합 감각적 경험의 역사 간의 상호작용으로 이루어진다.[29]

깊이를 인식하는 것은 잠재적으로 스스로를 시각의 대상으로 느끼는 것이라는 메를로퐁티의 주장으로 다시 돌아가 보자. 규율사회에서의 이러한 암묵적인 감각은 안보 국가에서는 실질적, 혹은 잠재적 **감시**(surveillance)의 대상이 되는 좀 더 강력한 경험으로 변모한다. 후자의 경험은 알 카에다의 9·11 공격 이후 미국에서 증폭되었다. 그 사건으로 오사마 빈 라덴은 조지 W. 부시로 하여금 널리 퍼져 있는, 비국가 형태의 적들에 대항하는 안보의 프리즘을 통해 세계를 구성하도록 유도했고, 카우보이 부시는 적극적으로 초대에 응했다. 의심할 여지가 없는 자기 가시성의 경험은 이제 감시의 대상이 되는 것으로 팽창한다. 감시의 가능성에 대한 일상의 인식은 그 경험의 형태와 감정적 어조에 되튀어 돌아온다. 사람들을 추적하고 감시하는 수단과 장치는 이제 공항 검색 장치, 사회보장번호의 검색, 신용정보, 의료기록, 전자식별 팔찌, 발신자번호표시서비스, 제품 조사, 국가안전보장국(National Security Agency, NSA)의 수색, 통화 기록, 차량번호판, 인터넷 사용기록, 국세청(Internal Revenue Service, IRS) 세무조사, 운전면허증, '부과

---

29 시각의 형성에 작동하는 신체적·문화적 요소에 관한 신경과학의 문헌에 대한 비평은 지먼(Zeman)의 『의식』(Consciousness) 5, 6장을 보라.

금'을 요구하는 경찰 전화, 신용카드 번호, DNA 기록, 지문, 냄새 무늬(smellprints), 안문(eyeprints), 고용과 승진 기록, 약물검사, 그리고 교통, 거리, 건물의 감시 카메라를 포함한다. 이들은, 예를 들어, 직장, 학교, 거리에서 사용되고 투표 참여 권유, 구직 면접, 경찰 조사, 교도소 관찰, 정치적 보복, 인종 프로파일링, 이메일 광고, 교회의 판결, 이혼 절차, 성적 성향의 공개에도 이용된다. 이러한 수단과 장치가 확산할 때, 잠재적 관찰 가능성의 경험은 일상의 경험에서 실행되는 요소가 된다.[30]

> 그렇다면 전체적인 문제가 발생한다. 더 이상 단순히 보여지거나 […] 외부의 공간을 관찰하기 위해 지어지는 건축의 문제가 아니라 내부의, 명확하고 세분화된 통제를 허용하기 위한 건축 —— 내부에 있는 사람들을 보이게 하는 […] 개인을 변화시키기 위해 작동하는 건축, 그것이 보호하는 사람들에게 작동하며, 그들의 행위에 지배력을 행사하고, 바로 그들에게 권력의 효과를 실행하고, 그들을 아는 것이 가능하도록 만들고, 그들을 바꾸는 건축.[31]

사실, 규율 사회에 대한 푸코의 설명은 나이, 계급, 인종의 차이를 적절하게 다루지 않는다. 오늘날 도시 봉쇄의 일반적 전략과 상점, 거리, 공공시설, 소년원, 감옥, 학교에서 행해지는 비인간적 감시에 종속

---

30 2005년 4월 『존스 홉킨스 공보』(*The Johns Hopkins Gazette*)에는 다음과 같은 공지가 실렸다. "학생, 교직원 및 직원의 안전을 강화하기 위해, 대학은 최첨단의 폐쇄 회로 TV 시스템을 설치하였다. 이 시스템은 최대 16개의 행동 패턴을 인식하도록 프로그래밍할 수 있으며, 운영자의 추적 작업을 위해 각 행위에 우선순위 점수를 할당할 수 있다. 이 카메라는 우리가 좀 더 통합된 '가상 치안 시스템'으로 이행하는 데 도움을 준다."

31 Foucault, *Discipline and Punish*, p. 172.

되는 도시 하층민들이 존재한다. 또한 여러 영역에서 세부적 규율에 얽매여 있지만, 그것을 초월하여 떠오를 날을 기대하는 교외의, 중상류층의, 경력을 중요시하는 계층이 있다. 그리고 일반화된 감시를 다소간 초월하는 사람들을 비롯해 몇 개의 다른 주체의 위치가 있다.

조심하라. 당신은 전쟁 반대자인가? 게이? 약물에 관심이 있는가? 공공연히 무신론자임을 이야기하는가? 테러와의 전쟁, 마약 정책, 또는 정부의 부패를 비판하는가? 성적으로 활발한가? 주의하라, 언젠가 새로운 직업을 구하거나, 이런저런 비난으로부터 자신을 보호하고 싶다면. 이제 미래의 불확실한 가능성을 예측하며 자신을 보호하라. 미래의 위협에 응답하여 자신을 규율하라. 심화된 자본주의 내에서 부유한 사람들은 오래 유지되는 경력에 대한 전망으로 삶을 조직하는 한편, 다른 많은 이들은 보장이나 혜택이 없는 직업을 구하고, 또 다른 이들은 불법적이고, 비공식적인 지하경제에 어쩔 수 없이 종사하게 된다. 이러한 감시 사회가 주는 암묵적인 메시지는 옆 사람보다 좀 더 경건하고, 정상적이며, 애국적으로 보이면서, 나서지 말고 정치적으로 침묵하라는 것이다. 이제 메를로퐁티가 경험의 성격에 접혀 내재되어 있던 것으로 생각한 세계에 대한 암묵적인 소속감이 파문을 일으키며 흩어지기 시작한다.

푸코도 메를로퐁티도 오늘날 우리가 그러한 것과는 달리 전자 미디어에 그렇게 경계심을 보이지 않았다는 것은 이해할 만하다. 이 편재하는 힘은 규율, 지각, 자기 인식, 그리고 행위의 회로 안으로 흘러 들어 간다. 미디어 소유권의 패턴을 조사하는 것으로는 충분하지 않다. 지각의 형태와 어조가 암시되는 수단을 검토하는 것도 그와 동등하게 타당하다.

여기에서 좀 더 큰 주제의 한 측면을 언급하고자 한다. 선거 캠페인을 해독하려면, 미디어 광고가 작동하는 방식을 살펴보는 것이 유용하다. 성공한 광고 회사 임원이자 최근 신경과학 연구의 추종자인 로버트 히스에 따르면, 가장 효과적인 상품광고는 그것에 관심이 없는 시청자들을 대상으로 삼는다. 그러한 광고는 정교한 지적 관심의 수준에 도달하지 않는 "암묵적 학습"을 유도한다. 그것은 기분, 혹은 자각으로의 연결을 암시하는 "방아쇠"를 심어서, 다음에 그 제품이 보이거나, 언급되거나, 냄새를 맡거나, 들리거나, 만져지면 활성화되도록 한다. 암묵적 학습은 그것과 이어지는 정교한 지적 활동과는 달리, "항상 켜져 있"기 때문에 중요하다. 그것은 "자동적이며, 그것의 능력에 있어, 거의 소모 불가능하며, 더 영속성이 있어서" 오래 유지된다.[32]

이것과 푸코, 메를로퐁티와의 연관성은 그들 역시 미디어에 집중하지 않고 규율과 경험의 전의식적이고, 감응적인 차원에 관심을 가진다는 것이다. 오늘날 「해니티 앤 콜메스」(Hannity & Colmes), 「십자포화」(Crossfire), 「오레일리 팩터」(The O'Reilly Factor) 같은 프로그램들은 정치적 지각의 색조에 스며든다. 게스트와 호스트가 주장하는 논점에 시청자가 집중하는 동안, 프로그램은 끼어들기, 서로 겹쳐서 이야기하는 사람들, 신랄한 비난들, 고함으로 점철되어 있다. 그러한 격렬함의 끝없는 반복은 지각의 황금 기준으로서 객관성이라는 단순한 기준에 도달하는 사람이 아무도 없다는 당연한 의심을 주입함으로써, 그 기준을 은폐한다. 그 결과 분노와 냉소가 지각의 바로 그 색으로 입력된다. 이 과정 자체의 누적적인 결과는 신보수주의적 어젠다를 선호한다. 왜냐하면 냉소주의자는 '국가'의 의심할 수 없는 권위를 재확인해 줄 인

---

32 Heath, *The Hidden Power of Advertising*, p. 67. 히스가 여기에서 이야기하는 것은 잠재의식적 삽입이 아니다. 그는 감응, 언어, 이미지 사이의 연결을 삽입할 때, 스스로로부터 주의를 분산시키며, 시청자 역시 주의가 분산되도록 유도하는 광고에 대해 이야기한다.

물을 갈망하면서도, 일반적으로 고용, 서비스, 복지에서 큰 정부라는 유산을 비웃기 때문이다. 냉소주의자는 현재의 권위 체제를 거부하는 권위주의자다. 냉소적 현실주의자는 지각을 구성하는 데 도움이 되는 취약성과 불확실성을 경험한다. 그러나 그들은 그 경험에 권위에 대한 지나친 요구를 결합한 후, 모든 다른 사람들은 그들이 충족한다고 주장하는 단순한 객관성의 모델을 따르지 못하고 있다고 비난한다. 이 모델은 그들이 그것을 어떻게 충족하느냐를 보여 줌으로써가 아니라, 다른 이들이 보통 그것을 충족하지 못하고 있음을 반복적으로 비난하는 방식으로 정당성을 유지한다.

냉소적 현실주의는 지각의 복잡성에 대한 한 반응이다. 감시 세계에서 또 다른 반응은 자기 탈정치화(self-depoliticization)이다. 당신은 행동에의 위험한 유혹을 축소하기 위해 불온한 사건에서 시선을 돌린다. 목표는 직장, 가족, 학교, 교회, 선거 정치, 이웃 생활의 현장에서 면밀한 관심이나 위협을 피하는 것이다. 물론 그러한 후퇴가 삶의 조직화 자체에 대해 분노의 감정을 증폭하여, 그 동일한 유권자들의 일부가 분노의 힘에 의해 기운을 얻도록 자극할 수도 있다. 이러한 반응들은 몇 가지 방식으로 섞이기도 한다. 부인할 수 없는 사실은 규율, 미디어, 다층의 기억들, 자기 인식 사이의 순환이 지각의 색조에서 표현을 찾는다는 것이다. 권력은 지각 내부로 입력된다.

지각의 미시정치

감각적 상호-수반, 규율 과정, 감시의 구체적 양식, 미디어의 침투, 응집된 끌개, 감응적 기질, 미래의 위험에 대한 반응의 조절 — 이러한 요소들이 교환, 피드백, 재진입의 영원한 회로에 참여하며, 각각의 루프는 자신 이전에 존재하고 있던 루프에 또 다른 변형과 차수를 접어

넣는다. 그것들의 겹쳐짐은 너무나 긴밀해서 일단 더 큰 복합체로 합쳐지게 되면 각각의 요소를 구별하는 것은 불가능하다. 회로들은 접히고, 구부러지고, 서로 섞이면서 정치적 경험의 형태를 굴절시킨다. 그들은 곳곳에 편재하기는 하나, 수많은 불화, 변이, 망설임, 교란의 지점을 가진다. 이러한 방해물들은 다른 영적인 가능성의 추구를 잠재적으로 촉발하는데, 여기에서 '영적인'이라는 단어는 개인에 있어서는 정제된 신체 상태와 제도적 관행에서는 내재된 실존적 경향을 의미한다.

불화란 무엇인가? 다음의 서술에서 '당신'은 난수와 복수 형태 모두로 해석될 수 있다. 종교적 의식으로 가득한 과거는 영화, 교회 혹은 학교에서의 신에 대한 대안적인 재현과 충돌한다. 새롭게 출현한 이단적 섹슈얼리티의 실천은 당신으로 하여금 다른 영역에서 확립된 습관에 의문을 제기할 수 있게 북돋운다. 지금까지 순조로웠던 경력이 중단되면 전에는 예측의 습관 속에 가라앉아 있던 의심이 살아난다. 당신은 외국 여행을 통해 자국에서는 표현이 허락되지 않던 불온한 뉴스와 태도를 접하게 된다. 신경 요법은 당신의 감성에 적당한 변화를 가져온다. 주식시장의 폭락은 미래에 대한 예측을 중단시킨다. 새로운 종교적 경험은 당신을 흔들어 놓는다. 테러 공격은 복수에 대한 무자비한 욕망을 당신 내부에 접어 넣는다. 파괴적인 자연현상은 신의 섭리에 대한 당신의 믿음을 뒤흔든다.

지각의 예측하는 습관은 독립적이지 않다. 오히려 그날의 지배적인 성향이 사소한 기질, 가려진 성향, 흐리터분한 초기 상태와 주기적으로 충돌한다. 지각을 가능하게 하는 끌개와 연결의 불안정성이 또한 지각을 권력과 정치의 편재하는 매개로 만든다. 미디어정치가 현재의 가장 시급한 난제들로부터 주의를 돌리게 할 때, 좀 더 많은 유권자의 예측 습관과 침전된 경향을 열기 위하여 오늘날 할 수 있는 일은 무엇인가?

텔레비전이 그러한 실험을 실행해 볼 장소가 될 수 있다. 몇몇 드라마가 그러한 실험을 한다. 나는 관습적인 지각의 습관을 깨뜨리고 때때로 그것을 재구성하는 작업을 하는 「식스 피트 아래」(Six Feet Under)[33]를 그 리스트에 넣고 싶다. 그러나 어떤 프로그램이 '뉴스 프로그램'이나 '토크쇼'에 가까울수록, 그것은 맹렬한 당파성을 행사하거나 단순한 객관성의 진부한 목소리를 채택한다. 혹은 표방하는 목적과는 다른 일을 한다. 우리에게 필요한 것은 미디어 포화 사회에서 경험의 복잡성을 드러내고 다루는 뉴스와 토크쇼, 섬세한 미디어 실험이다. 「더 데일리 쇼」(The Daily Show)와 「콜버트 리포트」(The Colbert Report)가 단순한 객관성을 과장하고 풍자하며 그것에 이의를 제기하는 올바른 방향으로 몇 걸음 나아간다. 그 프로그램이 찍은 공적 인물들의 스틸과 클로즈업 사진은 격렬한 감정이 어떻게 의식적인 관심의 수면 밑에서 우리의 지각에 침투해 들어오는지 보여 준다. 그러나 매체 포화 상태에서 살아가는 우리에게는 훨씬 더 많은 것이 필요하다.

마크 한센은 『새로운 미디어를 위한 새로운 철학』에서 이 문제를 탐구한다. 6장에서 그는 2000년도에 휘트니 미술관에서 열린 로버트 라자리니의 「두개골」(Skulls) 전시회를 비평한다. 라자리니의 조각은 기괴(uncanny)하다. 그것은 두개골처럼 보이지만, 당신의 머리를 기울이거나 위치를 바꾸면, 그것을 보리라 더는 예측할 수 없게 된다. 사실 라자리니는 실제 인간 두개골을 레이저로 스캔하여, 그것을 몇 개의 이미지로 재구성한 후, 그 재구성된 이미지로부터 몇 개의 조각상을

33 [옮긴이] 미국의 케이블 채널 HBO에서 2001년 6월부터 2005년 8월까지 다섯 시즌 동안 방영된 드라마로 로스앤젤레스에서 장례식장을 운영하는 피셔(Fisher) 가족의 이야기를 담고 있다.

만들었다. 이러한 삼차원의 이미지는 그것들의 외양이 촉발하는 기대와 일치할 수 없다. 이 괴상한 조각품의 관점과 당신의 시점을 맞추려 노력할 때마다, 당신은 점차 고조되는 놀라운 낯섦의 감정을 경험한다. **그것은 마치 이 두개골이 당신의 시선에 응답하지 않는 것 같다.**[34]

당신이 보는 대상이 당신을 볼 것이라는 기대는 그러한 의미를 뒷받침하지 않는 이러한 변형된 이미지에 의해 분쇄된다. 당신은 이제 "주변의 공간이 마치 삼차원적 확장의 고정 좌표에서 분리된 것처럼 물결치고, 거품이 일고, 접히는 것을" 느낀다.[35] 메를로퐁티의 지각의 현상학과 연결 지어 생각할 때, 「두개골」 전시는 지각에 대응하는 끌개를 발견하지 못하게 함으로써 우리가 지각에서 수행하는 도망자 역할에 대한 인식을 높인다. 이 조각들은 또한 메를로퐁티가 경험의 심층 문법(depth grammar)에 함축시킨 무언의 소속감을 뒤흔듦으로써 지각에서 **감응**이 수행하는 역할을 극적으로 보여 준다. 세상에 대한 암묵적 소속감은 현기증으로 변모한다. 그러한 실험은 속도의 증진, 감시의 강화, 전통적인 시간 이미지의 교란으로 특징지어지는 세계에서 경험에 이미 숨어들어 와 있는 붕괴의 감각을 극화해 보여 주는가? 최소한 메를로퐁티와 푸코의 작업과 관련해서, 그러한 실험은 지각의 구성에서 감응, 기억, 촉각 사이의 복합적인 상호-수반에 대한 우리의 인식을 예리하게 한다. 이제 당신은 좀 더 기꺼이 단순한 시각 모델에 의문을 제기하고, 어떻게 규율 사회가 감응이 침투한 지각을 굴절시키는지 더 정확히 이해한다.

당신은 심지어 이 세상에 대한 자동적 소속감이 종종 확대되어

---

34 Hansen, *New Philosophy for New Media*, p. 198.
35 *Ibid.*

해석되고, 혼란에 빠질 때, 경험의 복잡성 그 자체에 대한 본능적 애착을 심화하기 위한 실험적 전략에 매력을 느낄 것이다. 위의 반응 중 어느 것도 자동직이시는 않나. 난시 기회가 열릴 뿐이다. 그것을 추구하려면 지각적 실험과, 감응이 침투한 판단과 지각으로 입력되는 삶의 더 넓은 환경의 변화에 대한 성찰 사이를 오가야 한다.

후자에 대한 준비로서, 메를로퐁티가 경험의 기공(氣孔)에 침전된 것으로 여기는 세계에 대한 암묵적 소속감을 균열시키는 몇 가지 과정과 조건을 고려해 보라. 그것은 다음을 포함한다. 군사적 배치, 글로벌 통신시스템, 항공 여행, 관광, 인구 이동, 패션, 금융거래, 문화적 교류 등 삶의 많은 영역에서 빨라지는 속도와 확장되는 범위, 시각적 경험을 복잡하게 만들고 때로는 시간의 선형적 이미지에 의문을 제기하는 대중 영화의 쇄도, 복합감각의 수용과 지각의 형성 사이에 존재하는 0.5초의 지연과 같은 신경과학의 새로운 발견들에 대한 홍보, 선형적 원인의 뉴턴 모델에서 공명과 창발적 인과관계의 사상으로 전환하는 복잡성 과학의 연구에 대한 더 확대된 인식, 생물학적 진화에서 이미 식별 가능한 창의적 요소를 우주 자체의 전개로 확장하는 과학적 상상, 지각에 입력된 습관적 가정들에 주기적으로 충격을 안기는 사건들에 대한 미디어의 증대된 관심, 지진, 허리케인, 화산 폭발, 쓰나미로 야기된 여기저기의 참사에 대한 미디어의 관심, 그리고 세계의 연약한 생태적 균형이 급진적 불균형으로 기울고 있다는 분명치 않으나 절박한 감각.

이러한 분열적인 경험들이 악영향을 미친다는 징후 또한 다양하다. 그것은 삶의 복수, 혹은 공격적 측면에서, '액션' 영화에 나타나는 극단적 수준의 폭력과 초인간적 영웅주의를 포함하는데, 그것들은 어려운 상황에서 객관주의의 단순한 모델과 지배력을 회복하려고 애쓴다. 단순한 객관주의를 주장함으로써 의롭다고 생각하는 자기주장과 결합하여 강화되는 미디어의 비난하는 어조, 몇몇 종교 운동에서 새롭게 강화되어 나타난 종말론적인 예언, 더 신랄해진 선거 운동 그리고 선제적 전쟁, 고문을 일삼는 국가 정권, 대학살, 집단 강간 등으로 폭넓게 표현되는 추상적 복수에 대한 대중적 열망도 포함된다.

이러한 반응들에 대응되는 모습은 다른 관행들이나 유권자 집단에서 역시 발견할 수 있다. 오늘날 계급, 나이, 공식적 종교 신앙, 성별, 민족을 포함해 다양한 사회적 위치에 속한 더 많은 사람이 시각의 단순한 모델에 대해 이전만큼 확신하지 못한다. 그들은 감각의 상호-수반, 공명, 끌개, 지속의 복잡성, 되기로서의 시간, 그리고 불확실한 미래로 채워진 세계에 대한 애착을 강화하려고 한다. 이러한 전개에 대한 단 하나의 징후로서「파 프롬 헤븐」(Far from Heaven),「아이 러브 허커비」(I ♥Huckabees),「타임코드」(Time Code),「블로우 업」(Blow-Up),「이터널 선샤인」(Eternal Sunshine of the Spotless Mind),「메멘토」(Memento),「웨이킹 라이프」(Waking Life),「롤라 런」(Run Lola Run),「시네도키」(Synecdoche)와 같은 마이너한 성향의 영화들을 많은 사람이 환영하며 수용했다는 예를 들 수 있다.

이러한 영화들은 지각에서 지속의 역할에 초점을 맞추고, 오랜 습관을 이런저런 방식으로 헝클어 놓고, 감각의 상호-수반을 강조하고, 단순한 객관주의에 도전하고, 시간의 선형적 이미지에 대한 자기 신뢰에 의문을 제기한다. 어떤 사람들은 다른 쪽으로 방향을 틀기도 한다.「두개골」이 조장한 불안을 통과하고 넘어서면서, 그들은 이러한 불안이 터져 나온 **후에** 출현하는 것이 가장 알맞은 어떤 영적인 각성 —— 유신론적이든 비신론적이든 —— 을 촉진한다. 예를 들자면,「웨이킹 라이프」는 굽이치는 물결 모양의 인물들로 이루어진 만화이다.

영화는 사망한 후 6분 동안 뇌가 살아 있어 활동하는 한 남성의 실존적 지향 속으로 기억이 쌓이는 것을 기록한다. 그는 존재라는 논점에 대해서 어떤 면에서는 심오하고, 다른 면에서는 시시한, 감응이 침투한 뒤죽박죽의 기억으로 가득 차 있다. 이 경우에 그는 지각과 행동 사이의 연결이 끊어졌기 때문에 다양한 기억들이 서로에게 말하도록 허용할 수밖에 없다. 그렇게 그는 어떤 다른 행동을 할 수 없어서 행동이 중지된 상태에 머물게 된다. 여기에서 불확실하고 불분명한 인물들로 구성된 이 첨단기술의 만화는 연결선이 무리하게 늘어나 있는 빠른 속도의 세계에 붙어 있기 위해서는 무엇이 필요한지에 대한 논점을 제기한다. 이 영화는 메를로퐁티가 암묵적으로 가정한 삶의 속도에서 점차 멀어지고 있는 세계에 대한 애착을 탐구하고 갱신하도록 우리를 초청한다. 우리는 이 세계에 대해 더 진전된 종류의 애착을 개발하고, 우리 내부와 주위에서 너무 쉽게 일어나는 추상적 적의를 물리치는 작업에 착수한다. 그리고 우리는 실존적 적의의 불씨가, 일단 뿌려지면, 파괴적인 사건, 미디어의 광란, 그리고 정치 캠페인에 의해 어떻게 불타오르는지, 그리고 어떻게 그것이 투자, 소비, 교회 집회, 언론보도, 투표의 패턴, 국가적 우선순위와 같은 제도적 관행에 주입되는지 숙고해 볼 것을 권유받는다. 이 세계에 대해 처음 가졌던 돌봄의 감각이 열려 증폭되는데, 이것은 전술적 수단과 미시정치에 의해 무시되거나 더 강화될 수 있는 감각이다.[36]

이것이 『시네마 II』에서 들뢰즈가 제시하는 참여와 연결되는 접

---

36 여기에서 말하는 "세계에 대한 애착"이 기존의 불의, 계급적 고통, 교조주의, 다양성의 억압 등에 대한 것이 아니라 삶의 몇몇 영역이 좀 더 빠른 속도로 진행되는 세계에서 표현되는 인간의 실존적 조건 자체에 대한 것임을 강조한다. 확실한 것은 이 세계에 대한 애착의 강화가 그 내부에 형성되는 위험과 불의에 대항하는 힘과 의지를 증진한다는 것이다.

합점이다. 거기에서 그는 이 세계에 대한 믿음을 붕괴시키는 후기 근대 생활의 특징과 더불어 그것을 재활성화할 수 있는 다른, 더 미묘한 전략을 강조한다. 그 무대는 경험의 분기점의 낯선 순간, 세계의 '비정상적인' 움직임에 대해 예민한 감수성을 실행하는 희극적 인물, 액션 이미지를 뒤섞어 놓는 이상한 컷들, 지속의 복잡성을 실행하는 시간의 결정체, 그리고 경험의 모순되는 흔적들로 이어지는 '거짓의 힘'과의 교전 — 이는 보통 행동에의 단호한 촉구로 대체된다 — 을 드러내는 플래시백의 탐구로 마련된다. 그것이 시사하는 바는 우리 대부분이 내가 앞에서 언급한 일상의 변동 속에서, 그리고 그것을 극화하고 확장하는 영화에 의해 그러한 경험에 이미 영향을 받고 있다는 것이다. 그들 중 몇몇은 이 세계에 대해 더 확장될 수 있는 애착의 씨앗을 극적으로 보여 준다.

물론 그러한 극적인 제시 자체가 실존적 적의를 촉발하거나, 객관성의 단순 모델을 재주장하려는 충동을 일으키거나, 공적인 참여로부터의 후퇴를 자극할 수도 있다. 인간은 어떻게든 단순한 객관성의 세계에 대한 자격이 있다는 선험적 감각에 당신이 사로잡혀 있다면 특히 그러할 것이다. 그러나 들뢰즈는 그것이 세계에 대한 선동을 유발하기 때문에 수용되는 결절점에서 이러한 반응에 도전한다. 그는 호전적 지배력, 수동적 회의주의, 권위적 냉소주의가 형성되는 결절점에서 이들에 맞서기 위해 '이 세계'의 복잡성에 대한 애착을 심화시키는 전술을 장려한다. 그는 부정적 비판을 넘어서서 급진적인 정치적 의제에 헌신하기 위해서는 긍정적인 실존적 애착의 광범위한 쇄도가 필요하다고 주장한다.

들뢰즈가 "이 세계에 대한 믿음"이라는 말을 할 때, 이는 확실히 권력과 정치적 우선순위의 기존 분배를 의미하지 않는다. 그것은 긍정적 대안으로 저항하고 극복해야 할 것이다. 첫 번째로 그는 존재의 가장 넓은 범위를 확언하는데, 인간은 여기에서 존재에 대한 실존적 적외나 체념에 반대되는 것으로 실징된다. 두 번째로, 다양한 유형의 소수자들로 이루어진 유동하는 세계에서, 우리가 **일상적으로 마주치는 수많은 유권자는 그 자체로 경험하는 세계에 대한 다양한 최종 개념을 가져온다**는 사실을 적의 없이 수용한다는 의미이다. 안건은 세계의 소수화가 더 빠른 속도록 진행될 때, 가장 넓은 범위의 존재 그 자체에 대해 다양한 최종 해석을 채택하는 사람들을 점점 더 많이 마주치게 된다는 사실의 추정적 수용과 우리가 해석하는바 이 세계에 대한 긍정적 애착을 연결하는 것이다. 그가 한 예로 든 것처럼 "우리가 기독교인이든 무신론자이든, 우리의 보편적인 정신분열 상황에서, 이 세계를 믿을 이유가 필요하다".[37] 다시 이 제안은 우리 자신이 해석하는바 세계에 대한 애착을 강화하고 오늘날 더 빠른 속도로 일어나고 있는 세계의 진정한 소수화를 적대시하는 경향을 극복하라는 것이다. 그의 용어 사용에서 '믿음'은 한 가지 의미 이상으로 기능한다. 먼저 새로운 증거와 논증에 의지하여 비교적 수월하게 그중 몇 가지는 바뀔 수 있는 인식론적 믿음이 있다. 그리고 성찰적 고려만으로 쉽게 도달할 수 있는 변화 아래에서 신조와 감응이 함께 섞이는 좀 더 강렬하나, 모호한 실존적 경향이 있다. 여기가 예언자들이 진출하는 영역이다. 미디어도 리듬, 이미지, 음악, 음향의 상호작용을 통해 여기에 참여한다. 이 차원에서의 '믿음'은 당신이 깊이 관여하고 있는 판단이나 믿음이 다투어지고, 조롱받고, 불법으로 판단받고, 더 가혹하게 처벌될 때 일어나는 내장의 조여 옴, 피부의 차가움, 동공의 수축 등의 구부러짐과 관

---

37 Deleuze, *Cinema II, The Time Image*, p. 172.

계한다. 이는 또한 우리가 정체성의 구조를 넘어 삶의 잉여를 느낄 때 나타나는 풍요한 기쁨의 감정에도 닿는다. 그것이 들뢰즈가 집결해서 세계의 소수화를 포용하는 긍정적 정치 운동에 연결하고자 하는 잉여이다. 내재적 자연주의자가 삶의 영적 차원을 포용한다는 소리에 놀랄 사람도 있을 것이다. 그러나 그 단어의 가장 강력한 의미에서 초월에 대한 믿음에 이의를 제기하는 동시에 좋은 영성이 공공 생활에서 담당하는 심오한 역할을 이해하는 우리에게 그것은 놀랍지 않다.

많은 문화 영역에서의 속도의 가속화와 일상에서의 미디어의 만연으로 메를로퐁티가 주장하는 소속감의 형태가 동요된 부분이 있으므로 부분적으로는 들뢰즈의 논점을 따르는 것이 중요하다.[38] 그리고 부분적으로는 차이에 대한 고려를 부정적인 것이나 취약성의 경험에만 정초하려는 다양한 시도들은, 그들 자신이 존재의 활기에 대한 선험적 경험의 위치에 있어 보지 않는 한, 성공하기 어렵기 때문이다. 적어도 지금까지는 자신들에게 보여 줄 것도 그렇게 많이 가지고 있지 못하다.

존재의 가장 기본적인 조건에 대한 애착을 더 폭넓게 협상하는 것은 기존의 불의를 허용하지 않겠지만, 그렇다고 오늘날 요구되는 비판적 정치를 생성하기에도 **충분하지** 않다. 예측컨대 두 가지 가정 모두를 이 글에 투영하려는 사람도 있을 테지만, 그러한 에너지들은 동시적으로 개인에 의해 길러지고, 조직적 삶의 다양한 기관에서 집결되어, 정치적 행위의 더 큰 회로 속으로 삽입된다. 왜냐하면, 예전에는 그랬을지 모르지만, 우리가 거주하는 세계에는 소속감이 경험의 하부구

---

38 나는 *Neuropolitics* 4, 5, 6장과 "Experience and Experiment"에서 개인과 집단을 막론하고 지각과 감성에의 암묵적 경향을 개정하는 구체적 전략을 검토한다.

조에 더는 안전하게 장착되어 있지 않기 때문이다. 많은 유형의 소수자가 같은 영토 공간에 거주하는 시대에 적어도 대규모의 탄압을 도입히지 않고, 그 자신의 조건만으로 이 결손을 메울 수 있는 단일한 종교적 믿음도 없다. 이 문제는 근본적이다.

실존적 윤리의 문제에 대해 잠깐 생각해 보자. 내 경험상 이러한 각성의 **부족함**을 잘 지적하는 민주 좌파에 속하는 많은 사람이 그것의 **부적절성**을 주장하고 그것의 **어리석음**을 알리기 위해 그 논점에서 신속히 이동한다. 그들은 부드럽거나 여성스러워 보이기를 원하지 않는다. 그들은 존재론적 긍정을 추구하면 비판의 담대함이 약해질 것을 두려워한다. 실제로, 일부 사람들은 긍정적인 실존적 영성을 인정하면 고통, 불평등, 폐쇄에 대한 건강한 분노를 유발할 수 없다고 생각하는 듯하다. 때로 그들에게 어떤 종류의 유물론에 찬성하여 유신론을 포기하는 것은 영성을 잃거나 넘어서는 것을 **의미한다**. 나는 그러한 의견들에 이의를 제기하고자 한다. 나는 프리드리히 니체, 메를로퐁티, 푸코, 들뢰즈가 이 점에 있어서 나와 의견을 같이한다고 생각한다. 그들 각자는 어떻게 다양한 종류의 영성이 경험, 해석, 행위에 항상 주입되는지를 보이며, 세계에 대한 긍정적 애착으로부터 지속을 끌어내고자 하였다. 오늘날 지각의 하부구조에 대한 작업은 긍정적 정치의 가능성에 연결된다. 첫 번째 것을 무시하는 것은 복수 혹은 절망의 예언자에게 너무 많은 영역을 허용하는 것이다. 그들은 그들이 동원하는 격렬한 감정들을 분출할 취약한 대상을 판별하며 실존적 복수의 영성을 경험의 기공에 주입하기 때문이다. 존재론적 긍정, 민주 좌파, 그리고 정치적 호전성은 후기 근대 시대에 함께 속해 있다. 다원주의, 평등, 그리고 생태적 민감성을 요구하는 데 이 셋 ── 유신론적 혹은 비신론적 형태이든 ── 이 모두 함께 필요하다.

이 글에서 나는 실존적 씨앗, 지각의 미묘한 조직화, 감시의 사회적 관행들, 삶의 여러 영역에서의 속도의 가속화, 다양한 유형의 소수자들의 확산, 지각의 정치에서 미디어의 중요한 역할, 지각과 제도적 삶의 다른 방면에서의 영성의 위치 그리고, 이 모든 것이 민주 좌파의 호전적 정치와 맺는 관련성 사이의 반향들을 기록하기 시작했다.

'생명 자체'의 정치와 죽어 감의 새로운 방식들

로지 브라이도티

이 논문은 생명과 죽음 사이의 경계들을 전환하는 것에 강조점을 두면서, 생명 자체(life itself)의 정치에 관한 최근의 논쟁들에 초점을 맞춘다. 초기 가설로 나는 여기서 우리가 생명권력(biopower)을 생명체의 통치라는 의미에서뿐만 아니라 죽어 감(dying)의 실천들과 관련하여 이해하길 제안하고자 한다. 더 나아가, 이것은 고통, 상실 그리고 애도의 실천과 우리의 관련성이 생명정치적 관심들에 비추어 볼 때 재고될 필요가 있다는 것을 의미한다.

일반적으로 말해서 '생명 자체의 정치'는 생명권력이라는 개념이 기술적으로 매개된 '생명'을 어떤 자기-구성적인 실체로 만드는 점증하는 담론들과 실천들을 조직화하는 원리로서 등장해 왔던 위상을 가리킨다.[1] 생명물질(living matter〔생명체〕) 자체는 탐구의 대상이 아니라 주체가 되며, 생명중심적 전망으로의 이러한 전환은 사회적 주체들의 조직과 구조 자체에 영향을 미친다.[2] 발생적인 사회적 상상력이라

---

1 Rose, "The Politics of Life Itself".
2 Fraser, Kember and Lury eds., *Inventive Life*.

고 부를 수 있을 법한 것으로의 이러한 유물론적 전환은 인간 신체에 관한 역할과 재현의 변화다.[3] 정보기술과 생명기술의 결과로서, 신체적 유물론은 기존의 사회구성주의적 관념들에 도전하는 방식으로 개정되고 있는 중이다. 신체의 문제와 신체들의 특유한 물질성은 예컨대 줄기세포 연구 및 매일매일 미디어에 의해 전파되는 '유전자-중심적' 이미지들과 재현물들에 의해 보다 뚜렷하게 전경화되어 왔다. 이러한 전환의 사회적이고 문화적인 당대의 예들은 어떤 구경꾼의 행태로서 유전적인 시민성과 연결되는 실천들이다. 예를 들어 의료 행위, 대중문화, 영화 그리고 광고에서 유전자들의 생명에 대한 시각화가 있다. 이러한 경향의 여타 사회적 측면은 인종, 민족성 그리고 이주민에 관한 정치적 토론들에서 유전학의 활용과 관련 있다. 또한 낙태와 줄기세포 연구에서부터 새로운 친척관계와 가족 체계들에 이르기까지 공적인 토론에서 '생명'이나 '생명물질'에 관한 수사적 표현들이 있다. 이러한 전개 양상은 신생기론과 생명정치로 알려지고 있는 어떤 경향에 속한다.[4] 유럽 사상과 근대 역사에서 파시즘의 유기체 철학과 연결되는 생기론의 문제적 본성을 고려하는 한, 나는 이 논문에서 더 이상 그것을 추종하지는 않을 것이다.

최근의 상황

'생명'에 대한 이러한 사회적 담론들은 '실재 신체들'과 실재 물질성, 즉 막대한 포스트모던적 해체 이후 현전의 존재론으로의 회귀를 지칭하는 것으로 자주 취급된다. 나는 신체적 유물론의 이러한 신실재론적

---

3 Franklin, Lury and Stacey, *Global Nature, Global Culture*.
4 "Neovitalism"에 대해서는 Fraser, Kember and Lury, eds., *Inventive Life*를 보라. 그리고 "Vital politics"에 대해서는 Rose, "The Politics of Life Itself"도 보라.

실천으로의 회귀를 **물질-주의**(matter-ialism) 또는 과격 신유물론(radical neomaterialism)으로 명명한다. 이러한 경향은 인간 미래의 순전한 사유 가능성에 대한 열망의 높은 수준에 의해 파괴된 신자유수의적'이고 신칸트주의적인 사상가들 둘 모두를 야기했다.[6] 기술은 이러한 물질-주의적 논쟁의 핵심이다.

예컨대 클라우디아 스프링거는 인간과 전자기술의 결합에 환호하는 이러한 담론이 최근 과학 공동체와 대중문화 안에서 똑같이 성공적으로 유통되고 있다고 논증한다.[7] 그러므로 그것은 오늘날 어느 정도 재현의 지배적인 양상으로 이해되고 처리될 수 있다. 도나 해러웨이의 작업은 여기서 독창적인 중요성을 가진다. 기술적으로 증강된 신체-기계로서 사이보그는 후기산업사회에서 인간과 기술적인 것 사이의 상호작용을 위한 지배적인 담론-기술적인 형상이다. 그것은 또한 후기산업사회 공간에서 작동하는 이와 같은 권력-관계들의 어떤 살아 있는, 능동적인 또는 물질적으로 착근된 지도 제작이기도 하다. 스콧 부카트만은 물리적 자기성의 인공적 환경으로의 투사가 신체 바깥의 치명적인 정체성에 관한 꿈, 즉 기술을 통한 우주적 구제라는 뉴에이지식 환상들을 드러내는 어떤 종류의 '사이버주체'에 관한 꿈에 반영된다고 논증한다.[8] 뉴에이지 영성 또는 기술-신비주의는 이런 경향의 부분을 형성한다.

이는 죽음에 관한 질문을 촉발하며 죽어 감의 새로운 방법을 가능하게 한다. 보다 복잡한 관계성이 우리가 거주하고 있는 사이버 세

---

5   Fukuyama, *Our Posthuman Future*.

6   Habermas, *The Future of Human Nature*.

7   Springer, *Electronic Eros*.

8   Bukatman, *Terminal Identity*, p. 187.

계 안에서 등장해 왔다. 즉 살(flesh)과 기계 사이의 연결은 공생적 (symbiotic)이며 따라서 상호 의존적 결속으로 가장 훌륭하게 기술될 수 있다는 것이다. 그러한 결속이 인간 신체에 도래할 때, 그것은 몇몇 주목할 만한 역설들을 가동한다. 주체성의 신체적 측면은 탈출에 대한 환상 안에서 즉각 거부되며, 강화되거나 증강된다. 앤 발사모(Anne Balsamo)는 어떤 환상적인 불사의 꿈과 '생명'과 죽음에 대한 통제를 가능하게 하는 새로운 포스트휴먼 신체를 둘러싼 효과들의 역설적 수반성(concomitance)을 강조한다. "그럼에도 신체의 기술적 미래에 있어서 '생명'에 대한 그와 같은 믿음은 통제 불가능하고 어마어마한 신체-위협, 즉 항체-내성 바이러스, 무작위적인 전염, 살을 파먹는 박테리아로부터 죽음과 절멸의 뚜렷한 공포를 수반한다."[9]

다시 말해, '생명'의 새로운 실천들은 발생적 힘뿐만 아니라 새롭고 보다 미묘한 절멸의 수준들을 가동한다는 것이다. 살아감과 죽어감 사이의 명쾌한 구별로는 분별 불가능한 이러한 유형의 생기성은 비인간이면서 긍정적인 생명-력으로서 **조에**(zoē)라는 개념을 구성한다. 이 생기적 유물론은 통상, 위조품, 혼성모방 그리고 캠프 시뮬레이션 (camp simulation)에 있어서 비유기적인 것과 감각적인 것에 대한 포스트모던의 강조점과 아무런 관련이 없다. 이것은 또한 '고차원' 사이버 연구를 넘어 포스트-사이버-유물론으로 움직여 간다.

이 실천을 통과하면서, 체현된 인간의 전통적인 인간주의적 통일성은 정보, 소통 그리고 생명기술의 수렴에 의해 추동되는 다수의 사회적 힘들에 의해 탈구된다.[10] 이것은 확장되고, 분열적이며, 강화된,

---

9   Balsamo, *Technologies of the Gendered Body*, pp. 1~2.
10 Castells, *The Rise of the Network Society*.

또는 인공 보철적으로 증강된 체현에 관한 여러 가지 사회적 실천들을 발생시킨다. 유목적 정치학과 페미니즘 이론에 대한 이전 작업에서, 나는 이러한 현상을 광범위하게 분석했으며, 이에 대해 나는 반드시 부정적 태도로 평가하진 않는다. 이 논문에서 나는 생명 자체에 대한 강조가, 그것이 현대의 기술적으로 매개된 신체들의 복잡성에 있어서 그리고 인간적 체현의 사회적 실천들에 있어서 보다 정확한 방식으로 집중하기 때문에, 몇몇 긍정적 측면들을 가진다는 가설을 검토하고자 한다.

이는 사회적이고 정치적인 실천들 안에서 물질적·생명문화적 그리고 기호적 힘들의 서로 간의 상호 의존성을 강조함으로써, 인류중심주의(anthropocentrism)로부터의 전환을 표시한다. 생명 자체에 대한 집중은 '생명-력'과 관련하여 주체성의 개념에 관한 재고를 밀어붙임으로써 일종의 생명중심적인 평등주의[11]를 독려할 것이다. 이것은 젠더화, 인종화 그리고 자연화를 이원론적 대립으로부터 상호작용의 복잡하고 약화된 대립적 양상으로 전환함에 따라 자기(self)와 타자 간의 관계를 재정의할 뿐만 아니라 필구시킨다. 따라서 생명성치는 반성의 생태철학적 차원을 열어젖히며 친족 체계와 사회적이고 정치적인 참여 둘 모두에 속하는 대안적 생태학을 구체화한다. 나는 이러한 것들이 수립하는 그러한 '혼종적인' 사회적 정체성과 다양한 특성들의 새로운 양식들이 상호적이고 개별적인 책무(accountability)를 위한 출발 지점을 구성하며 사회적 참여와 공동체 건설을 위한 윤리적 재정초의 기초를 닦을 가능성을 탐색하고자 한다.

다시 말해 나는 '생명 자체'의 정치학을 능동적인 윤리적 시민성

11 Ansell-Pearson, *Viroid Life*.

의 형태로 정의하고 싶은 것이다. 자기성(the self〔자아〕)의 기술로서 생명시민성의 사회적 예들은 최근에 사람들의 건강에 관한 자기-관리와 의료보험의 경우에 스스로의 라이프스타일을 위한 책임 또는 영원한 젊음을 추구하는 사회적 욕망에 강조점을 놓는다. 이것은 전 지구적으로 매개된 사회체들 안에서 시간의 연장과 연결되며 안락사와 여타 죽음 돌봄에 관한 사회적 실천들과 나란히 갈 수 있다. 마찬가지로 이러한 논의는 종종 병적으로 간주되는 사회적 행태들이 현대에 구체화된 것이다. 중독, 섭식장애, 그리고 번아웃(burnout)에서부터 무관심 또는 불만 상태에 이르는 우울증 등이 그것이다. 나는 '생명 자체'의 정치학의 시기에 살아 있음과 죽어 감 사이의 관계를 전환하는 사회적 표명으로서 비규범적인 방법으로 이러한 현상들에 접근하고 싶다.

다시 생각해 보는 생명권력

권력과 권력관계에 관한 주제는 이 기획의 중심에 놓여 있다. '생명 자체'의 개념은 금융투자와 잠재적 이윤의 자리로서 생명발생 자본주의의 핵심에 있다.[12] 기술적 개입들은 역사적으로 계급과 사회경제의 축을 따라, 마찬가지로 '타자성'(otherness)의 성화되고(sexualized) 인종화된 선들을 따라 특성화되어 왔었던 배제와 포함이라는 사회적 관계를 강화한다. 또한 '생명수탈'(biopiracy)로 비난받아 왔던바, 지속적인 기술혁명은 자주 전통적인 차별과 착취의 패턴을 강화시킨다.[13] 우리가 가진 모든 것은 생명권력의 주제가 되지만, 우리는 신중하게 바로 그 권력의 수준들과 현실화 양상들을 구별한다.

---

12 Parisi, "For a Schizogenesis of Sexual Difference".

13 Shiva, *Biopiracy*.

이것은 세 가지 주요한 결과를 가진다. 첫째로 그것은 개념적인 것이자 내가 이전에 언급했던 것으로서 '생명 자체'의 정치의 보다 부정적인 측면들, 즉 현대사회의 죽어 삶의 새로운 실전에 초점을 맞춘다. '생명'은 어떤 위협하는 힘일 수 있는데, 그것은 새로운 전염병과 환경적 파국을 발생시키며, 자연적인 차원과 문화적 차원 사이의 구별을 날려 버린다. 죽음의 정치의 다른 명백한 예는 전쟁의 새로운 형태들, 특히 테러리스트들의 자살폭탄 사용이 있다. 이와 비슷하게, 체첸 전쟁미망인들의 '5월 광장 어머니회'(Mothers of the Plaza de Mayo)를 비롯한 행동주의의 형태로서의 죽음에 관한 증언을 포함하는 정치적 실천에서 발생했던 변화들이다. 포스트휴먼적 전망에 따르면, 인간과 동물 사이, 그리고 인터넷을 통해 컴퓨터와 여타 디지털 장치들을 왔다 갔다 하는 바이러스의 확산이 있을 수 있다. 이러한 죽음의 변화하는 상태들을 반영하는 의미 있는 문화적 실천들은 현대 대중문화에 관한 과학적 탐사의 성공에서 추적될 수 있다. 죽은 신체는 매일매일 글로벌 미디어와 신문, 잡지의 뉴스에 등장하지만, 엔터테인먼트의 대상이기도 하다. 죽음과 살해에 관련된 젠더 역할들의 탐구는 최근 라라 크로프트의 캐릭터인 메데아(Medea)와 헤쿠바(Hecuba)의 스테이지 생산에서 나오는 누군가를 죽이는 여성들의 이미지 안에 반영된다. 또한 현대 문화에서 합법적이며 비합법적인 약물 둘 모두에 부여되는 현재성을 분석하는 것도 흥미로울 것이다. 이것은 자기-파괴와 유행을 따르는 행동 사이의 경계를 희석시키며 '생명 자체'의 가치가 무엇인지에 대한 재고를 강제한다.

두 번째 결과는 사회적이고 정치적인 이론 자체의 상태와 관련된다. 이는 푸코 이후 생명권력에 관한 이론적 논쟁, 특히 법적·정치적 그리고 윤리적 함축과 연관하여 그 논쟁의 상황을 평가하도록 이끈다.

여러 입장들이 최근의 생명권력 연구에서 출현했다. 몇몇 사상가들은 생명정치적 시민성의 형식으로 도덕적 책무의 역할을 강조하며, 이에 따라 '생명' 개념을 '비오스'(bios)로 새긴다. 다시 말해 이는 그것이 제한하는 만큼 강화되는 통치성(governmentality)의 예이다.[14] 이 사상 학파는 정치적 계기를 생명윤리적인 주체의 관계적이고 자기-규율적인 의무 안에 정립하며, 결과적으로 근대성의 기획을 급진화한다.

두 번째 그룹은 하이데거가 주도한 것으로서 조르조 아감벤에 의해 가장 잘 예화된다.[15] 그것은 '비오스'로서의 주체를 '벌거벗은 생명', 즉 '조에'로 환원할 수 있는 것으로서 통치권의 개입 결과로 정의한다. 주체(조에)의 살아-있음(being-aliveness)은 죽음과 절멸에 있어서 그 사멸 가능성, 경향성 그리고 취약성으로 규정된다. 생명권력은 여기서 타나토스-정치를 의미하며, 그 결과 무엇보다 근대성의 기획을 고발한다.

세 번째 중요한 그룹은 사회적 관계과 비판적 자유주의를 존중하는 방식으로 선진 자본주의 안에서 '차이'의 위상에 관한 전환을 주장해 왔던 페미니스트, 환경주의자 그리고 인종 이론가들로 구성된다. 이들은 젠더와 인종적 접근의 특수성을 강조한다.[16] 이 비판적 사상가들은 현대의 전 지구적 자본주의를 특징짓는 탐욕스럽고 무자비한 착취의 측면에서 생명정치적 분석에 접근한다. 생명수탈에 관한 생각은 이러한 시각에서 두드러진다.[17]

네 번째 주목할 만한 학파는 스피노자적 틀거지 안에서 작업하

---

14 Rabinow, *Anthropos Today*; Esposito, *Bios*.

15 Agamben, *Homo Sacer*.

16 Haraway, *Modest_Witness@second_Millennium*; Gilroy, *Against Race*; Benhabib, *The Claims of Culture*; Butler, *Precarious Life*; Braidotti, *Metamorphoses*; Grosz, *The Nick of Time*.

17 Shiva, *Biopiracy*.

며, 질 들뢰즈, 펠릭스 가타리, 에두아르드 글리상, 모이라 가텐스 그리고 제네비에브 로이드, 에티엔 발리바르, 마이클 하트와 안토니오 네그리 그리고 나 자신이 포함된다.[18] 이들은 어떤 끈실기게 발생적인 힘으로서 생명 자체의 정치를 강조한다. 이것은 인간적 힘과 비인간적 힘 간의 변동하는 상호 관계들의 탐문을 요청한다. 후자는 비인간과 포스트휴먼 둘 모두로 정의된다.[19]

세 번째 결과는 방법론적이다. 만약 모든 기술이 강력한 '생명권력'을 가진다는 것이 사실이라면, 즉 그 기술들이 신체에 영향을 주고 그것들을 사회적이며 법적인 권력관계 안에 침윤시킨다면, 우리의 역사적 상황을 받아들이기 위해 보다 높은 등급의 상호 학제적인 노력이 사회적이고 정치적인 사유에 요구될 것이다. 이러한 도전은 과정들과 상호 연결들에 집중하는 어떤 방법을 필요로 한다. 게다가 기술에 의해 유도된 변형의 속도는 기존 사유의 전통과 도덕적 확실성을 바꾼다. 문화 방면에서는 대체로 기술적 변화는 매혹과 공포, 도취와 불안의 혼합으로 받아들여진다.[20] 이것은 심각한 윤리적 주제들을 제기한다. 나는 이것이 단순히 가치의 '위기'가 아니라, 오히려 이런 역사적 상황이 우리에게 새로운 기회를 드러낸다는 가설을 상정하고 싶은 것이다. 갱신된 개념적 창조성과 사회적 상상력의 도약은 그 도전에 부응하기 위해 요청될 것이다. 따라서 나는 '생명 자체'의 분석에 대해 공동체의 의미를 폭넓게 하는 방식으로 포스트 인류 중심주의적 접근을 탐색하고 싶다. 이것의 예들은 새로운 전 지구적 환경주의로서, 긴

---

18 Deleuze, *Spinoza et le problème de l'expression*; Deleuze, *Logique du sens*; Deleuze, "L'immanence"; Guattari, *Chaosmosis*; Glissant, *Poetique de la relation*; Gatens and Lloyd, *Collective Imaginings*; Balibar, *Politics and the Other Scene*; Hardt and Negri, *Empire*.

19 Hayles, *How We Became Posthuman*.

20 Braidotti, *Metamorphoses*.

'생명 자체'의 정치와 죽어 감의 새로운 방식들 **299**

급한 '자연적' 파국을 문화적 힘과 정치적 힘의 흥미로운 혼종적 혼합으로 평가한다. 또한 이러한 논의에서 두드러지는 것은 현대사회 이론에서 생기론적 스피노자주의 정치 이론과 마찬가지로, 진화론으로의 회귀이다. 예컨대 정치적·법적·사회적·환경적·페미니즘적이며 기술적 이론들로서 현장에서의 이 주제에 관한 논쟁의 상황은 비판적으로 평가할 필요가 있는 입장들의 범위를 보여 준다. 이 논문은 생명자본주의에 대한 인간주의적 노스탤지어와 신자유주의적 도취 사이의 어떤 경로를 고취하는 새로운 사회 정치 이론을 위한 일련의 기준을 탐구하고자 한다. 생명 자체를 참조점으로 취하는 사회 정치적 실천들은 전 지구적 이윤의 거대서사에 관한 통일된 규범들의 복구나 찬양을 목적으로 하는 것이 아니라, 사회적 결합, 다양성에 대한 존중 그리고 지속 가능한 성장을 목표로 한다. 이 기획의 중심에는 희망의 사회적 지평을 능동적으로 구축하는 한에서, 그 취약성을 존중하는 윤리학이 놓여 있다.

조에의 등장

생명은 절반은 동물적인 것, 즉 **조에**(zoology, zoophilic, zoo)이며 절반은 담론적인 것, 즉 **비오스**(biology)이다. 물론 **조에**는 지적 생명으로 정의되는 **비오스**를 전경화하는 한 쌍의 불충분한 절반이다. 기독교 세뇌의 시기는 여기에 심대한 표식을 남겨 놓았다. 동물적 생명, 즉 **비오스**라기보다 **조에**와의 관련성은 서구 이성이 그 제국을 세웠던바, 그러한 질적 구별들 중의 하나를 구성한다. 이에 따르면 **비오스**는 거의 신성시되며, **조에**는 확실히 불순하다. 이들이 인간 신체를 가로지른다는 것은 물리적 자기성이 어떤 경합적 공간으로 그리고 어떤 정치적 무대로 변한다는 의미이다. 정신-신체 이원론은 역사적으로 이 경합적 지대의 내부-사이(in-between)의 복잡성을 통과하는 지름길로 기능해 왔다. 인간적 생명에 대해 전해지는 가장 지속적이며 유용한 허구들 중의 하나는 그것의 의심스러운 사기-닝증성, 그것의 함축적 가치이다. 간혹 합리적 통제가 비인간에 부여되는 미심쩍은 특별 취급이라 할지라도, **조에**는 언제나 차선이며, 생명의 이념은 그것과 독립적으로 심지어 무관하게 수행된다. **조에**는 형이상학적으로 주체의 전망을 기초짓는 고전적인 '타자', 이른바 성적 타자(여성)와 인종적 타자(원주민)뿐만 아니라 전체 동물의 왕국을 포함한다. 옛 체제에서, 이것은 '자연'으로 불리어지곤 했다.

전통적으로 생명에 대한 자기-성찰적 통제는 인간을 위해 준비된 것인 반면, 생물학적 계기의 단순한 펼침 운동은 비인간을 위한 것이다. '인간' 개념이 남근이성중심주의(phallogocentrism)에 의해 식민화되었다는 점을 고려하면, 그것은 백인, 남성, 이성애, 기독교인, 자산-소유자, 표준어 사용 시민과 동일시되어 왔다. 비인간에 대한 새로운 관계에 타격을 준 진화론의 노력에도 불구하고 **조에**는 주체에 관한 이러한 관점 바깥을 표시한다. 현대의 과학적 실천들은 우리를 그 신체적 유물론의 내재성 안에서 정확히 인간과 연결되는 몇몇 비인간성의 기저에 도달하도록 강제한다. 유전자 혁명과 더불어 우리는 **비오스**의 일반화된 '인간 이하 되기'(becoming infrahuman)에 대해 말할 수 있다. '**비오스**' 범주는 긴장으로 인해 균열을 일으켰으며, 상호 연결된 '조각난-생명' 효과들의 망 안으로 분해되어 버렸다.

인간과 그의 타자들 사이의 질적 분할(젠더는 여기에 전혀 부합하지 않는다)의 포스트모던적 붕괴와 더불어 체현된 자아의 심오한 생기성이 주체에 관한 오래된 형이상학적 전망의 껍질 아래에서부터 재부상했다. 내 안의 **조에**, 이 터무니없음, 이 생명은 내 존재에 내재하며, 여전히 너무 많으며, 의지, 욕구 그리고 주권적 의식의 기대들로부터 독립적이다. 이 **조에**는 나를 짜증나게 하며, 언제든 자기성(the self)의 통제 감독을 벗어난다. 조에는 가차없이 진행되며 그것을 획득하는 것을 무위로 만든다. 따라서 그것은 결국 어떤 낯선 타자로서 경험하게 한다. 생명은 비인간으로 경험되는데, 왜냐하면 그것이 분별없이 살아가므로 너무나 인간적이며, 터무니없기 때문이다. 우리는 이러한 스캔들, 이러한 경이, 이 **조에**로 인해, 다시 말해 **비오스**를 풍성하게 흘러넘치며 로고스를 완전히 무시하는 생명의 이념으로 인해 혼란스럽지 않은가? 우리는 '신체'라고 부르는 이 살 조각, 비체(abjection)를 표현하고 동시에 생명의 신성한 잠재력을 표현하는바, 우리가 '자아'라고 부르는 이 고통을 느끼는 고깃덩어리를 경외하지 않는가?

고전적인 철학은 확실히 생물학적인 것과의 대화라는 측면에 놓여 있다. 이와 대조적으로 유목적 주체는 **조에**와 사랑에 빠진다. 그것은 동물 되기, 타자 되기, 벌레 되기, 즉 모든 형이상학적 경계들을 횡단하는 것으로서의 포스트휴먼에 대한 것이다. 궁극적으로 그것은 지각 불가능하게 되기이며 소실됨으로써 완전히 다른 시간적 계열에 존재하는 죽음으로 이끌려 간다. 그러므로 이 몇몇 '조각난 생명'의 효과들은 죽음이라는 이름으로 통하는 생명의 그러한 측면과 매우 밀접하게 연관되지만, 그럼에도 불구하고 **비오스/조에** 과정의 어떤 통합적 부분이다. **비오스/조에** 합성체는 이 범주에 내재해 있던 차이를 도입함으로써 이전에 생명으로 알려진 것을 지칭한다. 생명에 대한 생각을 보다 복잡하게 만듦으로써 이 구별은 다양체(multiplicity) 개념을 함축하게 된다. 이는 동일자와 타자 사이, 즉 생명체의 상이한 범주들 간, 궁극적으로 생명과 죽음 간의 관계를 정립하는 데 비이원론적 방법을 허용한다. 강조점, 따라서 '차이'의 표식은 그 인간적 정의를 따름으로써 이제 살아 있는 신체의 '타자'에 기입된다. 즉 타나토스, 다시 말해 죽은 신체, 몸 또는 유령적 타자가 그것이다.

문턱으로서의 한계에 대하여

이 논문의 또 다른 관심 사안은 변화를 따르고 차이를 만드는 일에 전념하는 사람들을 포함하여 많은 인간들의 취약성에 대한 깨달음이다. 진보적 사상가들은 다른 이들과 마찬가지로 인간이며, 단지 상당 부분보다 더 유한한 자들일 뿐이다. 괴로움, 고통 그리고 상실은 혼란스러운 생각을 드러낸다.

우리는 실존적·정치적·성적·마취적인 또는 기술적인 종류의 막다른 실험들에 대한 엄청나게 많은 시료들을 잃어버렸다. 비록 우리가 현재 상황의 어리석은 관성 ── 일종의 일반화된 '순종적 아내'(Stepford wives) 신드롬 ── 에 우리의 구성원들이 보다 많이 속해 있지 않은 것이 사실이라 해도, 그럼에도 불구하고 내가 변화가 얼마나 어려운지에 대한 아픈 깨달음을 진전시켰다는 것은 사실이다. 반대로 이는 그것에 대항하는 어떤 억제력을 의미하는 것은 아니다. 즉 나는 최근의 정치적 환경이 이데올로기의 죽음에 대한 자제를 지겹도록 실행하면서 사회적 변화를 추종하는 것에 포함된 위험들에 과도한 강조점을 둔다고 생각한다. 그와 같은 보수적 반응은 시민들을 훈육하고 '새로운' 것에 대한 그들의 욕망을 유순하게, 그리고 소비주의의 충동적 형태들로 축소하는 것을 목표로 한다. 이러한 접근보다도 더 나의 프로젝트에서 제거될 수 있는 것은 없다. 나는 단순히 경고 신호를 제기하고자 할 뿐이다. 즉 변화와 변형의 과정은 너무나 중요하고 심지어 생기적이며 필수적이기 때문에, 그것들은 조심스럽게 다루어져야 한다. 윤리적 지속 가능성이라는 개념은 이 복잡한 주제를 제기한다. 우리는 고통을 변화와 변형의 윤리학을 위해 장애물로뿐만 아니라 어떤 주요한 유인으로 고려해야 한다. 우리는 또한 감응(affectivity), 상호 관계, 영토, 생태철학적 자원, 장소, 그리고 힘과 관련하여 아는 주체(knowing subject)를 재사유할 필요가 있다. 유목적인 윤리-정치적 기획은, 구성적 주체의 상이한 양식들과 우리 신체에 거주하는 여러 방식들을 실험하기 위해 행위의 필요성을 강조하는 실제적인 철학으로서 생성에 집중한다. 따라서 유목적 윤리는 어떤 지배적인 이론에 대한 것이 아니라, 오히려 일상적 행동주의의 다양한 미시정치적 양태들에 관한 것이다. '능동성'(active)을 행동주의(activism)로 되돌려 놓는 것이 핵심이다.

하지만 절대적 생기성으로서 **조에**, 또는 생명은 부정성을 초월하는 것이 아니다. 그것은 상처입을 수 있다. 그것은 언제나 단일한 주체들이 현실화하는 육체화된 존재의 특정 기반에는 너무 벅차다. 우리가 횡단하는 경계들 또는 한계들을 드러내면서, 어려움에 대처하고, 생명의 강도들의 파동을 붙잡아 그것에 올라타는 것은 끊임없는 도전이다. 우리는 자주 과정 중에 균열을 내며, 그것을 더 이상 취하지 못할 수도 있다. 그와 같은 강도에 대한 사고의 순전한 능동성은 고통스럽다. 즉 그것은 강렬한 긴장 상태, 심리적 부침, 그리고 신경의 긴장을 야기한다. 만약 사유가 즐거울 수 있다면, 보다 많은 인간들이 이 능동성에 참여하려는 유혹을 받을 것이다. 하지만 가속되는 것들 또는 증가되는 강도들은 대부분의 인간들이 피하고자 하는 것이다. 이러한 긍정의 윤리 또는 긍정적 연민에서 중요한 것은 한계의 개념이다. 스피노자·들뢰즈에 따르면, 한계는 주체의 감응적 정의에 장착되어 있다. 사실상 감응은 그 또는 그녀가 서로 상호작용하도록 하면서 체현된 주체를 활성화하는 것이다. 이런 누군가의 실존적 속도의 가속 또는 누군가의 감응적 온도의 증가는 생성의 역동적인 과정이다. 이는 주체가 그 또는 그녀가 체현되고, 시공간적인 힙틱 내부에서 취하거나 유지하는 것만을 사유하고/이해하고/행위하고/생성할 수 있도록 한다. 이러한 내장된 인간 주체에 관한 심오한 긍정적 이해는 내장된, 생물조직적 제한들을 정립한다.

따라서 니체가 제안했던 윤리적 도전은 **비오스-조에**의 막대한 강도에 대적하는 즐거운 태도를 계발하는 것에 놓인다. 이것은 감응성을 통한 세계로의 접근을 함축하지, 지각을 통한 것을 뜻하지 않는다. 즉 그것은 모든 살아 있는 것들과의 상호 연결의 배치나 망(web)을 통한 특이성, 힘, 운동이다. 주체는 어떤 자기 생성적 기계로서, 표적화된 지각들에 의해 연료를 공급받으며, **조에**의 공명상자로 기능한다. 이 비인류 중심주의적 관점은 하나의 우주적 힘이자 주체적 생명-과-죽음을 탈인격화하려는 욕망으로서 생명에 대한 어떤 근원적인 사랑 둘 모두를 표현한다. 이것은 단지 하나의 생명이지, **나의** 생명이 아니다. '내' 안의 생명은 나의 이름에 답하지 않는다. 다시 말해 '나'는 그저 스쳐 지나간다.

강렬하게 살아가는 것 그리고 n번째 강도로 생존하는 것은 우리를 죽을 운명의 극한 지점으로 몰고 간다. 강도는 한계에 관한 질문을 위한 함축을 가지는데, 이는 주체의 체현되고 착근된 구조 자체에 장착된다. 한계는 시간 안에서 지속하고 조에로서의 '생명'을 마주하는 고통을 함축한다는 이중적 의미 안에서 우리의 인내력에 관한 것이다. 윤리적 주체는 산산조각 나지만 그것에 의해 파괴되는 물리적 또는 감응적 강도를 가지지 않고 이러한 마주침을 품을 수 있는 어떤 것이다. 윤리학은 가능할 때 그리고 가능하다면, 지속 가능성의 문턱 안으로 고통을 재작업하는 것에 놓여 있다. 즉 여전히 밀어내지만, 그것을 끌어안는 것이다.

비오스-조에 윤리학과 타나토스

지속 가능한 변형의 **비오스-조에** 윤리학으로서 "생명"에 관한 나의 이해는 조르조 아감벤(1998)이 "헐벗은 생명"(bare life) 또는 "나머지 것"(the rest)이라고 부른 것과는 상당히 다르다. 그것은 인간화된 "생물-학적" 포장을 따르는 것으로 간주될 것이다.[21] '헐벗은 생명'은 주권 권력이 죽일 수 있는 당신 안의 것이다. 즉 그것은 **권력**(potestas)의 전제적 힘의 손아귀에서 처리될 수 있는 물질로서의 신체이다. 필수적으로 제외되는 것에 포함되기 때문에, '헐벗은 생명'은 국가 체계의 포획 메커니즘의 중심에 유동적인 생기성(vitality)을 기입한다. 하지만 아감벤은 이러한 생기성, 또는 '생동성'(aliveness)이 그로 인해 죽을 운명이라는 것에 강조점을 둔다. 이것은 동물적 생명의 무화로부터 힘을 획득하는 하이데거의 존재론과 연결된다.

　아감벤의 체계에서 **조에**의 위치는 정신분석에서 언어의 역할, 위치와 유사하다. 다시 말해 그것은 주체의 구성 또는 '포획'의 자리다. 이 '포획'은 '언제나 이미' 상실되고 도달 범위 밖의 것으로 파악되는 주체성의 전(前)언어적 차원을 정립하는 것에 의해 기능한다. **조에**는 ─ 마치 라캉에게서 전담론적인 것, 크리스테바의 코라(chora), 그리고 이리가레의 모성적 여성과 같이 ─ 아감벤에 따르면 우선 주체의 틀을 잡는 것을 유지하기 위해 필연적으로 배제되는바, 그것이 포함되어져야 하는 어떤 타자성의 언제나-물러나고 있는 지평이 된다.

21　Agamben, *Homo Sacer*.

이것은 주체성의 틀거지 내부에서 어떤 구성적 요소로서의 유한성을 도입하는데, 이는 또한 주체의 중심에 상실의 감응적인 정치적 경제와 우울증을 위한 연료를 제공한다."

'생명력' 체제의 전체주의적 경계에 대한 그의 중요한 저작에서, 아감벤은 죽을 운명과 유한성을 '생명'에 관한 담론을 위한 초역사적 지평으로 삼는 철학적 관습을 영속화한다. 이 타나토스에 대한 애착 — 니체가 한 세기 전에 비판했던 것 — 은 오늘날 비판적 논쟁들 안에서 여전히 매우 유효하다. 이것은 자주 권력에 관해서뿐만 아니라, 생명권력 체제를 몰아내는 기술적 발전들에 관해서도 어떤 우울하고 비관적인 전망을 생산한다. 나는 죽음이나 비–생명의 극미한 상태의 지평 위에서, 또는 결코 죽지 않는 유령적인 경제 안에서 **비오스-조에**에 관한 문제의 전개를 선호하는 그러한 관습적 사유와는 생각이 다르다. 대신에 나는 조에의 발생적 힘을 강조하고 들뢰즈와 가타리에 의해 방어되는 스피노자의 정치적 존재론으로 돌아가기를 선호한다.[23] 나는 이러한 긍정적 접근을 죽음에 관한 논의에까지 확장하자고 제안한다.

체현되고 착근된 여성 주체의 입장에서 말하자면, 나는 우리가 '생명'이라고 부르는 것의 한계에 관한 질문을 제기하는 근시안적 방식에서 유한성의 형이상학을 발견한다. 그것이 그와 같은 높은 개념적 지위를 누려야 하는 것은 언제나 결국에는 승리하는 타나토스 때문이 아니다. 죽음은 과대평가되어 있다. 궁극적인 감산은 결국 어떤 생성 과정에서의 다른 상태일 뿐이다. 애석하게도, 죽음에 관한 끊임없

---

22 Braidotti, *Metamorphoses*.

23 Deleuze and Guattari, "Capitalisme énurgumène"; Deleuze and Guattari, *Mille plateaux*.

는 생성적 힘은 나에게, 즉 나 자신, 나 자신의 생명적 거기-있음(vital being-there)에서 가장 가깝고 친근한 것의 억압을 요청한다. 정신분석학이 나에게 가르치는 것처럼, 나르시시즘적인 인간 주체에 있어서, 생명이 나의 거기 있음 없이 진행되어야 한다는 것은 사유 불가능하다. 중심적으로 '나' 또는 어떤 '인간'을 가지지 않을 만한 생명의 사유 가능성을 마주하는 과정은 실제로 진지하고 교훈적인 과정이다. 나는 이 포스트 인류 중심주의적 전환을 조에의 긍정성을 향해 초점을 이동시키기를 겨냥하는 지속 가능성의 윤리학을 위한 출발점으로 이해한다. 하트와 네그리는, 아감벤이 이 개념을 사실상 무관심한 것으로 만듦으로써, 그것의 유물론적이고 생산적인 차원을 규명하는 데 실패한다고 주장한다.[24]

한계에 관한 질문

나는 이 절을 어째서 부정적 연합이, 특히 정치적 변화의 과정과 관련해서 이데올로기적으로 적재된 고통과 연결되는지, 그 이유들 중 하나가 선진 자본주의에 핵심적인 청구와 배상의 논리와 맞아떨어진다는 주장으로 마무리하고 싶다. 이것은 젠더와 반인종주의 정치에서도 마찬가지로 매우 일반적이 된 부정성의 제도화된 관리의 형태이다.

더 문제적인 두 가지 측면들이 결과적으로 제기될 필요가 있다. 첫째는 우리의 문화가 고통을 괴로움(suffering)과 동일하게 놓음으로써 그것을 찬양하는 경향이 있고, 따라서 배상의 이데올로기를 조장한다는 것이다. 현대의 문화는 청구와 배상이라는 두 개의 유사한 원리에 기반한 공적인 도덕성을 부추기고 보상해 왔다. 마치 법률적이

---

24 Hardt and Negri, *Empire*.

고 금융적인 해결이, 당한 부상, 견뎌 온 고통, 그리고 오래-지속되어 온 부정의의 효과들에 대한 대답을 구성할 수 있는 것인 양 말이다. 이러한 경향을 예회하는 시례들은 빼앗긴 재산, 예술품들, 은행예금들의 상환이라는 측면에서 유대인 대학살(Shoah)에 대한 배상이다. 이와 유사한 청구는 아프리카로부터 북아메리카로 강제로 이주된 노예의 후예들에 의해 제기되었으며,[25] 보다 최근에는 소련 공산주의에 의해 야기된 피해에 대한 보상 청구, 특히 유대인들과 이전의 다른 시민들, 둘 모두로부터 제기된 동유럽 전반의 재산 몰수에 대한 것이 있다. 다수의 현대 주류 페미니즘도 마찬가지로 이러한 청구와 배상의 방향으로 움직여 왔다. 이는 변형의 긍정적 윤리를 주류에 대항하는 투쟁으로 만들어 버린다. 또한 이는 그것이 실제로 그런 것보다 더 반직관적인 것으로 보이도록 만든다.

두 번째 문제는 관습의 힘이다. 주체가 기존 관습들의 침전물이라는 가설에서 보자면, 이는 상호작용의 힘과 관계의 양상들을 결합하는 반복의 패턴들로 이해될 수 있다. 관습들은 비통합적인 또는 복잡한 주체들이 잠정적이나마 재영토화되는 틀이다. 우리 문화에서 기존 관습의 하나는 공정한 배상을 요청하는 고통의 담론과 사회적 실천 내부에 '고통'을 틀 짓는 것이다.

고통을 이해하고 공감하도록 강요당하는 것도 똑같다. 사람들은 모든 고통을 지우기 위해 무엇이든 한다. 커다란 비탄은 누군가의 괴로움의 원천을 알 수 없거나 표명할 수 없는 것으로부터, 또는 그것 모두를 내내 너무 잘 아는 것으로부터 나온다. 위안, 종결 그리고 정의에 대한 갈망은 이해할 수 있으며, 존중받을 가치가 있다.

25 Gilroy, *Against Race*.

이 윤리적 딜레마는 이미 리오타르에 의해 제기되었으며, 그보다 훨씬 전에 나치 강제수용소의 생존자에 대한 프리모 레비에 의해 밝혀졌다.[26] 즉 사건들을 마주하면서 작거나 큰 공포의 크기에 대한 우리 인간이 겪는 이와 같은 허약성은 그 어떤 배상도 적합하다고 생각할 수조차 없는 어떤 것이다. 그것은 단지 측정불가능한 것, 즉 개선될 수 없는 상처, 또는 부상이다. 이는 권리와 보상의 논리라는 측면에서는 정의의 개념이 적용 불가능하다는 것을 의미한다. 후기구조주의자인 리오타르에게, 윤리는 적합한 보상의 불가능성을 받아들이는 것, 그리고 열려진 상처와 함께 살아가는 것에 놓여 있다.

이것은 긍정의 윤리학을 향한 길로서, 고통을 존중하지만 청구와 배상 둘 모두에 대한 탐색을 보류하고 징벌과 권리의 논리에 저항하는 것이다. 이것은 사건에 관한 일종의 탈인격화를 통해 획득되며, 궁극적인 윤리적 변화이다. '조에'-지표적 반응(indexed reaction)의 전위(displacement)는 상처, 부정의 또는 누군가가 겪었던 부상의 근본적인 무의미함을 드러낸다. "왜 나인가?"는 극단적 비탄의 상황에서 가장 통상적으로 들려오는 후렴구이다. 이 표현은 누군가의 불운에 대한 울부짖음인 동시에 분노다. 그에 대한 답은 평범하다. 사실상 거기에는 아무런 이유도 없다. 이것의 사례들은 홀로코스트와 살아남은 자들의 무작위성(randomness) 같은 광범위한 학살에 있는 악의 평범성이다.[27] 고통, 상처 또는 부정의에 대한 내재적인 무의미함과 같은 것이 있다. 즉 생명은 모두에게 그리고 아무런 이유도 없이 잃어버리거나 구출되는 것이다. 왜 9월 11일에 어떤 이들은 세계무역센터로 출근했으며, 반

26 Lyotard, *Le Différend*.
27 Arendt, *Eichmann in Jerusalem*.

면 다른 이들은 전철을 놓쳤는가? 왜 프리다 칼로는 충돌했던 그 열차를 타서 금속 막대에 찔렸으며, 그다음 열차를 타지 않았는가? 여기에는 아무런 이유도 없다. 이유는 이것과 아무런 관련이 없다. 이것이 정확히 논점이다. 우리는 고통을 의미 탐색으로부터 해방시킬 필요가 있으며, 그다음 단계로, 즉 그 너머로 가져가야 한다. 그것은 부정적 정념에서 긍정적 정념으로의 변형이다.

이것은 운명론이 아니며, 체념은 더욱 아니고, 오히려 부정성을 초극하려는 니체적인 윤리학이다. 우리는 이를 운명애(amor fati)라고 부른다. 이것은 관계의 윤리 안에서 우리에게 일어났던 것을 가치 있게 여기는 것이다. 물론 거슬리고 견딜 수 없는 사건이 정말로 발생한다. 하지만 윤리학은 이러한 사건들을 긍정적 관계들의 방향으로 재정위하는 데 놓여 있다. 이것은 경솔함이나 동정심의 부족이 아니라, 고통의 의미 없음과 배상의 무익함을 깨닫는 명백한 인식의 형식이다. 윤리적 사례는 응보나 배상의 형태가 아니라, 오히려 부정성의 능동적 변형에 놓여 있다고 거듭 단언된다.

이것은 이중의 전환을 요청한다. 첫째 삼응 자체는 고통의 움츠린 또는 반응적 효과에서부터 그것의 발생적인 잠재적 효과로 이동한다. 둘째, 일련의 질문도 또한 기원이나 원천에 대한 탐구로부터 그 한계들을 이해하는 것을 통해 자유를 획득하는 주체의 능력을 표현하고 증강하는 질문들의 탐색 과정으로 이동한다. 생명중심 평등주의는 자유주의적 개인주의뿐 아니라 타자성에 관한 후기구조주의 윤리에 있어서도 중심적인 상호 호혜성의 기대를 깨 버린다. 상호 지각의 불가능성을 받아들이는 것과 그것을 상호 특수화와 상호 의존으로 대체하는 것은 탈세속적(postsecular) 긍정의 윤리 안에 가까스로 존재한다. 부정성을 긍정적 정념으로 변형하는 윤리적 과정은 시간과 운동을 비등하는 고통의 결빙된 폐쇄 상태 안으로 도입한다. 이것은 인내의 조건, 따라서 지속 가능한 미래를 위한 조건이라는 측면에서 희망의 긍정에 해당하는 탈세속적 제스처다.

무엇이 적합한 윤리적 질문인가? 타자들과의 보다 많은 상호 관계, 다시 말해 그것은 보다 많은 '생명', 운동, 변화 그리고 변형을 위한 그 또는 그녀의 추구에서 주체를 유지할 수 있는 어떤 것이다. 적합한 윤리적 질문은 상호작용과 변화, 성장 그리고 운동을 위한 어떤 틀을 주체에게 제공한다. 그것은 생명을 작동-중-자아로 긍정한다. 윤리적 질문은 신체가 얼마나 해낼 수 있는지와 맞아떨어져야 한다. 체현된 개별체는 상호 관계들과 연결들의 양상에서 얼마나 많은 것을 취할 수 있는가, 다시 말해 얼마나 많은 행위의 자유를 우리는 유지할 수 있는가? 니체를 따르면, 긍정의 윤리는 인간성이 자유로부터 나오는 것이 아니라, 오히려 자유가 한계들의 깨달음으로부터 추출된다고 가정한다. 탈세속적 윤리는 부정성의 짐에서 나오는 자유, 우리의 속박에 대한 이해를 통해 나오는 자유에 대한 것이다.

세대 간 정의의 사례

내가 말하고자 하는 긍정에 관한 탈세속적 윤리의 마지막 측면은 희망의 지평, 즉 지속 가능한 미래의 건설이라는 측면에서 세대 간 시간-선이다.

진보의 이데올로기로서 근대성은 인간에 관한 최종 목적지로서 미래에 대한 무제한적인 신뢰를 전제로 했다. 지그문트 바우만은 내가 선호하는 작가인 디드로를 인용한다. 디드로는 근대인은 후대의 사람들과 사랑에 빠진다고 말했다. 다른 한편 포스트모더니즘은 죽음-경계에 처해 있으면서 기술적이고 경제적인 상호 의존이라는 측면에서 지구화 과정을 그것의 지평으로 놓는다. 자본주의는 그 어떤 자체 장착된 기술적 과정, 역사적 논리 또는 구조를 가지지 않지만, 그 목표인 이윤을 위해 어떤 것에서도 멈추시 않을 자폭 체계이다. 따라서 이것은 고유하게 자기-파괴적인 체제로서, 그것의 생존의 조건을 먹여 살리며 동시에 그 조건 자체를 파괴한다. 즉 그것은 닥치는 대로 먹어 치우며, 끝내는 미래 자체를 먹어 치운다.

자본주의란 이 모든 소비 엔트로피 에너지일 뿐이기 때문에, 새로운 어떤 것을 창조할 능력이 결여되어 있다. 다시 말해 자본주의는 단지 소모된 희망을 재활용하기 급급하며, '기계장치의 다음 세대'에 관한 수사적 틀을 재포장할 뿐이다. 긍정 윤리학은 시간 안에서 지속하고자 하는 욕망을 표현하며 이에 따라 현재의 죽음의 회전력과 충돌한다.

오늘날 미래는 더 이상 근대적 주체의 자기-투사, 즉 이브와 새로운 예루살렘이 아니다. 그것은 지속 또는 연속성으로서 견딤의 가능성에 대한 어떤 기초적인, 차라리 남루한 행위인바, 이는 다가올 세대들에 대한 우리의 의무를 존중한다. 이는 우리가 지금 그리고 여기 가까스로 현행화하는 것에 있는 긍정적 측면의 잠재적 주름을 펼치는 것을 포함한다. 잠재적 미래는 지속 가능한 현재로부터 발전하여 커 가며, 그 역도 마찬가지다. 질적인 변형이 현행화할 수 있는 방법이자, 발생적인 또는 시간 선을 따라 전달되는 방법이기도 하다. 변형적인 탈세속적 윤리학은 이질적인 타자들과 상호작용하는 다양한 양상들을 가져오기 위해, 마치 생성되고 있는 공유된 집합적 상상들처럼, 미래를 긍정적으로 도맡는다. 미래는 이것으로 구성된다. 비선형적 진화, 즉 호혜성의 패러다임과 인정(recognition)의 논리로부터 떨어져 움직이면서, 상호 긍정의 리좀적 관계를 장착한 윤리가 그것이다.

공정한 윤리적 대화 상대자로 그리고 우리 자신의 행위들을 평가하는 자로서 우리 뒤에 등장할 사람들을 목표로 함으로써, 우리는 우리 자신의 상황적 입장(situated position)의 함축을 신중하게 채택할 것이다. 이 세대 간 정의의 형식은 중차대하다. 그러나 세대 간 공정함에 관한 이 논점은 오이디푸스 이야기로서의 사회적 상상력 안에 표현되거나 개념화될 필요가 없다. 미래에 관해 관심을 가진다는 것은 선형성, 다시 말해 공간과 시간의 통일성을 주체성의 지평으로 재진술하는 것으로 이어질 필요가 없다. 이와 대조적으로 세대 간 품위(decency)에 관한 비선형적 모델들은 오이디푸스 위계를 제거하는 방법이다.

이런 세대 간 품위의 모델들은 장자, 차자 그리고 부모의 상들의 소수자-되기를 함축할 뿐만 아니라, 이들을 앞서갔던 젊은 세대의 결합에서 탈오이디푸스화이기도 하다. 그 과정은 또한 지속 가능한 미래를 향해 함께 일함으로써 세대 간 단절을 가로지르는 힘들을 결합하고 긍정의 추구 안에서 비호혜성의 윤리를 실천하기 위해 ── 질투와 경쟁심 외에 ── 세대 간 갈등을 드러내고 해결하는 새로운 방법들을 요청한다.

사례: 나이 많은 페미니스트들은 나이 듦의 잔인한 괴롭힘을 느낄 것이지만, 몇몇 젊은 페미니스트들은 1970년대의 시간 동안 질투를 겪는다. 〔페미니즘의〕 두 번째 물결의 중년 생존자들은 전쟁 참전 용사나 생존자와 같이 느낄 것이지만, 예컨대 내가 가르쳤던 이리스 반 데어 튠과 같이, 몇몇 Y 세대들은 그들 스스로를 "다시 태어난 베이비부머들!"이라고 부른다.

그러면 누가 누구를 질투하고 있는가?

우리는 사실상 **이** 안에 함께 있다. 전 생애를 걸쳐 변화에 대한 욕망의 기호 아래에 있던 사람들은 불현듯 기존 관습들에서 벗어나 가속하길 원한다. 그리고 탈세속 시대의 정치사상가들은, 그들이 열정적으로 미래의 전사(前史)를 기록하는 한, 다시 말해 복잡하고 이질적인 관계들을 통해 귀속(belonging)의 다양한 양상들을 감응하기 위해 변화를 두입하는 한, 한영적이며, 예언적이고, 낙관직으로 뙐 필요가 있다.

희망은 일종의 '앞서 꿈꾸기'(dreaming forward)이며, 우리의 생명을 충만하게 하고 그것들을 움직이는 예견적 덕(anticipatory virtue)이다. 이러한 집합적 상상들은 우리의 탐욕과 이기성이, 다가올 세대들을 위해 그것을 파괴하거나 제거하지 않도록 인간 공동체를 구성하는 **'어떤 이들'**(homo tantum)의 다양체를 위한 확고한 관심을 표현한다. 정의상 후속세대가 결코 우리에게 되갚을 수 없다면, 이 태도는 완전히 호의적인 것이다.

한편으로는 이기적 유전자와 소유 개인주의의 수사법, 다른 한편으로는 우울한 비탄에 쌓인 지배 이데올로기라는 일반적인 무기력 상태에 반하여, 희망은 지속 가능한 미래들, 깊고 자연스러운 관대함, 존재론적 수준에서의 비이윤적인 윤리학에 관한 긍정적 윤리학과 더불어 있다.

우리는 왜 이 기획을 추구해야 하는가?

여기에는 어떤 이유도 없다. 이유는 이것과 아무런 관련이 없다. 그저 그것을 행하고, 세계를 사랑해 보자.

파괴의 경제

알기 어려운 물질 ― 개가 이해하지 못하는 것

레이 초우

당신과 함께 있는 개를 정육점에 데려가 보라. 그러고서 당신이 당신의 고기를 살 때, 그가 벌어지고 있는 사태를 얼마나 이해하는지 관찰하라. 그는 감히 그의 주인이 산 고기 근처로 손을 가까이 대는 손님의 손을 덥석 물어 버릴 것이다. 이렇게 해서 그의 입으로 그 고기를 물고 집까지 오도록 허락받을 것이라는 점은 놀랄 만하며, 이런 식으로 그가 재산에 대한 어떤 날카로운 감각을 가지고 있다는 것도 놀라운 일이다.

── 알프레드 존-레텔

물질적인 것의 문제

현대의 상품교환의 중심성에 대한 연구인 『지식 노동과 손노동: 인식론적 비판』(*Intellectual and Manual Labour: A Critique of Epistemology*)에서 독일 마르크스주의 학자인 알프레드 존-레텔은 특별히 교환 실행의 인간적 특징을 발견하는 방법으로 개를 정육점에 데려가는 위와 같은 실험을 제안한다.[1] 인간 노동(정치경제학으로 진화하는 것에서)과 '과학' 영역으로부터 그것의 점진적인 분할에 대한 역사적 지식에 관해 박학

다식한 해명을 제공하는바, 존-레텔의 책은 마르크스의 유명한 언급, "인간의 존재를 결정하는 것은 인간의 의식이 아니라, 반대로 그들의 사회적 존재가 그들의 의식을 결정한다"[2]에 대한 통찰력 있는 응답이다. "기다려, 멍멍아, 나 아직 지불하지 않았어!"라는 이야기에서 이러한 '사회적 존재'는 존-레텔이 교환 추상화(exchange abstraction)라고 부르는 것과 가장 잘 맞아떨어질 것이다. 교환 추상화는 고대로부터 유래했으며, 자본주의 아래에서 그것의 완성에 이른다. 존-레텔은 계속해서 다음과 같이 말한다.

> 당신이 넘겨주는 한 조각의 금속이나 종이는 그[멍멍이]가 보고 있는 것으로서, 그는 물론 당신의 냄새가 이동하는 것을 알고 있다. 그는 그 것들을 이전에도 보았었다. 그러나 돈으로서의 그것들의 기능은 그 동물의 반경 바깥에 놓여 있다. **그것은 우리의 자연적인 또는 물리적 존재와 관련되지 않지만, 오로지 인간으로서 우리의 상호 관계 안에서만 이해될 수 있다.**[3]

존-레텔이 그의 책을 통해 논증하는 바에 따르면, 이 사회적 존재, 인간에게 특이한 존재는 일종의 역설로 존재한다. 그것은 인간적 상호 관계의 시공간적 영역 안에서 발생한다 해도, 그 실재성은 그 교환의 순간에 전형적으로 행위자의 의식적 파악 바깥에 있다. (다시 말해 인간은 그러한 교환에 대해 많이 알거나 생각함이 없이 동시적으로 그리고 무의식적으로 이 교환에 참여한다. 즉 프랑스 역사가인 폴 벤느가

---

1 Sohn-Rethel, *Intellectual and Manual Labour*, p. 45.
2 *A Contribution to the Critique of Political Economy*, p. 356에 대한 마르크스의 서문(1859).
3 Sohn-Rethel, *Intellectual and Manual Labour*, p. 45(강조는 인용자).

다른 맥락에서 언급하다시피, "의식의 역할은 우리가 세계를 관찰하게 하는 것이 아니라 그 내부에서 움직이도록 허용하는 것이다"[4]). 인간 의식이 역사성 **바깥**에서 발생하는 것으로서 교환 추상의 중요성을 강조하기 위해, 존-레텔은 다음과 같은 정도까지 말한다. "교환 추상은 역사, 인간 그리고 심지어 자연사를 구성하는 모든 것을 배제한다. 거기서는 시간과 공간의 한 위치와 계기가 다른 것과 구별 가능한 사실들, 사건들 그리고 기술(description)의 전체 경험적 실재성이 지워진다."[5]

이러한 극적인 방식으로 상품교환의 형식적 또는 구조적 특수성을 전경화함으로써, 존-레텔은 또한 현대의 이론적 논쟁 전체를 통과하면서 반향을 불러일으키는 어떤 문제 틀을 적시하고 있다. 즉 우리가 '유물론'과 '물질성'과 같은 어휘들을 환기시킬 때, 정확히 의미하는 바는 무엇인가?

물론 한편으로 그것이 드러나는 바에 따르면, 예컨대 감성(sensuousness, 포이어바흐의 본질주의적 인간주의에까지 거슬러 올라가는 용어), 손노동 그리고 원료에 관한 고전 마르크스주의의 용어에서조차, 유물론/물질성은 물질과 그 내용에 관한 전통적인 철학적 이해에 머물러 있다. 이 사례에서 유물론/물질성은 관념론의 변증법적 대립자로 내세워져 있으며, 이로써 모든 사물들은, 아마도 보다 드높은 존재의 정신에 있는 관념의 형식 안에서 유래한다. 다른 한편으로 존-레텔은 『자본론』의 초반에 등장하는 마르크스의 상품 물신주의에 대한 세심한 분석이 물리적으로 또는 감각적으로 지각 가능한, 그리고 그럼에도 불구하고 재산 소유자의 상호 인격적인 교차 지점들 아래에 놓여

---

4 Veyne, "Foucault Revolutionizes History", p. 157.
5 Sohn-Rethel, *Intellectual and Manual Labour*, pp. 48~49.

있으며 그것을 규제하는 일련의 관계, 과정에 주의를 돌리게 한다고 쓴다. 이 추상적인 또는 '신비한' 과정들에서, 마르크스가 우리에게 반복해서 상기시키는 것처럼, **사물들은 그것들이 보여지는 것과 다른 것**으로서, 인간 행위의 의미는 겉보기의 이성적이며, 수적으로 계산 가능한 경비, 이윤 그리고 균형에 따를 뿐만 아니라 불공정의 지속적인 상황, 자본과 노동 간의 투쟁에 따라서도 펼쳐지는 급진화된 인식적 틀과 의미의 매개 바로 그것을 구성한다. 이런 의미로 이해될 때, 유물론/물질성은 더 이상 단순히 비활성 물질, 내용 또는 본질이 아니라 오히려 교묘함, 능란함 그리고 상당한 정도로 개의 세계 너머에 놓여 있는바, 개발의 의미를 품고 있는, 충돌하는 관여 활동의 아주 오래된 일련의 상호 인격적 처리 과정이다. 그럼에도 불구하고 교환 추상을 과장함으로써, 그리고 그것을 결정적으로 '역사'의 예외, '사실, 사건들의 전체적인 경험적 실재' 등등으로 극화함으로써, 존-레텔은 정확히 말해 마르크스의 분석 뒤에 있는 사회적 불공정에 관한 거대하고, 번잡한 문제를 해결하지 않았다. 하지만, 그와 같은 교환의 특별히 인간적인 특성을 이해함으로써, 그는 중차대한 개념적 주제들을 응결시키고 제한하는 데 일조했다.

『포이어바흐에 관한 테제』의 열한 번째와 마지막에 있는 마르크스의 유명한 언급들 중 다른 하나를 떠올려 보자. 즉 "철학자는 오로지 세계를 여러 방식으로 **해석**해 왔다. 하지만 중요한 것은 그것을 **변화**시키는 것이다".[6] 유물론과 물질성에 관한 이 문제의식은 ─ 존-레텔과 같은 학자들의 이어지는 세대들에 의해 재공식화된 것으로서, 자연의 두 번째 질서이며, 인간적 책임에 특유하게 귀속되며, 비인간 또는

6 Marx, *Theses on Feuerbach*, p. 3.

동물적 본성으로 환원 불가능한 것 — 증진된 인간적(그리고 아마도 비인간의) 조건을 불러 일으키는 윤리적 명법과 연결된다. 이러한 결합에서 물질적인 것은 행위자(agency), 보다 정확히는 운동과 변형의 행위자, 점점 더 나은 (즉 보다 진보되고, 보다 계몽되어 있으며, 그리고 보다 민주적인) 세계를 겨냥하는 어떤 행위자로 파악되거나, 또는 그것과 유사하게 취급된다.[7]

　　이어지는 글에서 나는 여러 현대 이론가들을 참조하면서, 이러한 핵심 용어들 — 유물론/물질성(인간적 행위로 이해되는), 변화(과정으로 이해되는), 그리고 행위자 — 가운데 이런 함축적이며 자주 추정되는 상호적 연결이 어느 정도 불가피한지를 탐색하고자 한다. 폴 벤느는 압축적으로 다음과 같이 질문한다. "우리는 어떻게 의식의 철학보다 더 낫게 사유할 수 있으며, 마르크스주의의 아포리아에 빠지는 것을 피할 수 있는가?"[8] 다시 말해, 우리가 유물론/물질성에 대한 마르크스의 논점을 (마르크스가 그러하듯이) 증진-으로서-변화의 행위자로 정의하지 않고서 (의식의 철학을 비판하는 방식으로) 채택한다면 어떨 것인가? 또는 우리가 증진-으로서-변화가 필연적으로 유물론/물질성의 가장 관건적인 측면이 아니라고 논증한다면 어떨 것인가? 이러한 용어들이 가진 의식으로부터 연계를 모조리 끊어 버린다면? 그렇다면 이로부터 생겨나는 몇몇 결과들은 무엇인가?

7　마르크스에게 주요한 영향을 미쳤던 헤겔과 같은 서구 역사가에 의해 이해된 바에 따르면, 문명이란 언제나 시간 안에서의 **진보**를 대표한다. 역사에 대한 이러한 지배적인 관념에 대한 흥미로운 비판에 대해서는, Guha, *History at the Limit of World-History*, 특히 2장 "Historicality and the Prose of the World"를 보라.

8　Veyne, "Foucault Revolutionizes History", p. 179.

후기구조주의적 개입

유물론과 물질을 함께 놓는 오래되고 잘 알려진 경향 — 이에 따라 근본적이고 구체적이라고 사유되는 것 — 은 고전적인 마르크스주의 사유의 경우에 이른바 하부구조 또는 경제적 토대의 특권화로, 종종 소위 상부구조에 관한 합당한 탐구로의 확장을 이끌었다. 이것은 부분적으로 프랑스 마르크스주의 철학자인 루이 알튀세르가 인간 주체를 구성하는 비판적 역할과 관련하여 이데올로기에 대한 그의 독해를 진전토록 한 것이었다. 1960년대에 쓰여진 그의 영향력 있는 저술인,『이데올로기와 이데올로기적 국가 장치: 탐구를 위한 노트』에서 알튀세르는 이데올로기가 장치들과 그것의 실행 또는 실천들 안에서 '물질적 실존'을 가진다고 논증함으로써, '허위의식'과 이데올로기가 연합한다는 고전 마르크스주의의 관습에 대항한다. 그는 허위의식을 문제삼기보다는, 이데올로기가 인민과 그들이 나날의 기초로 삶을 영위하는 사회구조 간의 상상적 관계의 재현물이라고 주장한다. "이데올로기 안에서 재현되는 것은 […] 개인들의 실존을 관장하는 실재 관계들의 체계가 아니라, 그들이 살아가는 실재 관계들에 대한 이 개인들의 상상적 관계이다"[9]라고 그는 쓴다. 상상이라는 개념을 강조함으로써, 알튀세르가 의도했던 바란 이데올로기가 (단순히) 사람들의 머릿속에 놓여 있다는 것이 아니라, 보다 중요하게도, 그것의 기능이 파악하기 어려운 동시에 떨쳐 버리기 힘든, 따라서 주체 구성에 포함된 물질적인, **정신신체적 매개**(psychosomatic mediation)와 밀접하게 연관이 있다는 것이다. 이데올로기는 작동하는데, 왜냐하면 그것과 관련되어 진행되는 과정 안에서, 사람들은 — 큰 소리로 불려지며, 구성되고, 긍정

---

9 Althusser, *Lenin and Philosophy and Other Essays*, pp. 125~126, 155.

되면서 — 사회적으로 생육되고 일관성 있는 주체로, 즉 그늘이 존재한다고 생각하거나 그렇다고 믿는 (믿을 필요가 있는) 주체로 '호명되기' 때문이다. 이 호명의 과정은 신체와 넋혼이 서로 간에 분리 불가능하게 겹쳐 있는 상태이며, 알튀세르의 유물론/실천-으로서-물질성의 구성에 있어서 핵심이다.

잘 알려져 있다시피, 이런 의미에서 알튀세르의 이데올로기 개정 작업은 자크 라캉의 주체에 관한 후기구조주의 정신분석에 빚지고 있었다.[10] 그러나 이와 똑같이 주목해야 할 것은 그가 그의 원리를 전통적인 종교 의례에 관한 블레즈 파스칼의 도발적인(그리고 다소간 불경한) 사유로부터 취해서, 행위, 실천, 의례 그리고 장치에 관한 유물론/물질성의 절합을 가능하게 했다는 점이다.

[우리는] 놀라운 공식을 위한 파스칼의 방어적인 '변증법'에 빚지고 있는데, 이는 우리가 이데올로기에 관한 개념적 도식의 질서를 전복하도록 할 것이다. 파스칼은 다음과 같은 식으로 말한다. "무릎을 꿇고, 너의 입술을 움직여 기도하라. 그러면 당신은 믿게 될 것이다." 따라서 그는 사물의 질서를 불경스럽게도 전복한다. [⋯]

[⋯] 오직 단일한 주체(이런저런 개별체)만이 관련된 곳에서, 그의 믿음의 관념들의 실존은 그의 관념들이 **물질적 행위들인 한에서 물질적이다. 이때 그러한 행위들은 주체의 관념들로부터 도출해 내는 물질적인 이데올로기 장치에 의해 스스로 정의되는 물질적 의례에 지배당**

10 이에 관한 유익한 논의에 대해서는, Coward and Ellis, *Language and Materialism*, 특히 5장과 6장을 보라.

하는 물질적 실천들 안으로 삽입된다.[11]

파스칼을 통해 알튀세르는 의식과 행동 간의 전통적으로 추정된 관계성을 전복한다. 그는 그와 반대로 의식(신에 대한 믿음 같은)을 생산하는 것이 바로 행위(인간의 의례적인 상투적 행위와 같은)라고 논증한다. 그리고 소위 인간 주체의 생산 — 그리고 성공적인 호명 — 을 이끄는 것이 바로 이러한 전복된 과정이다.

알튀세르가 호명의 이데올로기적 기능을 좇아 기독교 예배당까지 가는 반면, 슬로베니아 학파의 슬라보예 지젝은 『이데올로기의 숭고한 대상』과 1990년대 초까지 다른 여러 저작들의 특유의 유머러스한 논증을 통해 세속적이고, 전체주의적인 국가의 작동 안에서 그와 같은 기능을 규명한다. 지젝이 이해한 바처럼, 전체주의는 파스칼의 것과 유사하며, 아래와 같이 바꿔 쓸만한 어떤 논리와 더불어 이데올로기가 무신론적인 우주 안에서 작동하는 방식에 관한 훌륭한 예가 된다: 내가 신이나 위대한 당 지도자가 존재한다는 것을 증명할 수 없을지라도, 마치 그것이 존재하는 듯이 내가 행동하는 것이 나에게 커다란 실천적인 이익을 줄 것이다. 다시 말해 기도하는 사람과 교회 신자들이 신을 신뢰하는 것과 마찬가지로, 전체주의 체제 안에 있는 사람들의 충직하고 순종적인 행위들 또한 위대한 당 지도자의 실재를 실체화한다. 지젝은 이러한 논리를 파스칼적·마르크스적 논증으로 지칭한다. "그것은 마치 전체주의 지도자가 그의 지배권과 힘을 정확히 […] 파스칼·마르크스적 논증을 […] 감안함으로써 언명하는 것과 같다. 즉 그것은 고전적인 지배자의 비밀을 사람들에게 폭로하는 것이다. 기본

---

11 Althusser, *Lenin and Philosophy and Other Essays*, pp. 168~169(강조는 저자).

적으로 그는 사람들에게 다음과 같이 말한다. '나는 너희들의 지배자다. 왜냐하면 너희가 나를 너희의 지배자로 간주하기 때문이다. 나를 너희의 지배자로 만드는 것은 바로 너희들, 너희의 그 행위이다!'"[12]

따라서 이때 후기구조주의 이론에 의해 만들어진 주목할 만한 개입은 '머리'와 '손'(또는 상부구조와 하부구조 또는 사유와 행위) 사이의 고전적 마르크스주의 대립의 변형이다. 이 변형은 주체성의 근본적인 구성에서 기표의 결정성 ── 언어, 실천 또는 의례에서 기표에 해당되는 ── 이라고 불리어질 수 있는 것이다.[13] 따라서 내가 보기에 마르크스주의와 유물론/물질성에 있어서 그것의 특정 주장의 전통에 관한 어떤 평가도 (유서 깊고 여전히 널리 유포되어 있는) 유물론과 경제주의의 융합으로부터 의미 및 과정-중-주체성으로서 우선적으로 정의되는 어떤 개정된 유물론으로의 패러다임 전환의 측면에서 이루어질 필요가 있다.[14] 이러한 개정된 유물론/물질성의 주요한 결과는 ── 또는 보다 정확히 말해, 물질적인 것에 관한 이러한 대안적 전유 방식이나 그것에 대한 주장 ── 의식이라고 불리어져 왔던 것의 왕위 찬탈 ── 그리고 재개념화 ── 이다. 이성적인 '정신' 또는 '의식'과 합쳐진 '존재', 즉 인간 주체에게선 이제 오히려 대폭적인 위치 조정이 이루어진다. 이 과정은 지각 불가능하고 여전히 물질적으로 명백하며 효과에 있어서 불가피할 것이다. 그러므로 어떤 행위자의 형식으로서 유물론/물질성의 위상은 그와 같은 후기구조주의적 개입들에 의해 선재하는 구체적 근거(예컨대, '경제적 하부')로 존재하는 것으로부터 의미

---

12 Žižek, *The Sublime Object of Ideology*, p. 146.
13 나는 다른 곳에서 후기구조주의와 연결된 다른 특성들을 논의했으며, 여기서 다시 반복하지는 않을 것이다. 예컨대, "Poststructuralism"과 *The Age of the World Target*의 서문과 2장을 보라.
14 도움이 될 만한 논의는 Coward and Ellis, *Language and Materialism*을 보라.

의 불안정한 연쇄로 이동하게 되었으며, 기껏해야 일시적인 것, 그리고 미끄러져 나가는 주체에 속하는 확실성이다.

반복에 관한 질문

의식의 현상을 물질적 실천으로 기꺼이 대체하는 한, 존-레텔, 알튀세르, 그리고 지젝의 사유는 중요한 인식적 통찰을 공유한다. 지젝이 존-레텔의 논의에 관해 언급한 것은 다음과 같다. "교환 행위에 관련된 추상화는 환원 불가능한 방식에 있어서 외재적이며, 탈중심화되어 있다."[15] 이는 종교적 믿음이나 권위에 대한 숭배와 관련해서도 완전히 동일하게 말해질 수 있다. 하지만, 이러한 이론가들의 재개념화에 있어서 관건적인 차원은 완연히 복잡하게 탐색되어야 하는 것으로 남아 있다.

상품교환, 종교, 그리고 전체주의에 관한 이론가들의 묘사에서, 독자들은, 비록 유물론/물질성이 더 이상 비활성 물질 또는 내용물로 이해되지 않는다 하더라도, 그것은 정확히 '정신'과도 상응하지 않는다는 것을 관찰했어야 한다. 이 이론가들이 요청하는 것은 유물론과 관념론 간 장소의 단순한 교환이 아니다. 대신에 궁극적인 분석에서 비활성 물질도 아니고 순수 정신작용도 아닌, 이 갱신된 유물론의 상을 복잡화하는 과정에서 무언가 다른 것이 드러난다. 지젝은 그의 저작에서 이 무언가 다른 것을 '숭고한 대상'으로 정의한다. 그의 일차적인 예로 화폐를 활용함으로써, 그는 페르디낭 드 소쉬르의 언어에 관한 기술을 상기시키는 방식으로 숭고한 대상을 언급한다. "우리는 마르크스에 의해 해결되지 않은 어떤 문제를 건드렸다. 그것은 화폐의

---

15 Žižek, *The Sublime Object of Ideology*, p. 19.

물질적 특성에 관한 것이다. 그것은 경험적인 것에 관한 것도, 화폐가 그것으로 구성되어 있다는 물질적 재료에 관한 것도 아니며, **숭고한** 불실에 관한 것, 불리적 신체의 부패를 넘어서 존속하는 '파괴 불가능하고 불변하는' 상이한 신체에 관한 것이다. […] '신체 내부 신체'의 이러한 비물질적 신체성은 우리에게 숭고한 대상의 정확한 정의를 건네준다."[16] 더 나아가, 우리는 다음과 같이 물을 것이다. 이러한 숭고성, 이 '비물질적 신체성'이 어떻게 부재하는 동시에 현존하며, 발생할 것인가? 그것은 어떤 방식으로 최초로 존재하게 되는가?

그럼, 상품교환, 교회에서의 기도와 의례, 그리고 위대한 당 지도자를 향한 순종적인 행위들(화행speech acts을 포함하여)에서 공통적으로 이루어지는 것은 무엇인가? 하지만 이것이 어떤 **반복적 행위**가 아니라는 것은 거의 주목되지 못하지 않는가? **부주의한 반복**(mindless repetitions) — 의식을 빠져나가는, 즉 '의식' 그 자체를 요청하지 않는 반복들 — 은 정확히 상호 간의 화폐 거래, 신 그리고 위대한 당 지도자의 실재들을, 심지어 그것들이 기원적인 '원인들'로 잘못 인지되어질 때에도, 물질화하는 것이 아닌가?

비록 그것들이 간혹 서로 간에 함께 논의된다 하더라도, 이데올

---

16 *Ibid.*, p. 18(강조는 저자). 흥미롭게도, 언어에 대한 논점을 드러낼 때, 소쉬르 또한 하나의 유비로 화폐를 사용했다. "소리만이, 어떤 물질적 요소로서 언어에 속하는 것은 불가능하다. […] 모든 우리의 전통적 가치는 그것을 뒷받침하는 실체적인 요소와 혼동되지 않는 특성을 가진다. 예컨대 그 가치를 고정하는 것은 한 조각의 화폐에 있는 금속이 아니다. 동전은 명목상 5프랑의 가치를 가지는데, 이는 그것의 은 가치의 절반보다 더 적게 포함할 것이다. 그것의 가치는 그것에 새겨진 양에 따라, 그리고 정치적 경계의 안과 바깥에서 그것의 쓰임에 따라 다양해질 것이다. 이것은 언어적인 기표에 더욱더 진실이다. 이것은 음성적이지 않으며, 비신체적이며, 그것의 물질적 실체에 의해서가 아니라 그 소리-이미지를 다른 모든 것들과 분리하는 차이들에 의해 구성된다"(Saussure, *Course in General Linguistics*, pp. 118~119).

로기의 숭고한 대상에 관한 지젝의 주장은 인간적인 사회적 상호작용의 모방적 기초에 대한 프랑스의 작가이자 문화비평가인 르네 지라르의 잘 알려진 논증을 떠올리게 한다. 지라르에 따르면, 몇몇 독자들은 모방, 흉내 내기를 떠올릴 것인데, 이는 단순히 바로 앞에 존재하는 (시간적으로 연속하는) 어떤 것에 대해 응답하지 않는다. 대신에 그것은 원초적인 충동, 그 자신의 추동력과 인지적 힘을 가동하는 최초의 사건이다. 앞서 말한 이론가들의 의식에 관한 급진화와 거의 흡사하게, 지라르는 억압적인 방식으로 개별적인 인간들을 놓기보다, 욕망이 어떤 방식으로 사회적이거나 집단적 관계들의 결과로 비춰질 만한지를 드러냄으로써 '욕망'을 재개념화한다. 즉 그가 주장하기를, 우리는 무언가를 욕망하는데, 그것은 그 무언가가 고유하게 욕망할 만한 것이기 때문이 아니라, 다른 누군가가 그것을 욕망하는 것을 관찰하기 때문에 그렇다. 따라서 (의식과 마찬가지로) 욕망은 사람들 사이 상호작용의 교차점 안에 자리 잡음으로써 모방적이다. 우리의 현재 논의의 맥락에서, 모방을 반복적 행위의 다양성으로 갱신하고 지라르의 패러다임을 지젝이 반복해서 인용하는바, "교환 행위에 속하는 추상 활동은 환원 불가능한 방식에서 외적이며, 탈중심화되어 있다".

정확히 말해, 그것은 지라르가 폭력과 파괴를 위한 잠재성을 언제나 함축하기 때문에, 맹목적인 ─ 사람들이 반향하고, 흉내 내고 서로 간에 생각하지 않고 반복하는 무리라고 보는 고전적 예에서 ─ 모방적 행위이다. 그것은 일시적인 치유에 의해 제압되어야 한다(지라르가 신화, 종교, 예술 그리고 여타 오래된 문화적 실천에서 공히 규정하는 희생양과 속죄양에서처럼).[17] 비록 존-레텔, 알튀세르 그리고 지젝이

---

17 지라르의 저작이 가진 함축에 대한 보다 상세한 논의는 나의 논문, "Sacrifice, Mimesis, and

진행 중인 파국이라는 동일한 비관적 의미에서 반복적 행위를 바라보는 것처럼 보일지라도, 그들의 서사 — 특히 기독교 교회(알튀세르)와 선제주의 국가(시섹) — 는 전체주의, 종교 또는 세속성에 자발적으로 (즉 '사유되지 않은 채') 굴복하는 모방적 행위의 경고 표현에 관한 확실한 인식에 상응한다. 심지어 상품화된 교환 추상의 경우에도, 존-레텔이 제시한 바처럼, 명백하게 전경화되는 것은 일종의 자동화된 습관 또는 반성 행위, 즉 '아는 것' 또는 '반성하는 것' 없이 있는 그대로를 진행하는 어떤 '함'(doing)이다. 요컨대, 의미의 탈안정화될 수 있는 본성에도 불구하고, 이러한 이론가들의 저술들은 테러의 잠재성이라는 명확한 측면을 반복적 행위의 다양한 형식들 안에 등록한다.

더 나은 세상을 향한 변화의 행위자로서 반복

하지만 이런 측면에서 마치 미국 이론가인 주디스 버틀러의 수행으로서의 젠더에 관한 논증처럼, 희망의 감각을 위해 반복을 끌어들이는 사유는 적합하다고 할 수 있는데, 이는 특별히 사유를 자극한다. 「모방과 젠더 불복종」이라는 논문과 『젠더 트러블』, 『물질화되는 신체들』[18] 과 같은 여타 잘 알려진 저작들에서, 버틀러는 모든 젠더화된 정체성들이 존재하지 않는 어떤 원본의 흉내와 근사치로 고려되는 설득력 있는 주장을 전개한다. 레즈비언(또는 게이)이 어떤 파생적인 정체성, 이성애 규범에 대해 이차적이고 열등한 것이라는 보수적인 동성애 혐오적 가정을 그녀의 출발점으로 삼으면서, 버틀러는 그와 같은 파생성이 지배적인 이성애 규범 덕분에 전환되어질 수 있다고(그리고 그래야 한

---

the Theorizing of Victimhood"를 보라.

18 Butler, "Imitation and Gender Insubordination"; *Gender Trouble*, 특히 3장; *Bodies That Matter*, 특히 서문과 1부.

다고) 논증한다. 그녀는 만약 레즈비언이 어떤 단순한 모방, 나쁜 복사물로 해소된다면, "정치적 문제는 그것의 파생성에 반하여 그리고 그것을 넘어 레즈비언적 섹슈얼리티의 특수성을 수립하지 않을 것이며, 이성애에 원초적인 특권을 부여하는 틀에 반하는 나쁜 복사물의 동성애 혐오 구조를 바꾸는 것이다"라고 쓴다.[19]

만약, 우리의 여타 몇몇 이론가들에 따라, 반복적인 집단적 행위가 자주 이데올로기적이고 정치적인 테러의 기초를 구성한다고 치면, 버틀러에서 반복 행위는 오히려 심리적이고 사회적 전복의 기초를 구성한다. 버틀러는 이에 대한 힌트를 그 누구보다 자크 데리다의 「더블 세션」에서 모방의 전도와 전위로부터 취하면서, "**모방**은 앞선 것을 복사하지 않으며, 선행성과 파생성의 바로 그 조건들을 **전복**한다"[20]고 논한다. 그녀의 논리는 정체성 정치에 대한 그녀의 일반적 논증을 풍부하게 하는 식으로, 아래와 같이 암시될 것이다.

'나'가 레즈비언 '나'로서 끈질기게 재구성되는 것은 바로 이러한 섹슈얼리티의 반복되는 작동을 통해서다. 역설적으로 그것이 구성하는 것은 또한 정확히 바로 그러한 범주의 **불안정성**을 수립하는 그러한 활동의 **반복**이다. 만약 '나'가 반복의 자리에 있다면, 즉 '나'가 오로지 그 자체의 어떤 반복을 통해 정체성의 외형을 획득한다면, 그때 나는 언제나 그것을 유지하는 바로 그 반복에 의해 대체된다. 다시 말해 '나'가 그 스스로를 충실하게 반복하고, 스스로를 인용할 수 있거나 그렇게 하는가, 또는 언제나 거기에 '나' 또는 그것의 '레즈비언으로 존재하기'에 속하는 항구적으로 비-자기-정체성 상태를 수립하는 그

19 Butler, "Imitation and Gender Insubordination", p. 304.
20 *Ibid.*, p. 307(강조는 저자). Derrida, "The Double Session", pp. 173~286도 보라.

것의 이전 순간으로부터의 어떤 대체가 있을 것인가? '나'를 소진하지 않는 '수행'은 무엇인가? 그것은 그러한 '나'의 포괄적인 만족을 가시직인 특징으로 진개하지 않는다. 왜나하면 만약 그 수행이 '반복된나'면, 언제나 반복되는 정체성의 순간들을 서로 간에 구별하는 것에 관한 질문이 존재하기 때문이다.[21]

또는 이와 유사하게 그녀는 다른 맥락에서 다음과 같이 공식화한다.

나는 수행성이 반복 가능성(iterability), 즉 규범들의 규율화되고 강요된 반복 외에 다른 것으로 이해될 수 없다고 제안할 것이다. 그리고 이러한 반복은 어떤 주체에 의해 수행되지 않는다. 이 반복은 주체를 가능하게 하는 것이며 주체를 위한 시간적 조건을 구성하는 것이다. 반복 가능성은 '수행'이 단일한 '행위' 또는 사건이 아니라, 추방의 위협과 심지어 죽음으로의 이끎과 더불어 의례화된 생산, 강요를 통한 그리고 그것 아래에서의, 금지와 터부의 강제력을 통과하는 의례적인 반복이라는 것을 함축한다. 그리고 이것은 생산의 형태를 강제하는 것이지만, **나는 이것이 사전에 미리 충분히 결정되지는 않는다고 주장하고자 한다.**[22]

반복의 우발성 자체 ── 그것의 고유한 불안정성 ── 가 알튀세르, 지젝 그리고 지라르에게서 교회 또는 국가, 즉 그와 같은 지배와 주입

---

21 Butler, "Imitation and Gender Insubordination", p. 304(첫 번째 두 강조는 저자, 마지막 강조는 인용자).
22 Butler, *Bodies That Matter*, p. 95(첫 번째 강조는 저자, 두 번째 강조는 인용자).

의 목적을 위한 우발성 위에서 전형적으로 자본화하는 기구들에 의한 도구화의 잠재성인 반면, 버틀러에게 정확히 동일한 우발성은 차이화의 우연성 ── "수행하는' 것은 '나'를 소진하지 않는다" 또는 "사전에 그것을 충분히 [결정하지] 않는다" ── 에, 따라서 전복의 가능성에 합치한다. 이런 방식으로, 억압적인 순응이 언설, 행위에 기입되며, 말하자면 강제적인 이성애적 규범의 의례가 역설적으로 일종의 유연한 물질, 즉 (겉보기에 고정된 정체성들의) 대안적 수행이 재반복되고, 작동되며 그리고 재발명될 수 있는 다공적(porous) '근거'가 된다. 버틀러는 다음과 같이 쓴다. "만약 **행위자**가 존재한다면, 역설적으로 그것은 규율화하는 법의 제한적 합일 안에서, 그리고 법의 물질화, 강요된 합일, 그리고 그러한 규범적 요청들과의 동일시에 의해 열려진 가능성에서 발견된다."[23]

흥미롭게도 그녀가 의식에 관한 후기구조주의적 재개념화에 상응하는 것으로 시작하고, 그에 따라 의식의 우선성은 타도되며, (화행과 체현된 수행들을 포함하여) 반복되는 물질적 과정 위로 이전된다 해도, 버틀러는 ── 마르크스의 언어를 상기하자면 ── '의식'과 '사회적 존재' 사이의 근본적으로 변화된 관계의 잠재성에 대한 매우 다른 종류의 결론에 도달하는 것으로 보인다. 여타 이론가들이 공포, 재난 그리고 희생의 가능한 시나리오들(물리적 폭력의 사용 없이 이데올로기적으로 기입될 수 있는 시나리오들, 물리적 폭력을 동반하여 정치적으로 설립되는 시나리오 혹은 둘 모두)을 강조하거나 제시하는 곳에서, 버틀러는 의미화의 어떤 유형에서 완전한 자기-동일성(즉 폐쇄적인)의 가능성을 강력히 부인하는 어떤 유토피아적 제스처 안에서, 자유를 위

---

23 *Ibid.*, p. 12(강조는 저자).

한,[24] 즉 "우리가 물질이라고 부르는 경계, 고정성 그리고 표면의 효과를 생산하기 위해 매번 안정화하는 물질화 과정"의 어떤 가능한 붕괴를 위한 희망을 견지한다.[25]

테러와 자유 간의 이러한 대치에서, 유물론/물질성은, 궁극적으로 측정 불가능한 분석적 지향들, 경향들 그리고 정념들에 의해 존재하는 것으로 보여지는 교차로 또는 막다른 골목에 도달했는가? 그와 같은 대치는, 예컨대 내가 시작하면서 드러낸 질문에 따라 제안된바, 거기 포함된 개념적 지점들의 재편성을 위한 시간이 무르익었음을 표시하는가?

다시 말해, 만약 후기구조주의 이후 유물론/물질성에 대한 권리를 주장하려는 시도들이 (언어, 행위, 실천, 의례 또는 젠더화된 지향과 행위로 광범위하게 이해되는) 기표의 결정성에 관한 어떤 주장에 의해 변경 불가능하게 횡단된다면, 그리고 만약 동일한 이론적 지향에 의해, 기표가 반복에 의해 작동하는 것으로 인식된다면, 그렇다면 이제 반복은 행위자를 상상하기 위해 유일하게 실행 가능한 방법이 되어야 하는 것인가? (다른 방식이 있을 수 있는가?) 그렇다 해도, 너무나 분명히 급진적인 사회적 변형('진보', '자유')을 위한 잠재성만큼이나, 그와 같은 행위자 또한 그 안에 예속, 지배 그리고 사회적 불균형의 지속적이고 강화된 관계들을 위한 잠재성을 새겨 넣는다. 이때 우리는 지금

24 이 자유의 의미는 인정컨대 적합하다. 왜냐하면 행위자는 오직 재반복적 실천 안에 기입될 수 있기 때문이다. "**주체화**(assujetissement)의 역설은 정확히, 그와 같은 규범들에 저항하는 주체가, 만약 그렇지 않다면, 스스로 그와 같은 규범들에 따라 가동된다는 점이다. 비록 이러한 구성적 제한이 행위자의 가능성을 제외한다 해도, 그것은 행위자를 어떤 재반복적인 또는 재절합적인 실천, 권력의 내재성으로 위치 지우는 것이지, 권력과의 외재적 대립 관계로 그렇게 하는 것은 아니다"(*Ibid.*, p. 15).
25 이것은 버틀러가 '구성의 개념들'을 대신하여 젠더화된 주체성에 대한 사유를 위해 제안하는 물질의 정의다.

까지 가정된 유물론, 행위자 그리고 점증적인 변화 사이의 상호적 ——
그리고 확실히 순환적인 —— 연결들을 어떻게 재사유할 것인가? 어떠
한 비절합(disarticulation)과 재절합(rearticulation)의 형태가 가능할 것
인가? 즉 사실상 그러한 형태들은 필연적인가?

　　개가 이해하지 않는 것이 물질적인 것에 대한 것이든 아니든 간
에, 우리 역시 곤혹스러운 어떤 것으로부터 멀리 떨어져 있는 셈이다.
[…]

지향성 물질[1]

사라 아메드

이 논문은 왜 그리고 어떻게 지향성(orientations)이 물질화하는지를 보여 주려고 시도한다. 지향성 물질을 언급한다는 것은 우리가 어떻게 '물질'을 사유하는지에 영향을 준다. 지향성은 물질이 어떻게 '물질화' 하는지를 틀 지을 수 있게 한다. 만약 물질이 지향성에 의해, 즉 신체가 사물을 향해 방향을 짓는 방식으로 영향을 받는다면, 물질이 역동적이며, 불안정적이고, 우발적이라는 결론에 이른다. 물질화하는 것은 그 자체로 근접성의 효과이다. 즉 우리는, 인접하는 것이 우리가 이미 취했던 방향에 의해 촉발되는 것과 마찬가지로, 인접하는 것에 의해 촉지된다. 지향성은 외부성의 관계에 있지 않은 신체들 간의 접촉을 통해 세계가 어떤 특정 형태를 요청하는 방식이다. 물질의 역동성을 사유하면서, 이 논문은 이 책의 편집자에 의해 '비판적 유물론'이라고 불리어졌던 학문적 신체에 결합한다. 그럼에도 불구하고 나는 나 자신의 저작이 '문화적 전회'의 기간 동안 이전의 현상학적인 페미니즘 참여

---

1 이 논문은 아메드의 『퀴어 현상학』(*Queer Phenomenology*)의 1장에서 가져와서, 이 책에 맞게 개정되었다.

를 끌어내고 그것에 빚지고 있는 한에서, 나 자신의 기여가 어떤 '새로운' 유물론으로 불리어지는 것에 저항할 것이다. 이러한 현상학적 참여는 그러는 동안 물질이 물질화되지 않았던 유일한 것이라는 결과에 대해 최근의 몇몇 유물론 비평가들에 의해 제기된 주장을 드러낸다.[2]

　지향성 물질. 내가 글쓰기를 향해 지향된다고 말해 보자. 이것은 글쓰기가 내가 행위하는 무엇일 뿐만 아니라 물질화되는 무언가일 것이라는 의미이다. 그와 같은 지향성을 견지하는 것은 특정 대상들이 나에게 쓸모 있는 것(테이블, 컴퓨터, 펜, 종이)이어야 한다는 의미일 것이다. 지향성은 세계가 내 주변에서 밀착하는 방식을 형태 잡는다. 지향성은 신체에 인접하거나 근접한 것, 우리가 그것으로 행하는 그러한 대상들에 영향을 미친다.

　따라서 지향성은 '물질'의 두 가지 의미 둘 모두에서 '물질화한다'. 첫째, 지향성은 지향이 의미심장하며 중요하다는 단순한 의미에서 물질화한다. 그러한 방식으로 지향되는 것은 어떤 사물들이 의미심장하게 되는, 즉 **나에게** 대상으로 존재하게 되는 방식이다. 그와 같은 지향은 단지 인격적이지만은 않다. 공간 또한 어떤 신체들이 이 안에 또는 저 장소에 '놓여 있다'는 의미에서 지향된다. 연구는 이때 '놓여 있는' 작가 주변, 그 연구 작업 안에서 지향된다. 어떤 신체들 주위로 지향되는 공간을 말하는 것은 몇몇 신체들이 다른 것이 아니라 '장소 안에' 더 많이 있을 방식을 보여 주는 것이다.

　또한 지향성은 두 번째 의미로 물리적 또는 신체적인 실체 주위

2　이러한 생각을 드러내는 논문으로는 바라드의 「포스트휴먼 수행성」("Posthumanist Performativity")을 보라. 나는 다른 곳에서 이른바 신유물론적 이론들이 물질에 반하여 '문화적 전회' 기간 동안 쓰여진 초기 저작(특히 여타 페미니즘 저작)을 구성하는 어떤 기초적인 자세에 의존하는 방식에 대해 의문을 제기했으며, 예컨대 생물학이나 실재적인 것과 같은 물질성과 관련된 수사학에 반대했다. Ahmed, "Imaginary Prohibitions"를 보라.

에 존재한다는 의미이다. 지향은 신체들의 신체적 실체 그리고 공간을 점유하는 것이면 무엇이든지 모양 짓는다. 지향은 주체들과 대상들이 물질화하거나 그것들이 취하는 방식으로 모양을 취하게 되는 데 영향을 미친다. 작가는 글을 쓰고, 글쓰기의 노동은 작가의 신체의 표면을 모양 짓는다. 글쓰기를 위해 사용되는 대상들은 글쓰기 위한 의도에 의해 모양 지어진다. 그것들은 그것들이 부여하는 도움 주변에서 배치된다. 지향성은 이런저런 방식으로 방향 잡혀짐으로써 표면을 물질화하는 방식에 대한 것이다.

이 논문에서, 나는 지향이 어떻게 물질화하는지에 대해 사유하기 위한 주요 대상으로 '테이블'을 택한다. 왜 테이블인가? 당신은 테이블이 우리가 무언가를 하는 대상으로 물질화한다고 말할 수 있다. 우리는 테이블을 '~ 위'의 장비로 기술할 수 있다. 즉 테이블은 우리가 사물들을 놓을 뿐만 아니라 무언가 작업할 어떤 표면을 제공한다. 만약 우리가 테이블 위에서 무언가를 한다면, 그때 테이블은 우리가 하는 것의 효과가 된다. 테이블이 지향성 장치로 어떻게 기능하는지 탐색하기 위해, 나는 마르크스주의와 현상학을 결합할 것이다. 나의 목적은 신체들의 물질화가 테이블과 같은 대상들의 친숙함 또는 '주어짐'에서 사라지는 노동의 형식들을 어떻게 포함하는지 숙고하는 것이다. 따라서 지향성이 물질화하는 방식에 대한 나의 분석은 역사 유물론과 신체의 유물론을 결합할 것이다.

출발 지점

만약 우리가 지향의 그 지점에서 시작한다면, 우리는 지향성이 출발 지점에 대한 것이라는 점을 발견할 것이다. 후설이 『이념들』의 두 번째 권에서 기술하듯이, "만약 우리가 신체가 스스로를 드러내고 사물들에게도 같은 것을 행하는 특정 방식을 숙고한다면, 그때 우리는 다음과 같은 상황을 발견할 것이다. 즉 각각의 자아는 그것 자신의 지각 대상들의 영역을 가지며 필연적으로 어떤 지향 안에서 그 사물들을 지각한다. 이 측면 또는 저 측면으로부터, 그리고 이러한 현상함의 양태들 안에서 그렇게 지각함이 드러나는 사물들은 어떤 여기와 그것의 기초 방향들에 대한 관계에 있어서 제거 불가능하게 포함된다".[3] 지향성은 우리가 시작하는 방식, 우리가 '여기'로부터 진행하는 방식에 대한 것이다. 후설은 '이 또는 저 측면'이라는 질문을 '여기'의 지점과 연결하는데, 그는 또한 이것을 지향의 영점(zero-point), 세계가 펼쳐지고 '저기'와 '저' 너머에 존재하는 것을 만드는 지점으로 기술한다. 우리가 '여기' 오직 이 지점에 존재한다는 것, 가깝고도 먼 것은 거리의 상관적인 표식들로 살아진다는 사실 또한 주어진다. 알프레드 슈츠와 토마스 루크만도 지향을 누군가의 출발지점에 관한 질문으로 기술한다. "내가 스스로를 발견하는 그 장소, 나의 현행적 '여기'는 공간 안에서 나의 지향을 위한 출발 지점이다."[4] 지향을 위한 출발 지점은 세계가 펼쳐지는 그 지점이다. 즉 신체의 '여기'와 세계가 거주하는 '저기'.

　　세계가 펼쳐지는 지점은 어디인가? 또는 후설의 세계가 펼쳐지는 지점은 어디인가? 『이념들』 1권에 있는, '자연적인 입장으로부터' 주어진 세계로 향하는바, 그가 시작하는 곳에서 시작해 보자. 그와 같은 세계는 나를 둘러싸고 발생하는 세계로서 우리가 그 '안에' 있는 그 세계이다. "나는 공간 안에 끝없이 뻗어 있는 세계를 알아차린다."[5] 이

3　Husserl, *Ideas Pertaining to a Pure Phenomenology and to a Phenomenological Philosophy, Second Book*, pp. 165~166.

4　Schutz and Luckmann, *The Structure of the Lifeworld*, p. 36.

5　Husserl, *Ideas*, p. 101.

세계는 단순히 뻗어 있는 것은 아니다. 그리고 그것은 이미 어떤 모양들을 갖추고 있으며, '더 그리고 덜' 친숙한 것의 바로 그 형태들이다.

> 나에게 실재 대상은, 그 자체로 지각되거나 심지어 직관적으로 현전함이 없이 실제로 지각되는 것에 동의할 때, 거기에 있으며, 명확하고, 그럭저럭 친숙하다. 나는 나의 주의를 정원으로 향하는 베란다를 등지고 있는 방의 보이지 않는 일부를 통해, 여름날의 집 안 여기저기에 있는 아이들을 향해, 내가 그것들이 나의 즉각적인 공-지각된 환경들 안에서 거기 그리고 그 너머에 있다는 것을 정확히 '아는' 그 모든 관련된 대상들에게로, 내가 단적으로 보았거나 관찰했었던 책상으로부터 옆으로 비껴 나도록 할 수 있다.[6]

친숙한 세계는 책상과 함께 시작하며, 그것은 방 안에 있다. 즉 우리는 이 방을 후설의 연구실로, 그가 저술하는 방으로 이름 붙일 수 있다. **세계가 펼쳐지는 것은 바로 여기서부터다.** 그는 책상에서 시작하며, 그때 방의 다른 부분들로 방향을 트는데, 그것은 말하자면 그의 뒤쪽이다. 우리는 우리가 첫 번째로 볼 수 있는 것이 우리가 어느 방향으로 눈길을 돌리는지에 의존한다는 것을 떠올린다. 그의 앞쪽 전면 그리고 뒤쪽에 있는 것과 함께, 여기서 시작할 때, 후설은 다른 공간들로 향하며, 그는 그것을 방으로 기술하고, 그는 그것들이 이미 기억에 따라 장소로 주어지는 한에서 그곳에 존재한다는 것을 안다. 이 다른 방들은 공지각된다. 즉 그것들은 선별되지 않으며, 그의 주의를 끌지 않는다.

6   *Ibid.*

후설의 저술 안에 등장하는 대상들에 주의를 기울임으로써, 우리는 〔그러한 주의가〕 어떻게 몇몇 대상들을 향해 방향 잡혀지는지 그리고 다른 것이 아니라 세계를 향한 보다 일반적인 지향을 포함하는지 감지한다. 이 철학자는 글쓰기가 이루어질 때 책상을 향해 지향되며, 이는 다른 사물들과 방들이 배경으로 물러난다는 것을 의미한다. 결국 철학이 테이블에 몰두한다는 것이 놀라운 일은 아니다. 앤 반필드가 그녀의 놀라운 책『유령 책상』에서 관찰하는 바에 따르면, "철학의 의사에 앉으려고 오는 책상물림 철학자를 위해 손만 뻗으면 닿는 곳에 있는 테이블과 의자, 사물들은 실재 세계가 관찰되는 '누군가의 소유인 방'의 가구이다".[7] 테이블은 철학의 바로 그 '장소'를 굳건히 지키는 가구로서 의자와 더불어 '손 가까이' 있다. 테이블의 용도는 철학자의 신체에 근접해 있는 것 또는 철학자가 접촉하러 오는 것을 우리에게 보여 줌으로써 부분적으로 철학의 지향 자체를 우리에게 드러낸다.

비록 후설의 책상이 처음에 그의 앞에 존재하는 것으로 드러난다 해도, 그것은 필연적으로 그것의 장소를 유지하진 않는다. 왜냐하면 후설은 현상학이 주어진 것, 평범한 지각에 이용되는 것을 '괄호 치'거나 옆으로 밀어 놓아야 한다고 주장하기 때문이다. 만약 현상학이 그 테이블을 이해하는 것이라면, 그는 그것이 자연적 태도 '없이' 이해해야 한다고 제안한다. 그러한 테이블은 친숙한 것 안에, 그리고 사실상 이미 '결정된' 공간 안에 가족의 집으로 '존재하는' 공간 안에 머무르게 만든다. 후설의 공식에서 현상학은 오로지 그것을 자연적 태도로 함께 어울려 있는 모든 것을 보류할 경우에만 제일철학으로 있을 수 있다. 이때 현상학은 데카르트적 의심이 아니라 '마치' 우리가 다른 무

---

7 Banfield, *The Phantom Table*, p. 66.

엇보다 몇몇 형태들을 택함으로써 그것의 실존을 추정하지 않는 것 '처럼' 세계를 지각하는 방식을 통하는 것이다.[8]

그래서 후설은 테이블을 다른 방식으로 물질화하는 어떤 대상으로 취함으로써 다시 시작한다. 대상은 그것이 더 이상 친근하지 않을 때 어떻게 나타나는가? 그는 다음과 같이 기술한다. "우리는 하나의 예를 취함으로써 시작한다. 내가 그것을 왔다 갔다 하면서 늘 공간 안에 내 위치를 변경할 때, 이 테이블을 관점 안에 견고하게 놓여 있도록 한다면, 나는 지속적으로 이 테이블과 자기-동일적인 테이블을 신체적으로 현전시키는 의식을 가질 것이며, 그것은 그 자체로 끝까지 불변하는 것으로 남는다"(vol. I, p. 130). 우리는 여기서 후설이 그것을 넘어가기보다 그것을 관찰함으로써 어떻게 '테이블'을 하나의 대상으로 전환하는지 볼 수 있다. 괄호 치기는 '이 테이블'이 '그 테이블'이 되는 것을 의미한다. 그 테이블 자체로 시작함으로써, 말하자면, 대상은 자기-동일성을 드러낸다. 이는 대상의 자기-동일성을 처음부터 손에 넣을 수 있다는 것이 아니다. 후설은 자신의 위치를 바꾸어 가며 테이블 주위를 돌아다닌다. 그와 같은 가능한 운동 때문에, 의식은 흘러야 한다. 즉 우리는 다른 물질들에 의해 방해받지 않아야 한다. 후설은 다음과 같이 상술한다.

나는 눈을 감는다. 테이블에 관해 다른 감각들은 활동 정지 상태다. 나는 이제 그것에 대한 어떤 지각도 가지지 않는다. 내가 눈을 뜨면 지각은 돌아온다. 지각? 보다 정확하게 하자. 그 어떤 환경에서도 그것은 나에게 개별적으로 동일한 것으로 돌아오지 않는다. **오로지 테이블**

8 Husserl, *Ideas*, vol. 1, p. 107.

만이 동일한데, 그것이 종합적 의식을 통해 동일하게 알려지며, 상기 (recollection)와 새로운 경험을 연결하기 때문이다. 지각된 사물은 지 각되지 않은 채로, 그것을 알아채지 못한 채, 심지어 잠재적인 것(어 떤 측면에서는, 앞서 기술했듯이 현실적인 것)으로도 알려지지 않은 채, 존재할 수 있다. 그리고 아마도 그것은 심지어 전혀 변화하지 않고 서 존재한다. 그러나 지각 자체는 의식의 확고한 흐름 안에 있는 것이 며, 그 자체로 지속적으로 흐름 안에 있다. 이제 지각적인 것은 막 지 나간 과거, 동시에 현재 새롭게 밀리서 어슴푸레 빛나는 것의 인접한 의식 안으로 들어간다.(vol. I, p. 130, 강조는 인용자)

이 논증은 대상으로서의 테이블이 '동일한 것'으로 주어진 것, 즉 '고정된' 또는 지각의 '흐름'에 의해 모양이 잡혀 주어진 것이라고 제 안한다. 이것이 정확히 후설의 논점이다. 즉 대상은 지각을 통해 지향 된다. 로버트 소콜로프스키는 이를 다음과 같이 논한다. "우리가 어떤 대상을 지각할 때, 우리는 어떤 전체적인 윤곽, 즉 일련의 인상들을 가 지기만 하는 것이 아니다. 그것들 안에서 또한 그것을 통해 우리는 우 리에게 주어진 하나의 그리고 동일한 대상을 가지며, 그 대상의 동일 성은 지향되며 주어진다."[9] 각각의 새로운 인상은 능동적인 '상-기'(re-collection)의 형태 자체 안에서 이전에 지나간 것과 연결된다. 중요하 게도 대상은 오직 이러한 상기의 작업에 주어진 지각의 대상이 된다. 이는 마치 '새로운' 것이 이미 의식에 의해 모아진 것과의 관련에서 존 재하는 것 같다. 다시 말해 각각의 인상은 다른 것과 연결되며, 그렇게 해서 대상은 어떤 순간에도 유효한 윤곽 이상의 것이 된다.

9 Sokolowski, *Introduction to Phenomenology*, p. 20.

만약 이러하다면, 대상의 동일성은 부재와 비현전의 유령을 포함한다. 나는 이것을 그 자체로 이해하지 않는다. 나는 테이블을 한 번에 모든 관점에서 바라볼 수 없다. 테이블의 농일성이 지향될 수 있다고 한다면, 후설은 다음과 같은 어떤 비범한 주장을 할 것이다. 즉 **오직 테이블만이 동일하게 남아 있다.** 테이블은 지각의 흐름 안에서 그 자리를 지키는 유일한 사물이다. 따라서 테이블의 동일성은 유령적이다. 만약 테이블이 동일하게 존재한다면, 그것은 오직 우리가 그것의 잃어버린 측면들을 가지기 때문이다. 또는 우리는 우리가 그것의 뒷면을 불러냈다고 말할 수 있다. 나는 우리가 역사의 유령성에 있어서 테이블을 '잃어버릴' 때, '잃어버려진' 것과 연관되기를 원한다. 우리가 잃어버린 것은 아마도 다른 감각 안에서의 그 테이블의 뒷면일 것이다. 즉 테이블 뒤에 있는 것은 도달한 테이블을 위해 이미 발생했어야 했던 것이다.

배경과 도래

우리가 보았던 바처럼, 후설에게 현상학은 대상을 마치 낯선 것처럼 파악하는 것을 의미하며, 따라서 우리는 지각 자체의 흐름에 주의를 기울일 수 있다. 이 지각의 흐름이 말해 주는 것은 현존은 물론이고 부재의 부분성이다. 즉 우리가 보지 않는 것(말하자면, 대상의 뒷면이나 옆면)은 시야로부터 숨어 있으며, 오로지 지향될 수 있을 뿐이다. 우리는 이 대상을 오직 다른 대상들을 시야의 끄트머리나 '테두리'로 밀어냄으로써 선별한다.

후설은 친숙한 것에 거주하는 것은 '사물들'을 행위를 위한 배경 속으로 들어가게 만든다고 주장한다. 즉 그것들은 거기 있지만, 내가 그것들을 볼 수 없는 어떤 방식으로 거기 있다. 배경은 "희미하게 파악된 깊이 또는 미규정적 실재의 테두리"[10]이다. 따라서 후설이 그의 집필 테이블을 마주한다 하더라도, 그것이 그 테이블이 하나의 대상으로 선별된다는 의미는 아니다. 이전 절에서 나의 논증은 몇몇 조건을 필요로 한다. 즉 후설이 집필 테이블을 마주할 때에도, 그 테이블이 그 '앞에' 있다는 것이 필연적으로 따라 나오지는 않는다는 것이다. 배경이 보다 많이 그리고 더 적게 근사적인 대상들을 포함한다고 가정하면, 우리가 마주하는 것도 마찬가지로 배경의 일부로 존재할 수 있다. 후설이 '그 테이블'을 앞에 가져올 때, 그 집필 테이블이 사라진다는 것은 우연적이지 않다. 집필 테이블을 향해 지향된다는 것은 그것의 사라짐을 위한 가능성의 조건을 제공하기도 할 것이다.

사물의 '거기임'(thereness) 안에서 '보이지 않는' 것으로서 배경에 대한 후설의 접근은 우리가 친숙한 것이 관찰되지 않음으로써 어떤 식으로 형태를 잡는지 생각할 수 있게 한다. 나는 다른 의미로 그의 모델을 집필 테이블의 '배경'에 대해 생각함으로써 확장하고자 한다. 후설은 '그것'이 시야에 들어올 때, 이 테이블이 어떻게 그 테이블을 **둘러싼** 배경뿐만 아니라 배경 **안**에서도 있을 수 있는지 숙고한다. 나는 우리가 그 테이블 자체가 어떻게 배경을 **가질** 것인지를 생각하길 원한다. 배경은 도래하는 무언가를 위해 발생해야만 하는 것으로 이해될 것이다. 우리는 '배경'이라는 단어의 상이한 의미들을 상기할 수 있다. 배경은 뒤쪽에 위치해 있는 바탕 또는 부분으로, 또는 거리를 두고 재현되는 그림의 일부로 지칭될 수 있다. 그리고 그것은 제 차례에 와서 그것이 행하는 모양을 획득하기 위해 전면 '안'에 존재하도록 허용된다. 이 두 가지 의미는 모두 배경의 공간성을 가리킨다. 우리는 또한 배경

---

10 Husserl, *Ideas*, vol. 1, p. 102.

을 어떤 시간적 차원을 가지는 것으로 생각할 수도 있다.[11] 이를테면 우리가 누군가에 대한 이야기를 할 때, 우리는 그들의 배경을 조회한다. '배경'의 이러한 의미는 '뒤에 있는 것'에 대한 것이며, 여기서 '뒤에 있는 것'은 과거 또는 전에 발생했던 것을 가리킨다. 우리는 마찬가지로 '가족 배경'에 대해 말할 수 있으며, 이것은 어떤 개인의 과거만이 아니라, 개인이 세계 속으로 나타나게 되는 여타 역사적인 것, 그리고 그것을 통해 가족 자체가 어떤 사회적 소여(given)가 되는 것을 가리킨다.

적어도 두 가지 개별 실체가 어떤 마주침, 즉 점유함(occupation)라는 의미에서 '가져다줌'을 위해 도래해야 한다. 그래서 이 테이블과 후설은 그가 그의 '테이블'에 관한 철학을 쓰기 위해 '공-발생'(co-incide)해야 한다. 우리는 '공-발생' 안에 있는 줄표를 잊지 말아야 한다는 것을 기억해야 한다. 왜냐하면 그와 같은 망각은 함께 도래함을 우연적인 것으로 바꿀 것이기 때문이다. '공-발생'한다는 것은 상이한

11 후설은 '내적 지평'(internal horizon)이라는 생각을 경유하여 배경의 시간성에 도달하는데, 그는 이 생각을 그의 저작 전체에 걸쳐 발전시킨다. 그래서 지각의 '지금'은 다시 당김(retention(기억))을 함축한다. 그것은 '바로 직전'을 포함하는데, 이는 '이전'과 '지금'이지만 '지금' 안에서만 '이전'으로 야기된다. 이것은 (그 자체로 '단숨에' 드러나지 않는 어떤 것을 향해 방향 잡히는) 지향성이 복잡한 시간성을 함축한다는 것을 환기시키는데, 여기서 현재는 스스로를 이미 넘어선다. "비록 내가 지각에서 멈춘다 해도, 나는 내가 이 사물로서 그것을 볼 때, 마치 단숨에 그것을 이미 가진 것처럼 여전히 그 사물에 대한 완연한 의식을 가지고 있다. 봄(seeing)에 있어서 나는 언제나 나에게 주어진 어떤 방법도 없는 모든 측면들로, 심지어 직관의 형식, 예견적 현시로 그것을 '의미'한다. 따라서 모든 지각은 '의식을 위해' 그 대상에 속한 지평을 가진다"(Husserl, *The Crisis of the European Sciences and Transcendental Phenomenology*, p. 158). 현상학은 우리가 지각하는 것의 현재의 차례에 이르러 우리를 공간적 감각뿐만 아니라 시간적 감각에서 '뒤에' 있는 것으로 되돌린다. 후설에게 이것은 우선적으로 '시간 의식'으로 기술되지만, 우리는 지각의 현상학과 '뒤에', 또는 심지어 '현전하는' 것 또는 현재 안의 '뒤'에서도 존재하는 역사에 관한 보다 유물론적인 개념 간의 중요한 연결을 이해할 수 있다.

사태들이 어떻게 동시에 일어나는지, 즉 어떤 사건이 어떻게 다른 사물들과 접한 사물들을 야기하는지, 그에 따라 인접성(nearness)이 각각의 사물들의 형태를 어떻게 형성하는지를 드러낸다. 만약 이런저런 대상에 가까이 존재하는 것이 우연적인 것이 아니라면, 이러한 인접성의 '지금' 안에서 일어나는 일은, 우리가 언제나 사물 각각이 어떻게 감응할 것인지, 또는 우리가 사물들에 의해 감응될 것인지에 대해 알지 못한다는 의미에서 개방된 채로 남는다.[12]

그래서 만약 현상학이 배경에 관심을 기울인다면, 어떤 것의 출현의 조건들에 대한 사유를 함으로써 그렇게 하는 것이며, 그것은 그 사물이 어떻게 그 자체로 의식에 현전하는지에 대해서는 필연적으로 유효하지는 않을 것이다. 만약 우리가 대상의 뒷면을 보지 않는다면(하지만 지향한다면), 우리는 또한 이러한 시간 감각에서 그것의 배경을 보지 않을 것(그러나 지향할 것)이다. 우리는 대상의 배경을 대면할 필요가 있으며, 그 대상(우리는 묻는다. 그것은 어떻게 도래하는가?)만이 아니라 지각하는 신체의 도래에 의존하는 대상을 지각하는 활동의

---

12 질 들뢰즈가 스피노자를 따라 논한 바에 따르면, "당신은 정신이나 신체가 할 수 있는 것을 주어진 마주침 안에서, 주어진 배치에서, 주어진 조합에서 미리 알 수 없다." Deleuze, "Ethnology", p. 627을 보라. 우리는 다음과 같이 부가할 수 있다. 우리는 작가가 할 수 있는 것을, 테이블을 내버려 둔 채로, 작가와 테이블이 서로 간에 충분히 가까워지지 않으면, 아직 알 수 없다. 그렇다, 글쓰기는 발생할 것이다. 또는 그렇지 않을 것이다. 우리는 만약 글쓰기가 일어나지 않는다면 무슨 일이 일어날 것인지 언제나 알지 못한다. 이 '못함'이 어떤 덩어리처럼 느껴지는지 아닌지, 또는 그것이 다른 어떤 것으로 채워질 유인(誘引)으로 나타나는 빈 공간을 제공하는지 아닌지 말이다. 당신은 뭔가 보다 이상한 흔적들을 그리면서 낙서를 할 수도 있다. 그리고 만약 글쓰기가 무언가 발생하는 것이라면, 그때 우리는 종이 위에 무슨 선이 그려질지 알지 못한다. 그 선들은 테이블의 표면, 목피(木皮)와 나무, 또는 접촉이 이루어질 이런저런 아무 물질 위에 놓일 것이다. 적절한 시기에 나는 '할 수 있음'으로 돌아올 것이며, 신체들이 '행위를 한다'는 것이, 비록 그것이 정확히 일어나는 것을 '결정하지' 않는다 해도, 현재 안에서 능력들을 제한한다고 주장할 것이다.

출현을 위한 조건으로 그것을 재정의할 것이다. 지각의 배경은 그와 같은 도래의 뒤얽히는 역사들을 포함하며, 이는 후설이 어떻게 철학의 장소 자체를 보증하는 그러한 대상으로서 그의 테이블에 충분히 접근했는지를 설명할 것이다.

마르크스주의는 우리가 대상을 역사에 있어서뿐만 아니라 역사적 과정의 효과로 재사유하도록 한다. 독일 이데올로기에 대한 마르크스주의적 비판은 결국 그 대상이 '현재에' 존재한다는, 또는 그 대상이 '내 앞에' 존재한다는 생각에 관한 비판으로 시작한다. 마르크스와 엥겔스는 포이어바흐에 관한 그들의 비판에서 다음과 같이 기술한다.

> 그는 그를 둘러싼 감성적(sensuous) 세계가 어떻게 존재하는지, 그것이 계속 동일하게 남아 있으면서 영원성으로부터 직접 주어지지 않으며, 단지 산업적 생산물이며, 사회체의 생산물이라는 점을 이해하지 않는다. 그리고 사실상, 이는 그러한 세계가 어떤 역사적 산물이며 세대 전체의 연속적인 활동의 결과고, 각각은 앞선 세대의 어깨 위에 서 있으면서, 변화하는 요청들에 따라 그 산업과 상호교섭 작용을 발전시키고, 사회 체계를 변형한다는 의미이다. 가장 단순한 '감성적 확실성'을 가진 대상들이라 해도 그것들은 산업적이고 상업적인 상호교섭 안에서 사회적 요구들을 통해 그에게 주어진 것일 뿐이다. 잘 알려진 대로 벚나무는 다른 모든 과실수와 마찬가지로 우리가 사는 지역에 상업에 의해 이식된 지 단지 몇 세기 정도 밖에 지나지 않았으며, 이에 따라 포이어바흐에게 그것은 특정한 시기에 특정한 사회의 활동에 따라서만 '감성적 확실성'이 된다.[13]

13 Marx and Engels, *The German Ideology*, *The Marx-Engels Reader*, p. 170.

만약 우리가 마주하는 그 대상을 단순히 '바라보기'만 한다면, 우리는 역사의 '기호들'을 지워 버릴 것이다. 우리는 그 대상을 '여기에 있어 왔던 것', 즉 어떤 방식으로 대상이 결합하고, 그것들이 사회적 형태를 취하는바, 어떤 도래(arrival)로서가 아니라 그 감성적 확실성 안에 주어진 것으로서, 단순히 거기 있는 것으로 파악한다. 그래서 대상들(이를테면 벚나무)은 '이식'된다. 그것들은 사회적 활동을 통해, '세대 전체의 연속적인 활동'을 통해 모양을 갖추며, 그것은 대상이 단순히 주어진 것으로 파악될 때 망각된다.

역사를 관통하여 지나가는 것은 세대들에 의해 수행된 작업만이 아니라, 미래 세대를 위한 도래의 조건으로 작동하는 것의 '침전'이기도 하다. 대상들이 표면에서 떠오르거나 모양을 갖추는 방식이 그와 같은 역사의 어떤 효과라 할지라도, 역사가 단순히 대상의 표면에서 지각될 수는 없다. 다시 말해, 역사는 마치 그것이 어떤 대상의 속성인 것처럼, 그 감성적 확실성 안에 주어지는 어떤 것으로 단순히 변할 수 없다.

만약 관념론이 대상을 주어진 것으로 취한다면, 그때 그것은 단순히 주어지지 않는 그 도래의 조건들을 사유하는 데 있어서 실패할 것이다. 관념론은 마르크스가 이후 상품 물신주의로 기술한 것의 철학적인 대당이다. 『자본론』에서 그는 상품이 두 가지 요소들로 이루어진다고 주장하는데, 그것은 "물질재료와 노동"[14]이다. 노동은 "물질의 형태를 변화시키는 것"(p. 50)으로 이해된다. 상품은 우리가 이러한 노동을 망각하는 경우에만, 가치 또는 그 자체의 생명을 가진다고 추정된다. 즉 "노동은 몇몇 대상의 형태 안에 체현될 때, 그것의 응결된 상태

---

14 Marx, *Capital*, Moscow, 1887, p. 50.

안에서만 가치가 된다"(p. 57).

　　마르크스는 '테이블'의 예를 사용하여, 그 테이블이 나무로 만들어지며(나무는 그 자체로 재료를 세공한다) 그리고 테이블에 속한 일, 즉 '테이블을 만들기' 위해 취해지는 일은 나무의 형태를 변화시킨다고 논한다. 비록 그 테이블이 여전히 나무로 만들어져 '있다' 해도 말이다. 그는 다음과 같이 기술한다. "인간이 그의 근면함으로, 그에게 유용하게 만들어지는 방식으로, 자연에 의해 풍부해진 물질적인 것의 형태를 변화시킨다는 것은 명약관화하다. 예컨대 나무의 형태는 나무로부터 나오는 어떤 테이블을 만듦으로써 변경된다. 그럼에도 불구하고 테이블은 일상적인 사물인 나무로 존재하기를 지속한다. 그러나 그것이 하나의 상품으로 나아가자마자, 그것은 무언가 초월적인 것으로 변화한다"(p. 76). 분명하게도 상품 물신주의에 대한 마르크스의 비판은 여기서 물질과 형태[형식, 형상] 사이의 어떤 구분에 의존한다. 나무의 테이블-되기는 그것의 상품화와는 같지 않다. 테이블은, 비록 그것이 나무의 '형태'에서 변화했다 하더라도, 사용-가치를 가진다. 테이블은 사용될 수 있으며, 사용되는 중에, 테이블의 가치는 교환되지 않고 추상화된다. 테이블은 그것이 교환되기에 이르러 사용-가치를 가진다. 이 모델의 한 가지 문제는 '형태를 만들기'가 자연에서 사용-가치의 변형 안에 정립된다는 것이다. 즉 우리는 '나무'(자연/물질 재료)가 시간을 거듭하여 그 형태를 획득했다고도 주장할 수 있다. 그래서 자연은 형태[형상]를 취하고, 그것으로 구성되기 위해 '거기' 단순히 기다리고 있지 않을 것이다. 마르크스와 엥겔스의 관념론에 대한 초기 비판은 '물질적 사실들'에 관한 보다 역동적인 관점을 포함한다. 나무를 제공하는 숲도 그 자체로 세대를 거듭하는 행위의 효과로서 '발생된다'는 것이다. 숲은, 숲이 단순히 주어지지 않고 노동의 효과

(옮겨/심기)로 틀을 잡는 한에서 그 자체로 '형태화된 물질'이다.[15] 테이블은 오직 이러한 다양한 노동의 연대기를 통과함으로써만 주어지며, 형태를 잡는 물질로 재정의된다.[16]

　　자크 데리다가 테이블에 관해 논함으로써 사용–가치와 교환–가

15　이것은 물질이 오로지 인간 노고에 관한 노동에 주어짐으로써 물질이 된다고 말하는 것이 아니다. 그와 같은 논증은 인간을 마치 모든 사물들이 그 주위를 도는 부재하는 현존처럼 **사물들의 중심으로** 만든다. 다른 종류의 노동은 대상들이 이런저런 방식으로 표면에 나타날 방식을 모양 짓는다. 메를로퐁티는 조약돌과 조약돌이 조약돌을 만드는 것의 예시를 사용한다. 그가 논한바, "그것들의 변화의 어떤 영역 너머에서, 그것들이 이런저런 조약돌로 있기를 멈출 것이며, 마찬가지로 그것들은 어떤 조약돌 또는 어떤 조개껍질로 있는 것도 멈출 것이다"(Merleau-Ponty, *The Visible and the Invisible*, p. 161). 예컨대 나는 어떻게 조약돌들이 모래가 되지만 의식에 적재될 수 없는 어떤 되기로 의식에 도달하지 않았는지 상상할 때, 자주 조약돌 해변으로 인해 감탄한다. 조약돌은 시간의 효과로 모래가 된다. 조약돌은 '모래 되기'처럼 보일 수 있지만, 우리는 이러한 되기 과정을 조약돌의 표면에서 단순하게 볼 수 없다. 우리는 모래를 '조약돌이었던 것'으로 이해하기도 하지만, 그것은 현재 안에 적재 가능한 것 너머로 우리를 위치시킨다. 만약 시야 안에 있지 않는 것을 볼 가능성을 적재할 수 없다면, 시간은 무엇을 할 것인가? 시간은 그것을 가지고 우리가 무언가를 한다는 의미에서만 점유될 뿐만 아니라, 우리가 하는 것을 통해 우리에게 어떻게 유용한가〔적재되는가〕라는 의미에서도 점유된다. 시간 안에서 조약돌은 모래가 될 것이다. 그리고 그것은 조약돌로서 인지 가능하게 만드는 특성을 가지는 것을 멈춘다. 그러나 조약돌은 접촉을 통해 그것의 형태를 획득한다. 그리고 그것이 그것인 바와는 '다른' 어떤 것이 되어 가는 것처럼, 조약돌을 재형성하는 것은 바로 이러한 접촉이다. 시간은 '형태를 부여하며', 이는 '물질'이 내적이라거나 주어진 것이 아니라, 언제나 '물질화'(materializing)의 과정 안에 있다는 것을 제시한다. 조약돌은 물과의 접촉으로 모양을 잡으며, 그것을 연마하는 것은 파도인데, 그것은 조약돌을 '그것'(돌이 아닌 것)으로 만들고, 마찬가지로 그것이 현재 존재하는 바와는 다른 어떤 것으로 되게 모양 짓는다. 대상은 시간 안에서 발생하는 어떤 접촉의 형태를 가정할 뿐만 아니라, 시간의 효과이기도 하다. 대상의 도래는 시간이 소요되고 다른 대상들과의 접촉을 포함하는바, 그것이 출현해야만 하는 것으로 미래를 열어 둔 채 있게 된다.

16　우리가 질료/형상 위계론, 즉 형상 안의 역동적인 것과 '죽은 것'으로 남겨진 질료로 위치 지워진다는 위계론과 경합한다는 것은 중요하다. 페미니즘 철학자들이 우리에게 보여 준 바에 따르면, 이러한 이원론은 젠더화된다. 즉 여성은 질료와 남성은 형상과 연결되어 왔다는 것이다. 이와 같은 남성성은 질료에 형상을 부여함으로써 생명의 타고난 능력이 된다. Irigaray, *Speculum of the Other Woman*, p. 172; Butler, *Bodies That Matter*, 그리고 Grosz, *Space, Time and Perversion*, p. 121을 보라.

치의 마르크스주의적 구별에 관해 비판한다는 것은 놀라운 일이 아니다. 그는 다음과 같이 주장한다. "테이블은 친숙하다, 너무 친숙하다."[17] 데리다에 따르면, 그 테이블은 단순히 우리가 사용하는 그런 테이블이 아니다. "테이블은 낡았고, 헐었으며, 너무 많이 사용되었고, 또는 치워져 있으며, 정상이 아니고 더 이상 사용되지 않고, 골동품점이나 경매실에나 있는 것이다"(p. 149). 그러므로 그는 "사용 중인 테이블"은 "상품으로서의 테이블"만큼이나 형이상학적이다라고 주장한다. 교환-가치뿐 아니라 사용-가치도 물신주의를 포함한다(p. 162). 나는 이러한 논증에 동의하지만, 우리는 사용 중인 그 테이블이 마르크스에게 단순히 생명이 없다거나 물질이 아니라는 점에 주목할 수도 있다. 즉 그것은 물질의 형태[형상]로의 '변-형'(trans-formation)을 포함한다. 따라서 사용-가치는, 비록 그가 상품 안에 초월적인 것을 정립할지라도, 마르크스에게 어떤 단순한 물질이 아니다.

만약 우리가 그의 상품에 관한 비판을 나무의 바로 그 물질성으로 확장한다면, 마찬가지로 테이블의 형태로 확장한다면, 마르크스주외적 접근법이 우리에게 허용할 수 있는 것은 우리 주위를 운동하는 사물들의 역동적 역사로서 '나타난 것'의 역사를 고려하는 것이다. 테이블은 분명 여기저기로 이동한다. 나는 테이블을 (이런저런 액수의 돈으로) 저술을 하려는 목적으로 구입한다. 나는 그것을 그것이 놓여질 장소(공부 공간 또는 방의 구석에 적합한 공간)로 가져가야만 한다. 그러고서 다른 일이 일어난다. 나는 테이블 모서리가 벽을 칠 때, 테이블은 물론이고 벽에 흠집을 남기는 바람에 흠칫한다. 이는 그 테이블의 도래가 이루어지는 시간에 맞닥뜨리게 되는 것이 무엇인지 보여 준다.

17 Derrida, *Specters of Marx*, p. 149.

그 테이블은 도착했고, 방의 한구석에 자리 잡았다. 나는 그것을 저술 테이블로 사용한다. 그럼에도 불구하고 나는 미래에 무슨 일이 일어날지 확신할 수 없다. 나는 이 테이블을 다른 용도로 사용하거나 (만약 그것이 저술 행위를 '지원하기에' 충분히 크지 않다면, 나는 그것을 식탁으로 사용할 수 있다) 내가 글쓰기를 그만둔다면 그 테이블에 대해 잊어버릴 수도 있을 것이다. 그러면 그 테이블은 옆으로 밀쳐져 있거나, 한쪽에 방치될 것이다. 대상은 그것이 구매되거나 팔릴 때조차도, 상품으로 환원되지 않는다. 대상은 그 자체로 환원되지 않는다. 이는 그것이 다른 것들과의 접촉으로부터 떨어진 '그 자체의 것'을 가지지 않는다는 것을 의미한다.

이 테이블은 누군가에 의해 만들어졌으며, 그것의 도래에 있어서 어떤 역사, 즉 이동의 역사가 존재하는바, 이는 **'손 바꾸기'**(changing hands)의 역사로 재기술될 수 있다. 이고르 코피토프가 논한 것같이, 우리는 사물들의 문화적 일대기(biography)를 가질 수 있다. 이때 "사물들은 여러 손, 맥락 그리고 쓰임을 거쳐 가게 된다".[18] 그렇다면 이 테이블은 하나의 이야기를 가진다고 말할 수도 있다. 그것이 말해 줄 수 있는 어떤 이야기. 우리가 상기할 필요가 있는 것은 이 테이블의 '이것임'(thisness)이 어떻게 그 자체로 그것에 속하는가이다. 즉 이 테이블에 대해 특유한 것, 우리가 그것의 일대기를 통해 말할 수 있는 것은 마찬가지로 우리가 어떤 보다 확장된 이야기를 말하도록 허용하는 것이기도 하다. 이야기는 손을 거쳐가는 '사물'에 속한 것일 뿐만 아니라 어떻게 사물이 타자의 노동을 통해 그리고 그 안에서 형태를 갖춤으로써 물질이 되는지에 대한 것이기도 하다.

18 Kopytoff, "The Cultural Biography of Things", p. 34.

그와 같은 역사들은 단순히, 뒤에 남겨질 흠집과 멀리 떨어진 대상의 표면 **위에서**만 유효하지 않으며, 또한 뒤에 남겨지는 것으로 사유될 수 있는 것이다. 그러므로 역사는, 후설의 '잃어버린 먼'과 같이 유령적이다. 물론 우리는 후설의 테이블의 이야기를 모른다. 그것이 어떻게 도착했는지 또는 후설이 글쓰기를 그만둔 후 그 테이블에 무슨 일이 일어났는지 말이다. 그러나 그 테이블이 도착했기 때문에, 우리는 그 테이블을 향하는 어떤 철학으로서 그의 철학을 독해함으로써 그것이 그에게 하도록 한 것을 도출할 수 있다. 따라서 만약 그의 작업에서 테이블의 '이것임'이 사라진다 해도, 우리는 우리의 독해 안에서 이 테이블을 물질화함으로써 재등장시키도록 할 수 있는 것이다.

사태를 처리하는 신체들

대상은 도착했다. 그리고 도착했을 때, 그것이 하는 일은 무엇인가? 나는 대상들이 일에 의해 모습을 갖출 뿐만 아니라, 그것들이 하는 일의 모양을 취한다고도 주장하고 싶다. 우리는 대상들이 어떻게 점유되는지, 우리가 그것들로 인해 어떤 식으로 분주해지는지를 고려할 수 있다. 어떤 점유(occupation)란 어떤 대상을 분주하게 만드는 것이다.

하이데거는 테이블로 방향을 잡음으로써 이러한 점유에 관한 질문을 드러낸다. 『존재론: 현사실성의 해석학』에서 하이데거는 테이블을 기술하는 두 방식을 대조한다.[19] 이 첫 번째 모델에서, 테이블은 "공

---

19 나는 2005년 10월, 더럼 대학교에서 참여한 세미나, "선, 점 그리고 다른 흔적들"(Lines, Points and Other Impressions)에서 나를 『존재론』과 하이데거의 테이블로 이끌었던 폴 해리슨(Paul Harrison)에게 매우 감사한다. 현상학과 테이블에 대해 논하는 이 장의 첫 번째 판본인 『퀴어 현상학』(Queer Phenomenology)에서, 나는 『존재와 시간』에서 제시된 망치의 예에 의존해서 망치와 테이블 사이에 나만의 연결을 만들었다. 『존재와 시간』에서 망치의 예가 『존재론』에서 테이블의 대체물이었다는 것을 발견하는 것은 기묘한 일이다. 존 반

간 안의 한 사물-공간적 사물"[20]로서 마주친다. 하이데거는 다음과 같이 이를 기술한다. "〔사물의〕 측면들은, 우리가 그 주위를 돌아 다닐 때, 매번 새로운 방식들로 스스로를 보여 주고 열어 놓는다"(p. 68). 그는 공간적 사물로서의 테이블에 관한 기술은 부정확한데, 이는 그것이 틀렸기 때문이 아니라(테이블은 결국 이런 식으로 드러난다), 사물의 의미가 어떻게 해서 단순히 그것 '안에' 있지 않은지를 기술하는 데 실패하기 때문이라고 제안한다. 오히려 그것이 바로 "존재의 특성"(pp. 67~68)이다. 하이데거에게 다른 무엇도 아니라 '그 테이블'을 만드는 것은 그 테이블이 우리에게 하도록 허용하는 것이다.

여기서 도출되는 것은 그것의 거주함의 공간을 나누어 가지는 사람들의 관점들로부터 경험되는바, 그 테이블에 관한 풍부한 현상학적 기술이다.

> 누군가가 집필하거나, 식사하거나, 바느질하거나 또는 놀기 위해 앉는 그 테이블(다른 방이나 집 안의 여타 많은 테이블 가운데 '하나의' 테이블이 아니라)이 맞춤하게 존재하는 그 방 안에 있는 것은 그 테이블이다. 예컨대 방문하는 동안 모두가 이것을 즉각 안다. 그것은 집필 테이블, 식탁, 바느질 테이블이다. 그와 같은 것이 그것이 그 자체로 마주치고 있는 첫 번째 방식이다. '무언가를 하기 위함'의 특성은 단순히

뷰렌은 그의 역자 주에서 다음과 같이 제안한다. "마찬가지로 경시된 것은 그의 집에서 '얼마간 머묾'에 관한 하이데거의 인상적인 15페이지에 걸친 현상학적 예이다. 이 핵심적인 예시가 '망치'로 대체되었으며, 그것과 관련해서 살아남은 것이 그 위에서 '바느질'하고 '글 쓰는' 도구로서 '방' 안의 '테이블'이라는 엉성한 언급이었다." 하이데거의 『존재론: 현사실성의 해석학』에 대한 John Van Buren, "Translator's Notes", p. 92를 보라. 내가 망치에 대해 쓰고 있었을 때, 내가 '정말로' 테이블에 대해 쓰고 있었다는 것은 매우 합당하다.

20 Heidegger, *Ontology*, p. 20.

존재하지 않는 그 밖의 어떤 것을 그것과 재관계시키고 융합시킴으로써 테이블에 부과되어 있는 것이 아니다(p. 69).

다시 말해, 우리가 그 테이블을 가지고 하는 것 또는 그 테이블이 우리에게 하도록 허용하는 것은 테이블에 본질적이다. 테이블은 가족이 모이는 둥그런 표면을 제공한다. 하이데거는 그의 부인이 테이블에 앉아 독서를 하고 테이블 근처에 분주한 '남자아이들'이 있다고 기술한다. 그 테이블은 그것이 부양하는 것들 주위로 회집된다. 이를테면 그 테이블의 구조를 '위함'이란 테이블'에' 있는 사람들이 또한 그 테이블 자체를 만드는 일부라는 것을 의미한다. 테이블'에서' 일을 한다는 것은 그 테이블을 다른 어떤 것이 아닌 그것이 바로 만든다는 것이다. 따라서 신체들이 일을 하는 동안, 사물들도 '신체들에 일을 한다'.

대상들이 활동하는 것 안에서 신체들은 어떻게 '물질'로 되는가? 후설의 테이블을 살펴보도록 하자. 후설은 그의 테이블에 의해 접촉된다고 생각되지 않는다. 후설은 그의 테이블을 시간 안에서 어떤 지점에서 본다기보다 존재 일련의 인상들로부터 '거머쥔다'(파악한다). 그는 "눈을 감고" 그리고 "눈을 뜬다".[21] 비록 그 대상이 어떤 단일한 시각에서 유효하지 않다 하더라도, 대상의 부분성이 드러난다.

『이념들』의 두 번째 권에서, 후설은 살아 있는 **신체**(Leib)와 접촉의 친밀성에 주목한다. 우리가 예상했던 대로 테이블이 돌아온다. 그럼에도 불구하고 우리가 그것에 다른 식으로 접근한다면, 우리가 발견하는 것은 색다른 테이블이다. 여기서 테이블에 가닿는 것은 눈이 아니라 손이다. "나의 손이 테이블 위에 얹힌다. 나는 그 테이블을 단단

---

21 Husserl, *Ideas*, vol. 1, p. 130.

하고, 차갑고, 부드러운 것으로 경험한다"(2권, p. 153). 후설은 신체들과 대상들 간의 인접성을 그것들이 인상을 만들고 남기는 한에서 문제가 되는 사물들이라고 시사한다. 신체는 "만져지면서 만지는 것이다"(2권, p. 155). 우리는 사물들을 만지고 사물들에 의해 만져진다. 테이블에 접근하면서, 우리는 테이블에 의해 접근된다. 후설이 보여 주는 바와 같이, 테이블은 차갑고 부드럽지만, 그 표면에 속한 질은 내가 그것으로부터 멀어지는 것을 멈출 때에만 느껴질 수 있다. 대상뿐 아니라 신체도 서로를 향해 지향됨을 통해 모양을 갖춘다. 이러한 지향은 공동 거주 또는 공간의 공유로 경험될 것이다.

우리는 단순히 시야에 들어오는 모든 것에 도달한다고 생각할 것이다. 그럼에도 불구하고, 시야에 '들어오는' 것 또는 우리의 지평 안에 있는 것은 우리가 여기저기를 다닐 때, 여기 또는 저기에서 발견하는 것, 또는 심지어 우리가 우리 자신을 발견하는 장소조차도 아니다. 도달 가능한 것은 정확히 우리가 이미 취했던 지향에 의해 결정된다. 신체가 그것들을 향해 나아가지 않기 때문에, 몇몇 대상들은 지각의 대상조차 되지 않는다. 그것들은 신체의 닿지 않는 '지평 너머'에 있다. 지향은 다른 것이 아니라 우리의 사정거리 안에 있는 몇몇 사물들을 지정하는바, 우리가 취하는 그 방향에 관한 것이다. 따라서 대상은 나의 응시를 초과함으로써만 파악되며, 그것이 나에게 유효하게 되는 한에서만 파악된다. 즉 그것의 도달 가능성은 단순히 그것의 장소나 위치의 문제가 아니라(예컨대 테이블 위의 흰 종이), 내가 취했던 지향, 다시 말해 내가 그것 이상의 어떤 방식을 마주한다는 것을 의미한다(이 책상을 향하는 것, 내가 거주하고자 하는 공간을 표시하는 그 책상).

현상학은 신체들이, 그것이 그것들의 행동거지, 자세, 그리고 제스처 안에서 수행하는바, 역사에 의해 모양을 갖추는 방식을 탐구하도록 돕는다. 결국 후설과 메를로퐁티 둘 모두는 신체적 지평들을 "침전된 역사"로 기술한다.[22] 신체적 침전으로서 역사의 이 모델은 철학자들뿐만 아니라 사회학사를 의해서도 나투어졌다. 피에르 부르디외의 경우, 그와 같은 역사는 아비투스(habitus), 즉 "무한하게 분기된 임무들"을 성취하는 데 필수적인 바로 그 "지각, 파악 그리고 행위의 기반"을 통해 과거 경험들을 통합하는 "지속적이며, 변형 가능한 체계로서의 기질"로 기술된다.[23] 주디스 버틀러에게, 그것은 정확히 현상학이 페미니즘을 위해 유효한 자원으로 그것을 만들어 내는 신체적 행위의 반복 안에서의 역사의 '침전'을 드러내는 방식이다.[24]

우리는 역사가 바로 제스처들의 반복 안에서 '일어난다'고 말할 수 있으며, 이는 신체에 그 기질이나 경향성을 부여하는 것이다. 우리는 여기서 그와 같은 반복의 노동이 노동을 통해 사라진다는 것에 주목할 수 있다. 즉 만약 우리가 무언가에 전념한다면, 그때 그것은 '수월하게' 보인다. 이 역설 — 애씀이 수월함이 되는 역설 — 은 정확히 역사를 그 수립의 순간에 사라지게 만든다는 것이다. 일의 반복은 일이 사라지는 신호를 만든다. 우리가 반복되는 깃에 대해서뿐만 아니라 행위들의 반복이 특정 방향으로 우리를 데려가는 방식에 대해서도 생각한다는 것은 중요하다. 다시 말해 우리는 마찬가지로 다른 것이 아니라 몇몇 대상들로 우리 자신을 지향시키는데, 여기에는 물리적 대상뿐만 아니라(상이한 종류의 테이블들) 사유, 느낌 그리고 판단의 대상 또는 목표, 열망 그리고 목적들의 의미에서 대상들이 포함된다. 이를테면 나는 나 스스로를 글쓰기 주변으로 지향하는데, 이는 단순히 어

---

22 이 생각에 대한 논의로는, Steinbock, *Home and Beyond*, p. 36을 보라.
23 Bourdieu, *Outline of a Theory of Practice*, p. 72, 83.
24 Butler, "Performative Acts and Gender Constitutions", p. 406.

떤 종류의 일로서만이 아니라(비록 그것이 정말 그러하더라도, 그리고 그것이 가능하기 위해 특정 대상을 요청한다 하더라도) 하나의 목표로서 그렇다. 즉 글쓰기는 내가 어떤 직분(글쓴이가 되는 것)으로서도 내가 열망한 어떤 것이 된다. 그래서 우리가 목표로 한 대상은 우리의 전망 안에서 우리가 가진 것이며, 또한 우리가 찾아다닌 것으로 자리 잡고 있음을 통해 우리의 전망이 된다. 즉 그 행위는 성취의 표식으로서 직분을 찾는다(글쓴이는 글쓰기를 통해 글쓴이가 '된다').

나도 또한 테이블 위에서 일하고 있으며, 내 경우이긴 하지만, 집필 테이블뿐만 아니라 식탁도 행위를 위해, 즉 글쓰기뿐 아니라 요리하고, 먹기 위해서 준비되어 있다. 나는 연구실을 갖고 있으며, 그 공간에 있는 테이블에서 작업을 한다. 지금 나는 연구실에 있는 컴퓨터 테이블에 놓인 키보드를 사용하여 이 글을 타이핑하고 있다. 이 공간은 이런 종류의 작업을 위해 따로 준비되었다. 내가 타이핑을 할 때, 나는 테이블을 마주하고 있으며, 그것이 내가 작업하고 있는 모습이다. 나는 키보드뿐 아니라 그 대상〔테이블〕을 접촉하고 있고, 나에게 유용한 어떤 감성적으로 주어진 것으로 그것을 알아본다. 타이핑을 반복하면서, 나의 신체는 어떤 특정 방식으로 느껴지게 된다. 나의 목은 쑤시게 되고, 그래서 나는 불편함을 해소하기 위해 스트레칭을 한다. 나는 불편하다고 여겨지는 자세에 있을 때(나는 분명 나쁜 자세를 가지고 있다), 간혹 어깨를 뒤로 젖힌다. 즉 나는 그 행위를 반복할 때, 테이블 위로 몸을 움츠린다(나의 손가락 끝으로 책상을 부딪힌다). 그 행위는 나를 형성하고 신체적 감각들을 통해 그 인상을 남긴다. 이때 나는 피부 표면이 욱신거리고, 보다 강한 불편함을 경험한다. 나는 글을 쓰고, 이 작업을 하면서, 작가의 신체와 작가의 경향과 더불어 이미 나의 대상이 될 것이고 글쓴이가 된다(욱신거리는 목과 어깨는 이런 종류의 작업이 끝났다는 확실한 신호들이다).

반복운동손상(RSI)은 그와 같은 반복의 효과로 이해될 수 있다. 즉 우리는 몇몇 행위들을 매노 계속해서 반복하고, 그리고 이것은 부분적으로 우리가 할 일의 본성에 대한 것이다. 우리 신체는 이 반복의 형태를 취한다. 그리고 **우리는 이러한 일의 효과로서 확실한 선에 꼼짝없이 끼어 있다**. 예컨대 나의 오른쪽 약지는 그 자신의 작업 형태를 획득했다. 즉 쓰기 중의 계속적인 펜 사용은 굳은살을 만드는데, 이것은 이러한 반복 작업에 의해 생겨나는 그 모양이다. 내 손가락은 '마치' 그것 위의 어떤 인상처럼 거의 펜의 모양을 가진다. 대상은 그 인상을 남긴다. 대상을 향하는 경향뿐 아니라 지향으로서, 그 행동은 이런저런 방식으로 나의 신체를 만든다. 반복의 작업은 중립적인 것이 아니다. **그것은 무엇보다 몇몇 방식에서 신체를 지향한다**. 나의 손가락의 굳은살은 펜-객체나 키보드를 향할 뿐만 아니라 세계를 향해 취해졌던 어떤 지향의 확실한 신호인데, 이는 누군가가 살아가기 위해 특정 종류의 일을 한다는 것이다.

그러므로 신체는 타자들에 대한 몇몇 행위, 즉 그것들이 일을 하는 데 요청되는 물리적 대상이든 또는 우리가 그것과 동일시하는 관념적 대상들이든 간에 시야 안의 특정 '대상들'을 가지는 행위들의 반복을 통해 지향을 획득한다. 그와 같은 객체들의 인접성, 다시 말해 나의 신체적 지평 내부에 있는 그것들의 유용성은 우연한 것이 아니다. 즉 내가 거기서 그것들을 그와 같이 발견한다는 것만이 아니다. 신체들은 무엇보다 그 경향성에 주어진 몇몇 대상들을 향한다. 이러한 경향성은 본래적인 것이 아니고, '~을 향하는 성향'의 반복 효과들이다.

시간이 지나면서, 우리는 우리의 경향성들을 주어진 것에 관한 습득물로서 획득한다. 신체는 '주어진 것 되기'(becoming given)로 기술될 수 있다. 따라서 지향성은 시간이 걸린다. 만약 지향이 우리가 향하고자 하는 것의 효과라면, 그것들은 미래를, 즉 아직 현존하지 않는 것을 가리킨다. 그럼에도 불구하고, 지향은 향하는 것과 뒤에 있는 것 간의 순환을 만들어 내면서, 우리 뒤에 있는 것에 의해 모양을 갖춘다. 다시 말해, 우리는 우리의 배경에 의해 방향 잡히는 것이다. 당신들의 도래의 지점은 당신들의 가족 배경이고, 가족 자체는 사태가 발생하는 어떤 배경을 제공하면서 어떤 방식으로 발생한다. 우리가 보았던 바와 같이 일을 한다는 것은 대상들에 어떤 장소를 부여하는 것이다. '그 테이블'이 가족들에게 공유되는 어떤 대상으로서 가족의 일을 하거나 심지어 그 가족이 존재하도록 할 때, 가족들을 주위에 모으는 어떤 객체라는 것은 그 어떤 우연도 아니다. 테이블에 장소를 부여하면서 그 가족은 그 장소를 취한다.

따라서 테이블은 어떤 친숙한 대상으로 기술될 수 있다.[25] 테이블을 향한 공유된 지향은 우리가 그 테이블'에서' 비록 다른 일들을 하고 있을 때에도, 가족이 하나의 그룹으로 묶이도록 허용한다. 그래서 만약 우리의 도래가 이미 어떤 유전적인 것이라면(우리가 가족 배경에 대해 쉽게 말할 때 우리가 의미하는 바가 이것이며, 그 가족을 배경 속으로 밀어 놓는 것도 이것이다), 우리는 어떤 대상들의 근접성을 가정 내에서 우리에게 주어진 그러한 것들로서 물려받는다. 이러한 대상들은 단순히 물질적이지만은 않다. 즉 그것들은 가치, 자본, 열망, 기획 그리고 스타일일 것이다. 우리는 근접성을 물려받는다. 우리는 무엇보다 몇몇 객체들의 인접성을 물려받는다. 배경은 손 닿는 범위에 있는 특정 사물들을 간직하는 것이다. 그래서 아이는 충분히 인접해 있는 것을 향

25 식탁에 초점을 맞추는 집의 기억에 관한 좋은 논의로는 Carsten, *After Kinship*, p.31을 보라.

하는 경향이 있으며, 이에 따라 인접성 또는 근접성은 이미 집에 '거주하는' 것이다. 닿는 범위 내에 있는 것을 향할 때, 아이는 그것의 경향성들을 획득힌다.

　따라서 배경은 단순히 **아이 뒤에 있지 않다.** 그것은 아이가 열망하는 **앞쪽으로** 요청되어지는 것이다. 이런 식으로 주어진 배경은 우리가 미래를 지향하도록 할 수 있다. 다시 말해 그 또는 그녀 자신이 물려받은 것으로서 가족력을 수용함으로써 그 또는 그녀의 욕망으로 나아가도록 하는 그 지점이다. 여기에는 이러한 노선을 상속하는 압력이 존재하는데, 이 압력은 사랑, 행복 그리고 돌봄의 언어를 말할 수 있다. 우리는 만약 우리가 이런저런 것을 행위한다면, 행복이 따를 것이라고 내세우는 이러한 압력의 지점들 없이는 우리가 되어 갈 수 있는 것을 모른다. 그럼에도 우리가 압력을 받는 이 자리는 언제나 우리가 머물러 있다는 것을 의미하지는 않는다. 어떤 지점에서, 우리는 그러한 물려받음을 거부할 수 있는데, 이 지점은 '한계점'(breaking points)으로 경험된다. 우리는 늘 이러한 지점들에서 부서진다는 것을 안다.

페미니즘적 테이블들

나는 신체들이 물질화한다고 주장했다. 그리고 그것들은 우리가 이미 상속했던 그 인접성(가족 배경)을 가진 대상들에 근접함을 통해 어떤 경향들을 획득한다. 그러므로 주체들의 물질화는 대상들로부터 분리될 수 없으며, 대상들은 무언가 일을 하기 위한 사태들로서 순환한다. 후설이 그의 뒤에 가정 세계를 유지함으로써 '그 테이블'이 된 집필 테이블에 관심을 기울인다는 것을 상기하자. 이 가정 세계는 이 철학자를 둘러싸고 있는 것으로서 지각 대상**으로** 객체들을 향해 그가 돌아서는 중에 '밀쳐져 있'거나 심지어 '한쪽으로 치워져' 있다. 친숙한 대상들의 이러한 사라짐은 대상이 사라지는 것 이상을 만들어 낸다. 철학 작업을 하는 저자는, 만약 우리가 그가 일하는 '그곳'의 기호들을 지워 버린다면, 사라진다. 페미니즘 철학자들은 우리에게 철학의 남성성이 어떻게 보편성의 기호 아래에서 주체의 사라짐을 확실히 하는지를 보여 준다.[26] 남성성은 또한, 철학이 세계를 이해하는 방법으로서, 대상 물질성의 사라짐에서, 즉 스스로를 쓰는 것에서뿐만 아니라 그것에 기대어 물질적인 것들을 괄호 치는 것 안에서 분명해질 것이다.

우리는 이것을 '종이 없는' 철학의 환상, 다시 말해 그것이 쓰여 지는 물질에 의존하지 않는 어떤 철학이라고 부를 수 있다. 오드리 로드는 다음과 같이 숙고한다. "산문을 쓰기 위해서는 자기만의 방이 필요할 뿐만 아니라, 여러 묶음의 종이, 타이프라이터 그리고 시간적 여유도 필요할 것이다."[27] 종이 없는 철학의 환상은 그 노동형태들에의 의존뿐만 아니라 정치경제학, 철학의 '물질적인 것들'의 사라짐도 포함한다. 다시 말해 쓰기의 노동은 종이와 더불어 사라진다.

집필 테이블을 향해 지향됨은 그 집에 있는 다른 방들을 배경으로 물러나게 할 뿐만 아니라, **그 책상을 깨끗하게 하는 일**에 의존할 것이다. 깨끗하게 된 책상은 집필할 준비가 된 것이다. 또한 누군가는 철학자가 그 집필 테이블로 돌아오기 위해, 집필 테이블에서 쓰기 위해, 그리고 그 테이블을 그의 관심의 대상으로 유지하기 위해 반드시 행해져야 했던 가사노동을 고려해야 할 것이다. 우리는 여기서 페미니즘 연구의 오랜 역사와 가사노동의 정치학에 관한 행동주의를 떠올릴 수 있다. 즉 그것은 아내들과 노예들로서의 여성들이 그러한 공간을 남성

---

26 예컨대, Bordo, *Flight to Objectivity*; Braidotti, *Patterns of Dissonance*를 보라.
27 Lorde, *Sister Outsider*, p. 116.

들에게 유용하게 유지하도록 요청되는 노동을 하는 방식과 그들이 하는 노동에 대한 것이다. 집필 테이블을 향한 지향을 떠받치는 것은 그와 같은 노동에 의존할 것이지만, 그것은 그것의 의존성의 징후들로서 그러한 노동의 기호들을 지운다. 그와 같은 노동은 자주 "여가 시간의 부족",[28] 예컨대 스스로를 위한 또는 성찰을 위한 시간의 부족으로 경험된다. 철학은 줄곧 가사노동 그리고 그것이 가정의 바로 그 '물질적인 것'을 재생산하는 데 걸리는 노동 시간의 은폐에 의존한다.

우리는 어떤 단순한 질문을 제기할 수 있다. 즉 누가 그 집필 테이블을 마주하는가? 집필 테이블은 어떤 표면, 즉 그것이 무엇보다 몇몇 신체들을 향하는 그러한 지점을 가지는가? 에이드리언 리치의 편지 쓰기에 관한 설명을 살펴보자.

> 50대 내지는 60대 초반부터, 나는 어떤 반복 순환하는 과정을 기억한다. 그것은 내가 책을 집어 들거나 편지를 쓰려 할 때 시작되었다. […] 아이(또는 아이들)는 그들 자신의 꿈의 세계에 분주히 열중할 것이다. 그러나 그를 포함하지 않는 어떤 세계 안으로 내가 미끄러져 들어산다는 것을 그가 느끼자마자, 그는 내 손을 잡아당기러 와서, 도움을 청하고 타이프라이터 키를 칠 것이다. 그러면 나는 그의 욕구를 느낄 것이다. 나는 그 순간 그의 욕구를 〔나를〕 속이는 것으로, 더욱이 내가 나 자신으로 15분 동안이라도 살아가는 것을 훼방하는 시도라고 느낄 것이다.[29]

---

28 Davies, "Responsibilities and Daily Life", p. 141.
29 Rich, *Of Woman Born*, p. 23.

우리는 작가, 시인 그리고 철학자인 어머니의 관점에서 〔이것을〕 이해할 수 있는데, 이때 집필 도구들에 주의를 기울이고, 그러한 대상들을 마주하는 것이 그녀에게는 불가능하다. 아이들은, 비록 그들이 당신 뒤에 있다 해도, 말 그대로 당신을 잡아당긴다. 당신이 아이들에게 주의를 기울이는 일로 되돌아가게 될 때, 집필을 위한 시간의 이러한 상실을 당신 자신이 가진 시간의 상실처럼 느낀다. 우리는 거기에 주의집중에 관한 정치경제학이 있다는 데 주목하고자 어떠한 본질적인 차이도 정립할 필요가 없다. 그들이 일단 도달할 수 있는 것에 영향을 주는바, 집필 테이블에 도달하는 사람들 간에는 주의집중 시간의 불균등한 분배가 존재한다(그리고 마찬가지로 다수가 그것을 형성하지는 않는다). 몇몇에게, 집필을 위한 시간을 가진다는 것은 쓰기가 발생하는 그 테이블을 마주하는 시간을 의미하는데, 이는 다른 부가적으로 지속되는 노동이 주어질 때 유효하지 않은 지향이 된다. 그것은 말 그대로 그들을 당겨 내팽개친다. 그래서 우리가 그 집필 테이블을 향하는 우리의 지향을 유지할 수 있느냐 없느냐는 다른 지향들에 달려 있는데, 이는 우리가 시간 안에 어떤 주어진 순간을 마주할 수 있는 것에 영향받는다.

만약 지향이 신체가 하는 것에 영향을 준다면, 그때 신체는 또한 공간이 어떤 신체들 주위에서 형태를 잡는 방식에 영향을 준다. 세계는 주어진 것으로서 어떤 신체들을 추정함으로써 모양을 갖춘다. 만약 공간이 신체를 연장한다면, 우리는 공간이 거기 거주'하려 하는' 신체들을 연장한다고 말할 수 있다. 따라서 예컨대 만약 집필 행위가 남성 신체와 연합하게 되면, 그것은 집필을 위한 공간에 거주하려는 바로 그 신체가 된다. 말하자면, 집필을 위한 공간은 그와 같은 신체를 연장하는 경향을 가지며 그것들의 모양을 취할 것이다. 젠더는 부분적으로 이러한 반복의 순환 기제를 통해 신체, 대상 그리고 공간의 속성들로 자연화되며, 신체들을 무엇보다 몇몇 방향들로, 마치 그러한 방향이 신체 내에서 부디 오는 것처럼 이끌어 그것이 이런저런 방향을 잡는다고 설명한다.

어떤 면에서는 집필 테이블은 작가의 신체를 기다린다. 작가를 기다리는 동안, 그 테이블은 여타 신체들이라기보다 몇몇 신체들을 기다린다. 이러한 기다림은 그 테이블을 특정한 종류의 신체, 즉 집필을 '시작할' 신체로 향하게 한다. 나는 그것의 점유의 젠더화된 형태를 환기함으로써, 이미 그러한 신체가 어떤 남성적 신체라고 기술했다. 이제 젠더는 그 테이블 '안에' 있지 않으며, 필연적으로 테이블로 향하는 그 신체 '안에'도 있지 않다. 젠더는 신체가 대상을 취하는 방식의 효과이며, 이는 신체가 이런저런 방식으로 점유됨으로써 공간을 점유하는 방식을 포함한다. 예컨대 우리는 우리가 일을 하는 어떤 사물로서 테이블이 점유되는 상이한 방식들을 허용하는 하이데거의 『존재론』을 주목할 수 있다. 테이블 위에서 우리가 하는 것은 또한 어떤 친숙한 질서 내부에서 한 장소로 주어짐에 대한 것이다. 신체들은 그것들이 테이블 위에서 하는 일에 따라 모양 잡히는데, 여기서 일은 직무의 젠더화된 형태들을 포함한다.

가정에 관한 샬럿 퍼킨스 길먼의 초기 저작을 고려해 보자. 거기서 그녀는 여성들이 실내에 거주하는 방식을 통한 그들 신체의 형태화에 관해 말한다. 그녀는 다음과 같이 논한다.

가구 공정 안에서 그것을 보라. 앉기 위한 돌판이나 나뭇조각, 누워 있기 위한 은신처, 당신의 음식을 올려놓기 위한 선반. 나뭇조각이 당신의 눈 아래에서 변하고 곧 생겨날 다리들에서 역사를 밀어 올린다. 걸상, 의자, 소파, 등의자 그리고 앉을 수 있는 가구들의 끝없는 목록이 있으며 그것으로 한편 우리는 바닥으로부터 우리 자신을 보호하기 위해 집을 채운다. […] 만약 당신이 집에 머물러 있다면, 특히 당신의 일이 정적인 것이라면, 당신은 많이 걸을 수 없다. 그러므로 당신은 앉아야 한다. 그래서 가정에 묶인 여성은 많이 앉아 있게 되었으며, 많이 앉아 있다는 것은 마찬가지로 더 부드러운 자리를 요청했다.[30]

길먼은 여기서 특별히 동양에서의 가구 공정에 대해 쓰면서, 이러한 상상된 인테리어에 속한 부드러운 신체들과 의자들을 서구의 가정집 인테리어와 대조한다. 길먼은 우리에게 지향이 어떻게 특정 신체적 위상들의 수립을 포함하는지를 보여 준다. 즉 앉기, 걷기, 눕기 등등. 이와 같은 점유 또는 점유됨의 형태들은 가구를 틀 짓는다. 다시 말해 의자는 거기 앉는 신체를 위한 앉음새를 제공하기 위해 부드럽게 된다. 다른 한편, 신체도 그 자리에 의해 유용하게 만들어진 공간을 취할 때, 그 부드러운 자리를 점유하는 동안 부드럽게 된다. 그러한 자세는 체질이 된다. 자세는 반복되고, 반복되어지는 와중에 신체와 그것이 할 수 있는 것을 모양 짓는다. 신체가 더 많이 앉을수록, 그것은 더 많이 앉게 되어지는 경향을 가진다.

요점은 간단하다. 우리가 '행위를 함'은 우리가 '행위할 수 있음'을 촉발한다. 이것은 '함'이 단순히 능력을 제한한다는 것을 논증하는 것이 아니다. 반대로 우리가 '행위를 함'이 몇몇 능력들을 확장하고 개방한다. 특정 방향에서의 어떤 '확장'이 우리가 다른 측면에서 할 수 있는 것을 차례로 제한할 것이라 해도 말이다. 우리가 신체의 특정 부

---

30 Gilman, *The Home*, p. 27~28.

분들을 더 많이 활동하게 할수록 우리가 할 수 있는 일이 더 많아진다. 동시에 우리가 다른 신체 부분들을 더 적게 활용할수록 우리가 할 수 있는 것은 더 적어진다. 그래서 만약 젠더가 우리가 '행위를 함'을 모양 짓는다면, 그것은 우리가 할 수 있는 것을 모양 짓는다.

여성적 체현(embodiment)에 관한 아이리스 마리온 영의 현상학적 모델이 지향의 역할에 핵심적인 강조점을 부여하는 것은 충분히 가치 있다. 사실상 영은 젠더 차이가 지향에서의 차이**이다**라고 논증한다. 그녀가 주장하는 바에 따르면, "앉고, 서고 그리고 걸을 때 남성과 여성의 가장 단순한 신체 지향에서조차, 우리는 신체적 스타일과 연장성에 있어서 전형적인 차이를 관찰할 수 있다".[31] 지향이 그 자체로 단순히 주어진다거나 그것이 이런저런 차이들을 '야기한다'는 것은 당연하다. 오히려 지향은 그것의 재생산을 위한 메커니즘뿐만 아니라 차이의 효과이다. 영은 여성들이 부분적으로 '억압된 지향성'을 가진다고 주장한다. 왜냐하면 여성들은 그들의 신체들을 '능력'뿐만 아니라 '대상'으로 이해하므로 그들의 신체 뒤에 도달하지 않기 때문이다(p. 35). 여성은 그들이 더 적은 공간을 취하는 그와 같은 방식으로 대상들을 던질 것이고 대상들에 의해 던져진다. 간단히 말하자면 우리는 우리가 하는 것뿐만 아니라 우리가 던지는 방식의 모양을 획득한다. 공간은 경향성을 부여한 곳에 거주하려는 신체들에 의해 차례로 모양 지어진다.

그럼에도 불구하고 신체들이 어떤 공간에 거주할지 언제나 결정되는 것은 아니다. 심지어 공간들이 몇몇 신체들의 형태를 연장하고 다른 것은 그러지 않을 때조차 그러하다. 여성들은 집필을 위해 구획

---

31 Young, *On Female Body Experience*, p. 32.

된 공간들을 포함하여 역사적으로 그들에게 속하지 않았던 공간들을 요청함으로써 '일을 한다'. 버지니아 울프가 『자기만의 방』에서 우리에게 보여 준 것처럼, 여성들에게 집필을 위한 공간을 요청하는 것은 정치적 행동이다. 물론 집필하는 여성들은 존재한다. 우리는 이것을 알고 있다. 여성들은 글쓰기를 향해 지향된 공간을 차지했다. 그럼에도 그 여성 작가는 여전히 그렇게 남겨져 있다. 다시 말해 그 여성 작가는 '작가' 그 자체의 신체 규범으로부터 벗어나 있다. 그렇다면 여성 작가가 그녀의 펜을 집어 들 때 무슨 일이 일어나는가? 연구가 그와 같은 벗어남의 순간들의 집합적 반복에 의해 남성 영역으로 재생산되지 않을 때 무슨 일이 일어나는가?

만약 우리가 그들이 창조하는 그와 같은 벗어남의 순간 그리고 그 노선을 따른다면, 테이블은 다른 방식으로 나타날 것이다. 버지니아 울프에게, 테이블은 그녀가 종이 위에 쓰는 것과 더불어 거기 새겨진 페미니즘적 메시지로서 등장한다. "나는 당신이 어떤 방, 수천의 많은 방들과 같은, 사람들의 모자들과 트럭과 자동차들이 지나가는 것을 볼 창문을 가진 방을 상상하길 요구한다. 그리고 방 안 테이블 위에 백지가 놓여 있으며, 그 백지에는 대문자로 '여성과 소설'이라는 글자 외에 다른 것은 쓰여 있지 않다."[32] 그 테이블은 단순히 그녀가 마주하고 있는 것이 아니라, 그녀의 페미니즘적인 논점을 만드는 '자리'다. 우리는 여성들이 집필할 공간을 가질지 아닐지에 관한 선행하는 질문을 묻지 않고 여성과 소설에 대한 질문을 제기할 수 없다.

만약 페미니즘적 논점을 만드는 것이 테이블로 우리를 되돌리는 것이라면, 그것의 출현에 관한 개념들은 다를 것이다. 영의 『여성 신체

---

32 Woolf, *A Room of One's Own*, p. 24.

의 경험에 대하여』에서 테이블은 다음과 같은 방식으로 그녀의 집필 안으로 도달한다. "여기 테이블 위의 흠집은 내 딸과 토론 와중에 발생했다"(p. 159). 여기서 테이블은 엄마와 딸 관계의 친밀함을 기록한다. 그와 같은 친밀함은 '한쪽에 밀쳐놓지' 않는다. 페미니스트 작가들을 위한 테이블은 가족적 애착의 친밀함을 괄호 치거나 한쪽에 밀쳐놓지 않을 것이다. 그와 같은 친밀함은 전면에 놓인다. 친밀함은 뒤에 놓이지 않으며 '테이블 위에' 있다. 우리는 심지어 페미니스트의 테이블은 애착에 의해 형태 잡혀 있다고 말할 수도 있을 것이며, 그것은 테이블의 표면들 그리고 테이블이 페미니즘적 글쓰기에서 떠오르는 방식을 야기한다.

물론 페미니즘적 테이블은 젠더를 단순히 의미의 지점으로 만들지는 않는다. 유색인종 여성지인 『식탁』(The Kitchen Table)을 떠올려 보라. 이러한 간행물은 확실히 테이블을 페미니즘적 논점으로 활용한다. 식탁은 여성들이 일하곤 하는 그러한 표면을 제공한다. 정치적 노동을 하기 위해 가사노동을 제공하는 그 테이블을 사용하는 것은 (가사노동의 정치학을 명시적으로 만드는 노동을 포함하여) 어떤 재지향 장치다. 그러나 그와 같은 기술(description)은 이 테이블의 논점을 놓친다.[33] 유색인종 여성지로서, 『식탁』은 우리에게 테이블의 그러한 작업이 노동의 인종적이고 계급-기반적인 분할을 포함한다는 것을 일깨운다. 중간-계급 백인 여성들은 흑인이자 노동-계급 여성들의 가사노동에 기대어, 집필 테이블에 접근할 수 있었고, 그들의 주의를 이 테이블로 돌릴 수 있었다. 테이블에 관한 페미니즘 정치학은 여성과 노동 간의 정

---

33 여기서 나는 『퀴어 현상학』에서의 『식탁』에 대한 나의 독해를 비판하고 있다. 거기서 나는 이러한 기술(description)을 이용하며, 따라서 유색인종 여성 출판물로서 이러한 간행물의 중요성을 놓치고 있다.

치적 분할에 관심을 기울이지 않을 수 없다. 오드리 로드가 "테이블"[34]로 불렀던『식탁』은 페미니즘 내부에서 유색 여성들을 위한 공간의 형성과 관련되었다. 테이블의 정치학은 우리로 하여금 몇몇 신체들이 테이블에서 일을 할 수 있기 위해서 청소된 공간들이 필요하다는 것으로 관심을 돌리도록 한다. 테이블에 도달하는 것은 시간이 걸리며, 그 장소에 거주하지 않으면서 배경을 형성하는 사람들의 힘든 노동을 요청한다. 유색인종 여성들이 그들 자신의 '테이블'을 주장할 수 있는 것은 바로 흑인 페미니즘 노동을 통해서이다.

맞다, 그래서 지향성 물질이다. '제자리 밖의' 사람들은 이미 주어지지 않은 어떤 장소를 안정하게 해야 한다. 그와 같은 작업은 '테이블'을 어떤 대상으로 재현상시킨다. 테이블은 비지향성 장치가 되며, 이때 사태들은 그것의 장소를 잃어버리게 되는바, 이는 어떤 세계의 응집력의 상실을 의미한다. 그러므로 정치적 작업은 신체들과 세계들의 바로 그 표면을 재형성한다. 또는 우리는 신체들이 장소 안에서 사물들을 유지하는 그 세계 위에 그 테이블들을 올려놓을 때, 그것들이 다시 표면으로 떠오른다고 말할 수 있다.

34 De Veaux, *Warrior Poet*, p. 277.

시몬 드 보부아르 — 불일치하는 유물론들과 교전하기

소니아 크룩스

오늘날 '유물론'은 본질적으로 경합적인 개념이며, 신마르크스주의, 페미니즘 그리고 젠더 이론들에서 그것의 여러 쓰임은 근본적으로 불일치한다. 유사하게도 그것의 동족어들, 이를테면 물질적, 물질성 또는 물질화와 같은 개념들은 다양하게 그리고 자주 명백하게 불일치하는 의미작용을 수행한다. 아래에서 나는 시몬 드 보부아르의 저작에 관한 논의를 통해 유물론 그리고 그것의 동족어들에 대한 급진적인 정치적 함의에 집중하는 여러 이론적 분야들을 교전시킬 것이다. 하나는 일련의 마르크스주의로 경도된, 구조주의 담론들인데, 여기서 '유물론'은 인간적 실천의 효과로서 (광범위한 사회제도들, 규범들 등등을 포함하며, 마찬가지로 경제적 생산을 조직화하는 그러한 구조들도 폭넓게 포함하는) 사회구조의 생산을 지칭한다. 이러한 담론들은 우리가 그것들을 기술하는 개념적 렌즈들과는 관계없이 도입할 때, 그것들이 물질 세계와 인간 존재 둘 모두를 실재적 실존들로서의 물질적 유기체들로 정립하는 한, 그 접근에 있어서 '실재론'적이다. 그러나 그러한 담론들은 또한 의식이 여러 수준에서 물질적 필요들에 대한 실천의 조직화의

효과들로 간주되는 한, '사회 구성주의'적이다.[1]

후기구조주의에 의해 폭넓게 제공되는 '유물론' 이론의 다른 분야는 담론과 담론적으로 구성된 수행을 통해 '물질적' 신체들의 생산 또는 그것의 '물질화'에 초점을 맞춘다. 보다 유명론적인 맥락에서, 그것은 무엇보다 그와 같은 담론적 생산의 효과로서 주체적 경험과 정체성을 설명한다.[2] 하지만 이러한 두 분야 모두가 가지는 것은 그것이 (엘리자베스 그로츠의 말을 빌리자면) "안에서 바깥으로"라기보다 "바깥에서 안으로" 진행한다는 점이다.[3] 다시 말해, 그러한 분야들은 주체성이 사회적 실천의 반영이나 경험으로서, 또는 담론의 효과로서 발생하는 방식을 강조한다. 비록 이러한 분야 둘 모두에 속해 있는 사상가들이 '바깥'과 '안'이 상호적으로 함축된 채로 남아 있다는 것을 깨달을지라도, 여전히 대체로 이러한 접근법은 사회구조와 실천들의 힘을 (그것들이 경제적인 또는 담론적인 '생산' 둘 중 어느 것에 기반하든) 주체성, 지향성 그리고 의미작용의 '내적' 영역들의 구성물로서 특권화한다. 따라서 그들의 많은 심원한 불일치(특히 '실재'의 위상에 대해)에도 불구하고, 이러한 신마르크스주의와 후기구조주의의 이론적 접근들은 공통적으로 주체성에 대한 어떤 구성주의적 사고방식을 가진다.

여기서 그것들은 다른 분야의 '유물론적' 담론과 폭넓게 대립하는바, 그중 하나는 현상학적 전통 안에서 등장한다. 현상학은 반대 방향에서 진행하는 경향이 있다. 그것은 '안' 또는 경험상의 것에 특권을

---

1   이 분야의 몇몇 저작들은 로이 바스카의 '비판적 실재론'의 영향을 받았다. 예컨대, Brown, Fleetwood and Roberts eds., *Critical Realism and Marxism*을 보라. 여타 저작들은 페미니즘적 관점에서 나온다. 예를 들어 Ebert, *Ludic Feminism and After*; Hennessy, *Profit and Pleasure*.

2   '유물론'의 이 분야에서 모범적인 저작은 Butler, *Gender Trouble*과 *Bodies That Matter*이다.

3   Grosz, *Volatile Bodies*.

부여하면서, 현상의 '바깥'에 있는 가능한 구성적 원천과 관련 없는 의식의 현상들에 주의를 기울인다. 하지만 그와 같은 현상들은 비신체적인 의식에 등장하지는 않으며, 따라서 몇몇 현상학적 방법들은 '물실성'에 대한 질문들을 제기한다. 이러한 현상학적 접근들이 생물학적 차이들이 '실재'일 뿐만 아니라, 사회적 역할에서 차이들의 인과적 설명이기도 하다는 주장들(예컨대 사회생물학의 주장들)과 비판적으로 교전하기 때문에, 이 현상학적 접근들은 정신-신체 이원론 너머로 움직이려 애쓰며, '체현된 주체성'(embodied subjectivity), 동시에 유기적인 또는 '사실적' 신체이자 의식인 주체성으로서 인간 경험의 역설과 모호함들을 탐색한다.[4] 그것의 보다 '실존적'(existential) 판본에서, 현상학은 또한 우리가 어떻게 인간 자유를 신체적이면서도 사회적으로 구조화된 경험적 차원들(명백하게 '바깥' 또는 '객관적' 측면들)의 현사실성 안에서 이론화할 것인지를 고려한다.

최근 페미니즘과 퀴어 이론은 그러한 다양한 유물론 분야들의 지지자들 중 일련의 빈번하게 지속적으로 교전하는 것들을 위한 핵심적인 자리 중 하나이다. '성'(sex)과 '젠더'에 관한, 또는 그러한 용어들 중 하나를 다른 것으로 '대체하'거나 둘 모두를 '탈안정화'하는 것에 관한 '생물학적 본질주의' 대 '사회 구성주의'의 논쟁은 매우 과열되었다. 이 논문에서 나는 시몬 드 보부아르의 저서를 경유하여, 이러한 유물론적 이론화의 불일치하는 분야들이 그 각각의 지지자들이 추구하곤 하는 바보다 더 많은 풍성한 관계들을 촉발할 것이라고 제안한다. 환원적으로 물질성의 한 영역에 특권을 부여하기보다, 나는 인간 실

---

4 이 분야에서 최근의 핵심 작업들에는 Sheets-Johnstone, *The Roots of Power* 그리고 Catalano, *Thinking Matter*가 포함된다.

천, 자기성들 그리고 사회 구성들을 형태 짓는 다양한 '물질성들'의 상호 구성적 특질을 설명하고자 한다. 왜냐하면 그와 같은 접근만이 인간 삶의 복잡성을 적합하게 파악할 것이고 페미니즘과 여타 급진적인 사회적 실천들이 관련되는 사회적 억압이라는 현상을 설명하게 될 것이기 때문이다.

보부아르 위치 짓기

시몬 드 보부아르는 위에서 논한 유물론 이론 중 마지막 분야, 즉 현상학, 특히 실존주의 현상학에서 활동한 것으로 가장 빈번하게 읽힌다. 사실상 이것은 『제2의 성』에서 그녀가 특별히 그녀 자신을 위치시키는 지점이기도 하다.[5] 그리고 그녀의 기획, 특히 이 책의 두 번째 권에서의 기획은 그녀의 "여성은 태어나는 것이 아니라, 되는 것이다"라는 유명한 언급에 따라 "생생한 경험"(lived experience)에 관한 현상학을 제기한다.[6] 더 나아가 실존주의자로서 그녀는 그와 같은 '됨'(becoming)에 수반하는 자유의 가능성과 제한들을 탐색하는 데 관심을 기울인다. 하지만 나는 보부아르가 이러한 전통 안에서 배타적으로 연구하지 않는다고 논증한다. 그보다 그녀는 현상학과 마르크스주의적이며 또한 문화적으로 지향된 구조주의적 유물론 사이의 간극 안에서 그리고 그것들을 가로질러 작업한다.

　비록 그녀가 엥겔스에 관한 독해를 통해 비판적으로 드러내듯이

5　Beauvoir, *The Second Sex*, p. 34. 이 저작과 다른 저작들에서의 인용에서, 나는 자주 영역본을 수정했다. 그와 같은 수정이 있을 경우 페이지 인용 후에 'TA'(translation altered〔번역수정〕)를 붙였다.

6　프랑스어로 두 번째 권의 제목은 '생생한 경험'(L'expérience vécue)이다. 유감스럽게도 영어판에서는 '오늘날 여성의 삶'(Woman's Life Today)으로 잘못 번역되어 있다.

결정론적인 '역사 유물론'을 거부한다 해도,[7] 보부아르의 저작은 마찬가지로 '초기' 마르크스, 즉 『경제학-철학 수고』의 마르크스의 감성론에 깊이 감응한다. 『제2의 성』 말미에 보부아르가 그녀 자신의 입장을 정확히 요약할 때 초기 마르크스 ── 급진적으로 자연을 역사화하고 역사를 자연화하는 마르크스의 판본 ── 로부터 기꺼이 인용한다는 사실을 지적했던 연구자는 거의 없다. "우리는 이보다 더 잘 말할 수 없다"라고 그녀는 마르크스를 인용한 후에 주장한다.[8] 보부아르가 스스로 언급하는 마르크스와의 친밀성은 우리를 잠시 멈추게 한다. 그것은 우리로 하여금 『제2의 성』의 1권('사실과 신화')이 남성의 열등화된 타자로서 여성의 '생산'에 초점을 맞춘다는 점을 상기시킨다. 그것은 신화와 문학과 같은 담론적 장뿐만 아니라, 인간 실천과 제도의 역사를 가로지르는 여성의 타자성의 사회적 생산을 탐색한다.

보부아르의 마르크스에 대한 관심은 또한 『제2의 성』에 관한 독해를 사르트르의 말년에 나온 신-마르크스주의 대표작인 『변증법적 이성 비판』[9]에 선행하는 것으로 보게 한다. 이 독해 방식은 아래에서 내가 전개할 것이다. 『비판』에서 사르트르는 명백하게 그의 조기 실존주의 현상학(위에서 언급했던 『존재와 무』[1943])을 어떤 마르크스

---

7 『제2의 성』 3장, "역사 유물론의 관점"(The Point of View of Historical Materialism), pp. 53~60을 보라.

8 그녀가 인용한 구절은 다음과 같다. "인간과 인간의 즉각적이고 자연스럽고 필요한 관계는 남자와 여자의 관계이기도 하다. […] 이 관계에서 인간의 전체 발달 수준을 평가할 수 있다. 이 관계의 성격에서 인간이 종적 존재로서, 즉 인간으로서 자신을 얼마나 충분히 이해했는지를 평가할 수 있다. 남자와 여자의 관계는 인간과 인간의 가장 자연스러운 관계이다. 그러므로 그것은 인간의 자연적 행동이 얼마나 인간적이 되었는지, 그리고 그의 인간적 본질이 그에게 얼마나 자연적 본질이 되었는지, 즉 그의 인간적 본성이 그에게 얼마나 그를 위한 본성이 되었는지를 나타낸다"(The Second Sex, pp. 731~732. 토마스 보토모어의 영역본 「경제학-철학 수고」, 154쪽 마르크스의 구절을 인용함).

9 Sartre, Critique of Dialectical Reason.

적인 영감을 가진 신구조주의와 결합하려고 시도한다. 그는 그가 '실천적-비활성'(practico-inert), 즉 우리 자신의 개별적이고 집합적인 생산의 산물들이라고 부르는 것이 자유를 침해하게 되고 우리의 행위와 — 실제적으로 — 실천적 주체로서 우리 자신의 존재를 대체함을 보여 주려고 한다. 그는 모든 인간의 행위들이 물질적인 것들의 세계에 의해 매개되며, 과정 중에 그것에 의해 대체된다고 논한다. 그것들은 우리가 다양한 실천을 통해, 즉 마르크스가 행위(praxis)라고 불렀던 것을 통해 자연의 원천으로부터 만들어 낸 실천적-비활성 실체들의 세계 내부에서 발생한다.

감각적 대상들 안에서의 '구체화'(reification), 다시 말해 인간 행위성, 행위의 물질화란 인간 세계의 본질적인 특성이지만, 그것은 또한 우리의 행위성에 관한 근본적인 소외를 드러내기도 한다. 대상들에 있어서 우리는 강제적으로 언제나 우리에 대항하여 행하는 행위를 통해 창조한다. 즉 "인간은 자연에 대항해서, 그리고 인간을 생산했던 사회적 환경에 대항해서, 그리고 다른 사람들에 대항해서뿐만이 아니라, 그것이 다른 어떤 것이 되는 인간 자신의 행동에 대항해서 투쟁해야 한다. [⋯] 어떤 영속적인 반-행위(anti-praxis)는 행위에 있어서 새롭고 필수적인 계기이다".[10] 실천적-비활성 실체들, 우리 행위의 생산물들은 그 자체의 요구들 또는 '긴급함'을 생산한다. 그것들은 물질의 불활성과 수동성을 우리 안에 재기입함으로써 우리로부터 우리의 자유를 빼내어 버린다. 예컨대 우리가 거주하기 위한 그리고 보호받기에 적합한 집의 경우, 우리는 그것이 우리에게 지금 부과하는바, 그 자체 앞선 인간 행위의 산물로서 그 필요를 충족시키기 위해 끊임없이 강제된다.

10 *Ibid.,* pp. 124~125.

그것은 "난방되고, 청소되고, 새로 페인트칠"되어야 하며, "그렇지 않으면 그것은 쇠락해진다. 이 **뱀파이어 대상**[강조는 인용자]은 끊임없이 인간 행동을 빨아먹으며, 인간으로부터 수혈받아 살아가고 마침내 인간과 함께 공생한다"(p. 169).

실천적-비활성 개별 실체들은 매우 다양할 것이다. 그것들은 환경을 구성하고, 구체화되며 그리고 우리가 (비지향적으로) 만드는 사회적 제도를 구체화하는 상품들과 인공물들로부터 우리가 우리의 의미화가 소외된다는 것을 발견하는 언어와 담론의 형식들에까지 걸쳐 있다.[11] 그것들은 또한 '계열들'을 포함한다. 이는 우리가 다른 것들을 통해 수동적으로 타자와 관여하는, 그리고 그 각각이 부지불식간에 그 또는 그녀 자신의 타자로 되어 가는 사회적 앙상블이다. 따라서 우리는 무엇보다 우리 자신의 '소외'로서, 우리의 자유를 탈취하는 그리고 우리의 지향들을 왜곡하거나 일탈시키는 것으로서 타자들의 행위를 가장 자주 만난다.

사르트르가 『변증법적 이성비판』을 출판한 지 10년 뒤에, 보부아르는 『노년』(1970)을 출판했다.[12] 이 책은 많은 측면에서 『제2의 성』과 유사하지만, 중요한 새로운 이론적 근거를 깨뜨린다. 왜냐하면 이제 이미 『제2의 성』에서 등장한 보부아르 사유의 마르크스주의적인 유물론적 측면들은, 그녀가 초기의 통찰에서 사르트르의 더 완연한 노

---

11 "각각의 어휘는 그 시대 전체가 부여한 심오한 의미를 함께 가져온다. 이데올로기 추종 자가 말하자마자 그는 자신이 말하고자 하는 것과는 다른 것을 더 많이 말하고, 그 시대 는 그의 생각을 훔친다. 그는 끊임없이 방향을 바꾸고 마침내 표현된 생각은 어떤 심대 한 왜곡이다"(Sartre, *Search for a Method*, p. 113). 이 저작은 영역으로 분권되어 출판되었다. 또한 후기구조주의 담론에 대한 사르트르의 응답은 "Jean-Paul Sartre répond"을 보라.

12 Beauvoir, *Old Age*. 미국 판본은 *The Coming of Age*, New York: Putnam, 1972이다. 페이지 수는 영국 판본과 미국 판본이 같다.

고를 통합함으로써 깊어지기 때문이다.[13] 사르트르의 분석을 그녀 자신의 구별되는 목적들에 재절합함으로써, 보부아르는 이제 현대의 서구 사회 전반을 아울러 억압의 형태들(여기서는 노년뿐만 아니라 다른 범주에 속하는 사람들도)이 영속하는 구조적인 사회관계들을 보다 충실하게 내세우게 된다. 하지만 두 저작 모두에서 보부아르는 우리의 주의를 합류(confluences), 상호 매개들, 그리고 물질성의 다양한 형태들 — 신체들, 우리가 거기서 살고 행동하는 가공된 물질의 구조 그리고 우리가 생산하는 담론 매체 — 의 상호 구성에 맞춘다. 따라서 그녀는 어긋나고 종종 오늘날 널리 퍼진 유물론 이론의 생산적인 분야들 너머로 어떤 길을 제안한다.

『제2의 성』

보부아르에 관한 페미니즘 두 번째 물결의 초기 해석이 『제2의 성』을 단순히 여성에 대한 사르트르의 실존주의 현상학의 틀거지의 적용으로 — 보통 비판적으로 — 읽는 경향이 있다 하더라도, 보부아르에 관한 보다 최근의 학술 활동은, 나의 것을 포함하여 그녀의 사상이 초기 사르트르의 그것과 구별되는 중요한 방식을 수립했다.[14] 이것은 살아 있는 신체에 대한 그녀의 보다 큰 관심과 그것이 특정한 삶을 굴절시키는 방식, 인간적 자유의 상호 의존성, 그리고 억압의 구체적 조건들, 즉 대규모의 구조들, 제도들 그리고 지배담론들이 강제하거나 심

---

13 보부아르와 사르트르의 관계와 초기 작품과 관련하여 누가 누구에게 영향을 미쳤는지에 대한 많은 논쟁이 있다. 그러나 후기 작품에 대한 영향력 문제에 대해서는 거의 쓰여지지 않았다. 나는 여기서 상호 간에 심오한 영향이 있었다고 제안하고 있지만, 그 영향이 어느 한 방향으로 더 많이 흘러갔는지에 대한 문제는 다루지 않겠다.
14 Kruks, "Simone de Beauvoir"를 보라. 이 주제에 관한 보다 폭넓은 연구는 마찬가지로 Kruks, "Beauvoir's Time/Our Time"을 보라.

지어 인간의 자유의 잠재성을 억제하는 방식들을 포함한다. 따라서 보부아르는 페미니즘 이론, 특히 생물학적 본질주의의 형태로 회귀하지 않고 포스트구조주의의 '주체의 죽음'에 수반되는 환원적 과잉으로부터 페미니즘을 방어하려는 사람들에게 더 많은 자원이 되었다. 토릴 모이가 최근 말했듯이, "페미니즘 이론의 제3의 길, 즉 전통적인 본질주의와 생물학주의라는 스킬라(Scylla)와 '담론'과 '구성'에 대한 관념론적 집착이라는 카리브디스(Charybdis) 사이에서 길을 찾는 것은 […] 시몬 드 보부아르 페미니즘 철학의 명백한 초석이다".[15]

모이와 다른 사람들이 논하듯, '상황으로서의' 몸에 대한 보부아르의 해명은 페미니즘 이론이 성과 젠더, 생물학과 사회 구성, 자연과 문화의 대립을 넘어설 수 있게 해 준다. 보부아르는 생물학적 환원주의만큼이나 급진적인 담론 구성주의에 암묵적으로 퍼져 있을 수 있는 결정론을 피한다. 모든 종류의 환원주의에 맞서 보부아르는 페미니즘에 자유의 중요성을 회복할 수 있게 해 준다. 보부아르는 모이가 논한 것처럼 "세계가 끊임없이 나를 만드는 것처럼, 나 역시 끊임없이 나를 여성으로 만든다 […] 상황은 개별 주체에 강요되는 '외부'의 구조가 아니라, 그 주체의 자유(기획들)와 그 자유가 자신을 발견하는 조건의 환원 불가능한 혼합물임을 보여 준다. 상황으로서의 몸은 의미 있는 것으로 경험되고 사회적·역사적으로 위치 지워진 구체적인 몸이다"[16]라는 것을 보여 준다.

하지만 우리는 또한 우리 몸을 근원적인 소외의 장소로 경험할

---

15 Moi, *What Is a Woman?*, p. vii. 모이는 영향력 있는 저서 *Sexual/Textual Politics*에서 최초로 영미 페미니즘 이론에 포스트구조주의를 열정적으로 도입한 사람 중 한 명이었기 때문에, 나는 이 저작이 암묵적인 자기비판을 구성한다고 믿는다.

16 *What Is a Woman?*, p. 74.

수 있는데, 모이는 보부아르를 탐구할 때 이러한 구체화의 측면에 덜 집중한다. 우리는 이러한 소외의 여러 양상을 경험할 수 있다. 우리는 신체가 '나는 할 수 없다'의 근원으로서, 우리의 기획을 수행하는 능력을 물리적으로 제한하는 것으로 경험할 수 있다. 또는 통제할 수 없는 기능과 요구에서 우리는 그것들을 "소외된 생명력"[17]의 원천, 또는 '소외'를 겪어 나가는 원천으로 경험할 수 있다. 게다가 우리는 그것들을 우리의 사회적 대상화의 장소로 경험할 수도 있다. 이러한 대상화는 두 가지 방식, 즉 특정 개인과의 내인 관계에서 또는 일반화된 '타자'로 기능하는 담론적 관행을 포함한 대규모 사회구조 및 관행 안에 있는 우리의 위치를 통해 나타날 수 있다. 특히 여성과 같이 사회적으로 열등한 집단의 경우, 이러한 다양한 소외 양상을 분리하는 것은 현상학적으로 불가능하다. 즉 이 신체는 물리적이며 사회적인 특성이 혼합된 어떤 실패 또는 문제로서 살아간다. 보부아르는 '생리적 사실', 예를 들어 여성 근육의 상대적 '약점'은 특정한 사회적 맥락 안에서만 의미를 가지며, "남성이 수립하는 목적, 그가 사용할 수 있는 도구, 그가 정립하는 법칙에 비추어서만 드러난다"[18]고 주장한다. 마찬가지로 보부아르는 월경은 대부분의 여성이 어떤 식으로든 연루되어야 하는 비자발적 신체 기능('소외된 생명력')이지만 일반적으로 그것이 발생할 때 어린 소녀에 수반하는 혐오감과 수치심은 그들의 종속적·사회적 지위를 실현하는 데 필수적이라고 주장한다(p. 315).

보부아르에게 '여성 되기'(becoming a woman)의 특별한 문제는 자유롭고 주체적인 인간으로서의 잠재력이 자신의 유기적 신체와 다른

---

17 이 구절은 Sara Heinämaa, *Toward a Phenomenology of Sexual Difference*, p. 70에 있다.
18 Beauvoir, *The Second Sex*, p. 34.

삶의 속성, 즉 체계적으로 열등한 타자성에 종속되는 담론적·사회적 체제를 결코 벗어날 수 없는 기획에 항상 참여한다는 것이다. 여성을 '두 번째' 또는 송속적인 성, 남성의 '타자'로 만드는 것(물론 그 변형된 형태는 지배적인 — 백인, 중산층, 젊고 건강하며 이성애적인 — 서구 남성성의 규범에 부합하지 않는 남성들도 경험한다)은 바로 이 마지막 것이다. 따라서 보부아르의 관심은 이러한 열등화의 경험을 현상학적으로 드러내는 것뿐만 아니라 그 사회적 기원과 영속화 수단에 대한 설명을 제공하는 것이다.

아이리스 영은 토릴 모이와의 친근하지만 비판적인 대화에서, 보부아르가 죽기 직전에 페미니즘이, 더 넓게는 비판적 사회 이론이, 정치적 초점과 효능감을 좁히는 경향이 있기 때문에 '경험, 정체성, 주체성의 문제'에 대한 현재의 관심사를 넘어서야 한다고 주장했다.[19] 마찬가지로 여성(또는 나중에 논의하겠지만 노인)과 같은 집단에 대한 불공정과 여타 피해를 낳는 제도, 사회적 관계, 대규모 또는 '거시적' 사회 구조를 파악하고 설명할 필요가 있다고 말했다. 영은 "살아 있는 몸의 개념이 성별이라는 보다 모호한 범주보다 성별에 따른 주체성과 서로 다른 위치에 있는 남성과 여성의 경험을 이론화하는 데 더 정교한 도구를 제공한다"는 모이의 주장에 동의한다(p. 19). 그러나 모이보다 마르크스주의의 영향의 더 많은 전망 안에서 연구하는 영은 남성이나 여성의 개별 의도와는 독립적으로 작동하는 '제약의 구조'에 대해 더 체계적으로 생각할 필요가 있다고 주장한다(p. 21). 성적 분업, 규범적 이성애, 젠더화된 권력 위계와 같은 구조적 현실에 주목하지 않으면 급진적 변혁의 정치를 실현할 수 있는 가능성을 차단하게 된다는 것이다

19 Young, "Lived Body vs. Gender", p. 19.

(p. 22). 이러한 현실을 고려하는 데 실패한다면, 우리는 "사회구조에서 개인이 자신의 위치를 그것이 만들어 내는 기회 및 제약과 함께 어떻게 살아 내는지", 예컨대 "각 개인이 젠더 구조가 제약하는 가능성을 자신의 방식으로 받아들이고, 그 가능성의 변형으로서 자신의 습관을 형성하거나 적극적으로 저항하거나 재구성하려는 노력"을 적절히 표현할 수 없다(pp. 25~26). 나는 여기서 영의 주장을 내가 간략하게 스케치한 유물론 이론의 다양한 장르들 사이의 접합 가능성을 탐색하고, 일반적으로 단선적이고 환원적으로만 고려되는 물질성의 형태들 사이의 상호 구성을 탐구하는 것으로 읽는다. 그러나 보부아르 자신으로 돌아가 그녀의 전체 텍스트를 살펴보면, 영이 촉구하는 바로 그러한 종합의 기획에 보부아르가 ── 1949년 즈음에! ── 참여했음을 발견할 수 있다고 제안한다.

영은 이전 논문인 「계열성으로서의 젠더」에서 사르트르의 계열성 개념과 (사르트르가 주로 사회계급 관계를 연구하기 위해 개발한) 실천적–비활성 개념을 명시적으로 끌어와 주관적 입장이나 경험에 관계없이 여성 자신이 처한 일련의 억압적 구조로서의 젠더를 설명한다.[20] 이 논문에서 영은 사르트르의 이론적 틀을 사용함으로써 '여성'에 대해 일반화하면서도 '여성'을 여전히 중요한 사회적·정치적 범주로 유지하는 본질주의의 차이–삭제적 형식들(difference-erasing forms)을 피할 수 있다고 설득력 있게 주장한다. 사르트르의 계열성 개념은 '여성' 계열의 구성원으로서 특정 개인이 의도치 않게 연결되어 서로의 행동을 변화시키고, '내면'의 주관적 정체성을 공유하는지 여부에 관계없이 각자가 자신에게 타자가 되는 방식을 설명할 수 있게 해 준다. 오히

20 Young, "Gender as Seriality".

려 사르트르가 논하듯이 그들은 '외적으로' 통일되어 있다. 그것을 인식하든 그렇지 않든, 그들은 특정 성별 구조, 예를 들어 특정 분업 또는 이성애 규범을 강제하는 제도에서 공유된 위치 덕분에 통합되어 있는 것이다. 따라서 영은 이 수준에서 '나는 여성이다'라고 말하는 것은 일련의 다른 사람들 속에서 나를 위치시키는 익명의 사실을 진술하는 것이라고 논한다. "이는 나의 운전면허 신청서에서 다른 항목이 아닌 한 항목에 체크한다는 뜻이다. [⋯] 이 문구를 발화할 때 나는 나 자신과 다른 사람들 사이의 계열적인 상호 교환성을 경험한다"(p. 30). 따라서 우리는 젠더 구조를 개인의 정체성의 기본이 되는 개인의 속성을 정의하는 것으로 생각하지 말고, "각 개인이 다루고 관계 맺어야 하는 물질적·사회적 사실"로 생각해야 한다. 이와 유사하게 계급, 인종, 나이와 같은 다른 구조는 "주로 개인들의 속성을 지칭하는 것이 아니라 그들의 삶을 조건 짓는 실천적-비활성의 필수 요소"이다. 즉 그것들은 "계열성의 형식 [⋯] 개인들이 처리해야 하는 결정적인 방식으로 개인을 위치시키고 제한하는 역사적으로 응집되고 제도화된 행동과 기대에서 비롯된 물질적 구조이다"(p. 31).

보부아르는 『제2의 성』에서 '실천적-비활성'과 '계열성'이라는 개념적 틀을 아직 사용하지 않았지만, 이는 누군가가 '여성이 되는' 가족, 경제, 법률, 정치 및 기타 틀에 대한 그녀의 설명에 전제되어 있다. 『제2의 성』은 여성 억압의 생생한 경험에 대한 현상학만이 아니다. 왜냐하면 보부아르는 여성이 삶의 '주어진 것'으로서 관여해야 하는 사회구조, 제도, 관행을 통해 그 억압이 어떻게 영속화되는지에 대한 질문에도 관심을 갖고 있기 때문이다. 보부아르는 "그렇다, 오늘날 전체적으로 여성은 남성보다 열등하다. 즉 여성의 상황은 여성에게 더 적은 가능성을 부여한다"고 쓴다.²¹ 실제로 보부아르는 '외부'의 사회적 현실이 개별 여성의 삶을 불가피하게 지배한다는 주장을 내세운다.

　보부아르는 "여성이란 무엇인가?"라는 그녀의 첫 번째 질문을 성찰하면서, 여성은 "단순히 여성이라는 단어가 임의로 지정한 인간일 뿐"이라는 명목주의를 단호히 거부한다(p. xx). 성별이나 인종에 관계없이 인간만 있다고 말하는 것은 "현실로부터 도피하는 것"이며, "눈을 뜨고 산책을 하는 것만으로도 인류는 옷, 얼굴, 몸, 미소, 걸음걸이, 관심사, 직업이 확연히 다른 두 부류의 개인으로 나뉜다는 것을 충분히 증명할 수 있기 때문이다. 어쩌면 이러한 차이는 피상적인 것일 수도 있고, 사라질 운명에 처할 수도 있다. 확실한 것은 그러한 구별이 지금 이 순간에도 가장 확연히 존재한다는 것이다"(pp. xx~xxi; TA). 즉 그러한 것들은 현상학적 실재성을 가지고 있다. 그것들은 경험된 현상으로서, 특정 인간이 스스로를 발견하고 그 안에서 삶을 구성하는 실재로서 존재하며, 개인의 의지적 행위로는 벗어날 수 없다. 그렇다면 이러한 현상을 어떻게 설명할 수 있는가? 실재론적 본질주의와 구성주의적 명목주의의 대립을 넘어서는 또 다른 설명이 필요하다. 예를 들어, 보부아르는 프로이트 정신분석학에 대한 논의에서 프로이트가 설명해야 할 것을 당연시한다고 비판한다. 프로이트는 섹슈얼리티를 "환원할 수 없는 기준"(p. 46)으로 간주함으로써 섹슈얼리티를 잘못 본질화하는 반면, 섹슈얼리티는 사회적 관습과 가치에 비추어, 그리고 이를 '가정'하는 개인의 실존적 선택을 통해서만 그 의미를 갖게 된다고 주장한다.[22] 우리가 성적 존재로서 자신을 어떻게 경험하는지, 우리

21　Beauvoir, *The Second Sex*, p. xxx.

22　보부아르가 사용한 가정하다, 또는 받아들이다는 뜻의 동사 assummer는 복잡하다. '빚을 지다'나 '누군가에 대한 책임을 지다'와 같은 법률적인 영어 문구는 보부아르가 이 단어를 사용하는 의미를 짐작하게 한다. 그러나 그녀는 이 용어를 자신이 처한 상황의 현사실적 '주어짐'을 실존적으로 받아들이고 자신의 것으로 만드는 것을 함축하는 개념으

가 어떤 가치를 성에 부여하는지는 특유하게 그리고 사회적으로 동시에 구조화되는 것이다. 그녀는 다음과 같이 썼다.

> 실존의 분할을 넘어 실존은 모두 하나다. 즉 그것은 유사한 신체들로 자신을 드러내며, 따라서 존재론적인 것과 성적인 것의 관계에는 변치 않는 것이 있을 것이다. 당대에, 기술, **집단**[collectivité]의 경제적·사회적 구조는 모든 구성원에게 동일한 세계를 드러낼 것이다. 또한 사회적 형태에 있어서 섹슈얼리티의 관계들이 있을 것이다. 비슷한 조건에 위치한 개인은 주어진 것에서 유사한 의미를 파악할 것이다. 이 유사성은 엄밀한 보편성의 근거가 되지는 못하지만, 개별 역사에서 일반적인 유형들을 재발견할 수 있게 해 준다.(pp. 46~47; TA)

따라서 섹슈얼리티는 일반적이면서 동시에 특수하다. 시대 전반의 '기술과 경제 및 사회구조'는 특정 경험에 스며들 것이다. 따라서 보편적인 주장을 하지 않으면서도 우리는 여전히 일반적인 설명을 할 수 있다. 예를 들어, 19세기 프랑스의 낙태 금지와 1940년대 프랑스의 피임은 대부분의 여성의 성적 경험에 큰 영향을 미쳤을 뿐만 아니라 모성의 의미에도 영향을 미쳤다(p. 484). 따라서 보부아르는 『제2의 성』을 낙태에 대한 논의를 담은 그 악명 높은 '모성'이라는 장으로 시작한다. 이 논의에서 모성의 자유로운 선택에 관한 금지는 잠재적으로 불가능한 것이다. '개인 역사'와 여성의 삶과 경험은 각각 특수하다 해

로 사용한다. 예를 들어, 자신의 성을 자신의 실존에 통합하는 한, 사람은 자신의 성을 '가정'한다. 이러한 가정은 의식적이고 이성적인 선택이라는 의미에서 '자발적'인 것이 아니라, 행동을 통해, 자신의 프로젝트를 통해, 세상 속에서 체현된 자신의 존재를 통해 확증된다.

도, 여성이 어떻게 해서 '집단'인지를 알 수 있는 것이다. 즉 여성들은 동일한 (법적·종교적·의료적·가족적 등) 사회구조 내부에 체현된 어떤 계열들의 구성원이며, '동일한 세계'에 속해 있음을 — 그리고 그것에 의해 제약받음을 — 발견할 것이다.

보부아르는 이 구절에서 **'집단성'**(collectivité)이라는 용어를 사용함으로써 이미 『비판』에서 사르트르가 **'집단'**(collectif)이라고 지칭할 것을 예상하고 있다. 사르트르가 말하는 '집단'이란, 구조적 제약이라는 하나의 동일한 실천적-비활성 영역에 비의지직으로 위치함으로써 외부적으로는 자신의 의도와 실천에 따라, 때로는 자신의 지식에 따라 수동적으로 통합된 개인들의 '계열'을 가리킨다. 그와 같은 '집단'(사르트르가 '그룹'이라고 부르는 것과는 대조적으로)은 구성원 간에 내적·의도적 유대를 공유하지 않는다. 대신, 각 구성원은 계열에 삽입됨으로써 다른 구성원의 행동의 의미를 바꾸고, 따라서 다른 구성원을 통해 자신의 행동의 의미를 바꾼다. 즉 "각자는 자신 이외의 다른 무엇이며, 제 차례에 자신과는 다른 사람처럼 행동한다".[23] 따라서 보부아르가 (영의 논의를 몇 년이나 앞서 예기하면서) 특징짓는 여성은 계열이다. 각 여성은 자신이 처한 '동일한 세계'에 순응해야 하며, 타자를 통해 수동적이고 '외부적인' 통일의 관계 속에서 자신이 아닌 타자가 된다. 보부아르가 관찰한 것처럼, 여성은 "'우리'라고 말하지 않고 […] 남성들 사이에 흩어져 살며, 거주지, 가사, 경제적 조건, 사회적 지위 등을 통해 특정 남성 — 아버지나 남편 — 에게 다른 여성들보다 더 확고하게 결착되어 있다".[24]

---

23 Sartre, *Critique of Dialectical Reason*, p. 166.
24 Beauvoir, *The Second Sex*, p. xxv.

보부아르는 여성이 역사적으로 결합된 집단을 형성한 정도를 과소평가했지만, 그녀의 논점은 여전히 광범위하게 타당하다. '여성이 되는 것'은 비의지적으로 다양한 사회구조에 위치하는 것이나, 그리고 그러한 구조들을 통해 자신이 선택하지 않았지만, 여전히 항구적으로 참여하게 되는 계열적 관계에 연루되는 것이다. 따라서 이미 『제2의 성』에서 보부아르는 사르트르의 후기 프로젝트인 『비판』을 예기하면서, 실존주의 현상학(개인의 삶의 경험, 자유, 책임을 강조하는)과 소외와 사회적 억압의 물질적 근원에 대한 마르크스주의에 영향을 받은 구조분석을 통합한다.

여성의 열등화가 사회구조와 생생하고, 체현된 경험의 상호 구획을 통해 나타난다는 보부아르의 관점은 『제2의 성』의 책 구성에서도 분명히 드러난다. 이 책은 두 권으로 구성되어 있는데, 이것은 단순히 순서대로 읽는 것이 아니라 변증법적으로 읽어야 한다. 각 사례는 반대 극에서 사회적으로 담론적으로 생산된 정체성이 어떻게 주관성을 강하게 스며들게 하면서도 결코 주관성을 완전히 구성하지 못하는지를 보여 준다. '여성이 된다'는 것은 누군가 그 자신이 만들지 않은 그리고 전적으로 일치하지 않으며 그것으로 환원할 수 없는 열등한 사회적 정체성을 '가정'하는 것이다. 1권, '사실과 신화'는 남성주의 담론과 관행, 신념에서 여성의 권력-하중(power-freighted)의 구성을 설명한다. "나는 먼저 생물학, 정신분석학 그리고 역사 유물론에서 여성에 대해 취해진 관점을 논할 것이다. 다음으로 '여성적 현실'이 정확히 어떻게 구성되었는지, 왜 여성이 타자로 정의되어 왔는지, 그리고 남성적 관점으로부터 어떤 결과가 초래되었는지를 보여 주려 한다."(p. XXXV; TA). 다음으로 2권, '여성적 관점에서'(p. xxxv)는 남성 지배를 구조화하고 지원하는 제도, 관행 및 개인적 관계 내에서 열등화된 타자인 여성 '되기'의 '생생한 경험'에 대한 현상학을 발전시킨다. 2권의 마지막 절인 '해방을 향하여'에서는 '독립적 여성'에 대해 논한다. 그러나 그녀의 투쟁은 지배의 무게를 더욱 완연히 드러내는 역할을 하는데, 왜냐하면 억압에 가장 강하게 저항할 때 지배의 무게가 가장 분명해지기 때문이다.

그러나 보부아르가 『제2의 성』에서 여성 종속의 구조적 차원에 대해 자세히 설명한다 해도, 그러한 것의 효과를 설명하기 위해 충실하게 전개된 개념적 틀을 여전히 결여하고 있다. 이와 내조적으로, 『노년』에서 보부아르는 사르트르의 『비판』을 바탕으로 실천적-비활성 구조, 계열적인 사회적 관계, 그리고 그것들이 자아를 제약하고 전제하는 방식에 대한 자신의 초기 통찰을 심화시킬 수 있는 더 완전히 연마된 도구를 소유하게 되었다. 나아가 그녀는 노년기에 수반되는 신체적 쇠퇴의 과정을 탐구하면서, 『제2의 성』에서보다 더 깊이 있게 어떤 한계로서의, 즉 '나는 할 수 없다'로서의 신체적 경험을 탐구한다. 예컨대, 불구가 되거나 마비된 신체의 사실성은 신체의 담론적 구체화의 한계에 대해 그리고 계열성과 제한의 물질적 구조가 노인과 여타 사람들의 소외된 경험들을 구성하는 정도에 대해 특별히 긴급한 질문을 제기한다.

『노년』

현대사회에서 노인을 대하는 태도는 "야만적"이며 "수치스러운 것"이라고 보부아르는 『노년』의 서두에서 선언한다.[25] 게다가 노인의 상황

---

25 보부아르는 주로 1950년대와 1960년대의 프랑스에 초점을 맞추고 있으며, 미국과 유럽의 다른 지역에 대한 논의와 사회주의국가의 노년기에 대한 부록도 제공한다. 오늘날 노년에 대한 태도와 노인을 대하는 태도는 보부아르가 묘사한 시대와 크게 다르지 않다.

은 '침묵을 모의하는 음모'(conspiracy of silence)의 대상이 되고 있다. 실제로 ('여성'이라는 것은 존재하지 않는다는 명목론자의 주장을 그대로 답습하는) 많은 사람들은 "노년, 그것은 존재하지 않는다! 어떤 사람들은 다른 사람들보다 덜 젊을 뿐이다"라고 주장한다.[26] 그러나 보부아르가 『제2의 성』의 첫 문단에서 여성이 존재한다는 현상학적 '사실'에 대해 주장한 것처럼, 노인도 마찬가지다. 그러나 '노년이란 무엇인가'와 '노인이란 무엇인가?'라는 질문은 『제2의 성』의 서두에서 제기된 '여성이란 무엇인가'라는 질문만큼이나 대답하기 어려운 복잡한 문제이다. 또한 사회 전체가 노년기의 쇠락에 얼마나 책임이 있으며, 노인이라는 조건에서 '피할 수 없는 것'과 그렇지 않은 것은 무엇인가(p. 10, 541)라는 추가 질문을 불러일으킨다. 노년은 어디까지 유기체의 쇠퇴에 기인하는가? 자신의 기획에 대한 과거의 무게와 미래 행동의 지평이 축소되는 것과 같은 '실존적' 요인은 어디까지 영향을 주는가? 노년은 열등한 타자로서 일련의 '노인'을 구성하는 여러 사회적 관행, 구조, 제도 및 담론 체제의 어디까지 영향을 주는가라고 그녀는 묻는다.

보부아르는 그녀의 여성에 대한 취급보다 훨씬 더 나아가, 노인(그녀는 이것으로 대부분 노인 남성을 의미한다)의 억압적인 상황을 자본주의사회에 의해 구조화된 것으로 틀 짓는다.[27] 이윤–추구 경제에

실제로 1960년대부터 시작된 '젊은 문화'에 대한 강조는 노인의 상태를 더욱 악화시켰을 수 있다. 영국이나 미국 모두 기본 국가 연금은 여전히 충분하지 않으며, 노인들은 여전히 대부분 고립되거나 게토화된 상태로 살고 있다.

26 Beauvoir, *Old Age*, p. 1; TA.

27 노인 여성에 대한 일부 데이터가 제공되고 각 성별 노인들 사이의 성적 욕망에 대한 논의가 있지만 이 책의 주요 초점은 명시적으로 남성에 있다. 보부아르는 남성이 노동자이고 대중 앞에서 활동하며 역사를 만드는 사람들이기 때문에 여성보다 노년기의 상실을 훨씬 더 심각하게 받아들이고 있다고 말한다(특히 p. 89, 217, 261~262 참조). 이와는 대조적으로 보부아르는 여성은 이미 가정이나 사적 영역에 있기 때문에 노년기로의 전환이

서 더 이상 경제적으로 생산적이지 않은 사람들은 더 이상 가치가 없어지고 소외된 노동에 속하는 삶은 은퇴라는 강제된 '여가'를 즐길 수 있는, 실존적 자원이 없는 노인을 낳는다. 실제로 보부아르는 프롤레타리아트를 보편적 계급으로 본 마르크스의 생각에 강하게 반향하면서, 노인에 대한 대우가 "우리 문명 전체의 실패를 드러낸다"고 말하며 『노년』을 마무리한다. 더 관대한 연금 등은 ― 그녀가 요구하더라도 ― 대부분의 사람들에게 노년을 의미 있게 만드는 데 충분하지 않을 것이다. 즉 "문제가 되는 것은 전체 시스템이며 우리의 주장은 무엇보다 급진적 ― 삶 자체를 바꾸는 것 ― 일 수밖에 없다"(p. 543).

그러나 노년기의 많은 변화상은 구조적으로 만들어지기도 하지만, 신체적으로 노화되고 행동할 수 있는 시간적 지평이 점점 더 좁아지는 사람들에 의해 '가정'되거나 내면화되기도 한다. 노년층은 유기적 쇠퇴와 사회적 열등감이라는 상호 구성적 요인을 유난히 많이 짊어지고 있다. 보부아르는 유기적·사회적·실존적 요소가 서로 합쳐지고 강화되는 상황의 '순환성'을 이야기한다. 그녀는 변증법적 탐구의 필요성을 제기하면서 "그러므로 노년의 다양한 측면에 대한 분석적 설명만으로는 충분하지 않다. 다시 말해 각각의 측면들은 다른 측면들에 반응하고 동시에 영향을 받으며, 노년을 파악해야만 하는 것은 이러한 순환성의 불확정적인 움직임 속에서이다"(p. 9; TA)라고 주장한다.

『노년』은 『제2의 성』과 비슷하게 구성되어 있지만, 후자의 '해방

덜 어렵다고 주장한다. 1970년에 제기된 이 주장은 1949년에 비해 여성들이 가정 영역을 훨씬 더 많이 떠났고, 보부아르가 『제2의 성』에서 주장했듯이 노년기에 수반되는 성적 매력의 감소는 남성보다 여성에게 더 큰 위기이며, 폐경기는 노화 과정의 결정적 전환점이 되기 때문에 매우 문제가 된다. 보부아르가 『제2의 성』에서 여성의 노화를 다룬 것과 『노년』에서 여성 노화의 특수성에 대한 고려가 매우 부족한 것 사이에는 문제적인 괴리가 있다.

된 여성' 장에서 다루는 문제에 상응하는 내용이 없다는 점이 다르다. 1부 '외부의 관점'[28]에서는 다양한 학문 분야에서 노화에 대한 '자료들'을 다루고 있다. 2부 '세계 안의 존재'에서는 회고록과 편지, 설문조사, 현대 인터뷰 기반 연구 등을 광범위하게 끌어와 노화 경험의 현상학을 '내부로부터' 설명한다.[29] 서문에서 보부아르는 다음처럼 쓴다.

모든 인간적 상황은 ── 외부인의 관점에서 볼 때 ── 외부에서 볼 수도 있고, 주체가 그것을 가정하고 동시에 초월하는 한 내부에서 볼 수도 있다. 여타 사람들에게 노인은 인식의 대상이지만, 그 자신에게는 자신의 조건에 대한 생생한 경험을 가진다. 이 책의 1부에서는 생물학, 인류학, 역사학 및 현대사회학이 노년에 대해 우리에게 무엇을 말하는지 검토할 것이다. 2부에서는 노인이 자신의 신체, 시간 및 타인과의 관계를 내면화하는 방식을 기술하기 위해 최선을 다할 것이다.[30]

『제2의 성』과 더불어, 이 책의 두 부분은 변증법적 탐구의 두 극을 구성하기 때문에 순차적으로 읽는 것이 아니라 함께 읽어야 한다. 그러나 보부아르는 사르트르의 『비판』에서 '실천적-비활성'과 '계열

28 영역본에서는 이를 '외부에서 본 노년'으로 표현했는데, 이는 보부아르가 『비판』에서 '외부성'이라는 개념을 가져온 것을 놓친 번역이다. 『노년』의 영역본이 『비판』의 영역본보다 몇 년 앞섰기 때문에, 사르트르의 새로운 개념들의 영어 번역은 아직 자리를 잡지 못했다. 나는 사르트르의 용어에 관한 보부아르의 용법을 더 잘 드러내기 위해 『노년』의 번역을 많은 부분 변경했다.
29 물론 『노년』이 출간되었을 때 보부아르는 62세였기 때문에 '세계 안의 존재'에 암묵적인 자전적 요소가 있다. 앤 스트라서(Anne Strasser)는 「단절로서의 노년」("La vieillesse comme mutilation")에서 보부아르가 자신의 나이 듦에 대해 쓴 자전적 이야기와 『노년』에 나오는 설명 사이의 유사점을 탐구한다.
30 Beauvoir, *Old Age*, p. 10; TA.

성'이 어떻게 생산되는지에 대한 더 풍부한 설명을 흡수함으로써 이전의 방법을 더 잘 구체화할 수 있는 자원을 갖게 되었다. 그러나 후기 사르트르와 달리 보부아르는 여전히 살아 있는 신체에 대한 지속적인 관심을 그녀의 설명에 통합한다.[31]

보부아르의 노년기 연구에서, 유기적 쇠퇴에 따른 신체의 요구, 즉 '노인'이라는 일종의 대상화, 시장경제, 가족구조, 법 또는 의료 시스템과 같은 대규모 실천적-비활성 기관이 개인에게 미치는 영향은 상호 구성적인 것으로 드러난다. 노년은 우리에게 '외부성'으로, 즉 다른 개인을 통해, 더 일반적으로는 '노인'이라는 일련의 예화를 통해 타자들로부터, 그리고 우리 몸의 '이질적'인 현사실성으로부터, 또한 시간과의 관계와 우리 자신의 과거 관행과 행동양식이 현재 실천적-비활성의 형태로 우리를 짓누르는 방식으로부터 등장하는 것으로 보인다. 물론 보부아르의 요점은 그것들이 불가분적으로 '내면화'되거나 가정된다는 것이라 해도, 나는 그 각 측면에 대해 차례로 논할 것이다. 그것들은 일반적으로 소외, 불행, 불안, 의미 있는 행동 능력의 감소로 가득 찬 노년기의 체현되고 생생한 경험을 불러일으킨다.

노년은 그러한 정체성을 선택하지 않고도 우리가 노인이라는 '사회적 범주'에 속한다는 발견으로부터 타자를 통해 우리에게 다가온다. 즉 우리는 더 이상 유용한 사회적 기능을 갖지 못하고 현대사회가 '순수한 대상'으로 지정하는 일련의 사람들, 즉 쓸모없고 추하고 존경받을 가치가 없는 사람들의 일원이면서 또한 그와 같이 구성되고 있음

---

31 『비판』에서 신체는 실행을 필요로 하는 기본적인 '유기적' 욕구의 근원으로서 방법론적으로 중요하다. 그러나 그것은 자유로운 행동이든 계열성이든 생생한 경험의 자리로 명시적으로 간주되지 않는다. 실제로 체현된 경험은 『존재와 무』에서보다 『비판』에서 더 드물다!

을 발견한다.[32] 우리는 처음에는 다른 사람의 말과 행동을 통해 우리가 '늙어 가고 있나'(어린 소녀가 자신이 '여성'이 되고 있음을 발견하는 것처럼)는 것을 깨닫는데, 왜냐하면 우리가 '내적으로' 늙음을 느끼지 않기 때문이다. 따라서 우리 몸에 류머티즘과 같은 노화로 인한 여러 가지 장애가 나타나기 시작하더라도, 우리는 다른 사람을 통해 그 상태를 내면화하고 가정하기 전까지는 이것을 '노년'의 증상으로 보지 않을 것이다. 타인의 개입이 있기 전까지는 "[그러한 증상들이] 새로운 상태를 나타낸다는 것을 보지 못한다. 그렇게 되면 우리는 류머티즘을 부수적인 어떤 것으로 여긴 채로 있게 된다"(p. 285).

그러므로 노년은 "타자의 관점"으로, "우리 안의 타자"로서 우리에게 다가온다(p. 286). 그렇게 규정된 자신을 발견하는 것은 언제나 충격이며, 우리는 그것을 기꺼이 받아들이지 않는다(p. 288). 그러나 "우리는 비록 그것이 외부에서 우리에게 다가오고 파악할 수 없는 상태일지라도 부인할 수 없는 우리 자신의 현실을 가정해야 한다. 우리의 변하지 않는 특질을 보장하는 은밀한 증거와 우리의 변화에 대한 객관적인 확실성 사이에는 해결할 수 없는 모순이 존재한다. 우리는 그것들 사이에서 흔들릴 수 있을 뿐이다"(p. 290; TA). 노년의 '개시' ── 우리가 '늙었다'는 것을 깨닫게 되는 시기 ── 는 특정한 만남을 통해 갑자기 일어날 수도 있고, 여러 경험을 통해 점진적으로 일어날 수도 있지만, 어느 쪽이든 그것은 노년을 형성하는 사회적 관행, 제도, 담론이라는 실천적-비활성 영역의 구조화하는 힘 안에서 일어난다. "우리 사회에서 노인은 관습, 타인의 행동, 어휘 자체에 의해 그와 같이 표식이 찍힌다. 즉 그는 이러한 현실을 받아들여야 한다. 그렇게 하

---

32 Beauvoir, *Old Age*, p. 88.

는 방법은 무한히 많지만 그중 어느 것도 내가 추정하는 현실과 일치하길 바랄 수는 없다"(p. 291; TA).

노년층은 여성과 같이 '타자'일 뿐만 아니라 열등화된 타자이기도 하다. 왜 그런가? 보부아르는 모든 사회에서 젊은 성인들은 자신의 노년을 두려워하기 때문에 노인들과 자신을 구별하려고 한다고 주장한다. 그러나 생산성, 이윤, 새로움에 대한 숭배(pp. 380~382)가 가장 보편적인 가치인 현대 서구 사회에서 은퇴한(또는 '쓸모없는') 노인은 (극소수의 부유층을 제외하고) 지속적으로 인간 이하의 존재로 취급받는다. 노인이 '비생산적'이 되는 것은 신체적 또는 지적 쇠퇴를 통해서만 그런 것도, 또는 필연적으로 그런 것도 아니다. 현재의 효율성 기준에 따르면 그들의 업무 수행 속도가 부적절하거나, 그들의 기술이 시대에 뒤떨어진 것으로 간주되기 때문이다. 은퇴는 종종 강제적이고 잔인할 정도로 갑작스럽게 노년기로 진입하는 과정이며, 많은 은퇴자에게 심각한 실존적 위기를 초래한다. 현대사회에서 "인간은 자신의 소명과 급여로 자신의 정체성을 정의하기 때문에"(p. 266) 은퇴는 이전의 정체성을 갑작스럽게 파괴하는 것이며, 경멸받는 '노인' 계열에 속하는 것 외에는 자신을 재정의할 기회가 거의 없게 된다. 은퇴는 "사회에서 자신의 자리, 자신의 존엄성, 자신의 거의 모든 실재성을 잃는 것"(p. 266)을 의미한다. 은퇴와 함께 종종 수반되는 극심한 빈곤으로의 추락은 이러한 경향을 더욱 악화시켜 신체적 능력과 의욕이 남아있어도 외출이나 다른 종류의 사회 활동에 참여하는 것을 더 어렵게 만든다. 따라서 빈곤은 노년기의 가장 큰 재앙 중 하나인 고립에 크게 기여한다(p. 270).

고립되어 있고 '동일한 상태에 놓여' 있으므로, 각각의 노인들은 '노인'이라는 집단 안에서 계열화하는 사회제도와 관행에 의해 수동적으로 통합된다. 따라서 무력감은 이들의 공통된 특징이다. 소수의 엘리트(이들은 부분적인 완충 작용을 한다)를 제외하고, 무력감 및 그 상관관계 — 멸시받는 사회적 지위와 품위를 상실케 하는 의존성 — 는 노인들의 객관적인 조건이자 만연한 삶의 경험이다. 공공 활동과 공간에서 배제된 채 흩어져 지내기 때문에, 그들은 조직적인 저항을 할 수 있는 능력도 없다. 개별적으로 보면, 고립 안에서, 그들은 그들이 의존해야 하는 사람들에 의한 착취와 학대에 취약해지게 될 것이다. 왜냐하면 저러한 거시적인 수준의 구조적 현실이 마찬가지로 자녀 또는 간병인과의 특별한 관계로 퍼져 나가기 때문이다.

그러나 나이는 '바깥'으로부터 계열성을 통해서만 우리에게 오는 것이 아니다. 노년기에 가까워지면 우리 몸은 그 맹목적인 물리적 사실성에 있어서 '타자'라는 놀라운 발견을 할 수도 있다. '나는 내 몸'이지만, 노년기에 이르러서는 역설적이게도 살아 있는 몸이 '나'가 아닌 '타자'가 된다. 이것은 여성에 있어서처럼 타자를 위한 의미화 때문만이 아니다.[33] 그것은 내가 그것을 점점 명백한 '나는 할 수 없다'의 원천으로, 또는 내 의도에 영향을 미치고 세상에 대한 나의 경험을 물들이는 겪음과 고통의 원천으로 더 즉각적으로 접하기 때문이다. 사회적 맥락에 따라 구체적인 의미는 달라지겠지만, 보부아르는 노인이 "생물학적 운명에 종속되어 있다"고 쓴다.[34] 노화 중인 신체는 "생물학적

---

33 보부아르는 메를로퐁티를 언급하며 "여성은 남성과 마찬가지로 그녀의 몸이다"라고 썼다. 그러나 그녀는 즉시 "그러나 그녀의 몸은 자신이 아닌 다른 것이다"라고 덧붙였다 (Beauvoir, *The Second Sex*, p. 29). 이는 보부아르가 월경에 대해 이야기할 때 나온 말이지만, 이후 보부아르의 발언을 보면 월경을 여성에게 낯설게 만드는 것이 바로 월경의 사회적 의미라는 것은 분명하다.

34 Beauvoir, *Old Age*, 86.

쇠퇴"(p. 443) 과정을 겪으며 결국 활동의 감소를 가져오고 자신의 기획을 실행할 가능성을 감퇴시킬 수밖에 없다. 질병이 없어도 "누증되는 '피로'"(p. 28)가 발생한다. "사태에 있어서 힘듦의 계수가 상승한다. 즉 계단을 오르기가 더 어렵고, 이동 거리가 더 길어지고, 길을 건너기가 더 위험하고, 운반하는 소포가 더 무겁다"(p. 304; TA). 따라서 몸은 점점 더 낯선 존재, '내가 할 수 없는 것', 내 기획을 가로막는 '대상'으로서 마주치게 된다. 우리는 "신체가" 도구가 아닌 "장애물이 되는 것"을 발견한다(p. 317; TA). 『제2의 성』에서의 보부아르는 여성 또는 남성의 몸을 갖는 것이 주어진 삶의 가능성에 큰 차이를 만들지 않고, 성별에 따른 특권이나 억압이 따르지 않는 가상의 사회, 피부색, 종교, 언어 같은 속성이 삶을 전혀 억압적으로 제한하지 않는 사회를 상상할 수 있었다. 그럼에도 일반적으로 우리는 노년기를 유기체의 끊임없는 쇠퇴와 더불어 생각하지 않을 수 없다.

보부아르는 『노년』의 1부인 '외부의 관점'을 노화의 생물학에 관한 장으로 시작한다. 보부아르는 노화가 객관적인 과정으로 제시된 당시의 광범위한 의학 문헌을 끌어와, 그것이 세포재생이 느려지고, 머리카락이 희어지고, 피부 주름이 생기고, 치아가 빠지고, 근력이 떨어지고, 여성의 경우 폐경으로 생식 능력이 종료되는 등 실제 생물학적 변화라는 데 동의한다(pp. 25~28). 이러한 현상은 담론에 의해 주도적으로 '물질화'되는 것이 아니다. 보부아르는 도나 해러웨이가 "여성으로 태어나는 것이 아니라 여성이 된다"는 유명한 말을 '공-텍스트'(co-text), 즉 "인간은 유기체로 태어나지 않는다. 유기체는 만들어진다"[35]

35 "'인간은 여성으로 태어나지 않는다'고 시몬 드 보부아르는 올바르게 주장했다. 이는 포스트모더니즘의 정치-인식론적 지형에서 보부아르의 주장과 공-텍스트적인 어떤 것을 주장할 수 있게 했다. 즉 인간은 유기체로 태어나지 않는다는 것이다. 유기체는 만들

라는 주장을 정당화하기 위해 차용하는 것에 강력히 반대했을 것이다. 보부아르는 해러웨이의 담론 환원론과 대조적으로 유기체에는 우리의 행위 능력에 영향을 미칠 수 있는 의심할 여지 없는 현사실들이 존재한다고 주장한다. 이러한 현사실들을 사회적 맥락에서 분리할 수 있다고 해도, 노년기에 접어들면 자신의 몸과의 관계는 점점 더 소외의 관계가 된다고 말해야 한다. 다시 말해 '내 몸'은 '나'이지만 '그것'은 나를 제약하고, '그것'은 나를 지배하고, '그것'은 나를 고통스럽게 한다. 보부아르는 회고록과 여타 자료들로부터 광범위한 인용을 가져와서, 노년층에게 기획의 '도구'가 아닌 자유의 장애물로서의 신체 경험이 얼마나 광범위하게 보편적인지를 보여 준다. 그러나 물론 이러한 몸의 현사실성은 결코 '순수한' 형태로 살아 있지는 않다. 여기에는 신체적 경험에 스며들고 그 의미를 형성하는 사회적 과정과 담론적 형태가 항상 존재한다. 예를 들어, 근력 약화는 우리가 수행하고자 하는 특정 종류의 행동에 대한 실제적이고 객관적인 장벽이 될 수 있지만, 근력 약화에 대한 경멸(우리 자신의 자기 경멸을 포함하여)은 다른 곳에서 우리에게 다가온다. 따라서, 보부아르는 "인간에게는 신체 자체조차 순수한 자연이 아니다"[36]라고 주장하는 것이다.

그러나 역설적으로 노년이 우리 몸의 '밖'에서 '안'으로부터 오는 것이라면, 마찬가지의 역설적인 방식으로 노년은 우리 자신의 삶의 활동으로부터 온다. 왜냐하면 과거의 행동이 현재에 계속 영향을 미치고 과거가 연장되고 미래가 잘려 나갈수록 그 무게는 점점 더 커지기 때문이다. 모든 행동은 그 자체의 관성을 만들어 낸다. 즉 과거의 활동은

어지는 것이며, 세상을 변화시키는 종류의 구성물이다. 유기체의 경계를 구성하는 것은 […] 담론이 하는 일이다"(Haraway, "The Biopolitics of Postmodern Bodies", p. 207).

36 Beauvoir, *Old Age*, p. 12; TA.

현재와 미래의 행동을 형성하는 방식으로 응결된다. 보부아르는 (사르트르를 따라) 이러한 응결의 형태를 '실천적-관성'이라고 부른다. 노년기에는 과거 행동의 관성이 우리를 더욱 무겁게 압박한다. 미래의 가능성은 우리가 일생 동안 이미 어떻게 행동했는지에 따라 점점 더 제한된다. "과거로부터 나는 내 몸의 모든 메커니즘, 내가 사용하는 문화적 도구, 지식과 무지, 다른 사람과의 관계, 활동과 의무를 모두 가지고 있다. 내가 지금까지 해 온 모든 것은 과거에 의해 되돌아왔고, 거기에서 실천적-비활성이라는 형태로 구체화되었다. […] 실행(paraxis)에 의해 모든 사람은 세계 안에서 자신의 대상화를 달성하고 그것에 사로잡힌다"(pp. 372~373; TA). 따라서 예를 들어, 과학자가 나이가 들어도 독창적인 작업을 거의 발표하지 않는 것은 그가 이미 이전 작업을 통해 '**자기 밖의 자기 존재**'(son être hors de lui)를 구축했고, 그것이 이제 그를 '소유'하고 있기 때문이다. 그의 현행 작업은 현재 그가 소외되어 있는 '불활성 의미의 앙상블'이다. 그는 보부아르가 (다시 사르트르의 용어를 빌려) '이데올로기적 관심'이라고 부르는 것을 발전시켜 이전의 궤적을 계속 따라가지만, 그 이전에 내려진 마음의 습관은 그가 신선한 방식으로 사고하는 것을 방해한다(p. 391; TA).[37]

노년층의 경우 경직된 정신적 습관과 고정된 상투적 과정이 일상을 지배하는 경우가 많다. 이러한 습관은 위협적이고 낯선 세상으로부터 자신을 보호해 줄 것이라는 약속(대개는 충족되지 않는)을 제공한다. 그러나 습관은 새로운 경험을 방해하기도 하는데, "고착화된 습관은 […] 불가능을 만든다". 또한 소유물은 특히 중요한 소외의 장소가

---

37 "관심은 **실행**(paraxis)을 절대적인 명령으로 조건 짓는 한, 사물-안에-스스로를-전적으로-외재시킴이다"(Sartre, *Critique of Dialectical Reason*, p. 197).

될 수 있다. "우리에게 속한 사물들은 응결된 습관"이기 때문이다. 실세도 "나의 물건은 곧 나 자신"이며, "노인은 더 이상 행함으로써 존재하지 않기 때문에 존재하기 위해 **소유하고** 싶어 한다".[38] 이러한 소외는 특히 돈과 관련하여 강하며, 인색한 노인의 성격은 자신의 힘과 자아를 '마술적'으로 동일시하는 것으로 설명될 수 있다. 인색한 노인은 자신의 소유물을 통해 "자신을 단지 물건으로만 본다고 주장하는 사람들에 맞서 자신의 정체성을 확증하기 위해"(pp. 469~470; TA) 마술적인 시도를 하는 것이다.

불일치하는 유물론들과 교전하기

그러나 이제 여기서 우리는 하나의 완전한 순환을 달성한다! 인색한 노인의 모습에서 우리는 노년기라는 개인의 '실존적' 위기가 사회의 거시적 구조에 의해 어떻게 의미를 부여받는지 예시적으로 볼 수 있는 것이다. 왜냐하면 마르크스가 지적했듯이, 우리의 특정한 사회경제적 구성체 안에서 돈은 우리의 속성과 자질을 정반대로 바꿀 수 있는 "전지전능한 존재"가 되리라고 약속하기 때문이다.[39] 우리의 개인적인 습관과 이전의 행동 방식이 나름대로 실용적 관성의 형식을 갖게 되는 것은 실천적-비활성이라는 더 넓은 사회구조 안에서이다. 노년은 '우리 자신'으로부터, 즉 우리 자신의 역사와 신체로부터 오는 것이지만, 그것은 또한 '다른 곳'으로부터, 즉 실천적 관성의 물질적 매개체로부터 그리고 우리가 그 안에서 행동할 수밖에 없는 일련의 사회적 관계

---

38 Beauvoir, *Old Age*, pp. 469~470; TA.
39 "모든 인간적·자연적 특성을 혼동시키고 뒤집어 양립할 수 없는 것들의 우애를 가져오는 힘, 즉 돈의 **신성한** 힘은 소외되고 자기소외적인 인간의 종적 삶으로서의 **특성**에 놓여 있다. […] **인간**으로서 내가 할 수 없는 것, 따라서 내 모든 개별 능력이 할 수 없는 것은 돈으로 인해 가능해진다"(Marx, "Economic and Philosophical Manuscripts", p. 192).

로부터 비롯된다.

시몬 드 보부아르의 첫 질문으로 돌아가 보자. 노년기의 쇠락에 대해 사회 전체가 어디까지 책임이 있는가? 노인의 상태에서 '피할 수 없는 것'과 그렇지 않은 것은 무엇인가?[40] 이제 우리는 왜 그녀가 그들 상황의 변증법적 '순환성'을 주장하는지 알 수 있다. 또한 다양한 물질성이 노년의 경험을 어떻게 구성하는지에 초점을 맞춘 이론적 접근이 필요한 이유도 알 수 있다. 개인 신체의 쇠퇴라는 사실성, 담론적 형성을 포함한 실천적-비활성 구조의 대규모 구조, 우리 자신의 과거 행동에 속한 실천적-비활성의 무게, 이 모든 것이 소외를 야기하고 억압에 도움이 되는 방식으로 자아를 스스로에게 매개한다. 따라서 물질성의 한 측면에 다른 측면에 비해 환원적으로 특권을 부여하는 이론적 접근 방식은 연령, 젠더 또는 여타 형태의 억압에 대한 사회적 비판의 과제에 적절하지 않다.

보부아르는 노년의 생생한 경험을 야기하는 요소들의 '순환적 흐름'에 대한 설명, 노화된 신체의 맹목적 현사실성에 대한 인식, 그리고 노년이 사회적으로 그리고 담론적으로 구성된다는 것을 동시에 보여 줌으로써 다양한 장르의 물질성, 그 융합, 상호 매개, 상호 구성적 효과에 비환원적으로 접근하는 방법을 예시적으로 보여 준다. 유기체의 현사실성은 다른 많은 억압의 상황보다 노화에서 더 큰 역할을 하지만, 보부아르의 방법은 비판적 사회 이론을 위한 광범위한 잠재력을 가지고 있다. 보부아르는 구체화된 삶의 경험을 조명하는 현상학적 접근을 통해 '안쪽에서 바깥쪽으로' 그리고 '바깥쪽에서 안쪽으로', 계열성과 실천적-비활성의 '거시적' 구조가 어떻게 소외와 억압을 낳는지를 탐

---

40 Beauvoir, *Old Age*, p. 10; TA.

구하면서, 우리가 왜 불일치하는 유물론들을 넘어서야 할 필요가 있는지, 그리고 어떻게 그렇게 하는 것을 시작할지를 제안한다.

역사 유물론의 유물론

제이슨 에드워드

역사 유물론에서 유물론을 구성하는 요소에 대한 해석과 논쟁은 무수히 많으며 끝이 없어 보인다. 이 중 대부분은 사회적·정치적 분석이 기존의 존재론에서 시작해서 나아가야 한다는 전제를 받아들일 때만 관심사가 된다. 그렇다고 인간 사회생활의 존재론에 대한 연구가 흥미롭지 않다거나 가치가 없다는 말은 아니다. 그러한 존재론이 다루어야 하는 것 중 하나는 물질의 본질과 다양한 형태의 표현에 관한 철학적 교리로서의 '유물론'이라는 개념이다. 그러나 나는 물질에 대한 이러한 고려와 유물론의 교리는 사회적·정치적 분석에 대한 접근 방식으로서의 역사 유물론과는 거의 관련이 없다고, 또는 그래야만 한다고 논한다. 고전적 계몽주의 유물론, 생물학적 자연주의, 또는 최근에는 비판적 실재론[1]의 그 어떤 형태로든 간에 유물론에 대한 철학적 개념을 마르크스주의에 도입하려는 시도는 역사적으로 역사 유물론을 현대 자본주의사회의 사회적·정치적 제도, 관행, 궤적에 대한 이론으로

---

1   Lenin, *Materialism and Empirio-Criticism*; Kolakowski, *Main Currents of Marxism*, vol. 2, chap. 17; Timpanaro, *On Materialism*; Brown, Fleetwood, and Roberts eds., *Critical Realism and Marxism*을 보라.

이해해 온 사람들에게는 부족한 것으로 입증되었다.

이는 역사 유물론이 사회 이론가 또는 정치 이론가에 의해 채택되어 기계적으로 적용되는 일련의 표준 공리들로 간주되어야 한다는 것이 아니다. 역사 유물론의 유물론은 일련의 설명적 논제라기보다는 사회-정치적 연구를 위한 발견론(heuristic)에 가깝다고 보아야 한다. 그러나 이 발견론의 힘은 역사와 주체에 대한 형이상학적 개념에 기초한 실증주의 과학으로서 역사 유물론의 개념을 해체함으로써 사회 이론에 기여한 바로 그 많은 사람들에 의해 간과된 듯하다. 명확하지는 않지만, 우리는 후기구조주의를 주체의 탈중심화와 역사적 목적론의 거부를 중심으로 그 주변에서 일치하는 이론으로 파악할 수 있다. 이러한 점에서 후기구조주의는 인간주의적이고 철학적인 인류학과 일종의 경제적 또는 기술적 결정론의 결합에 기초한 마르크스주의에 강력하고 지속적인 도전을 제기했다. 물론 여전히 역사 유물론을 인간 본성과 생산 방식의 연속적인 발전에 대한 이론으로 옹호하고자 하는 사람들이 있다. 그러나 이 글에서는 역사 유물론에 대한 이러한 이해는 옹호될 수 없으며, 후자를 옹호해야 한다면 이론적 반인간주의와 반역사주의에 대한 개념을 채택하는 것이라고 가정하겠다. 그렇다면 역사 유물론의 핵심은 현대 자본주의사회의 역사적 발전, 내장된 제도와 관행, 그리고 시간이 지남에 따라 이를 재생산하거나 재생산을 위협하는 우발적 상황에 비추어 본 현재의 사회적·정치적 조건에 대한 지속적인 분석이다.

그런데 역사 유물론에 대한 이러한 이해에는 '새로운' 것이 없다. 그러나 인간주의적이고 결정론적인 마르크스주의에 대한 많은 후기구조주의 비평가들은 역사 유물론에 대한 이러한 개념을 정확히 그들이 기억해야 할 순간에 잊어버린다. 후기구조주의 문헌에 등장하는 정치 분석의 대부분은 오늘날 모든 인류가 직면한 주요 문제인 기후변화, 글로벌 불평등, 강제 이주와 새로운 형태의 노예제, 군사기술과 전쟁의 확산에 대해 맹목적이거나 무관심한 자유수의적 다문화 및 정체성 정치에 의존하고 있다. 나는 이 논문에서 이러한 문제들이 현대 자본주의사회와 국제적인 국가체제 재생산의 체계적 산물이라는 점을 이해하려면 역사 유물론의 유물론을 필수적인 의미에서 상기해야 한다고 논할 것이다. 사회적 생산과 소비에 속한 삶은 인간 사회의 중심적인 특징이며, 자연적 또는 기계적으로 만들어진 초-풍요(super-abundance)가 없는 한 계속 그렇게 될 것이다. 지구온난화가 급속도로 진행됨에 따라 토지와 자원을 둘러싼 투쟁, 국가 간 경제 경쟁과 남반구와 북반구의 지속적인 불평등, '테러와의 전쟁'과 현대 군사혁명은 모두 현재 물질적 삶이 조직되고, 파괴되고, 변화하는 방식에 명백하고 광범위한 결과를 가져오고 있다. 따라서 우리는 일상적인 생산과 소비의 관행, 국가와 국제 체제의 이데올로기적이고 강압적인 권력 모두에서 자본주의사회와 국가체제의 재생산에 초점을 맞추는 일종의 역사 유물론으로 돌아갈 필요가 있다.

이 논문에서 나는 이러한 역사 유물론의 특징을 세 개의 절로 나누어 자세히 설명한다. 먼저 마르크스주의에서 물질적 실천의 개념을 살펴본다. 여기서 나는 물질적 실천을 즉각적인 생산 과정과 관련된 활동으로 한정해서 이해해서는 안 되며, 역사 유물론의 관점에서 볼 때 유기적이든 비유기적이든 물질적 주체와 관련된 모든 실천, 즉 시간에 따라 생산관계를 재생산하는 실천의 총체로 보다 넓게 개념화해야 한다고 논한다. 두 번째 절에서는 자본주의의 재생산에 있어 일상생활의 물질적 실천과 생활공간의 조직이 얼마나 중요한지에 초점을 맞추며, 이는 주로 앙리 르페브르의 저작을 통해 이루어진다. 마지막 절에서는 신뢰할 만한 역사 유물론은 현재 구성된 사회경제적 질서를 유지하는 데 — 그리고 이에 도전하는 데 — 있어 국가와 국제 체제에 의해 일상과 공간이 매개되는 방식에 대한 정치 이론을 포함해야 한다고 주장한다. 이런 점에서 최근 마르크스주의 이론의 가장 저명한 저작인 마이클 하트와 안토니오 네그리의 『제국』에서 발전된 일종의 존재론적인 유물론적 접근 방식은 부족하다. 그럼에도 불구하고 여기에는 일상생활과 생활공간의 물질적 실천과 다른 한편으로는 경제 및 정치권력의 글로벌한 조직 사이의 관계를 조명할 수 있는 중요한 마르크스주의적 분석이 있다.

마르크스주의와 물질적 실천

『자본』에서 마르크스는 자본주의적 생산관계의 재생산에 필요한 조건들을 탐구했다. 1권 1부에 제시된 상품, 자본, 생산과 유통, 잉여가치 등에 대한 추상적인 개념 분석은 생산 과정에서 잉여가치의 추출이 이루어지는 데 필요한 법, 제도, 관행 등에 대한 조사로 이어진다. 유명한 '노동일'에 관한 장은 19세기 중반 영국에서 면화 공장에서 일하는 어린이, 철강 제련사, 빵 굽는 사람, 양복 제작자 등 다양한 산업에 종사하는 노동자들이 겪어야 했던 다양한 일상적 절차, 반복 작업, 금지 사항을 도표로 보여 준다.[2] 이 분석에서 분명한 것은 자본주의 생산 체계를 재생산하는 데 필요한 관계의 복잡한 성격이다. 책의 이 페이지들에서 마르크스의 접근 방식은 1859년 서문에서 제공된 역사 유물론에 대한 프로그램적이고 결정론적인 요약에서 벗어난다.[3] 그러한

2   Marx, *Capital*, vol. 1, Harmondsworth: Penguin, 1990.
3   Marx, *An Introduction to the Critique of Political Economy*에 대한 서문.

요약과는 달리 우리는 이러한 보다 개방적인 분석에서 마르크스의 역사 유물론에서 유물론의 의미, 즉 시간에 따라 생산관계를 재생산하는 데 필요한 물질적 실천의 총체를 파악할 수 있다. 수어신 환경에시 이러한 실천의 특성은 경제가 우위를 차지하고 그것이 물질의 직접적인 동의어인 개념적 도표로 쉽게 또는 깔끔하게 그려지지 않는다. 생산의 물질적 관계는 주어진 환경에서 여러 특성들, 즉 법적·정치적·이데올로기적, 경제적 특성 등등을 가진 것으로 드러나는 특정 종류의 실천에서 예화된다. 마르크스는 생산의 직접적 공간을 현대 산업자본주의 체제의 핵심으로 파악한 반면, 역사 유물론 — 다양한 사회구성체에 관한 폭넓은 분석으로 이해되는 — 은 매우 다른 종류의 생산관계를 유지하는 데 필요한 실천 형식들의 다양성을 알 수 있게 한다. 이러한 종류의 유물론적 분석은 특정 사회제도와 관계가 역사적이든 현대적이든 물질적 실천의 다양한 형태들 안에서 예화되는 것에 우리의 주의를 환기한다.

따라서 물질적 실천을 단순히 직접 생산 과정에 관여하는 것으로 생각해서는 안 된다는 점을 인식하는 것이 중요하나. 마르크스의 역사 유물론은 인간 활동의 물질적 속성과 사회적 속성을 구분하는데, 여기서 물질적 활동은 직접적인 생산 과정에서 생산력의 사용을 수반하는 활동으로 간주되고, 사회적 활동은 그렇지 않은 활동으로 간주된다.[4] 그러나 이 주장의 문제점은 두 가지이다. 첫째, 사회적 맥락에서 인간에 의해 생산에 사용되도록 선택되지 않는 한, 대상은 물질적 생산력이 되지 않는다. 이런 의미에서 물질적 대상은 항상 사회적으로 매개된다. 둘째, 주어진 '물질적' 대상은 — 물리적이고 유형적이라는 의

4　Cohen, *Karl Marx's Theory of History*.

미에서 — 언제든 직접적인 생산 과정, 직접적인 생산의 지원, 혹은 직접적인 생산 과정과는 전혀 관련이 없는 방식으로 도입될 수 있다. 예를 들어, 총은 소비될 토끼를 쏘는 데 사용될 때는 생산적인 힘이지만, 직접적인 생산자를 강제하거나 보호하기 위해 사용될 때는, 비록 그것이 생산의 직접 과정을 위한 조건이 될 수 있다 해도, 생산적인 힘이 아니다. 또한 스포츠에 사용될 때는 사회질서를 유지하는 일종의 이념적 실천을 지원할 수 있지만 즉각적인 생산 과정과는 거의 관련이 없나. 인간의 총기 사용과 관련된 모든 활동은 인간의 신체가 물질세계에 적극적으로 관여하고 변화시킨다는 점에서 물질적 실천에 해당하며, 동시에 사회적 활동이라는 점에서 사회적 실천에 해당한다.

우리는 현재 자본주의적 생산관계의 재생산을 다종다양한 물질적 실천의 표현으로 이해하지 않고서는 이해할 수 없다. 이제 이 실천 개념, 즉 물질적 실천에 대해 좀 더 자세히 살펴보겠지만, 여기서 주목해야 하는 것은 역사 유물론이 비생산적 실천, 또는 적어도 생산 과정에 직접적으로 관여하지 않는 실천의 중요성을 강조하는 접근 방식과 모순되지 않는다는 점이다. 직접적인 생산공간이 생산관계의 재생산에서 산업자본주의의 전성기 때보다 덜 중요한 역할을 한다는 것은 역사 유물론에 치명적이지 않다. 지난 30여 년 동안 생산과 소비의 성격이 변화하면서 역사 유물론이 쓸모없어졌다는 것을 입증하기 위한 다양한 시도가 있었다. 그러나 이는 두 가지 잘못된 가정에 근거해서만 가능해진다. 즉 첫째, 계급 분석 — 특히 포드주의적 산업 노동계급의 존재가 그 자체로 자본주의적 생산관계의 필수 조건으로 간주되는 특정한 종류의 계급 분석 — 이 역사 유물론의 핵심에 놓여 있다는 것, 그리고 둘째, 생산관계가 직접적인 생산 영역에서 물질적 실천으로 재생산되는 데 의심의 여지가 없는 우선권이 부여된다는 가정이 그것이다. 이 두 가지 가정은 마르크스가 쓴 텍스트나 그람시, 아도르노, 알튀세르 등 서구 마르크스주의 전통에 속하는 저자들의 텍스트에서 더 이상 작동하지 않는다.

헤겔적인 표현적 총체성에 관한 생각을 거부하면서 "처음 순간부터 마지막 순간까지 최종 심급의 고독한 시간은 결코 오지 않는다"[5]는 마르크스주의의 가장 두드러진 사례를 내세운 것은 바로 알튀세르였다. 다시 말해, 알튀세르가 루카치 같은 헤겔적 마르크스주의자들의 작업에서 명시한 표현적 총체성의 개념을 버리는 것은 주어진 사회구성체의 복합적 성격을 인정하는 것을 포함한다. 다양한 '수준', '순간', 또는 알튀세르가 가장 유용하게 사용한 표현인 '실천'은 상대적으로 자율적인 것으로 나타나며, 별개의 시간뿐 아니라 별개의 공간을 차지한다. 이런 점에서 서로 다른 실천은 서로 다른 위치와 역사를 가지고 있으며, 이는 서로의 관계를 결정한다. 알튀세르의 역사 유물론 개념에는 비판할 점이 많지만 ── 지배구조에 대한 그의 주장과 이론적 실천론의 형태로 역사 유물론에 과학성의 기준을 제공하려는 시도[6]를 포함하여 ── 우리는 이 복잡한 총체성의 개념을 너무 성급하게 무시해서는 안 된다. '총체성'이라는 개념은 특히 해체와 관련하여 포스트구조주의 사상가들에게 영향을 미쳤는데, 인간학에서 총체성의 개념은 오랫동안 구조적 중심을 파악하려는 구조주의적 시도와 연관되어 있었다. 후자의 전략은 1960년대에 자크 데리다에 의해 결정적으로 폭로되었고 반대에 직면했다.[7] 실제로 『마르크스를 위하여』와 『자본을 읽

---

5 Althusser, *For Marx*, p. 113; Althusser and Balibar, *Reading Capital*, part 2, chap. 4.

6 Hindess and Hirst, *Mode of Production and Social Formation*; Glucksmann, "A Ventriloquist Structuralism"을 보라.

7 Derrida, "Structure, Sign and Play in the Human Sciences".

자』에서 알튀세르와 그의 협력자들은 이론적 실천에 관한 이론의 인식론적 권위에 의지함으로써 제공되는 어떤 것을 믿으면서, 총체성을 해결할 열쇠를 찾을 것이라고 여겼다. 그러나 다른 한편으로, 알튀세르가 (주로 수사학적인) 지배적인 구조라는 생각과 최종 심급에서 경제에 의한 결정에 대해 긍정했음에도 불구하고 결과적으로 '중심이 없는 총체성'에 대해 말하는 것은 완전히 일관된 것이다. 해체주의가 지적하는 것은 총체성의 의미가 구성요소에 의해 결코 닫히지 않는다는 것이다. 데리다의 텍스트 읽기 접근 방식에서 의미는 끊임없이 연기된다(deferred). 여기서 텍스트와 사회가 모두 이러한 해체주의적 방식으로 다뤄질 수 있는지에 대한 논의를 다룰 수는 없지만, 사회적 관계의 성격을 추상화한 중심적 총체성이라는 개념을 거부한다고 해서 중심 없는 사회적 관계의 총체라는 개념을 거부하는 것은 아니라는 점을 지적하는 것은 시의적절하다. 실제로 마지막 절에서 보여 주듯이, 이것이 최근의 마르크스주의적 기여가 국제경제 및 정치체제의 성격과 관련하여 총체성의 문제에 접근하는 방식이다.

그렇다면 자본주의적 생산관계를 구성하는 물질적 실천의 복잡한 총체라는 개념은 마르크스와 알튀세르의 작업에서 살아남을 수 있다. 이런 점에서 물질적 실천은 규범-지배적이고, 누군가의 신체와 타자의 신체, 뿐만 아니라 경험 대상과의 관계를 포함하는 규칙적인 행동 양식으로 보아야 한다. 우리가 그러한 실천을 '정치적', '이념적', '경제적'이라고 명명한다면, 그것은 그러한 실천이 우리가 일반적으로 정치적·이념적·경제적 현상으로 이해하는 것, 즉 사회적 갈등과 협력에 속하는 정부, 신념 체계의 생산과 전파, 생산과 소비의 과정에 관여하는 한에서만 그렇게 할 수 있다. 그러나 자본주의적 생산관계를 구성하는 이러한 실천의 총체성에 대해 이야기한다면, 이것은 단지 기술

(description) 작업에 불과하다고 해야 한다. 자본주의적 생산관계를 사유재산권, 시장을 통해 법적으로 보호되는 교환, 노동시장으로 정의한다면, 우리는 그러한 생산관계가 재생산되는 데 필요한 물질적 관행의 총합에 대해 이야기할 수 있다. 그러나 이 복잡한 총체성이 사람들의 일상생활에서 어떻게 구현되는지, 그리고 일상생활의 물질적 실천이 국가와 국제정치 체제 및 경제적 권력과 어떻게 연관되어 있는지를 설명하려면 이를 넘어서야 한다는 점도 분명히 짚어야 한다.

일상, 공간 그리고 자본주의

지금까지 우리는 마르크스가 『자본』에서 자본주의 생산관계의 재생산에 필요한 일상적인 생산 조건의 분석을 어떤 방식으로 제시했는지 살펴보았다. 사실 이러한 작업을 한 것이 마르크스가 처음은 아니었다. 정치경제학에 관심을 가지기 전에 엥겔스는 이미 이런 종류의 조사를 수행했으며, 스코틀랜드의 중상주의 사회 이론가들, 특히 아담 스미스의 분업에 대한 논의에서 이와 유사한 작업을 했다는 구절이 보이기도 한다.[8] 1920년대 무렵에 이르러, 일상생활에 대한 고려가 생겨났을 때, 그것은 주로 작업 공간을 분석의 중요한 요소로 간주하는 마르크스주의적 관점에서 수행되었다. 산업노동자의 삶은 대량생산 시스템에서 획일적인 상품을 생산하는 경직되고 반복적인 경험에 종속되었다. 이러한 생각은 노동자의 경험을 작업장의 일상적인 요구에 대한 상대적으로 수동적인 반응으로 보는 경향이 있었다. 이는 자본주의에 대한 이데올로기적 정당화와 결합하여 일상을 압도적으로 부정적이고 억압적인 것으로 묘사했다. 그 결과 자본주의하에서의 노동착취

---

8 Engels, *The Condition of the Working Class in England*; Smith, *The Wealth of Nations*, books 1~3.

와 억압으로부터의 탈출은, 노동계급 정치의식의 자발적인 발전이든 혁명적 선봉대의 행동을 통해서든, 오로지 혁명을 통해서만 달성될 수 있다고 믿어졌다.

따라서 '고전적' 마르크스주의 관점에서 일상 경험 분석은 주로 생산 영역의 조직에 의해 구조화된 그와 같은 경험을 산업 및 금융자본주의 관계의 재생산에 따른 기능적 결과로 보는 경향이 있었다. 이런 측면에서 각 개인이 일상적으로 관여하는 직접적인 생산공간 밖의 다양한 형태의 물질적 실천을 통한 경험의 구성은 간과되었다. 20세기에 일상생활의 수행과 관련된 신체적·언어적 관습과 의례 안에서 표현되는 정확히 그러한 경험에 관심을 갖는 사회학이 성장하였고, 이에 따라 의미 있는 경험을 직접적인 생산 현장으로 제한하는 마르크스주의에 도전이 제기되었다.[9] 이후 현대사회의 권력관계에 대한 푸코의 분석은 생산 영역에서 노동자의 경험이 직접적인 생산 과정 외부의 다양한 제도와 물질적 실천에 적용되는 동일한 종류의 규율 규범에 의해 형성되는 방식을 강조하게 된다.[10] 마르크스주의 전통에서 자본주의의 재생산 메커니즘으로서 물질문화의 영역에 초점을 맞춘 사회학의 가르침은 발터 벤야민과 프랑크푸르트 학파의 구성원들, 특히 가장 유명한 테오도르 아도르노와 막스 호르크하이머에 의해 처음 채택되었다.[11] 후자의 두 사람은 특히 자유주의가 권력의 침입으로부터 해방된 사적 개인의 영역으로 간주하는 현대 일상생활의 영역에서 규범성의 강화가 어떻게 작동하는지에 대한 설명에서 『감시와 처벌』의 푸코를

---

9 Mead, *Mind, Self and Society*; Goffman, *The Presentation of Self in Everyday Life*.

10 Foucault, *Discipline and Punish: The Birth of the Prison*.

11 Benjamin, *The Arcades Project*; Adorno and Horkheimer, *Dialectic of Enlightenment*; Adorno, *The Culture Industry*.

어느 정도 예상했다.

그러나 자본주의가 생산 영역 밖의 사회적 공간에서 어떻게 재생산되는지에 대한 가장 영향력 있는 설명은 아마도 앙리 르페브르가 일상생활에 대한 연구에서 제공한 것이다. 르페브르가 1947년 『일상생활의 비판』 첫 번째 권을 출간했을 때, 스튜어트 엘던이 지적했듯이 '**일상적 삶**'(la vie quotidienne)이라는 개념은 '일상생활'(everyday life)이라는 영어 용어로는 포착할 수 없는 의미를 전달하려 했다.[12] 이런 측면에서 '일상'(quotidian)이라는 개념은 근대성에서 평범한 경험의 중요성을 전달하기 위한 것이었다. 더 나아가 그것은 그러한 경험이 어떻게 획일화되고, 일상화되고, 반복적이 되었는지를 설명한다. 이런 점에서 직접적인 생산공간 밖의 일상생활은 테일러주의 작업 과정과 동일한 종류의 일상적이고 반복적인 성격을 지닌다. 그러나 동시에 20세기 후반에 이르러 산업자본주의 서구 사회에서 노동 시간이 감소하고 여가 시간이 증가하면서, 또한 소비재 생산이 증대되고 다양화되면서, 그리고 개인의 자유와 자기 계발 이데올로기가 확산되면서, 소비와 여가의 일상은 가족과 사생활이 개인의 시간을 더 많이 흡수함으로써 더 큰 의미를 가지게 되었다. 이제 소비와 여가는 삶의 목표로, 일은 이를 위한 필수 수단으로 간주되기 시작했다. 이런 점에서 일의 일상과 소비의 일상은 두 가지 다른 형태의 경험으로 널리 간주되기 시작했는데, 전자는 일반적으로 필수적인 구속으로, 후자는 자유와 자기 계발의 영역으로 간주되었다. 르페브르는 그의 연구를 통해 이러한 분리가 그럼에도 불구하고 외견상의 것일 뿐이라고 논증한다.

---

12 Lefebvre, *Critique of Everyday Life*, vol. 1; Eldon, *Understanding Henri Lefebvre*, p. 112.

언어와 마찬가지로 일상적 삶은 그 작동에 내재되어 있지만 그 안에 숨겨져 있는 뚜렷한 형태와 심층적인 구조를 포함하고 있다. [⋯] 일상적인 행위는 반복된다. [⋯] 이러한 행위는 개인적이면서 동시에 '집단적'이고, '사회적'이다. 드러나지 않는 방식으로 일상은 (특정) 사회의 조직 및 존재 방식과 밀접한 관련이 있으며, 이는 일, 여가, '사생활', 교통, 공적 생활의 형태 사이에 관계를 부과한다. 제약적인 영향을 미치는 일상은 관련 사회의 모든 구성원에게 부과되며, 일부 예외를 제외하고는 처리 가능한 규범에 약간의 변형만을 가한다.[13]

르페브르가 지적하는 것은 소비와 여가의 일상적 삶이 경제적·정치적 삶의 재생산에 관련되는 물질적 실천의 총체 — 생산적 실천을 포함하여 — 에서 특징지어진다는 점을 고려하는 것의 중요성이다. 이런 점에서 우리는 개인의 자유와 자기 계발의 실천을 국가와 국제 체제의 권력이라는 맥락에서 자본주의적 생산관계의 재생산 조건을 구성하는 사회적 관계의 효과로 볼 수 있다.

르페브르가 즉각적인 생산 영역 밖의 일상생활의 중요성을 강조한 것은 현대 세계의 공간 생산이 일상의 경험과 연결되는 방식에 대한 그의 광범위한 분석을 촉진하는 계기가 되었다.[14] 르페브르가 다양한 시대와 장소에서, 특히 현대 도시에서 물질적 공간이 생산되는 방식에 초점을 맞춘 것은 사회 이론이 역사적 사건이나 과정의 가치 평가에서 벗어나 인간이 생활하고 활동하는 물질적 공간의 조직이 인간을 제약하고 사회적 행동에 자원을 제공하는 방식에 대한 심층적 성찰

---

13 Lefebvre, *Critique of Everyday Life*, vol. 3, pp. 4~5.
14 Lefebvre, *The Production of Space*.

로 전환하는 중요한 전환점을 마련했다. 이러한 방식으로 공간에 대한 분석은 도시 공간, 자본주의 생산, 국가 및 국제 체제 간의 연결에 관심이 있는 현대사회학자 및 지리학자들에 의해 지속되었다.[15] 이 논문에의 일부 기여는 마지막 절에서 다루지만 여기서는 이 최근 작업이 르페브르의 공간 개념화에 빚지고 있다는 점에 주목할 필요가 있다. 여기서 공간은 텅 빈 허공이나 인간이 살고 있는 주어진 물리적 환경을 의미하지 않는다. 공간은 오히려 인간의 물질적 행위가 만들어 내는 사회적 공간이다. 르페브르에게 공간의 사회적 생산에 대한 분석은 세가지 관련 개념에 기반을 두고 있다. 첫째, 공간적 실천 개념, 즉 한 사회의 생산기술, 생산관계, 종교적 신념, 문화적 관습 등을 고려할 때 특정 사회 환경에서 공간을 조직하는 일반적인 관행이 그것이다. 예를들어 고대 도시국가의 공간적 실천은 중세 또는 현대 도시의 공간적실천과 매우 다르다. 둘째, 공간적 재현, 즉 과학자, 건축가, 기획자 등의 지식과 실천들에서 기술적으로 개념화된 공간이 그것이다. 다시 말하지만, 이러한 재현의 형태는 사회 형성의 상이한 종류에 따라 달라질 것이다. 셋째, 재현적 공간, 즉 사람들이 일상에서 경험하는 생활공간으로, 주로 "수동적으로 경험되고" "비언어적 상징과 기호의 어느정도 일관된 체계를 지향하는 경향이 있는" 공간이 그것이다.[16]

다양하고 상호 의존적인 물질과 재현적 실천을 통한 일상생활의 경험과 공간의 생산에 대한 르페브르의 연구는 오늘날 의미 있는 역사 유물론의 작동에 결정적인 역할을 한다. 일부 마르크스주의자들은 마르크스주의의 과학적 입지를 위한 새로운 철학적 기준을 찾거나, 마르

---

15 예를 들어 다음을 보라. Jameson, *Postmodernism, or, The Cultural Logic of Late Capitalism*; Harvey, *Spaces of Capital*; Davis, *Planet of Slums*; Massey, *For Space*; Hirst, *Space and Power*.

16 Lefebvre, *The Production of Space*, pp. 31~38, 39.

크스주의를 일련의 개별적인 설명 가설로 환원하거나, 분배 정의에 대한 순전히 규범적인 이론으로 전환함으로써 마르크스주의를 부활시키려 시도했지만, 르페브르가 강조한 일상과 공간은 역사 유물론의 핵심 문제인 생산의 관계가 어떻게 역사적으로 결정된 특정한 생산과 소비 형태를 유지하고 재생산하는지를 가장 효과적으로 탐구할 수 있는 관점을 제공한다. 이러한 모습을 한 역사 유물론은 생산양식의 연속적 발전에 대한 메타 이론이 아니라 주어진 사회구성체를 구성하고 재생산하는 물질적 실천의 밀노 있지만 개방적인 총체를 가리킨다.

이는 르페브르의 역사 유물론에 심대한 문제가 있다는 것을 부정하는 것은 아니다. 그의 지적인 숙적이 알튀세르였던 것도 엄연한 사실이다. 알튀세르와 그의 협력자들이 발전시킨 '구조적' 마르크스주의에 대한 르페브르의 핵심적인 반대 논지는 그것이 개인 또는 주체를 구조에 종속시켜 주체를 사회구조의 전달자에 불과하게 만든다는 것이었다. 르페브르가 주관적 경험이 일상생활의 성격을 이해하는 중심 범주라는 점에서 사회구조에 대한 주체의 이러한 직접적인 종속을 거부하는 것은 그의 주장에서 중요한 요소이다. 따라서 그는 전후 프랑스 지성계를 지배했던 두 가지 주요 철학적 흐름, 즉 구조주의와 현상학 사이에서 방향을 잡으려는 시도를 일부 작품에서 시도했다. 이러한 시도에서 그의 분석의 대부분은 일상생활의 규범과 표상이 개인의 경험 내에서 어떻게 작동하는지 설명하려고 했던 것이다.[17] 그러나 동시에 르페브르는 '소외'가 '철학의 중심 개념'이라고 주장했다.[18] 소외 개념이 실체적이고 전(前)사회적 인간 본성을 가정하는 철학적 인류학

---

17 Eldon, *Understanding Henri Lefebvre*, p. 113.
18 Lefebvre, *Critique of Everyday Life*, vol. 1, p. 168.

에 의존한다는 가정을 명시적으로 거부했다 해도, 그가 그러한 개념으로 끊임없이 돌아가는 것은 문제가 있다. 이 개념은 일상생활과 현대의 공간 조직에 대한 분석을 뒷받침하는 것으로, 대체로 부정적인 성격을 띠고 있기 때문이다. 즉 개인은 생산과 일상의 결합된 과정에서 소외되며, 소외는 변화를 통해서만 극복될 수 있다는 것이다. 이러한 관점이 여전히 전제하는 것은 현재의 형태가 측정되는 것과는 반대편에 생산 및 문화생활의 소외되지 않는 형태에 대한 유토피아적 관점을 놓는 것이다. 이것은 동시에 생산과 일상생활의 변화는 외부로부터, 즉 외적인 위반과 거부의 행위에 의해 이루어져야 한다는 정치적으로 복잡한 사유를 낳는다. 이것은 상황주의 혁명가들에게 르페브르의 작품이 매력적인 이유를 설명한다.[19]

지금까지 나는 자본주의사회에서 일상과 공간의 조직에 대한 유물론적 분석은 자본주의적 생산관계의 재생산에 필요한 물질적 실천의 총체에 대한 이해를 바탕으로 진행될 수 있고 또 그렇게 해야 한다는 생각을 지지해 왔다. 그러나 일상적 삶의 실천과 공간의 구조화가 모두 자본주의의 재생산에 기능적으로 유익하다고 생각하거나 일상과 공간에 대한 개별적 경험이 획일적(또는 단순히 수동적)이라고 생각하는 환원주의의 함정을 피해야 한다. 그렇게 하는 것은 아도르노와 호르크하이머의 『계몽의 변증법』에서 제시된 근대성에 대한 끝없이 암울한 전망을 그리는 것과 같다. 이러한 관점에서는 현대의 삶을 구성하는 물질적 실천이 중요한 정치적·사회적 변화를 가져올 수 있는 유일한 근거라는 점을 인식하지 못한다. 실제로 르페브르는 그의 마지막 저서인 『리듬분석』에서 일상생활의 리듬, 특히 도시 공간의 맥락에

---

19 Debord, *Society of the Spectacle*; Vaneigem, *The Revolution of Everyday Life*를 보라.

서 리듬에 대한 성찰을 통해 이 점을 추구한다. 여기서 '리듬'은 일상의 반복적인 성격을 의미하지만, "무한히 동일한 절대적인 반복은 있을 수 없다. 그러므로 이는 반복과 차이의 관계이다. 그것이 일상, 의례, 의식, 축제, 규칙 및 법에 관한 것이라면 반복적인 것에는 항상 새롭고 예측할 수 없는 것, 즉 차이가 존재한다".[20] 따라서 매일 같은 경로로 출근하고, 친구들과 같은 종류의 바, 레스토랑 또는 클럽에 가고, 인맥을 넓히기 위해 인터넷 서핑을 하고, 도시 생활공간과 가상적 상호작용을 하는 비디오게임을 하는 등 매우 반복적으로 보이는 현대 도시의 실천 속에도 차이와 그러한 실천이 정치적 저항과 변혁의 장이 될 수 있는 잠재력이 존재한다. 역사 유물론은 전통적으로 이 마지막 유형의 실천을 무시하는 경향이 있었지만, 이러한 분석은 시간이 지남에 따라 자본주의사회의 재생산을 이해하고 사회관계가 어떻게 변화할 수 있는지를 고려하는 데 있어 핵심적인 역할을 한다. 그러나 일상생활과 생활공간의 조직에 대한 이러한 접근 방식도 중요하지만, 이는 경제 생산, 국가, 국제 체제 간의 관계에 대한 분석과 연결되어야 한다.

유물론적 지리정치학

국제경제 및 정치체제에 대한 마르크스주의적 분석이 (적어도 1990년대 초의 관점에서 볼 때) 지난 10년 동안 괄목할 만하게 재생했다. 그중 가장 눈에 띄는 것은 아마도 마이클 하트와 안토니오 네그리의 『제국』일 것이다.[21] 국민국가의 쇠퇴와 지배적 국가, 초국가적 조직, 자본주의 기업의 '네트워크 권력', 또는 제국에 기반한 새로운 형태의 주권에

---

20 Lefebvre, *Rhythmanalysis: Space, Time and Everyday Life*, p. 6.
21 Hardt and Negri, *Empire*.

관한 하트와 네그리의 논제는 이제 잘 알려져 있다. 그러나 이 논제가 실질적으로 문제를 제기하는 것만큼이나 가장 눈에 띄는 것은 푸코와 질 들뢰즈, 펠릭스 가타리의 연구에서 각각 가져온 생명정치와 탈영토화 개념을 활용한다는 점이다.[22] 이 두 가지 개념은 첫 번째로 인간의 신체와 인구의 통치, 그리고 두 번째로 물리적 공간의 조직과 관련되어 있다는 점에서 분명히 유물론적이라고 할 수 있다. 그러나 사실 『제국』이 우리에게 제시하는 것은 기대하는바 생명정치와 탈영토화 과정이 일상생활과 생활공간의 질서를 통해 어떻게 작동하고 변화시키는지를 밝히는 것이 아니라 이리한 개념의 가정에서 시작하여 제국을 도출하는 고도로 개념적이고 추상적인 논증이다.

하트와 네그리의 연구는 영향력이 있었지만, 현대 세계에서 정치 및 경제 권력의 작동에 있어 신체와 공간의 조직이 일반적으로 중요하다는 점을 지적한 것 외에는 어떤 의미에서 유물론적 분석으로 간주되는지 알기 어렵다. 이들의 주장은 국제 자본주의를 지탱하는 구체적인 종류의 물질적 실천 — 그것이 경제적·문화적·정치적 실천 중 무엇이든지 간에 — 에 대한 분석은 거의 제공하지 않는다. 우리는 하트와 네그리의 두 번째 책으로 넘어가야만 첫 번째 책 뒤에 숨은 분명한 동기를 확인할 수 있다. 왜냐하면 여기서 우리는 오늘날 세계에서 제국에 대한 잠재적 대안에 대한 발전된 설명을 볼 수 있기 때문이다. 즉 '다중', 다시 말해 "다양하고 내적으로 차이 나지만 공통적으로 행동할 수 있고 따라서 스스로를 지배할 수 있는" 그리고 "스스로를 지배하는 **살아 있는 육체**", 그 "다중은 만인에 의한 만인의 지배인 민주주

---

22 Foucault, *Discipline and Punish*; Deleuze and Guattari, *A Thousand Plateaus*, London, 1988.

의를 실현할 수 있는 유일한 사회적 주체이다".[23] 하트와 네그리가 이 다중을 바라보는 관점은 절대적 자유에 관한 철학의 저자인 스피노자와의 만남을 통해 형성되었고, 그것은 "자유를 위한 능력과 권위를 거부하는 성향은 가장 건강하고 가장 고귀한 인간의 본능이자 영원성의 실제적 징표를 가진다"는 것이다. 이러한 자유의 개념은 "존재론적" 다중에 모양을 부여하며, 그것 없이 "우리는 우리의 사회적 존재를 파악할 수 없다".[24]

모든 의도와 목적에 비추어 볼 때, 『제국』과 『다중』은 물질적 실천에 대한 분석이라기보다는 스피노자에 대한 특정한 독해에 기초하여 현대 마르크스주의에 존재론적 토대를 제공하려는 시도이다.[25] 사실상 하트와 네그리는 경제적 세계화 과정과 제국의 출현을 통해 점점 더 유동적이고 '네트워크화된' 것으로 간주되는 세계를 특징짓는 '특이성'의 다양체에서 통일성을 발견하려는 유물론의 철학적 담론의 재생에 관심을 갖고 있다. 그러나 이러한 분석에서 간과하는 것은 그들이 주장하는바, 포스트모던 제국주의와 다중의 세계를 형성한 과정의 의심스러운 특성이다. '세계화'는 그것의 정확한 특성과 결과가 매우 다양한 수많은 과정을 지칭한다. 그래서 적어도 주권국가의 죽음이라는 개념은 과장된 측면이 많다. 지난 20년 동안 경제의 국제화가 진행되면서 초국가적 조직과 다국적기업에 더 많은 영향력이 부여되었을지 모르지만, 이러한 조직이 여전히 인구와 국경을 통제하고, 안보와 경제적 규범을 제공하며, 필요한 경우 군사력을 사용하여 국제시장과 질서에 대한 실제적이며 인지된 위협을 제거하는 주권국가의 능력에

23 Hardt and Negri, *Multitude*, p. 100.

24 *Ibid.*, p. 221.

25 Negri, *Subversive Spinoza*를 보라.

크게 의존하고 있는 것도 변함없는 사실이다. 정치권력과 경제적 생산은 뚜렷이 구분되는 영토 —— 주로 국가와 지역 —— 내에서 계속 조직되며, 법적으로 인정된 주권국가로부터 권한을 부여받은 위계에 의해 시배된다.

다행히도 하트와 네그리의 접근 방식이 오늘날 현대 국가와 국제 체제의 맥락에서 자본주의에 대한 역사 유물론의 분석이 가진 가능성을 완전히 소진시키지는 않는다. 이들과 다른 저자들은 일상생활과 관련된 물질적 관행과 공간의 경험, 그리고 더 광범위한 경제 및 정치권력 조직 사이의 연관성을 정리하려 했다. 신자유주의가 자본축적의 형태를 어떻게 재구성했는지에 관심을 가진 지리학자들은 예를 들어 구조조정 정책이 최근 도시성장의 성격에 어떤 영향을 미쳤는지 정리했다. 마이크 데이비스가 주장했듯이 라틴아메리카, 아시아, 아프리카의 신자유주의는 특히 슬럼 주거지로 구성된 거대도시를 만드는 데 영향을 미쳤다. 1970년대 후반부터 무역자유화와 적자 지출 축소 등 IMF 차관을 받기 위해 각국에 부과된 조건은 많은 소규모 농촌 생산자들의 생계를 파괴했고, 이들은 공공서비스에 대한 국가 지출 감소의 주요 피해자인 도회지의 가장 주변부에 있는 도시로 밀려났다. 그러나 대도시의 빈민가에서 생활하는 것의 영향은 다양하며 그것은 우발적인 상황에 의존한다. "한 도시 내에서도 슬럼가 인구는 카리스마적 교회와 예언자적 숭배에서 지역 민병대, 거리 갱단, 신자유주의적 NGO들, 혁명적 사회운동에 이르기까지 구조적 방치와 박탈에 대한 엄청나게 다양한 대응을 지원할 수 있다."[26]

데이비드 하비는 1980년대 이후 주요 국가와 국제경제기구가 추

---

26 Davis, *Planet of Slums*, pp. 201~202.

구한 신자유주의 정책이 도시 생활에 미친 영향을 정리했다. '제3세계' 도시와 대조적으로, 뉴욕을 시작으로 부유한 서구의 많은 대도시 중심지들은 1970년대 후반부터 경제 및 문화 엘리트에 의해 도시 공간이 재형성되는 변화를 겪었다.[27] 하비의 설명에 따르면 신자유주의는 주로 부의 분배에 있어서 불평등을 감소시킨 사회민주주의적 개혁에 맞서 수십 년간 퇴락했던 정치적·경제적·문화적 우위를 다시 회복하고자 하는 금융 엘리트의 도구로 등장한다. 따라서 이 주장에는 계급 분석의 요소가 강하게 스며 있다. 그러나 계급이 역사 유물론적 분석에서 여전히 중요하다는 의미에서, 그것이 순수하게 생산수단과의 추상적 관계라는 의미로만 파악될 수는 없다. 사회계급이란 항상 공유된 실천과 경험을 통해서만 실현될 수 있는 집단적 정체성의 한 형태이기 때문에 '계급 자체'라는 개념은 버려야 한다. 이런 점에서 '다중'이 사회적·정치적 변혁의 주체가 될 수 있다는 견해는 환상에 불과하다. 한 집단을 '계급'으로 묶어 변혁적 행위자의 능력을 그것에 부여하는 것은 일상생활과 생활공간의 경험에 관련된 일련의 물질적 실천이다. 만약 이 계급이 뉴욕, 런던, 프랑크푸르트, 도쿄와 같은 대도시 중심지의 대형 금융 및 비즈니스 기업에서 일하고, 정책입안자들과 분명한 관계를 맺으며, 신자유주의 이데올로기를 옹호하며, 신자유주의 개혁의 실질적 혜택을 받은 사람들을 의미한다면, 이런 점에서 최근 '자본가계급'의 부활에 대해 이야기하는 것은 적어도 그럴듯하다.

주요 국가와 초국가적 금융 기구에 의한 신자유주의 경제정책의 추진은 최근 지정학적 시스템이 일상생활과 생활공간의 성격을 변화시킨 방식 중 하나의 형태에 불과하다. 물론 발전된 분석은 오늘날

---

27 Harvey, *A Brief History of Neoliberalism*, pp. 44~48.

이 시스템의 다른 특성들, 특히 군사력에서의 혁명, 부시 독트린, 테러와의 전쟁에 속한 효과에도 초점을 맞춰야 한다. 현대 세계에서 일상적 삶과 공간의 구조화를 이해하려면 지정학적 조직과 과정의 광범위한 특성을 살펴보는 접근 방식이 필요하며, 이는 자본주의사회를 재생산하고 그것에 대한 도전을 구성하는 방식을 제공한다. 물론 국제정치 및 경제 시스템과 공간 및 일상의 생산과 재생산 분야에서 활동하는 상당수의 학자들이 이러한 접근 방식을 채택하고 있으며, 이들 중 일부는 마르크스주의와의 관계를 명시적으로 인정하는 반면 다른 학자들은 비판적으로 거리를 두고 있다. 이 접근법은 우발적이고 국지적인 현상을 대규모의 사회적·정치적 변화와 연결시키려는 총체적인 접근법이라는 중요한 의미를 가진다. 그러나 많은 포스트구조주의자와 포스트모더니스트 저자들은 분명 위계로서의 '전체성' 개념에 대한 비판을 통해 네트워크와 흐름으로서의 세계 모델로 너무 빨리 이동했다.[28] 대부분의 사람들에게 일상생활은 국가와 지정학적 시스템에 의해 지배되는 주어진 생활공간에서 물질적 실천의 위계적 질서와 상호작용하는 형태로 지속적으로 경험된다.

결론

이 논문에서 나는 역사 유물론에서 유물론이 무엇을 구성하는가, 또는 구성해야 하는가에 대한 질문을 다루려고 노력했다. 주체 개념과 역사적 목적론에 대한 포스트구조주의의 강력한 비판은 경제적 결정론에 경도된 인간주의와 역사주의적 마르크스주의가 답할 수 없는 도전을 제공했기 때문에 이 질문은 중요한 질문이다. 그러나 역사 유물론

28 Castells, *The Informational City*.

을 현대 자본주의사회의 재생산과 관련된 물질적 실천의 총체성에 대한 이론으로 간주한다면, 나는 이 이론을 구축하는 것이 가능할 뿐만 아니라 전적으로 필요하다고 주장하고 싶다. 현대 지정학 및 국제경제 시스템의 특성을 이해하려는 포스트구조주의와 포스트모더니즘의 시도는 대체로 글로벌 네트워크와 흐름에 비현실적인 특권을 부여하는 결과를 낳았다. 마누엘 카스텔스나 앤서니 기든스[29] 같은 영향력 있는 세계화 이론가들의 연구는 사람들의 삶을 제약하는 구조에 대해 맹목적이거나 무관심한 것처럼 보이는 개인적 삶과 자기 계발의 정치로 귀결되었다. 그러나 하트나 네그리처럼 세계화의 경향에 비판적인 저자들조차도 현대 자본주의사회와 국가체제의 성격을 제대로 파악하지 못한 채 '다중의 존재론적 신화'와 같은 이상주의적 해법을 수용하는 경우가 많다. (르페브르가 제시한 것처럼) 일상생활과 생활공간의 성격에 초점을 맞추고 도시, 지역, 국가, 국제 체제 질서의 관계에 주목함으로써(최근 비판 지리학자와 사회 이론가들의 연구에서처럼) 특정한 역사적·공간적 차원에서의 물질적 실천의 다양성에 집중하는 역사 유물론만이 오늘날 세계가 직면한 기후변화, 글로벌 불평등, 전쟁의 주요 문제에 대한 해결책을 현실적으로 평가하는 데 도움을 줄 수 있다.

29 Giddens, *Runaway World*.

역자 해제   신유물론의 현재와 존재-윤리학

세이렌의 바다

1990년대 중반부터 영미와 유럽 사상사에 등장한 신유물론이 세계를 어떤 방식으로든 변화시켰는가? 적어도 이 새로운 사상이 한국사회 인문-예술계 전반에 영향을 주고 있는 것은 분명한 것 같다. 많은 철학자와 사회과학자 그리고 교육자들과 비평가들이 신유물론 관련 논문을 썼고, 예술가들은 앞다투어 자신의 작업에 그것을 적용하기를 바라고 있다.

신유물론이 가진 이론적 매력은 세계를 바라보는 시선 자체를 주체로부터 객체와 물질로 역전시킨다는 점에 있다. 이것은 문화적 맥락, 당대의 멘탈리티 변화와도 밀접한 연관성을 가진다. 다시 말해 자본주의 사회구성체의 생산력과 생산양식이 인간 노동력의 '착취' 공정을 초과하여 신체와 인지적 시공간은 물론 행성과 우주 전체의 '약탈'로 이어지고 있는 사태가 그것이다. 이런 비합리적이고 잔혹한 과정들은 잘 알려진 대로 자본 자신의 토대를 허물 뿐만 아니라 행성 전체 행위자들의 생존의 토대까지 침식시킨다. 이제 물질적인 것은 인위적인 조작방식의 필연성을 벗어나 자신이 애초부터 품고 있었던 어떤 우발성의 지대를 열어 보이는 것 같다.

이와 같은 사태는 신유물론이 어째서 물질을 기하학적인 정적 상태로 상정하지 않고 동역학적이고, 유체적이며, 가소적인 상태로 여기는지를 알게 해 준다. 거칠게 말하자면 물질은 인류의 이기심과 자본의 이윤 아래에 만만하게 적응하지 않는다. 또한 자연은 인간이 그 스스로의 실존적 조건을 거역하고, 마치 제3자인 양 행동하는 것을 허락하지 않는다.

이 와중에 사람들이 느끼는 일상적인 불안과 원인불명의 증오는 증기기관 발명에서부터 시작하여 초지능 AI의 출현가능성으로 이어지는 기술발전 안에서 자신의 통제권이 완전히 증발해 버렸다는 자각으로 이어진다. 이는 곧장 윤리와 정치의 실종을 초래한다. 이제 자기 관리 능력이 사라지거나, 참을 수 없을 정도로 축소된 시공간에 윤리와 정치가 허무주의로 변형되는 것은 거의 필연적이다. 전 세계적으로 발생하는 테러와 극우 전체주의 이념의 유행을 보라. 게다가 파괴적인 광기들이 SNS를 통해 실시간으로 중계된다.

신유물론은 정확히 이러한 약탈과 불안, 상실과 파괴의 맥락에 터를 잡고 그것을 직시하는 사상이다. 따라서 신유물론자들에게 문제는 사회적이거나 문화적인 것만도 아니고, 윤리적인 것만도 아니다. 단적으로 그것은 총체적이며, 존재론적이다. 때문에 그들은 새로운 관점과 더불어 세계 자체가 '잘-존재함'(eu zen)의 방향으로 변화하기를 바란다. 그러므로 브라이도티가 말한 것처럼 신유물론의 출현은 "하나의 방법, 개념적 틀, 정치적 입장"[1]이라는 총체적인 요청에 힘입은

---

1 릭 돌피언·이리스 반 데어 튠, 『신유물론: 인터뷰와 지도제작』, 박준영 옮김, 교유서가, 2021, 23쪽.

것이다.

　이를 위해서는 우리를 둘러싼 물질의 물질성 또는 물질화의 과정에 대한 시각이 전환되어야 한다. 왜냐하면 늘 문제가 되는 것은 물질적인 것이며 거기에 인간이 소속되어 있기 때문이다. 여기에 인간예외주의(human exceptionalism)가 끼어들 여지는 없다. 마찬가지로 어떤 초월적 영성 따위도 요청되지 않는다. 이 둘은 모두 위기 상황에서도 끈질기게 따라 붙는, 아니 오히려 더 기승을 부리는 세이렌의 노랫소리와 같다. 우리는 오디세우스처럼 돛대에 온몸을 결박하고 그 노랫소리를 경청할 필요가 있다. 부정하지 않고 듣는 것, 유혹당하지 않고 감응하는 것, 긍정하면서 이분법을 돌파하는 것이 신유물론의 이론적 태도이다.

물질, 감응-기계

그렇다면 물질의 존재론으로서 신유물론은 무엇을 주장하는가? 우선 신유물론은 물질의 능동성, 또는 능동적 운동성(active mobility)을 전면에 내세운다. 능동적 운동성은 곧 (권력power이 아닌) 역능(puissance) 또는 힘(force)을 포함한다. 주의해야 할 것은 이러한 능동적 운동의 힘이라는 것이 어떤 실체적 형상을 가진다고 보아서는 안 된다는 점이다. 그것은 능력으로서 과정 중에 있고 반드시 비재현적 요소를 포함한다. 다시 말해 물질의 능동적 힘은 일상적으로 발휘되는 물질의 영향력일 뿐만 아니라 그것의 내밀한 잠재적 차원도 일컫는다. 이 차원에서 물질은 마치 원자핵을 도는 전자의 궤도에서 일어나는 도약(leap)처럼, 또는 특이점에서 발생하는 방정식의 붕괴처럼 일종의 이론적 공백을 통해 스스로를 드러낼 뿐이다.

　그렇다 하더라도 우리는 여기서 어떤 고루한 불가지론이나 칸트적인 '물–자체'로의 '접근불가능성' 같은 것을 상상해서는 안 된다. 신유물론은 이 공백을 단순한 감각 차원이 아니라 감각을 아울러 자연 전반에 걸쳐 수행되는 감응(affect)의 차원에서 파악하고 붙잡을 수 있다고 보기 때문이다. 이 감응의 차원은 사실상 공생하는 행위자들 전체의 새로운 공통 감각이다. 데카르트적 의미의 양식(bon-sens)과는 달리 감응은 일방향으로 수렴되지 않고 끊임없이 이산한다. 따라서 그것은 어떤 획일적인 체계와 토대에 물질을 끌어다 맞추는 인간중심주의가 아니라, 물질들의 개별적 특성과 존재적 독립성을 극단적으로 인정하게 된다. 이렇게 해서 감응은 객체들의 아나키즘, 물질적인 것들의 '저기-있음'(Da-sein)을 판독하는 일종의 전일적인 기계(holistic machine) 또는 장치라고 할 수 있다. 인간을 포함한 물질적인 것은 이렇게 해서 독립적임과 동시에 상호–착근(inter-embediment) 또는 상호–체현(inter-embodiment)되어 있다. 바라드라면 이것을 '간–행'(intra-acton)이라 부를 것이다.

여기에 또한 수동성의 능력에 대한 인정이 드러난다. 즉 착근과 체현의 상황에서 물질은 능동성 뿐만 아니라 서로의 감응성이 가지는 질적 차이와 양적 구별에 따라 상이한 수동성을 가진다는 것이다. 하지만 이 수동성은 '반응적'(reactive)인 것이 아니다. 그것은 스스로 수동적인 경로를 따라 움직이기를 '원하는' 것으로서, 니체적 의미에서 적극적인(positive)인 수동성이다. 따라서 물질은 수동적일 때조차 스스로의 역능으로 인해 능동적일 수밖에 없다. 예컨대 우리가 물질이 수동적이라고 규정 내리는 사태에서도 우리는 우리 자신의 지성–물질과 신체의 능동성이 그러한 사태를 초래한다는 것을 안다. 마찬가지로 내 앞에 놓인 저 컵은 내가 음료를 마시는 행위를 해 주기를 기다리며 수동적으로 놓여 있다고 여겨지지만 그것은 물질에 대한 허무맹랑한

의인화일 뿐이다. 컵은 형태적으로 또한 공간적으로 적극적인 기능을 내재하고 있으며, 그로 인해 내 행동을 받아들일 수 있고, 나는 그것을 이용할 권한을 부여'받는다.' 더 나아가 나는 컵의 물질성에 감응하니 마시는 행위를 할 능력을 부여'받는다'. 이 사태 안에서 물질-신체는 상호-착근되며, 얽혀 있다. 이들은 모두 감응-기계다.

물질, 횡단-기계

능동적 실재로서의 물질은 서로 얽힌 상태의 감응-기계이며 인간도 예외가 아니다. 우리는 이러한 물질의 운동 양상을 존재론적인 용어로서의 '주름'(pli)으로 명명할 수 있다. 주름 자체로서 물질(matter)은 언제나 물질화(mattering)다. 물질화의 과정 안에서 개체화가 이루어진다. 다시 말해 개체가 먼저 있고, 얽힌 상태가 있는 것이 아니라, 얽힘의 주름운동(enfolding)에서 개체가 발생한다고 해야 한다. 그러므로 여기에는 필연적으로 어떤 모호한 지대(obscure zone)가 있다.

　개체의 발생, 즉 개체적 사건은 반드시 모호한 지대로서, 이러한 주름의 그늘을 주파하는 어떤 역능의 움직임(강도)을 수반하며, 그 그늘을 끌고 간다. 마침내 물질의 개체적 속성이 부여되는 우발적 절단(cut)이 개입하면 그 물질은 개체적인 질로 뒤덮히고, 감싸이고, 침윤된다. 그렇다 해도 어두운 지대는 완전히 해소될 수 없다. 그것은 개체화된 물질 '곁'에 늘 존재하면서 주름운동의 잠재적 역능을 발휘하는 지대로 남는다. 이와 같은 방식으로 물질은 잠재적 주름운동에서 현실적 주름운동으로 횡단하는 역능을 가지게 된다. 따라서 물질은 횡단-기계다.

우발성, 횡단성과 관계성의 저수지

주름-물질은 관계성과 횡단성의 패치워크다. 그런데 이 패치워크는 공백을 품고 있음과 동시에 서로 중첩되고 회절한다. 물질의 역능이 결핍과 부정성이 아니라 과잉과 긍정성이기 때문에 이것은 당연한 결론이다. 과잉의 긍정성은 선형적 인과성을 초과하는 사태이며, 존재하는 항들의 인과성이 뚜렷하게 형성되어 있을 때조차 인과성의 '곁'에서 가설과 법칙을 거스르는 우발성을 제작한다. 만약 우발성이 없다면 물질화의 과정은 멈추게 될 것이다. 거기에는 그 어떤 개체발생적 사건도 존재하지 않는다.

그래서 인과성 '곁'에 놓인 우발성은 비선형적이다. 그것은 어떤 '화산성의 역능'(레비 브라이언트)을 품고 있는 내재성의 장이다. 한여름의 산들 바람, 달빛의 온화함, 유채꽃들 또는 나와 그녀의 사랑을 느끼고 상상할 때 떠올리는 모든 정념들은 아직 현행화되지 않은 미분적 상태에서 들끓는다. 이로 인해 물질은 순백의 일의성을 향유하지만 언제나 순수하지는 않다. 우발성의 차원에서 모든 것은 차이생성의 잠재적인 비대칭성을 가진다. 산들바람은 여름의 무더위와 비대칭적으로 접혀 있으며, 달빛은 작열하는 태양의 시간을 품고 있고, 만발한 제주 유채꽃 한 송이 한 송이는 파도 소리와 갯내음을 끌어안고 있으며, 사랑은 언제나 신체들의 떨림이라는 행복한 기대를 미리 당겨 살아간다. 거기에는 차이의 현(絃)들이 각기 다른 음을 내며 얽혀 있다. 이것은 변증법적 대립의 사유가 포착할 수 없다.

이들이 어떤 (부)조화를 달성하는 사태는 횡단성을 통해 이루어진다. 이산성 가운데 생겨나는 이러한 (부)조화는 인간적인 신체를 특별히 내세우지 않으며, 그에 따라 동물, 기계, 미생물, 광물 등등의 다종다양한 신체들이 연합하고 길항한다. 하지만 여기에 어떤 외적인 또는 (같은 말이지만) 초월성이 개재할 여지는 없다. 이것은 말 그대로 자기 촉매적이며 스스로 네트워크를 형성한다. 이 네트워크가 횡단성에 의해 점유되면 거기서 새로운 물질적인 사건이 발생할 수 있다. 이를테면 용기 속에 담긴 과포화 용액은 일정한 자극과 관계를 맺으면 곧바로 결정화 과정으로 진입한다. 이러한 상태 변화의 문턱을 넘어서는 촉매의 핵은 바로 결정화의 씨(결정핵)이다. 여기에는 용질과 용매 분자 간의 횡단적 관계성 외에 다른 요인은 존재하지 않는다.

이러한 질적 문턱을 넘어서는 변화는 사건이라 불릴 수 있으며, 사건은 우발성으로부터 나온다. 이 물질화의 과정은 돌연변이와 같은 진화 과정에서도 볼 수 있다. 다시 말해 어떤 인과적 필연성이 생겨나기 위해서는 횡단적 관계(횡단선)들의 누증이 이루어져야 하며 그로 인해 최초의 표현형이 결정된다. 문제는 이러한 우발성이 '절대성'을 가지지 않는다는 점이다. 우발성은 언제나 "어떤 것에 대해(upon) 우발적이다".[2] 사변적 의미에서 절대성이란 이와 같이 관계성 안에서만 유효하다. 그 관계성을 벗어나, 어떤 초월적 절대성으로 비상하면 물질은 실재와 비실재로 분열되며, 이것은 곧 이분법을 불러내는 단초를 형성하게 될 것이다. 창조도 기원도 종말도 초월도 없으며 오로지 과정만이 있다.

이 과정 안에서 행위소들은 횡단성을 겪고 또 누린다. 서양란의 꽃을 닮아 가는 말벌처럼, 환경의 변화에 따라 동일 서식지임에도 다르게 진화하는 종들처럼, 또는 조건들에 따라 다르게 층화되는 암석들처럼, 그리고 프롤레타리아에서 프레카리아트가 분화되어 나오는 것처럼 그 모든 과정에서 겨냥하던 바와 애초의 형태가 변이하며, 결국

2　Yuk Hui, *Recursivity and Contingency*, London: Rowman & Littlefield, 2019, p. 41.

에는 목표에 도달하지 못할지도 모르지만 계속된다. 거기에는 반드시 "작거나 혹은 무한히 커질지도 모르는 표류, 미끄러짐, 치환"[3]이 있기 마련이다. 이를 우리는 '관계적 우발성'(relational contingency)이라 부를 수 있다.

관계적 우발성은 우발적 사건들이 다름 아니라 관계로부터 돌출하는 것으로 바라본다. 그러나 우발적 사건 자체가 관계로 환원될 수 있는 것도 아니며, 관계가 우발적 사건으로 환원된다고 주장하지도 않는다. 왜냐하면 사건은 어떤 관계 안에서, 그 바깥으로, 관계를 끌고 나아가 새로운 관계를 형성하기 때문이다. 그렇게 해서 기존의 관계와는 다른 방식으로 네트워크를 변형한다.

그런데 우발성의 강도와 그 주변에 사건의 주름이 더 많이 접힐수록 그것은 물질화의 가속성을 벗어나 질적이고 양적인 규정 상태로 진입하며 마침내 필연성이 된다. 마치 돌연변이 발생이 반복적으로 발생하고, 한 종 안에서 우세한 물질화의 과정이 되어 새로운 종이 탄생하는 것처럼 관계적 우발성은 기존의 생물적 과정 안에서 '우발적으로' 태어나 '필연적으로' 마무리되면서 전체 생물계의 신진대사 네트워크를 질적으로 다르게 변형한다. 그 반대로 멸종은 필연성에 머물러 있던 생물계의 한 종이 우발성 안으로 사라져 가는 역과정을 말한다. 만약 이 과정에서 물질적인 것들 간의 간-행에서 무언가 다른 우발성이 발생한다면 발생과 멸종의 과정은 다른 방향으로 미끄러져 들어갈 수도 있다.[4]

---

3 브뤼노 라투르, 『판도라의 희망: 과학기술학의 참모습에 관한 에세이』, 장하원·홍성욱 옮김, 휴머니스트, 2018, 151쪽.
4 박준영, 『신유물론, 물질의 존재론과 정치학』, 그린비, 2023, 167쪽 참조.

비재현적 사건

물질이 비재현적 사건이라는 것은 관계적 우발성에 의해 생겨나는 객체의 형상이 실체화될 수 없다는 것을 의미한다. 따라서 많은 사람늘이 말하는 것처럼 (신)유물론이 물질환원론이라는 주장은 성립될 수 없다. 우선 관계적 우발성에서 관계란 앞서 말한바, 횡단성의 수행적 운동인 간-행(intra-aciton)의 관계를 의미한다. 이것은 '관계항 없는 관계'라는 바라드의 말에서 암시되다시피[5] 실체화된 '항', 선재하는 행위소를 상정하지 않는다. 항은 언제나 관계의 운동, 흐름, 역동 안에서 발생하는 것이지 그 역은 성립되지 않는다. 횡단선이 누증되어 항으로 인해 관계가 성립되는 계기에 이른다 해도, 사태는 달라지지 않는다. 항에서 관계가 나오는 경우는 이미 우발적 사건이 피드백(반복적 수행성)을 통해 조정되는 과정에 있다는 것이지 관계에 선재하는 항이 있다는 의미가 아니다.

이럴 경우 물질은 궁극적으로 비재현적으로 존재한다. 그것은 재현주의의 표상화 작용에서 유래하는 주체, 실체, 개별실체 등등을 비껴가는 관계의 운동에 다름 아니기 때문이다. 이 운동에서 이른바 인간-주체가 특별한 위치를 차지하는 것도 아님은 분명하다. 인간의 인식적 능력과 그 실행은 처음부터, 언제나 이 운동의 흐름 안에 휘말려 있다. 따라서 재현주의는 인식의 제국주의이며, 하나의 망상에 불과하다. 그렇다 해도 재현 자체를 부정할 필요는 없다. 신유물론은 재현'주의'를 망상으로 보는 것이지 재현이 가진 기여를 부정하지 않는다. 다

---

5 '관계항 없는 관계'(relation without relata)는 바라드(Karen Barad)가 그 자신의 수행성(performativity)을 강조하기 위해 사용하는 개념이기도 하다. Karen Barad, *Meeting the Universe Halfway: Quantum Physics and the Entanglement of Matter and Meaning*, Durham and London: Duke University Press, 2007, p. 333 등 참조.

만 재현은 언제나 부차적이며, 국지적이고, 불완전하다는 것을 신유물론자들은 자각하고 있다.

　따라서 우발적 사건으로서의 비재현적 물질은 들뢰즈의 표현을 빌리자면 '섬광'과 같다. 이 사건이 일시적이지 않으려면 "그것이 가지는 동적 가능성의 새로운 지역이 접힘에 의해 더욱 발달해야 한다. 접힘 없이는, 사건은 대상 없는 감응으로 머무를 뿐이다".[6] 다시 말해 재현은 그 자체로 허약하고, 빈약하지만 그것이 수행적으로 반복되고 접히는 사건들을 더 많이 품고 있을수록 더 거대한 네트워크를 형성하고, 더 많은 관계를 획득하며, 더 커다란 사건의 역능을 발휘할 수 있게 된다.

횡단성의 심화-이분법의 뺄셈[7]

이쯤 해서 우리는 '횡단성'이라는 개념을 심화시킬 필요성을 느낀다. 이론과 실천, 학제 간에 그리는 횡단선과 같이, 이전의 평평하고 평행한 선들에 그리는 긴 대각선, 또는 클리나멘의 선, 양식화된 물질들의 응고를 관통하는 우발성이 바로 횡단성이다. 여기서 간파할 수 있는 것은 이 이원론에 대한 횡단성이 궁극적으로 이론과 실천의 이분법을 형해화한다는 점이다. 이를테면 해러웨이의 세계(상)화하는 글쓰기나 바라드의 회절적 독해는 바로 존재론적 측면의 변형을 가져오는 것으로서, 이론과 실천 간의 간극을 횡단하는 것이다. 결정적으로 **횡단성은 이 모든 이분법적 구별들을 가로지름으로써 생겨날 수 있는 또 다른 이분법적 응결조차 피해 가고자 하는 것이다. 그렇다면 횡단'성'은**

6　토마스 네일, 『존재와 운동』, 최일만 옮김, 앨피, 2019, 138쪽.
7　이 절의 내용은 박준영, 『신유물론, 물질의 존재론과 정치학』, 219~221쪽을 다소 수정한 것이다.

언제나 횡단‘선’ 자체를 가로질러 가야 한다. 그것은 언제나 자기 자신보다 더 빨리, 더 이르게, 도래해야 한다. 거기에 횡단성의 우월함이 있다. 이렇게 해서 횡단성은 이분법의 ‘자기포획성’을 회피한다.

미셸 세르(Michel Serres)의 다음 언급이 그것을 일깨워 준다.

> 부정적인 신호에 의해 야기된다 해도, 다른 관념에 대립하는 하나의 관념은 언제나 동일한 관념입니다. 당신들이 서로 간에 대립하면 할수록, 당신들은 더욱더 동일한 사유의 틀거지 안에 남겨지게 되지요. […] 우리는 토론 이상의 것을 가지고 있습니다. 우리는 좀 과묵한 사람들이 필요한 겁니다. 아마도 과학은 계속되는 공적 토의들이 필요하지만, 철학은 확실히 그러한 것들 때문에 죽어 버리지요.[8]

세르가 정확하게 말하고 있는 것처럼, 이분법(두 사람의 논적들)의 틀거지 내에서 이루어지는 담론 과정에서는 아무런 창조물도 나올 수 없다. 차라리 우리는 여기서 물러나서 다른 식으로 의견의 적수를 마주해야 한다. 계속 교체되는 이분법적인 적수들을 만나느니 들끓는 목소리들을 직접 만나러 광장으로 나서야 하는 것은 아닐까? 은둔의 철학자 세르는 여기까지 말하는 것 같지는 않다. 하지만 세르는 분명한 어조로 이분법이 결국은 자기 스스로를 포획하는 힘에 걸린다는 점을 강조하고 있다.

결론적으로 횡단성은 이분법을 비껴가면서 그것을 (파괴하는 것이 아니라) **무능력하게** 만든다. 다시 말해 이분법을 죽이지 않고, 그것

---

8 Bruno Latour and Michel Serres, *Conversations on science, culture, and time: Michel Serres with Bruno Latour*, The University of Michigan Press, 1995, pp. 81~82.

을 표면에서 확장시키면서 이분법을 n분하되, 거기서 이분법을 빼는 것이다(n-1). 이렇게 되면 언제나 거기에는 총체성을 초과하는 잔여적인 것(n/n-1)이 남게 된다. 이것에 극한을 적용하면 잔여적인 것은 늘 미분적인 것, 즉 미분적인 차이화 과정이 된다. 이분법을 극단으로 밀어붙인다는 것은 이와 같이 이분법 자신의 결정론적인 범주적 권력을 매번 빼서 더 멀리 던져두고, 그 빈 자리에 늘 미분적 차이를 새겨넣는 과정을 의미한다. 이것은 들뢰즈의 용어법에 따르면 '미분화하는 차이생성' 외에 다른 것이 아니다. 이때 n과 n-1은 선후관계가 아니라 갈마들고 얽히는 관계다. 즉 수행적인 것이다. n이 계속해서 이어지기 위해서는 n-1이 요구되고, 그 역도 타당하다. 횡단성은 이렇게 함으로써 **어떤 것을 '죽이거나' 소멸시킨다기보다, 그것의 역능을 자기화하면서, 거기서 새로운 것을 생성시킨다.** 그러므로 신유물론과 관련하여 이 개념은 그 실천적 역량을 확장하기 위한 조건을 교육하고, 정치적으로 고무하는 기능을 가지게 된다.

신유물론의 존재론적 전회와 포스트-메타/피직스

신유물론은 '물질'을 무비판적으로 통용된 수동성으로 정의하지 않는다. 이와 반대로 물질은 자기-조직화와 형태발생적 힘을 가진 능동적 '주체'이다. 이러한 주체적 능동성의 다른 이름을 우리는 들뢰즈의 개념을 빌어 '강도'(intensity)와 '잠재성'(virtuality)이라고도 할 수 있다. 물질이 '강도적'이라는 것은 개체화하는 흐름이라는 것이다. 유기적이든 무기적이든 간에, 세포든 입자든 간에 거기에는 이러한 흐름으로서의 강도적 생성의 과정이 물질의 핵심에 자리 잡게 된다.

　이러한 물질의 능동적이고, 강도적인 흐름은 자연과 인위의 경계를 구분 불가능하게 한다. 물질은 이 구분 불가능성의 영역에 본질적으로 스스로를 놓는다. 이렇게 함으로써 인간중심주의를 해체하고, 포스트휴먼의 기능성을 선취하는 것이다. 그런데 이때 포스트휴먼의 '포스트'는 인간 '이후'의 어떤 단일한 형상으로 수렴되지 않는다. 그것은 단적으로 복수성이며 다양체이다. 달리 말해 포스트휴먼은 혼종성으로 발산하는 물질성 그 자체다. 이는 아리스토텔레스 이후 이어져 온 존재론의 명제인 '존재인 한에서의 존재'(ens in quantum ens)로서의 그 단일성을 해체한다. 그러므로 '물질적 전회'란 다른 말로 '존재론적 전회'라고 할 수 있다. 이러한 전회를 의미하는 형이상학은 이제 포스트–메타피직스(post-metaphysics), 들뢰즈의 용어로 '순수 형이상학'(métaphysique pur)이다.

　이러한 포스트–메타피직스는 그 자체의 특유한 통일성의 원리를 가지고 있는데, 그것이 바로 앞서 설명한 '횡단성'이다. 횡단성은 단순히 무언가 선재하는 항들을 건너뛰어 간다거나, 그 항들의 놀이라는 의미가 아니다. 그것은 규율적이고, 규칙적인 범주들이 부재한 '운동'이며, '관계항 없는 관계'의 놀이다. 포스트–메타피직스는 우발적인 운동의 탈주선으로 이루어지는 수행적이면서, 실천적인 과정으로서의 유물론이다. 여기서 '포스트'(post)란 라틴어 'postis'의 원뜻 그대로, '서 있는'(-stare) 곳으로부터 '밖으로'(por-) 나아가는 과정으로만 존재하는 어떤 경계지대를 의미한다. 이 경계지대는 늘 움직이면서 사물이나 사태의 배치를 바꾼다. 그러므로 포스트–메타피직스는 결코 범주적인 이분법의 그물에 걸리지 않으며, 때문에 횡단적이다.

　요컨대 '존재론적 전회'란 '포스트-메타피직스'로의 전회이며, 이것이 '신유물론'이다. 이런 의미에서 저 메타피직스의 '메타'(meta)와 '피직스'(physics)의 의미와 관계도 갱신되어야 한다. 즉 형이상학은 'meta'에 대한 전통적 이해에서와 같이 한 번도 자연학 '뒤'(behind)

나 '위'(above)에 온 적이 없다. 이는 아리스토텔레스 자신의 본래 의도와도 부합하지 않는다. 오히려 이것은 온전히 그의 삼백 년 뒤의 편집자인 안드로니코스(Andronicus of Rhodes)의 것이다. 아리스토텔레스에게는 오직 피직스만이 있었을 뿐이며, 그것은 언제나 메타피지컬(mtaphysical)한 것이었다.[9] 그래서 그는 본래적으로 메타피지컬한 자연학을 '제일철학'(φιλοσοφία πρώτη)이라고 불렀으며, 이것이 바로 '존재인 한에서의 존재'(ὄντος ἦ ὄν)를 밝히는 것이었다.[10]

그에게 자연학은 '운동'에 관한 것이지만, 제일철학으로서의 자연학은 '존재인 한에서의 존재' 즉 그 운동의 '제일 원인'에 대한 것이었다. 이 제일 원인은 물론 '운동하지 않는 것'(οὐσία ἀκίνητος)이지만, 이것과 자연은 분리될 수 없다. 그래서 아리스토텔레스는 '부동의 제일 원동자'가 개별적인 실체들의 원동자들과 이어지고, 이것이 개별적인 것들을 운동하게 한다고 한 것이다.[11] 이때 자연학은 제일 철학과 반드시 연결되어야 하며, 결코 분과적으로 분리될 수 없다. 이 분과적 분리는 학문의 분야를 가르고 거기서 전문가들을 길러 내고자 한, 근대적 훈육체계의 허상일 뿐이다.

신유물론은 언제나 물질성에 대한 이해를 매 시기마다 경계지대로 끌고 가서 새롭게 한다. 이런 의미에서 신유물론은 그 자신의 생성하는 학문적 담론 안에서 항구적이지, 이론 자체의 보편성이나 개념들의 영원성을 주장하지 않는다. 그것은 언제나 당대의 과학과 교전

---

9 이와 관련하여 아바네시안의 다음 문장은 시사하는 바가 있다. "자연학에 대한 아리스토텔레스의 주제의식과 성찰들은 또한 총체적으로 '형이상학적'인 것(durch und durch 'metaphysisch')이다." Armen Avanessian, *Metaphysik zur Zeit*, Leipzig: Merve Verlag, 2018, p. 18.

10 Aristoteles, *Metaphysics*, Perseus Digital Library, http://www.perseus.tufts.edu/hopper/text?doc =Perseus:text:1999.01.0051, 1026a29~30 참조(2022년 10월 25일 마지막 접근).

11 *Ibid.*, 1073a25~35 참조.

(encounter, engagement)하면서, 그로부터 나오는 개념을 통해 새로워지며 발전해 나가는 깃이다.

피직스(자연학)는 언제나 제일철학으로서의 형이상학, 또는 '순수 형이상학'과 함께 가며 그 역도 마찬가지다. 그러므로 이 둘은 늘 횡단적인 관계에 놓여 있다. 이를 이제 metaphysics라고 하나의 연속된 관념으로 표현할 수는 없다. 횡단성을 강조하는 도상적 기호로 이것을 다시 쓰면 meta/physics 정도가 될 것이다. 따라서 **신유물론은 '메타피직스'를 둘로 나누고(Meta/Physics), '메타'의 의미를 모호하게 만듦으로써 자연학 또는 물질에 관한 학문과 그 담론을 준/안정적(Meta/stable) 상태로 움직여 간다. 사실상 이때 물질 자체가 신유물론에게는 준안정적이며, 메타/피직스는 이 물질적 상태를 의미화하는 것, 사건화하는 것 외에 다른 것이 아니다.**[12] 우리는 자연(physis), 즉 물질에 대한 이해가 어떻게 되는가에 따라 형이상학이 창발해 가는 그 과정이 신유물론의 개념 작업을 조형한다는 것을 알고 있다. 마찬가지로 이 신유물론의 개념들은 자연에 대한 총체적이고 유일한 이해를 가능하게 한다. 결론적으로 이것이 바로 '**포스트-메타/피직스**'가 의미하는 바다.

에필로그: 신유물론의 윤리학

신유물론은 무엇보다 내재적인 윤리학을 전개하길 원한다. 여기서 내재성은 삶의 기준으로서 초월성을 기각하고 가치론을 유물론의 평면으로 가져오는 것을 의미한다. 즉 "하나의 존재양식은 선과 악, 그리고 모든 초월적인 가치와는 무관하게, 좋거나 나쁘며, 고상하거나 비속하

---

12 박준영, 「신유물론: 가속주의의 존재론」, 로빈 맥케이 외, 『K-OS』, 미디어버스, 2020 참조.

며, 충일하거나 허황되다. 실존의 내용, 즉 삶의 강도화(intensification de la vie) 이외의 그 어떤 기준도 있을 수 없다."[13]

　이러한 내재적 기준을 신체적인 강도 윤리라고 말할 수 있을 것이다. 신체는 말 그대로 신유물론 윤리의 터전이다. 신체는 "능동적 삶, 긍정적 활동성"인데, 이 터에서 "증오, 공포 그리고 잔혹함이라는 수동적이고 슬픈 정념에 반하여 관대함과 즐거움이라는 능동적 정서가 배양"[14]된다. 우선 신체는 수동적인 겪음의 상태에서 능동적인 수행의 상태로 나아가야 한다. 그렇게 하기 위해 우리는 수동적 겪음의 적극적 측면, 능동적 수동성을 다시 발굴해야 할 것이다. 다시 말해 "이 수동성 안에서 우리의 욕망은 탄생한다."[15] 수동성은 들뢰즈-스피노자에게 우리가 할 수 있는 것으로부터 우리 능력의 분리를 의미하지만 이 가운데에서도 최소한도의 능동적 행위가 발견된다. 어떤 사건을 마주했을 때, 예컨대 세월호 참사와 같은 '슬픈 사태' 앞에서 우리는 위축되고, 무능력에 빠진다. 하지만 이 수동적 상태는 결코 절대적이지 않다. 능동성만이 절대적인데 그것은 자연=실체 자체가 능동적이기 때문이다.

　따라서 우리는 이 슬픔을 딛고 행동하며, 투쟁하고, 마침내 어떤 것을 성취해 내고, 낼 것이다. 허나 그렇다 해도 하나의 유한한 양태로서 우리 자신은 이 슬픈 수동성을 완전히 제거할 수는 없다. 그러므로 우리는 슬픔의 정념이 오직 극히 작은 부분을 형성하도록 끊임없이 덜

13　질 들뢰즈·펠릭스 가타리, 『철학이란 무엇인가』, 이정임·윤정임 옮김, 현대미학사, 1995, 110쪽, 번역 수정.

14　Keith Ansell-Pearson, "Deleuze and New Materialism: Naturalism, Norms, and Ethics", eds. Sarah Ellenzweig and John H. Zammito, *The New Politics of Materialism-History, Philosophy, Science*, New York: Routledge, 2017, p. 104.

15　Ibid., p. 98.

어 내고 빼야 한다. 다시 말해 **상대적인 슬픔과 기쁨의 이분법을 덜어내고, 빼내면서 절대적 기쁨의 역량, 그 연속성의 웃음으로 삶을 물들여야 한다.**[16] 이것이 신유물론이 가진 가장 기본적인 윤리적 자세이다.

박준영

---

16 박준영, 『신유물론, 물질의 존재론과 정치학』, 674쪽 참조.

참고문헌

Adkins, A. W. D, *From the Many to the One.* Ithaca, N.Y.: Cornell University Press, 1970.

Adorno, Theodor, *The Culture Industry: Selected Essays on Mass Culture*, London: Routledge, 1991.

Adorno, Theodor and Max Horkheimer, *Dialectic of Enlightenment*, trans. John Cumming, London: Verso, 1997.

Agamben, Giorgio, *Homo Sacer: Sovereign Power and Bare Life*, Stanford, Calif: Stanford University Press, 1998.

_____ , *The Open: Man and Animal*, Stanford, Calif: Stanford University Press, 2004.

Ahmed, Sara, "Imaginary Prohibitions: Some Preliminary Remarks on the Founding Gestures of the New Materialism", *European Journal of Women's Studies* 15, no. 1, 2008, pp. 23~39.

_____ , *Queer Phenomenology: Orientations, Objects, Others*, Durham, N.C.: Duke University Press, 2006.

Althusser, Louis, "Contradiction and Overdetermination", *For Marx*, London: Verso, 1990, pp. 87~128.

_____ , *For Marx*, trans. Ben Brewster, London: Verso, 1990.

_____ , "Ideology and Ideological State Apparatuses (Notes towards an Investigation)", *Essays on Ideology*, London: Verso, 1984, pp. 1~60.

_____ , *Lenin and Philosophy and Other Essays*, trans. Ben Brewster, New York: Monthly Review Press, 1971.

_____ , eds. François Matheron and Oliver Corpet, *Philosophy of the Encounter: Later Writings, 1978–1987*, London: Verso, 2006.

Althusser, Louis and Étienne Balibar, *Reading Capital*, trans. Ben Brewster, London: Verso, 1997.

de Angelis, Massimo, "Neoliberal Governance, Reproduction and Accumulation", Commoner 7 (Spring/Summer 2003), www.thecommoner.org.

Ansell-Pearson, Keith, *Viroid Life: Perspectives on Nietzsche and the Transhuman Condition*, London: Routledge, 1997.

Appadurai, Arjun ed., *The Social Life of Things: Commodities in Cultural Perspective*, Cambridge: Cambridge University Press, 1998.

Archer, Margaret, *Being Human: The Problem of Agency*, Cambridge: Cambridge University Press, 2000.

Arendt, Hannah, *Eichmann in Jerusalem: A Report on the Banality of Evil*, New York: Viking Press, 1963.

Aronson, Ronald, and Adrian van den Hoven eds., *Sartre Alive*, Detroit: Wayne State University Press, 1991.

Baer, Susan, "In Vitro Fertilization, Stem Cell Research Share Moral Issues", *Baltimore Sun*, 4 June 2005, 5A.

Bakhtin, Mikhail, "Contemporary Vitalism", eds. Frederick Burwick and Paul Douglass, *The Crisis in Modernism: Bergson and the Vitalist Controversy*, New York: Cambridge University Press, 1992, pp. 76~97.

Balibar, Etienne, "Eschatology versus Teleology: The Suspended Dialogue between Derrida and Althusser", eds. Pheng Cheah and Suzanne Guerlac, *Derrida and the Time of the Political*, 57–73, Durham, N.C.: Duke University Press, 2009.

_____, *Politics and the Other Scene*, London: Verso, 2002.

Balsamo, Anne, *Technologies of the Gendered Body: Reading Cyborg Women*, Durham, N.C.: Duke University Press, 1996.

Banfield, Ann, *The Phantom Table: Woolf, Fry, Russell, and the Epistemology of Modernism*, New York: Cambridge University Press, 2000.

Barad, Karen, "Posthumanist Performativity: Toward an Understanding of How Matter Comes to Matter", *Signs: Journal of Women in Culture and Society* 28, no. 3, 2003, pp. 801~833.

Battersby, Stephen, "Messenger from the Multiverse", *New Scientist* 199, 2008, pp. 36~39.

Beauvoir, Simone de, *Old Age*, London: Weidenfeld and Nicolson, 1972.

_____, *The Second Sex*, trans. H. M. Parshley, Introduction by Deirdre Bair, New York: Vintage, 1989. Originally published as *Le deuxième sexe*, 2 vols., Paris: Gallimard, 1949.

Beck, Ulrich, *The Risk Society: Towards a New Modernity*, London: Sage, 1992.

—————, "The Terrorist Threat: World Risk Society Revisited", *Theory, Culture and Society* 19, no. 4, 2002, pp. 39~55.

Benhabib, Seyla, *The Claims of Culture: Equality and Diversity in the Global Era*, Princeton, N.J.: Princeton University Press, 2002.

Benjamin, Walter, *The Arcades Project*, trans. Howard Eiland and Kevin McLaughlin, Cambridge, Mass.: Harvard University Press, 2002.

Bennett, Jane, *The Enchantment of Modern Life: Attachments, Crossings, and Ethics*, Princeton, N.J.: Princeton University Press, 2001.

—————, "The Force of Things: Steps toward an Ecology of Matter", *Political Theory* 33, no. 3, 2004, pp. 347~372.

Berger, Peter and Thomas Luckmann, *The Social Construction of Reality*, Middlesex: Penguin, 1966.

Bergson, Henri, *Creative Evolution*, trans. Arthur Mitchell, New York: Dover, 1998.

—————, *The Creative Mind*, trans. Mabelle L. Addison, New York: Philosophical Library, 1946.

—————, *Matter and Memory*, trans. Nancy M. Paul and W. Scott Palmer, New York: Zone Books, 1988.

—————, *Mind-Energy*, London: Macmillan, 1921.

—————, *Time and Free Will: An Essay on the Immediate Data of Consciousness*, trans. F. L. Pogson, London: George Allen and Unwin, 1959.

Best, Robert, "Testimony of Robert A. Best, President, the Culture of Life Foundation", Submitted to the Committee on Commerce, Science, and Transportation, Subcommittee on Science, Technology, and Space, United States Senate Hearing on Cloning, Washington, D.C., 2 May 2001. http://commerce.senate.gov.

Bittner, Rudiger, "Masters without Substance", *Nietzsche's Postmoralism: Essays on Nietzsche's Prelude to Philosophy's Future*, ed. Richard Schacht, New York: Cambridge University Press, 2001, pp. 34~46.

Blits, Jan, "Hobbesian Fear", *Political Theory* 17, no. 3, 1989, pp. 417~431.

Bordo, Susan, *Flight to Objectivity: Essays on Cartesianism and Culture*, New York: SUNY Press, 1987.

Bourdieu, Pierre, *Outline of a Theory of Practice*, trans. Richard Nice, Cambridge: Cambridge University Press, 1977.

Braidotti, Rosi, *Metamorphoses: Towards a Materialist Theory of Becoming*, Cambridge: Polity Press, 2002.

_____, *Patterns of Dissonance: A Study of Women and Contemporary Philosophy*, Cambridge: Polity Press, 1991.

Brennan, Teresa, *The Transmission of Affect*, Ithaca, N.Y.: Cornell University Press, 2004.

Brown, Andrew, Steve Fleetwood, and John Michael Roberts eds., *Critical Realism and Marxism*, New York: Routledge, 2002.

Bryson, Bill, *A Short History of Nearly Everything*, London: Black Swan, 2004.

Bukatman, Scott, *Terminal Identity: The Virtual Subject In Postmodern Science Fiction*, Durham, N.C.: Duke University Press, 1993.

Burwick, Frederick, and Paul Douglass eds., *The Crisis in Modernism: Bergson and the Vitalist Controversy*, Cambridge: Cambridge University Press, 1992.

_____, "Introduction", *The Crisis in Modernism: Bergson and the Vitalist Controversy*, Cambridge: Cambridge University Press, 1992.

Butler, Judith, *Bodies That Matter: On the Discursive Limits of "Sex"*, New York: Routledge, 1993.

_____, *Gender Trouble: Feminism and the Subversion of Identity*, New York: Routledge, 1990.

_____, "Imitation and Gender Insubordination", ed. Linda Nicholson, *The Second Wave: A Reader in Feminist Theory*, New York: Routledge, 1997, pp. 300~315.

_____, "Performative Acts and Gender Constitutions: An Essay in Phenomenology and Feminist Theory", eds. Katie Conboy, Nadia Medina and Sarah Stanbury, *Writing on the Body: Female Embodiment and Feminist Theory*, New York: Columbia University Press, 1997, pp. 401~418.

_____, *Precarious Life*, London: Verso, 2004.

Calder, Nigel, *Magic Universe: A Grand Tour of Modern Science*, Oxford: Oxford University Press, 2003.

Canguilhem, Georges, "Aspects du vitalisme", *La connaissance de la vie*, Paris: Hachette, 1952, pp. 105~127.

Capra, Fritjof, "Complexity and Life", *Theory, Culture and Society* 22, no. 5, 2005, pp. 33~44.

Carman, Taylor and Mark Hansen, eds., *The Cambridge Companion to Merleau Ponty*, Cambridge: Cambridge University Press, 2005.

Carsten, Janet, *After Kinship*, Cambridge: Cambridge University Press, 2004.

Castells, Manuel, *The Informational City: Information Technology, Economic Restructuring, and the Urban Regional Process*, Oxford: Blackwell, 1989.

_____, *The Rise of the Network Society*, Oxford: Blackwell, 1996.

Catalano, Joseph S, *Thinking Matter: Consciousness from Aristotle to Putnam and Sartre*, New York:

Routledge, 2000.

Certeau, Michel de, *The Practice of Everyday Life*, Berkeley: University of California Press, 1984.

Cheah, Pheng, *Inhuman Conditions: On Cosmopolitanism and Human Rights*, Cambridge, Mass.: Harvard University Press, 2006.

_____, *Spectral Nationality: Passages of Freedom from Kant to Postcolonial Literatures of Liberation*, New York: Columbia University Press, 2003.

_____, "The Untimely Secret of Democracy", eds. Pheng Cheah and Suzanne Guerlac, *Derrida and the Time of the Political*, Durham, N.C.: Duke University Press, 2009, pp. 74~96.

Chesters, Graeme and Ian Welsh, *Complexity and New Social Movements: Masses on the Edge of Chaos*, London: Routledge, 2006.

Chiari, Joseph, "Vitalism and Contemporary Thought", eds. Frederick Burwick and Paul Douglass, *The Crisis in Modernism*, Cambridge: Cambridge University Press, 1992, pp. 245~273.

Chow, Rey, *The Age of the World Target: Self-Referentiality in War, Theory, and Comparative Work*, Durham, N.C.: Duke University Press, 2006.

_____, "Poststructuralism: Theory as Critical Self-Consciousness", ed. Ellen Rooney, *The Cambridge Companion to Feminist Literary Theory*, Cambridge: Cambridge University Press, 2006, pp. 195~210.

_____, "Sacrifice, Mimesis, and the Theorizing of Victimhood", *Representations* 94, Spring 2006, pp. 131~149.

Cohen, Gerald Allan, *Karl Marx's Theory of History: A Defence*, Princeton, N.J.: Princeton University Press, 1978.

Cole, Ethan, "Bush Stands against 'Temptation to Manipulate Life'", *Christian Post Reporter*, Friday, 13 April 2007, www.christianpost.com.

Conboy, Katie, Nadia Medina and Sarah Stanbury eds., *Writing on the Body: Female Embodiment and Feminist Theory*, New York: Columbia University Press, 1997.

Connolly, William, "Experience and Experiment", *Daedalus* 135, Summer 2006, pp. 67~75.

_____, *Neuropolitics: Thinking, Culture, Speed*, Minneapolis: University of Minnesota Press, 2001.

Coole, Diana, "Experiencing Discourse: Gendered Styles and the Embodiment of Power", *British Journal of Politics and International Relations* 9, no. 3, 2007, pp. 413~433.

_____, *Merleau-Ponty and Modern Politics after Anti-humanism*, Lanham, Md.: Rowman and Littlefield, 2007.

_____, *Negativity and Politics: Dionysus and Dialectics from Kant to Poststructuralism*, London: Routledge, 2000.

_____, "Rethinking Agency: A Phenomenological Approach to Embodiment and Agentic Capacities", *Political Studies* 53, 2005, pp. 124~142.

Coward, Rosalind and John Ellis, *Language and Materialism: Developments in Semiology and the Theory of the Subject*, London: Routledge and Kegan Paul, 1977.

Cox, Christopher, *Nietzsche: Naturalism and Interpretation*, Berkeley: University of California Press, 1999.

Crary, Jonathan and Sanford Kwinter eds., *Incorporations*, New York: Zone Books, 1992.

Damasio, Antonio, *Looking for Spinoza: Joy, Sorrow and the Feeling Brain*, New York: Harcourt, 2003.

Daniels, Cynthia, *At Women's Expense: State Power and the Politics of Fetal Rights*, Cambridge, Mass.: Harvard University Press, 1993.

Davidson, Arnold ed., *Foucault and His Interlocutors*, Chicago: University of Chicago Press, 1998.

Davies, Karen, "Responsibilities and Daily Life: Reflections Over Timespace", eds. Jon May and Nigel Thrift, *Timespace: Georgraphies of Temporality*, London: Routledge, 2001, pp. 133~148.

Davis, Mike, *Planet of Slums*, London: Verso, 2006.

Debord, Guy, *Society of the Spectacle*, Detroit: Black and Red, 1977.

Deleuze, Gilles, "The Actual and the Virtual", Gilles Deleuze and Claire Parnet, *Dialogues II*, trans. Hugh Tomlinson and Barbara Habberjam, 2nd edn., New York: Columbia University Press, 2002, pp. 148~152.

_____, *Cinema II: The Time Image*, trans. Hugh Tomlinson, New York: Athlone Press, 1989.

_____, *Difference and Repetition*, trans. Paul Patton, New York: Columbia University Press, 1994.

_____, *Essays Critical and Clinical*, trans. Daniel W. Smith and Michael A. Greco, Minneapolis: University of Minnesota Press, 1997.

_____, "Ethnology: Spinoza and Us", eds. Jonathan Crary and Sanford Kwinter, *Incorporations*, New York: Zone Books, 1992, pp. 628~633.

_____, *Expressionism in Philosophy: Spinoza*, trans. Martin Joughin, New York: Zone Books, 1990.

_____, *The Fold*, London: Continuum, 2006.

_____, *Foucault*, Minneapolis: University of Minnesota Press, 1988.

————, "Immanence: A Life", *Pure Immanence: Essays on A Life*, trans. Anne Boyman, New York: Zone, 2001, pp. 25~33.

————, "L'immanence: Une vie...", *Philosophie*, no. 47, 1995, pp. 3~7.

————, *The Logic of Sense*, trans. Mark Lester and Charles Stivale, New York: Columbia University Press, 1990.

————, *Logique du sens*, Paris: Minuit, 1969.

————, *Negotiations*, New York: Columbia University Press, 1995.

————, *Spinoza et le problème de l'expression*, Paris: Minuit, 1968.

Deleuze, Gilles and Félix Guattari, "Capitalisme énurgumène", *Critique*, no. 306, November 1972, pp. 923~956.

————, *Mille plateaux: Capitalisme et schizophrénie II*, Paris: Minuit, 1980.

————, *A Thousand Plateaus: Capitalism and Schizophrenia*, trans. Brian Massumi. Minneapolis: University of Minnesota Press, 1987.

————, *A Thousand Plateaus: Capitalism and Schizophrenia*, trans. Brian Massumi, London: Athlone, 1988.

Deleuze, Gilles and Claire Parnet, "The Actual and the Virtual", *Dialogues II*, 2nd edn., trans. Hugh Tomlinson and Barbara Habberjam, New York: Columbia University Press, 2002, pp. 148~152.

Derrida, Jacques, "As If It Were Possible, 'Within Such Limits'...", *Negotiations: Interviews and Interventions 1971–2001*, trans. Elizabeth Rottenberg, Stanford, Calif.: Stanford University Press, 2002, pp. 343~370.

————, "The Double Session", *Dissemination*, trans. Barbara Johnson, Chicago: University of Chicago Press, 1983, pp. 173~286.

————, "Not Utopia, the Im-possible", *Paper Machine*, trans. Rachel Bowlby, Stanford, Calif.: Stanford University Press, 2005, pp. 121~135.

————, *Politics of Friendship*, trans. George Collins, New York: Verso, 1997.

————, *Positions*, Chicago: University of Chicago Press, 1981.

————, *Rogues: Two Essays on Reason*, trans. Pascale-Anne Brault and Michael Naas, Stanford, Calif.: Stanford University Press, 2005.

————, *Specters of Marx: The State of the Debt, the Work of Mourning, and the New International*, trans. Peggy Kamuf, New York: Routledge, 1994.

————, "Structure, Sign and Play in the Human Sciences", *Writing and Difference*, London: Routledge, 2002, pp. 351~370.

_____, "Typewriter Ribbon: Limited Ink (2)", *Without Alibi*, ed. and trans. Peggy Kamuf, Stanford, Calif.: Stanford University Press, 2002, pp. 71~160.

Descartes, René, *Principles of Philosophy*, trans. Reese P. Miller, Dordrecht: Kluwer Academic Publishers, 1991.

De Veaux, Alexis, *Warrior Poet: A Biography of Audre Lorde*, New York: W. W. Norton, 2004.

Diamond, Irene and Lee Quinby eds., *Feminism and Foucault: Reflections on Resistance*, Boston: Northeastern University Press, 1998.

Dobson, Ken, David Grace and David Lovett, *Physics*, 2nd edn., London: Harper Collins, 2002.

Driesch, Hans, *The History and Theory of Vitalism*, London: Macmillan, 1914.

_____, *The Problem of Individuality: A Course of Four Lectures Delivered before the University of London in October 1913*, London: Macmillan, 1914.

_____, *The Science and Philosophy of the Organism: The Gifford Lectures Delivered before the University of Aberdeen in the Year 1907–8*, 2 vols, London: Adam and Charles Black, 1908.

Durie, Bruce, "Doors of Perception", *New Scientist*, 29 January~4 February 2005, pp. 34~37.

Ebert, Teresa L, *Ludic Feminism and After: Postmodernism, Desire, and Labor in Late Capitalism*, Ann Arbor: University of Michigan Press, 1996.

Eldon, Stuart, *Understanding Henri Lefebvre: Theory and the Possible*, London: Continuum, 2004.

Elliott, Anthony, "Foreword", ed. Christian Karner, *Ethnicity and Everyday Life*, viii, London: Routledge, 2007.

Engels, Friedrich, *The Condition of the Working Class in England*, Oxford: Oxford University Press, 1993.

_____, "Socialism: Utopian and Scientific", ed. Robert C. Tucker, *The Marx-Engels Reader*, 2nd edn., New York: Norton, 1978, pp. 683~717.

Epstein, Mark, *Going to Pieces without Falling Apart: A Buddhist Perspective on Wholeness*, New York: Broadway Books, 1999.

Esposito, Roberto, *Bios: Politiche della vita e filosofia dellímpersonale*, Torino: Einaudi, 2004.

Fausto-Sterling, Anne, "The Bare Bones of Sex: Part 1 —Sex and Gender", *SIGNS* 30, no. 2, 2005, pp. 1491~1527.

Featherstone, Mike and Nicholas Gane eds., "Annual Review", Special issue, *Theory, Culture and Society* 23, nos. 7~8, 2006.

Fingarette, Herbert, "The Ego and Mystic Selflessness", eds. Maurice R. Stein et al., *Identity and Anxiety: Survival of the Person in Mass Society*, Glencoe, Ill.: Free Press, 1960, pp. 552~581.

Fisher, Philip, "The Aesthetics of Fear", *Raritan* 18, no. 1, Summer 1998, pp. 40~72.

Foucault, Michel, *Discipline and Punish*, trans. Alan Sheridan, New York: Pantheon Books, 1977.

_____ , *Discipline and Punish: The Birth of the Prison*, Harmondsworth: Penguin, 1991.

_____ , The History of Sexuality, Vol. 1, New York: Random House, 1978.

_____ , "Nietzsche, Genealogy, History", ed. Donald F. Bouchard, *Language, Counter-Memory, Practice: Selected Essays and interviews by Michel Foucault*, Ithaca, N.Y.: Cornell University Press, 1980, pp. 139~164.

_____ , *Power/Knowledge*, New York: Pantheon, 1972.

Franklin, Jane, ed., *The Politics of Risk Society*, Cambridge: Polity Press, 1998.

Franklin, Sarah, Celia Lury and Jackie Stacey, *Global Nature, Global Culture*, London: Sage, 2000.

Fraser, Mariam, Sarah Kember and Celia Lury eds., *Inventive Life: Approaches to the New Vitalism*, London: Sage, 2006.

_____ eds., "Inventive Life: Approaches to the New Vitalism", Special issue, *Theory, Culture and Society* 22, no. 1, 2005.

Freud, Sigmund, *The Standard Edition of the Complete Psychological Works*, 24 vols, London: Hogarth Press, 1964.

Frost, Samantha, "Hobbes and the Matter of Self-Consciousness", *Political Theory*, 33, no. 4, 2005, pp. 495~517.

_____ , *Lessons from a Materialist Thinker: Hobbesian Reflections on Ethics and Politics*, Stanford, Calif.: Stanford University Press, 2008.

Fukuyama, Francis, *Our Posthuman Future: Consequences of the Biotechnology Revolution*, New York: Picador, 2003.

Gatens, Moira and Genevieve Lloyd, *Collective Imaginings: Spinoza, Past and Present*, London: Routledge, 1999.

Giddens, Anthony, *Runaway World*, London: Routledge, 2000.

Gilman, Charlotte Perkins, *The Home: Its Work and Influence*, Walnut Creek, Calif.: AltaMira, 2002.

Gilroy, Paul, *Against Race: Imagining Political Culture beyond the Color Line*, Cambridge, Mass.: Harvard University Press, 2000.

Gladwell, Malcolm, *The Tipping Point: How Little Things Can Make a Big Difference*, Boston: Back Bay Books, 2002.

Gleick, James, *Chaos: Making a New Science*, New York: Penguin, 1987.

Glissant, Edouard, *Poetics of Relation*, trans. Betsy Wing, Ann Arbor: University of Michigan Press, 1997.

_____ , *Poetique de la relation*, Paris: Gallimard, 1990.

Glucksmann, André, "A Ventriloquist Structuralism", ed. Gareth Stedman Jones, *Western Marxism: A Critical Reader*, London: Verso, 1978, pp. 282~314.

Goffman, Erving, *The Presentation of Self in Everyday Life*, Harmondsworth: Penguin, 1990.

Goodwin, Brian, *How the Leopard Changed Its Spots*, Princeton, N.J.: Princeton University Press, 1994.

Goodwin, Michele, *Black Markets: The Supply and Demand of Body Parts*, Cambridge: Cambridge University Press, 2006.

Gould, Stephen Jay, *The Structure of Evolutionary Theory*, Cambridge, Mass.: Harvard University Press, 2002.

Greco, Monica, "On the Vitality of Vitalism", *Theory, Culture and Society* 22, no.1, 2005, pp. 15~27.

Grosz, Elizabeth, *The Nick of Time: Politics, Evolution and the Untimely*, Durham, N.C.: Duke University Press, 2004.

_____ , *Space, Time and Perversion*, St. Leonards: Allen and Unwin, 2005.

_____ , *Volatile Bodies: Toward a Corporeal Feminism*, Sydney: Allen and Unwin, 1994.

Guattari, Félix, *Chaosmosis: An Ethico-aesthetic Paradigm*, Sydney: Power Publications, 1995.

Guha, Ranajit, *History at the Limit of World-History*, New York: Columbia University Press, 2002.

Habermas, Jürgen, *The Future of Human Nature*, Cambridge: Polity Press, 2003.

Hampton, Jean, *Hobbes and the Social Contract Tradition*, Cambridge: Cambridge University Press, 1986.

Hansen, Mark B. N, *New Philosophy for New Media*, Cambridge, Mass.: MIT Press, 2004.

Haraway, Donna, "The Biopolitics of Postmodern Bodies", eds. Janet Price and Margit Shildrick, *Feminist Theory and The Body*, New York: Routledge, 1999, pp. 203~214.

_____ , "A Cyborg Manifesto: Science, Technology, and Socialist-Feminism in the Late Twentieth Century", *Simians, Cyborgs, and Women: The Reinvention of Nature*, London: Routledge, 1991, pp. 149~182.

_____ , *ModesteWitness@secondeMillennium: FemaleManc_Meets OncoMouse™*, London: Routledge, 1997.

Hardt, Michael and Antonio Negri, *Empire*, Cambridge, Mass.: Harvard University Press, 2000.

_____ , *Multitude: War and Democracy in the Age of Empire*, London: Penguin, 2004.

Harrington, Anne, *Reenchanted Science: Holism in German Culture from Wilhelm II to Hitler*, Princeton, N.J.: Princeton University Press, 1996.

Harvey, David, *The Condition of Postmodernity*, Oxford: Blackwell, 1989.

_____, *A Brief History of Neoliberalism*, Oxford: Oxford University Press, 2007.

_____, *Spaces of Capital: Towards a Critical Geography*, Edinburgh: Edinburgh University Press, 2001.

_____, *Spaces of Global Capitalism: Towards a Theory of Uneven Geographical Development*, London: Verso, 2006.

Hayles, N. Katherine, "Computing the Human", *Theory, Culture and Society* 22, no. 1, 2005, pp. 131~151.

_____, *How We Became Posthuman: Virtual Bodies in Cybernetics, Literature, and Informatics*, Chicago: University of Chicago Press, 1999.

_____, "Unfinished Work: From Cyborg to Cognisphere", *Theory, Culture and Society* 23, nos. 7~8, 2006, pp. 159~166.

Heath, Robert, *The Hidden Power of Advertising*, Henley-on-Thames: Admap Publications, 2005.

Heidegger, Martin, *Ontology — The Hermeneutics of Facticity*, Bloomington: Indiana University Press, 1999.

Heinämaa, Sara, *Toward a Phenomenology of Sexual Difference*, Lanham, Md.: Rowman and Littlefield, 2003.

Hennessy, Rosemary, *Profit and Pleasure: Sexual Identities in Late Capitalism*, New York: Routledge, 2000.

Hill, Rebecca, "Interval, Sexual Di√erence", *Hypatia: A Journal of Feminist Philosophy* 23, no. 1, Winter 2008, pp. 119~131.

Hindess, Barry and Paul Hirst, *Mode of Production and Social Formation*, London: MacMillan, 1977.

Hirst, Paul, *Space and Power: Politics, War and Architecture*, Cambridge: Polity, 2005.

Hobbes, Thomas, *Behemoth, or the Long Parliament*, ed. S. Holmes, Chicago: University of Chicago Press, 1990.

_____, *De Cive*. Vol. 2, *The English Works of Thomas Hobbes*, ed. Sir William Molesworth, London: John Bohn, 1841.

_____, *De Corpore*. Vol. 1, *The English Works of Thomas Hobbes*, ed. Sir William Molesworth, London: John Bohn, 1839[1655].

_____, *De Homine, Thomas Hobbes: Man and Citizen*, ed. Bernard Gert, Indianapolis: Hackett, 1991.

_____, *Human Nature, Thomas Hobbes: The Elements of Law Natural and Political: Human*

Nature and De Corpore Politico, ed. J. C. A. Gaskin, Oxford: Oxford University Press, 1994[1640].

_____, *Leviathan*, ed. C. B. Macpherson, New York: Penguin, 1968[1651].

_____, *Of Liberty and Necessity*, Vol. 4, *The English Works of Thomas Hobbes*, ed. Sir William Molesworth, London: John Bohn, 1840[1655].

_____, *The Questions Concerning Liberty, Necessity, and Chance*, Vol. 5, *The English Works of Thomas Hobbes*, ed. Sir William Molesworth, London: Richard Bohn, 1841.

Hollis, James, *The Middle Passage: From Misery to Meaning in Midlife*, Toronto: Inner City Books, 1993.

_____, *Swamplands of the Soul: New Life in Dismal Places*, Toronto: Inner City Books, 1996.

Honneth, Axel, "The Intellectual Legacy of Critical Theory", ed. Fred Rush, *The Cambridge Companion to Critical Theory*, Cambridge: Cambridge University Press, 2004, pp. 336~360.

Husserl, Edmund, *The Crisis of the European Sciences and Transcendental Phenomenology: An Introduction to Phenomenological Philosophy*, trans. David Carr, Evanston, Ill.: Northwestern University Press, 1970.

_____, *Ideas: General Introduction to Pure Phenomenology*, trans. W. R. Boyce Gibson, London: George Allen and Unwin, 1969.

_____, *Ideas Pertaining to a Pure Phenomenology and to a Phenomenological Philosophy*, Second Book, trans. Richard Rojcewicz and André Schuwer, Dordrecht: Kluwer, 1989.

Irigaray, Luce, "Equal to Whom?", *differences* 1, no. 2, 1989, pp. 59~76.

_____, *An Ethics of Sexual Difference*, trans. Carolyn Burke and Gillian C. Gill, Ithaca, N.Y.: Cornell University Press, 1993.

_____, "Is the Subject of Science Sexed?", *Hypatia* 2, no. 3, 1987, pp. 65~87.

_____, *Marine Lover: Of Friedrich Nietzsche*, trans. Gillian Gill, New York: Columbia University Press, 1991.

_____, *Speculum of the Other Woman*, trans. Gillian Gill, Ithaca, N.Y.: Cornell University Press, 1985.

_____, *This Sex Which Is Not One*, trans. Catherine Porter with Carolyn Burke, Ithaca, N.Y.: Cornell University Press, 1985.

Israel, Jonathan, *Radical Enlightenment: Philosophy and the Making of Modernity 1650-1750*, New York: Oxford University Press, 2001.

Jackson, Richard and Neil Howe, *The Graying of the Great Powers: Demography and Geopolitics in the 21st Century*, Washington: csis, 2008.

Jameson, Frederic, *Postmodernism, or, The Cultural Logic of Late Capitalism*, London: Verso, 1991.

Jasanoff, Sheila, *Designs on Nature: Science and Democracy in Europe and the United States*, Princeton, N.J.: Princeton University Press, 2005.

Jennings, Herbert Spencer, "Doctrines Held as Vitalism", *American Naturalist* 47, no. 559, 1913, pp. 385~417.

_____, "Driesch's Vitalism and Experimental Indeterminism", *Science* 36, no. 927, 1912, pp. 434~435.

Jones, G. Stedman ed., *Western Marxism: A Critical Reader*, London: New Left Books, 1978.

Kant, Immanuel, *Critique of Judgment*, trans. Werner Pluhar, Indianapolis: Hackett, 1987.

Kelly, Sean Dorrance, "Seeing Things in Merleau-Ponty", eds. Taylor Carman and Mark Hansen, *The Cambridge Companion to Merleau-Ponty*, Cambridge: Cambridge University Press, 2005, pp. 74~110.

Kolakowski, Leszek, Vol. 2 of *Main Currents of Marxism*, Oxford: Oxford University Press, 1978.

Kopytoff, Igor, "The Cultural Biography of Things: Commoditization as Process", ed. Arjun Appadurai, *The Social Life of Things*, Cambridge: Cambridge University Press, 1998, pp. 64~94.

Kruks, Sonia, "Beauvoir's Time/Our Time: The Renaissance in Simone de Beauvoir Studies", *Feminist Studies* 31, no. 2, 2005, pp. 286~309.

_____, "Simone de Beauvoir: Teaching Sartre about Freedom", eds. Ronald Aronson and Adrian van den Hoven, *Sartre Alive*, Detroit: Wayne State University Press, 1991, pp. 285~300.

Lanchester, John, "Cityphilia", *London Review of Books*, 3 January 2008, pp. 9~12.

_____, "Cityphobia", *London Review of Books*, 23 October 2008, pp. 3~5.

Lashley, Karl Spencer, "The Behavioristic Interpretation of Consciousness", Part 1. *Psychological Bulletin* 30, 1923, pp. 237~272.

_____, "The Behavioristic Interpretation of Consciousness", Part 2. *Psychological Bulletin* 30, 1923, pp. 329~353.

Latour, Bruno, *Politics of Nature: How to Bring the Sciences into Democracy*, Cambridge, Mass.: Harvard University Press, 2004.

Lavin, Chad, "Fear, Radical Democracy, and Ontological Methadone", *Polity* 38, no. 2, 2006, pp. 254~275.

Lear, Jonathan, *Happiness, Death, and the Remainders of Life: The Tanner Lectures on Human Values*, Cambridge, Mass.: Harvard University Press, 2000.

Lefebvre, Henri, *Critique of Everyday Life*, Vol. 1, trans. John Moore, London: Verso, 1991.

_____, *Critique of Everyday Life*, Vol. 3, *From Modernity to Modernism: Towards a Meta philosophy of Daily Life*, trans. Gregory Elliott, London: Verso, 2005.

_____, *The Production of Space*, trans. Donald Nicholson-Smith, Oxford: Blackwell, 1991.

_____, *Rhythmanalysis: Space, Time and Everyday Life*, trans. Stuart Eldon and Gerald Moore, London: Continuum, 2004.

Lenin, Vladimir I, *Materialism and Empirio-Criticism*, Vol. 14 of *V. I. Lenin: Collected Works*, London: Lawrence and Wishart, 1968.

LeVay, Simon, *Queer Science: The Use and Abuse of Research into Homosexuality*, Cambridge, Mass.: MIT Press, 1996.

Loewald, Hans, *Sublimation: Inquiries into Theoretical Psychoanalysis*, New Haven, Conn.: Yale University Press, 1988.

Lorde, Audre, *Sister Outsider: Essays and Speeches*, Trumansburg, N.Y.: The Crossing Press, 1984.

Lovejoy, Arthur O., "The Import of Vitalism", *Science* 43, no. 864, 1911, pp. 75~80.

_____, "The Meaning of Driesch and the Meaning of Vitalism", *Science* 36, no. 933, 1912, pp. 672~675.

_____, "The Meaning of Vitalism", *Science* 33, no. 851, 1911, pp. 610~614.

Lutzow, Thomas H, "The Structure of the Free Act in Bergson", *Process Studies* 7, no. 2, Summer 1977, pp. 73~89.

Lyotard, Jean-François, *Le Différend*, Paris: Editions de Minuit, 1983.

MacIntyre, Alasdaire, *Dependent Rational Animals: Why Human Beings Need the Virtues*, Peru, Ill.: Carus, 2001.

Magnus, George, *The Age of Aging: How Demographics Are Changing the Global Economy and Our World*, Singapore: John Wiley and Sons(Asia), 2009.

Maienschein, Jane, "What's in a Name: Embryos, Clones, and Stem Cells", *American Journal of Bioethics* 2, no. 1, 2002, pp. 12~19.

Marcuse, Herbert, *One-Dimensional Man: Studies in the Ideology of Advanced Industrial Society*, 2nd edn., Boston: Beacon Press, 1991.

Markell, Patchen, *Bound by Recognition*, Princeton, N.J.: Princeton University Press, 2003.

Marks, Laura U, *The Skin of the Film*, Durham, N.C.: Duke University Press, 2000.

Martin, Biddy, "Feminism, Criticism, and Foucault", eds. Irene Diamond and Lee Quinby, *Feminism and Foucault: Reflections on Resistance*, Boston: Northeastern University Press, 1988, pp. 3~20.

Marx, Karl, *Capital: A Critical Analysis of Capitalist Production*, Vol. 1. Moscow: Progress Publishers, 1887.

_____ , *Capital*, Vol. 1, Harmondsworth: Penguin, 1990.

_____ , "Economic and Philosophical Manuscripts" (third manuscript), *Karl Marx: Early Writings*, trans. Thomas Bottomore, New York: McGrawHill, 1964.

_____ , ed. David Fernbach, *The Eighteenth Brumaire of Louis Bonaparte. Surveys From Exile: Political Writings*, vol. 2, Harmondsworth: Penguin, 1973.

_____ , ed. Thomas Bottomore, *Karl Marx: Early Writings*, New York: McGraw Hill, 1964.

_____ , *Preface* (1859) to *A Contribution to the Critique of Political Economy. Selected Works*, London: Lawrence and Wishart, 1947.

_____ , *Preface to An Introduction to the Critique of Political Economy. Karl Marx: Early Writings*, trans. Thomas Bottomore, Harmondsworth: Penguin, 1992.

_____ , ed. Friedrich Engels, *Theses on Feuerbach. Ludwig Feuerbach and the Outcome of Classical German Philosophy*, The Marxist-Leninist Library, London: Lawrence and Wishart, 1941, pp. 82~84.

Marx, Karl and Friedrich Engels, ed. C. J. Arthur, *The German Ideology*, New York: International Publishers, 1970.

_____ , ed. Robert Tucker, *The German Ideology. The Marx-Engels Reader*, pp. 146~200, New York: W. W. Norton, 1975.

Massey, Doreen, *For Space*, London: Sage, 2005.

Massumi, Brian, *Parables for the Virtual: Movement, Affect, Sensation*, Durham, N.C.: Duke University Press, 2002.

Masters, Roger and Myron Coplan, "Water Treatment with Silicofluorides and Lead Toxicity", *International Journal of Environmental Studies* 56, no. 4, 1999, pp. 435~449.

Masters, Roger, Brian Hone and Anil Doshi, "Environmental Pollution, Neurotoxicity, and Criminal Violence", ed. J. Rose, *Environmental Toxicology: Current Developments*, London: Taylor Francis, 1998, pp. 13~48.

May, Jon and Nigel Thrift, eds., *Timespace: Geographies of Temporality*, London: Routledge, 2001.

Mead, George Herbert, *Mind, Self, and Society*, Chicago: University of Chicago Press, 1997.

Merleau-Ponty, Maurice, *Adventures of the Dialectic*, London: Heinemann, 1974.

_____ , "Indirect Language and the Voices of Silence", *Signs*, Evanston, Ill.: Northwestern University Press, 1964, pp. 39~83.

_____ , *In Praise of Philosophy*, Evanston, Ill.: Northwestern University Press, 1963.

_____, *Nature: Course Notes from the Collège de France*, Compiled and with notes by Dominique Séglard, trans. Robert Vallier, Evanston, Ill.: Northwestern University Press, 2003.

_____, *Phenomenology of Perception*, London: Routledge, 1962.

_____, *The Primacy of Perception*, Evanston, Ill.: Northwestern University Press, 1964.

_____, *Sense and Non-Sense*, Evanston, Ill.: Northwestern University Press, 1964.

_____, *Signs*, Evanston, Ill.: Northwestern University Press, 1964.

_____, *The Visible and the Invisible*, trans. Alfonso Lingis, Evanston, Ill.: Northwestern University Press, 1968.

Mitchell, Don, *The Right to the City: Social Justice and the Fight for Public Space*, New York: Guildford Press, 2003.

Moi, Toril, *Sexual/Textual Politics: Feminist Literary Theory*, London: Methuen, 1985.

_____, *What Is a Woman?*, New York: Oxford University Press, 1999.

Moss, Jeremy ed., *The Later Foucault: Politics and Philosophy*, London: Sage, 1998.

National Institutes of Health, *Stem Cells: Scientific Progress and Future Research Directions*, 2001. Available at the website for the National Institutes of Health, Stem Cell Information, http://stemcells.nih.gov/.

Negri, Antonio, *Subversive Spinoza: (Un)Contemporary Variations*, Manchester: Manchester University Press, 2004.

Nelson, Dana, "The President and Presidentialism", *South Atlantic Quarterly* 105, no. 1, Winter 2006, pp. 1~17.

New York Times News Service, "U.S. Policy Directive Might Open Door to Space Weapons", *Baltimore Sun*, 18 May 2005, 6A.

Nicholson, Linda ed., *The Second Wave: A Reader in Feminist Theory*, New York: Routledge, 1997.

Nietzsche, Friedrich, *Beyond Good and Evil*, trans. Walter Kaufmann, New York: Vintage, 1966.

_____, *The Gay Science*, trans. Walter Kaufmann, New York: Vintage, 1974.

_____, *On the Genealogy of Morals*, trans. Walter Kaufmann, New York: Vintage, 1967.

_____, *Thus Spoke Zarathustra*, in *The Portable Nietzsche*, trans. Walter Kaufmann, New York: Penguin, 1954.

_____, *Twilight of the Idols*, in *The Portable Nietzsche*, trans. Walter Kaufmann, New York: Penguin, 1954.

Olkowski, Dorothea, "The End of Phenomenology: Bergson's Interval in Irigaray", *Hypatia* 15, no. 3, 2000, pp. 73~91.

Orlie, Melissa A., "The Art of Despising Oneself: The Slavish Roots of Nietzsche's Asceticism", *International Studies in Philosophy* 32, no. 3, 2000, pp. 71~82.

Oyama, Susan, *Evolution's Eye: A Systems View of the Biology-Culture Divide*, Durham, N.C.: Duke University Press, 2000.

_____, *The Ontogeny of Information: Developmental Systems and Evolution*, Durham, N.C.: Duke University Press, 2000.

Panagia, Davide, "The Effects of Viewing: Caravaggio, Bacon, and The Ring", *Theory and Event* 10, no. 4, 2007.

Parisi, Luciana, "For a Schizogenesis of Sexual Difference", *Identities* 3, no. 1, 2004, pp. 67~93.

Patton, Paul, *Deleuze and the Political*, New York: Routledge, 2000.

_____, "Foucault's Subject of Power", ed. Jeremy Moss, *The Later Foucault*, London: Sage, 1998, pp. 64~77.

Paul II, John, "Evangelium Vitae: To the Bishops, Priests and Deacons, Men and Women, Religious, Lay, Faithful, and All People of Good Will, on the Value and Inviolability of Human Life", Encyclical of 25 March 1995 available from the website of the Holy See, http://www.vatican.va/holyefather/john epauleii/index.htm.

Phillips, Adam, *The Beast in the Nursery: On Curiosity and Other Appetites*, New York: Vintage, 1998.

_____, *Darwin's Worms: On Life Stories and Death Stories*, New York: Basic Books, 2000.

_____, *Terrors and Experts*, Cambridge, Mass.: Harvard University Press, 1995.

_____, *Winnicott*, Cambridge, Mass.: Harvard University Press, 1998.

Plekhanov, George, "The Materialist Conception of History", *Essays in Historical Materialism: The Materialist Conception of History, The Role of the Individual in History*, New York: International Publishers, 1940.

Price, Janet and Margit Shildrick, eds., *Feminist Theory and the Body: A Reader*, New York: Routledge, 1999.

Prigogine, Ilya, *Is the Future Given?*, New Jersey: World Scientific Press, 2003.

Quirk, Tom, *Bergson and American Culture: The Worlds of Willa Cather and Wallace Stevens*, Chapel Hill: University of North Carolina Press, 1990.

Rabinow, Paul, *Anthropos Today*, Princeton, N.J.: Princeton University Press, 2003.

Rajan, Kaushik Sunder, *Biocapital: The Constitution of Postgenomic Life*, Durham, N.C.: Duke University Press, 2006.

Ramachandran, V. S., *Phantoms in the Brain*, New York: William Morrow, 1998.

Rich, Adrienne, *Of Woman Born*, London: Virago, 1991.

Rizzolatti, Giacomo and Corrado Sinigaglia, *Mirrors in the Brain: How Our Minds Share Actions and Emotions*, London: Oxford University Press, 2008.

Robin, Corey, *Fear: The History of a Political Idea*, New York: Oxford University Press, 2004.

Rooney, Ellen, ed., *The Cambridge Companion to Feminist Literary Theory*, Cambridge: Cambridge University Press, 2006.

Rose, Nikolas, "The Politics of Life Itself", *Theory, Culture and Society* 18, no. 6, 2001, pp. 1~30.

_____, *The Politics of Life Itself: Biomedicine, Power, and Subjectivity in the Twentyfirst Century*, Princeton, N.J.: Princeton University Press, 2007.

Rush, Fred ed., *The Cambridge Companion to Critical Theory*, Cambridge: Cambridge University Press, 2004.

Ruyer, Raymond, *Néo-finalisme*, Paris: Presses Universitaires de France, 1952.

Sartre, Jean-Paul, *Critique of Dialectical Reason*, Vol. 1. trans. Alan Sheridan-Smith, London: New Left Books, 1976. Originally published as *Critique de la raison dialectique*, tome 1. Paris: Gallimard, 1960.

_____, "Jean-Paul Sartre répond", *L'Arc* 1 no. 30, 1966, pp. 87~96.

_____, *Search for a Method*, trans. Hazel E. Barnes, New York: Vintage Books, 1968.

Saussure, Ferdinand de, *Course in General Linguistics*, Introduced by Jonathan Culler, eds. Charles Bally and Albert Sechehaye in collaboration with Albert Reidlinger, trans. Wade Baskin. London: Fontana, 1974.

Schacht, Richard, ed., *Nietzsche's Postmoralism: Essays on Nietzsche's Prelude to Philosophy's Future*, New York: Cambridge University Press, 2001.

Schiller, Claire H., ed. *Instinctive Behavior: The Development of a Modern Concept*, New York: International University Press, 1957.

Schutz, Alfred and Thomas Luckmann, *The Structure of the Lifeworld*, trans. Richard M. Zaner and H. Tristram Engelhardt, London: Heinemann Educational Books, 1974.

Searle, John, *Freedom and Neurobiology: Reflections on Free Will, Language, and Political Power*, New York: Columbia University Press, 2007.

Serres, Michel, *The Birth of Physics*, trans. Jack Hawes, Manchester: Clinamen Press, 2001.

Shapiro, Ian, *The Flight from Reality in the Human Sciences*, Princeton, N.J.: Princeton University Press, 2005.

Shapiro, Ian, Rogers M. Smith and Tarek E. Masoud eds., *Problems and Methods in the Study of Politics*, Cambridge: Cambridge University Press, 2004.

Sharp, Lesley, *Bodies, Commodities, and Biotechnologies: Death, Mourning, and Scientific Desire in the Realm of Human Organ Transfer*, New York: Columbia University Press, 2007.

_____ , *Strange Harvest: Organ Transplants, Denatured Bodies, and the Transformed Self*, Berkeley: University of California Press, 2006.

Sheets-Johnstone, Maxine, *The Roots of Power: Animate Form and Gendered Bodies*, Chicago: Open Court, 1994.

Shiva, Vandana, *Biopiracy: The Plunder of Nature and Knowledge*, Boston: South End Press, 1997.

Simondon, Gilbert, "The Genesis of the Individual", eds. Jonathan Crary and Sanford Kwinter, *Incorporations*, New York: Zone Books, 1993, pp. 296~319.

Smith, Adam, *The Wealth of Nations*, Books 1~3, Harmondsworth: Penguin, 1986.

Smith, John and Chris Jenks, "Complexity, Ecology, and the Materiality of Information", *Theory, Culture and Society* 22, no. 5, 2005, pp. 141~163.

Smolin, Lee, *The Trouble with Physics: The Rise of String Theory, the Fall of a Science, and What Comes Next*, London: Penguin, 2006.

Sohn-Rethel, Alfred, *Intellectual and Manual Labour: A Critique of Epistemology*, trans. Martin Sohn-Rethel, Atlantic Highlands, N.J.: Humanities Press, 1978.

Sokoloff, William, "Politics and Anxiety in Thomas Hobbes's Leviathan", *Theory and Event* 5, no. 1, 2001.

Sokolowski, Robert, *Introduction to Phenomenology*, Cambridge: Cambridge University Press, 2000.

Soló, Richard and Brian Goodwin, *Signs of Life: How Complexity Invades Biology*, New York: Basic Books, 2000.

Spike, Jeffrey, "Open Commentary: Bush and Stem Cell Research: An Ethically Confused Policy", *American Journal of Bioethics* 2, no. 1, 2002, pp. 45~46.

Springer, Claudia, *Electronic Eros: Bodies and Desire in the Postindustrial Age*, Austin: University of Texas Press, 1996.

Stein, Maurice, Arthur J. Vidich and David Manning White eds., *Identity and Anxiety: Survival of the Person in Mass Society*, Glencoe, Ill.: Free Press, 1960.

Steinbock, Anthony, *Home and Beyond: Generative Philosophy after Husserl*, Evanston, Ill.: Northwestern University Press, 1995.

Stolberg, Sheryl Gay, "House Approves a Stem Cell Bill Opposed by Bush", *New York Times*, 25 May 2005, 1.

Strasser, Anne, "La vieillesse comme mutilation: Essai et autobiographie", *Simone de Beauvoir*

Studies 22, 2005~2006, pp. 38~52.

Strauss, Leo, *The Political Philosophy of Thomas Hobbes*, trans. Elsa Sinclair, Chicago: University of Chicago Press, 1952[1936]

Sumner, Francis B., "Review", *Journal of Philosophy, Psychology and Scientific Methods* 13, no. 4, 1916, pp. 103~109.

Sunstein, Cass and Martha Nussbaum, eds., *Animal Rights: Current Debates and New Directions*, Oxford: Oxford University Press, 2005.

Timpanaro, Sebastiano, *On Materialism*, trans. Lawrence Garner, London: Verso, 1980.

Tuck, Richard, *Philosophy and Government, 1572–1651*, Cambridge, Mass.: Harvard University Press, 1993.

Uexküll, Jakob von, "A Stroll through the World of Animals and Men", ed. Claire H. Schiller, *Instinctive Behavior: The Development of a Modern Concept*, pp. 6~80, New York: International University Press, 1957.

_____, *Theoretical Biology*, London: Kegan Paul, 1926.

Urry, John, "The Complexity Turn", *Theory, Culture and Society* 22, no. 5, 2005, pp. 10~14.

Van Buren, John, "Translator's Notes" to *Martin Heidegger, Ontology — The Hermeneutics of Facticity*, Bloomington: Indiana University Press, 1999.

Vaneigem, Raoul, *The Revolution of Everyday Life*, trans. Donald Nicholson-Smith, London: Rebel Press, 1994.

Veyne, Paul, "Foucault Revolutionizes History", ed. Arnold Davidson, *Foucault and His Interlocutors*, pp. 146~182, Chicago: University of Chicago Press, 1997.

Waldby, Catherine and Robert Mitchell, *Tissue Economies: Blood, Organs, and Cell Lines in Late Capitalism*, Durham, N.C.: Duke University, 2006.

White, Stephen, *Sustaining Affirmation: The Strengths of Weak Ontology in Political Theory*, Princeton, N.J.: Princeton University Press, 2000.

White House, "President Bush, Ambassador Bremer Discuss Progress in Iraq", Press release, 27 October 2003. Available at http://georgewbushwhitehouse.archives.gov/.

_____, "President Bush Discusses Iraq War Supplemental", Press release, 16 April 2007, Available at http://georgewbush-whitehouse.archives.gov/.

_____, "Remarks by President and Mrs. Bush in Interview by Television of Spain", Press release, 12 March 2004, Available at http://georgewbush-white house.archives.gov/.

Williams, Caroline, "Thinking the Political in the Wake of Spinoza: Power, Affect and Imagination in the Ethics", *Contemporary Political Theory* 6, no. 3, 2007, pp. 349~369.

Woolf, Virginia, *A Room of One's Own*, London: Hogarth Press, 1991.

Wynne, Brian, "Reflexing Complexity: Post-genomic Knowledge and Reductionist Returns in Public Science", *Theory, Culture and Society* 22, no. 5, 2005, pp. 67~94.

Young, Iris M., "Gender as Seriality: Thinking about Women as a Social Collective", *Intersecting Voices*, Princeton, N J.: Princeton University Press, 1997, pp. 12~37.

_____ , "Lived Body vs. Gender: Reflections on Social Structure and Subjectivity", *On Female Body Experience*, New York: Oxford University Press, 2005, pp. 12~26.

_____ , *On Female Body Experience*, New York: Oxford University Press, 2005.

Zeman, Adam, *Consciousness: A User's Guide*, New Haven, Conn.: Yale University Press, 2002.

Zizek, Slavoj, *The Sublime Object of Ideology*, London: Verso, 1989.

찾아보기

글쓴이 소개

사라 아메드 Sara Ahmed

골드스미스 대학 인종·문화학과 교수이다. 쓴 책으로『물질화하는 차이: 페미니즘 이론과 포스트모더니즘』(*Differences That Matter: Feminist Theory and Postmodernism*, 1998),『낯선 만남: 포스트식민성에서 체현된 타자』(*Strange Encounters: Embodied Others in Post-Coloniality*, 2000),『감정의 문화정치학』(*The Cultural Politics of Emotion*, 2004),『퀴어현상학: 지향, 객체 그리고 타자』(*Queer Phenomenology: Orientations, Objects, Others*, 2006) 그리고『행복의 약속』(*The Promise of Happiness*, 2010)이 있다.

제인 베넷 Jane Bennett

존스홉킨스 대학 정치학 교수로서, 정치 이론을 가르치고 있다. 그녀의 최근 책으로는『생동하는 물질: 사물에 대한 정치생태학』(*Vibrant Matter: A Political Ecology of Things*, 2010)이 있다.

로지 브라이도티 Rosi Braidotti

위트레흐트 대학의 저명한 교수이자 '인문학 센터'의 설립자이다. 그녀는 페미니즘 철학, 인식론, 후기구조주의, 그리고 정신분석 분야에서 광범위하게 책을 출판해 왔다. 그녀의 책으로는『불일치의 패턴들』(*Patterns of Dissonance*, 1991),『유목적 주체: 우리시대 페미니즘 이론에서 체현과 성차의 문제』(*Nomadic Subjects: Embodiment and Sexual Difference in Contemporary Feminist Theory*, 1994),『변신: 되기의 유물론을 향해』(*Metamorphoses: Towards a Materialist Theory of Becoming*, 2002) 그리고『트랜스포지션: 유목적 윤리학』(*Transpositions: On Nomadic Ethics*, 2006)이 있다.

팽 치아 Pheng Cheah

캘리포니아 대학 버클리캠퍼스의 수사학 교수이다. 그는 포스트식민주의 이론과 포스트식민주의 문학, 18세기에서 현대에 이르는 대륙 철학과 비판 이론, 세계화 이론, 세계시민주의 그리고 인권, 사회 정치 사상에 관한 글을 쓰고 있다. 그는 『유령적 민족성』(Spectral Nationality: Passages of Freedom from Kant to Postcolonial Literatures of Liberation, 2003)과 『비인간 조건: 세계시민 주의와 인권에 관하여』(Inhuman Conditions: On Cosmopolitanism and Human Rights, 2006)의 저자이다. 그는 최근 『비교의 근거: 베네딕트 앤더슨의 여러 저작들』(Grounds of Comparison: Around the Work of Benedict Anderson, 2003) 그리고 『데리다와 정치적인 것의 시간』(Derrida and the Time of the Political, 2009)을 공동 편집했다. 그는 현재 세계문학에 관한 책과 도구성 개념에 관한 책을 저술 중이다.

레이 초우 Rey chow

듀크 대학교의 앤 피러 스콧(Anne Firor Scott) 교수이다. 그녀는 문학, 영화, 문화 이론 및 정치에 관한 7권의 저서를 집필했으며, 가장 최근에는 『세계 과녁의 시대』(The Age of the World Target, 2006), 『감성적 우화, 현대 중국 영화』(Sentimental Fabulations, Contemporary Chinese Films, 2007)를 집필했다. 영어로 출간한 저서들은 널리 선집화되어 주요 아시아 및 유럽 언어로 번역되었다. 폴 보우먼(Paul Bowman)이 편집한 『레이 초우 독본』(The Rey Chow Reader)이 2010년에 출간되었다.

윌리엄 E. 커놀리 William E. Connoly

존스홉킨스 대학교의 크리거-아이젠하워(Krieger-Eisenhower) 교수로 정치 이론을 가르치고 있다. 최근 저서로는 『신경정치학: 사고, 문화, 속도』(Neuropolitics: Thinking, Culture, Speed, 2002), 『다원주의』(Pluralism, 2005), 『자본주의와 기독교, 아메리칸 스타일』(Capitalism and Christianity, American Style, 2008), 그리고 『생성의 세계』(A World of Becoming, 2011) 등이 있다.

다이애나 쿨 Diana Coole

런던대학교 버크벡 칼리지의 정치 및 사회 이론 교수이다. 가장 최근 저서로는 『부정성과 정치학: 칸트에서 포스트구조주의까지 디오니소스와 변증법』(Negativity and Politics: Dionysus and Dialectics from Kant to Poststructuralism, 2000), 『메를로 퐁티와 반-휴머니즘 이후의 현대 정치』(Merleau-Ponty and Modern Politics after Anti-Humanism, 2007)가 있다. 그녀는 현재 레버훌름 메이저 연구 펠로우십(Leverhulme Major Research Fellowship)의 지원을 받아 인구 문제를 연구하고 있다.

사만다 프로스트 Samantha Frost

일리노이 대학 어바나-샴페인캠퍼스의 정치학과, 젠더 및 여성학 프로
그램, 비평 및 해석 이론과의 부교수이다. 그녀이 저서인『유물론 사상
가로부터 배운다: 윤리와 정치에 대한 홉스의 성찰』(Lessons from a Materialist
Thinker: Hobbesian Reflections on Ethics and Politics, 2008)은 미국 정치학 협회 기
초이론 부문에서 수여하는 첫 번째 도서로 선정되었다. 현재 '홉스와 타
율성: 유물론과 정치학에 관한 에세이'(Hobbes and Heteronomy: Essays on
Materialism and Politics)라는 제목의 책을 집필 중이다.

엘리자베스 그로츠 Elizabeth Grosz

럿거스 대학교의 여성 및 젠더학과에서 가르치고 있다. 또한 베르겐 대
학교와 시드니 대학교에서 객원교수로 재직 중이다. 가장 최근에는『카
오스, 영토, 예술: 들뢰즈와 지구의 틀 짓기』(Chaos, Territory, Art: Deleuze and the
Framing of the Earth, 2008)를 저술했다.

소니아 크룩스 Sonia Kruks

오벌린 대학의 댄포스 정치학 교수로 정치 이론과 철학을 가르치고 있다.
저서로는『경험의 만회: 페미니스트 정치에서 주체성과 인정』(Retrieving
Experience: Subjectivity and Recognition in Feminist Politics, 2001)과 실존론적인 사회
및 정치 이론에 관한 다수의 논문이 있다. 현재 시몬 드 보부아르의 정치
사상론을 집필 중이다.

멜리사 A. 오를리 Melissa A. Orlie

일리노이 대학교 어바나-샴페인 캠퍼스에서 정치 이론을 가르치고 있
다. 현재 이 책에 수록된 자신의 논문으로부터 발전시킨 니체 이후의 선
(good)에 관한 정치학 책과 생태 위기에 효과적으로 대응하기 위해서는
새로운 정치 개념이 필요하다는 내용의 책 두 권을 집필 중이다.

옮긴이 소개

박준영

'수유너머 104' 연구원. 현대철학 연구자. 서강대, 상지대, 서울과학기술대 등에서 강의하였으며, 현재는 성신여대에서 강의하고 있다. 학부(동국대) 에서 불교철학을, 대학원(서강대)에서 석박사 모두 프랑스철학을 인구하 였다. 주로 들뢰즈와 리쾨르의 철학을 종합하는 연구를 수행하였다. 최근 에는 신유물론에 관심을 두고 번역과 연구를 하고 있다. 육후이(Yuk Hui) 의 기술철학, 그리고 불교철학과 현대서양철학의 관계도 연구 대상이다. 논문은 「들뢰즈에게서 '철학'과 '철학자'」, 「신유물론의 이론적 지형」 등 을 썼다. 번역서로는 『신유물론: 인터뷰와 지도제작』, 『해석에 대하여: 프 로이트에 관한 시론』(공역)이 있다. 공저로 『신유물론: 몸과 물질의 행위 성』, 『K-OS』, 『욕망, 고전으로 생각하다』, 『사랑, 고전으로 생각하다』, 저 서로 『신유물론, 물질의 존재론과 정치학』이 있다.

김종갑

건국대학교 영어영문학과를 졸업하고 미국 루이지애나주립대학교에서 영문학 박사학위를 취득하였다. 건국대학교 영어영문학과 교수로 재직하 는 한편, 2007년에 설립한 몸문화연구소의 소장으로 활동하고 있다. 『타 자로서의 몸, 몸의 공동체』, 『근대적 몸과 탈근대적 증상』, 『성과 인간에 관한 책』 등을 비롯한 많은 저서와 역서, 논문들이 있다.